THE DIGITAL TRANSFORMATION ROADMAP

デジタル・トランスフォーメーション・ロードマップ

REBUILD YOUR ORGANIZATION FOR CONTINUOUS CHANGE

絶え間なく変化する世界で成功するための新しいアプローチ

デビッド・ロジャース コロンビア・ビジネススクール教授＝著
NTTデータ・コンサルティング・イニシアティブ＝訳

東洋経済新報社

クリエイティブな時間を共有してくれる
最愛のパートナー、カレンへ

The Digital Transformation Roadmap
: Rebuild Your Organization for Continuous Change
by David L. Rogers

●訳者まえがき

最近のＡＩ、センサーをはじめとしたデジタル技術の進歩は急速で、社会や経済に大きなインパクトを与えつつあることを、多くの経営者の方々が実感されているのではないでしょうか。

私たちがご支援させていただいているお客様のなかでも、ＡＩなどの最新技術を活用すべく、いち早くワーキンググループを立ち上げたり、専門の部署を設置したりしている積極的な企業が増えてきたと感じています。

一方、経営層の方々からは、「デジタル技術を活用した自動化による効率化、データ利用による予測精度向上などは、部分的ではあるが実施し成果も出ている。しかし、新たな顧客価値を創出するためのデジタル変革は、試行錯誤で成果を出せず、どのように進めたらよいのか悩んでいる」とのお話をよく聞きます。具体的には、以下のような悩みです。

- デジタル人材を採用し新たにデジタル変革の専門部署を作ったが、技術起点の話が多く、ビジネスを創出する話が出てこない。既存のビジネスラインとも連携が取れていない。
- デジタル変革プロジェクトに従事している社員から「新規サービスを企画し、推進しようとしているが、ほかの部門の協力が得られない。現在の縦割り組織ではうまくいかない」との話が出る。現行事業はうまく廻っているにもかかわらず、組織を変えるべきなのか、変えるとすれば、どのように変えるべきなのか。

●デジタル技術を活用した新サービス・事業のアイデアは出てくるが、計画を聞くと小粒なものばかりで、大きなビジネスになりそうにない。

●新サービスをスタートさせたが、機能が不足しているので機能追加の投資が必要との話が次々と上がってくる。「アジャイル開発とはこういうものだ」といわれるので、追加投資を認めているが、本音では当初の計画が不十分だったのではないかと思っている。

●「デジタル変革を成功させるためには失敗を許容せよ」といわれているので、いまは多くのアイデアを試しているが、今後中断も含めた判断が必要だと思っている。いつ、どのように判断していくべきなのか。

本書は、このような悩みをお持ちの経営者や事業責任者、CDO（最高デジタル責任者）、デジタル変革従事者、そして将来に向けて企業変革の取組みを始めようとされているビジネスパーソンに向けて書かれています。変革推進において直面する課題に対する実践的な回答を得られるだけでなく、変化の激しい環境下で成長するために何をすべきか、新サービス・事業をどのように立ち上げるべきか、現在の企業文化・組織をどのように変えるべきかについても示唆を得ることができるでしょう。

さらに本書を読み進めると、先述のような悩みのいくつかは、デジタル変革（以下、DX）の本質の誤解からきていることに気づかれるかもしれません。

著者のデビッド・ロジャース教授は、コロンビア・ビジネススクールの教授で、2016年に出版した『The Digital Transformation Playbook』（『ＤＸ戦略立案書』）は、ＤＸのバイブル的位置づけで12カ国語に翻訳され、世界的ベストセラーになっています。この書籍は、デジタル時代において勝てる戦略をどのように策定し、どのようにビジネスを見直すべきか、を示すことを目的としています。顧客、競争相手、データ、イノベーションプロセス、価値提案の５つの領域について、いままでの前提がデジタルによってどのように変わるのか、変化に適応し、成長戦略を立案するために何をすればよいのかが示されています。

その戦略策定フレームワークＣＣ－ＤＩＶ（Customers Competition Data Innovation Value）から、私たちは、デジタル戦略の策定における多くの実用的な示唆を得ることができます。掲載事例は執筆当時のものですが、２０１６年にこのフレームワークが確立されたことに驚きます。

ロジャース教授によると、『ＤＸ戦略立案書』を読んだ多くの経営者から、「戦略策定はわかったが、具体的にどのように進めればＤＸを成功させることができるのか」との問いがあり、それに答えるために執筆したのが、この『THE DIGITAL TRANSFORMATION ROADMAP（デジタル・トランスフォーメーション・ロードマップ）』です。ロジャース教授は、10年以上にわたり、さまざまな規模、業界、地域の企業のアドバイザーとして携わった経験、さらにはコロンビア・ビジネススクールでの講義を通じて生徒や世界中の経営者たちから受けた質問、交わした意見にもとづいて、ＤＸを成功させるための実践的な処方箋を提供しています。

ロジャース教授は、「ＤＸは、絶え間なく変化するデジタルの世界で成功するために、既存事業を変革すること」で、「既存の組織を変えることであり、スタートアップ企業を作ることではない」と定義します。さらに、「ＤＸの70%以上は、その目標を達成できなかったり、成果が持続しなかったりしたことが判明している」と述べ、残りの30%は成功していることから、失敗企業からは失敗要因を学ぶことができ、成功した30%の企業からは成功要因を学べるといいます。そして「企業が革新的変化を受け入れるなら、ＤＸは必ず実現可能」と企業が既存の組織を変革していくことの必要性を述べています。

日本のＤＸは欧米よりも遅れているといわれますが、欧米においてさえも、伝統的企業にとっては、ＤＸ成功のために企業文化や組織を変えることは容易でないことがわかります。

多くの伝統的企業は、事業を成長させるために、「中核事業の深化」と中核事業から離れた領域での「新規事業の探索」の「両利きの経営」を行っています。しかし教授は、ＤＸでは、そのどちらでもなく、中核事業に隣接する領域での新規サービス・事業にもっと注力すべきといいます。不確実性の高い新規領域で中核事業とのシナジーが期待できる新規事業を立ち上げ、成長させ、さらに既存事業の成長に貢献させることが、ＤＸを実施する目的なのです。

そしてＤＸを成功させられない企業には、以下のような共通の特徴があるといいます。

①共有ビジョンの欠如

「デジタル化する」という表面的なスローガンは掲げられているが、どのターゲット市場でデジタル化によって何を達成するのかについて共通の認識ができていない。

②成長に向けた優先順位の欠如

既存事業を「デジタル化」することだけに注目し、成長に向けた優先順位が明確にされていない。

③実験より計画を重視

新しいアイデアを顧客と一緒に直接検証することに注力せず、他社のベンチマークやベストプラクティスの調査に時間をかけ、ソリューションの綿密な構築計画を策定することに注力している。

④融通の利かないガバナンス

デジタル技術を活用した新規事業においても、旧来の組織、投資意思決定権限、報告ライン、予算策定方法が適用される。事業スピードが遅くなるだけでなく、一度始まったプロジェクトがずるずると継続している。

⑤旧態依然とした能力

旧式のＩＴアーキテクチャー、データ資産、管理ルールも見直さず、一時しのぎの修正で対応している。人材においても、デジタルスキル習得の投資が行われず、マネジメントも、旧態依然としたカスケードダウン（トップダウン）型で行われている。

それでは、これらを解決するために、どのようにすればよいのでしょうか。

ロジャース教授は、それぞれの課題に対して、「ステップ1――共有ビジョンを定義する」「ステップ

2――最も重要な問題を選択する」「ステップ3――新規事業を検証する」「ステップ4――規模拡大を管理する」「ステップ5――技術、人材、企業文化を育てる」と、5つのステップに分け、各ステップで具体的な処方箋を示しています。

ニューヨーク・タイムズ社がこれらの課題をどのように解決していったかの具体的事例も紹介されており、これを読むことでさらに理解が深まるでしょう。

この本を読んだとき、個々の処方箋が実践的で有益であることに感銘を受けましたが、ロジャース教授と議論を重ねるなかで、彼の提言の根底に「既存企業が、中核事業の強みを活かしながらデジタル技術を活用したイノベーションを成功させるためには何をすべきか」という問題意識があることを理解しました。

多くの経営者やDXの責任者が、この課題に直面しています。本書に書かれている処方箋だけでもたいへん有益ですが、これらの課題をどのように解決していくかの観点で読むと、全体がより深く理解できるでしょう。

まず考える必要があるのは、どの領域でどのような新規サービス・事業を立ち上げるか、そのために何をするかです。

競争力を確保しつつ事業を成長させるには、中核事業だけを深掘りするのではなく、中核事業の強みを活かした新しい領域で、会社のビジョンや方向性に合致したサービス・事業のアイデアが生まれるような仕組みを考えなければなりません。新規事業担当者だけに任せるのではなく、中核事業の社員も巻き込み、彼らがアイデアを思いつくために、組織として優先順位をつけていくフレームワークが必要となります。それが、「第4章　ステップ2――最も重要な問題を選択する」で紹介されている「問題／機会ステートメント」「問題／機会マトリクス」です。

このフレームワークで、顧客が解決したいと思っている「問題」（ペインポイント、解決すべきジョブ、アンメットニーズ）と現在の事業の「問題」を把握します。しかしこれだけでは、既存顧客のみに注目し、中核事業の細かい改善案に終始する可能性があります。それを避けるため、さらに新しい顧客や、自社の強みを活かせる新しい市場への展開「機会」を組織の各階層で作成します。それらの「問題／機会マトリクス」をカスケードアップ（ボトムアップ）ですり合わせていくことが重要なのです。教授は、DXを成功させるためには、顧客への提供価値を重視し、意思決定権限が下位層まで広げられたカスケードアップ型の組織への変革が不可欠と述べます。まさにこのフレームワークはこの組織を運営するためのオペレーティングシステムなのです。

ウォルマート、ニューヨーク・タイムズ、シティバンク、マスターカードといった企業の「問題／機会ステートメント」が事例として挙げられており、これらを効果的に作成し活用する留意点も述べられているのでたいへん実践的です。

アイデアは会社の方向性に合ったものであると同時に、それらのアイデアに優先順位をつけ、実行する動機づけとしても、組織のビジョンを定義し、そのビジョンは社員に共有されている必要があります。その実践的な方法が、「第3章　ステップ1――共有ビジョンを定義する」に書かれています。フォード・モーター、BSHホーム・アプライアンス、アキュイティ・インシュランスの事例が説明されており、理解しやすくなっています。

また自社のITの状況、メンバーの能力や必要なリソースも考えねばなりません。この点については、「第7章　ステップ5――技術、人材、企業文化を育てる」に詳述されています。

新規サービス・事業のアイデアが出て、取り組むべきものが決まると、そのプロジェクトをどのように評価・検証していくかを、決めなければなりません。ロジャース教授は、DXプロジェクトは、4つの観点から検証する必要があるといいます。最も重要なのは、新サービス・事業によって、顧客の課題を解決できるかどうか。ともすれば初期の段階でプロダクト・サービスの機能の過不足を議論したり、事業の規模・採算性のみで評価したりしがちなので、この観点は忘れないようにしなければなりません。

検証の概要を簡単に説明すると以下のようになります。

①問題の検証：実際の顧客が解決したい問題や顧客の満たされないニーズを把握しているか。
②ソリューションの検証：提案する解決策に顧客は価値を見いだすか。
③製品の検証：プロダクト・サービスは顧客に使ってもらえるか、提供可能か。
④事業の検証：ビジネスモデルは現実的か、どのタイミングで採算が取れるか。

また、ウォーターフォール型のステージゲート管理ではなく、仮説検証型の反復可能なプロセスで検証すべきと主張し、その背景を「真の学習は、ベンチマークや専門家からではなく、顧客からもたらされることを忘れてはならない」と述べ、そのためにできるだけ早くかつ頻繁に顧客に直接アプローチし、実験を繰り返し、そこからアイデアの機会と弱点を浮き彫りにする、この学習サイクルのペースを上げることが重要と説明しています。

加えて、デジタル領域での新規事業を成功させる主要原則は「議論するのではなく、検証する」「科学者のように考える」「迅速な市場参入で素早く学習する」「最小限のコストで多くを学ぶ」「テストは数カ月ではなく数分単位で行う」「すべての知見は顧客から得る」「問題にコミットし、ソリューションには柔軟に対応する」ことだと述べます。

ここでは、たいへん興味深い事例として、新たなサービスを常に検証し、DXを成功させているウォルマートと、多くの労力をかけて綿密な計画を策定したが顧客のニーズや支払い意思額の検証を疎かにしたため1カ月で新規サービスを停止せざるをえなかった放送会社の2つの事例を取り上げています。これらについては「第5章　ステップ3――新規事業を検証する」で詳細に述べられています。

最後に、既存企業が中核事業の外側で、新サービス・事業のプロジェクトを立ち上げ、推進しようとすると、いくつかの構造的課題に直面します。

- 中核事業の経営に最適化された組織では、中核事業で多くの利益を出している幹部が全体のリソース配分の権限を持つことが多い。
- 中核事業の評価指標で特性の異なる新規サービス・事業を評価し、短期的な利益を求めがちになる。
- 既存の顧客の要求に応えることを優先し、新しい市場で活動する機会を軽視している。
- 過去に成功した製品を起点として考える傾向があり、その製品の機能改善、機能追加に注力してしまうため、中核事業以外での成長機会の開拓に対する社員のモチベーションを上げることができない。

これらを克服するためには、まず先ほど述べたビジョンを共有し、顧客・事業の問題・機会の考え方を共通の認識として全社に徹底することが必要です。問題／機会マトリクスを活用して、社員の意識を既存の製品や業界内での競争よりも、顧客が解決したい課題を起点とし、中核事業の強みが活かせる新しいマーケットに目を向けさせる。実行にあたっては、別チームを作って中核事業とは別のルールでマネジメントし、投資評価も第三者的な機関を作って判断することを提言しています。新規サービス・事業を推進する少人数のイノベーションチームと、予算や人員の割当の全権を持ち、戦略的アドバイスができる第三者的なグロースボードを設置すべきとの主張です。

この新たなガバナンスついては、「第6章　ステップ4――規模拡大を管理する」で詳しく述べられています。

デビッド・ロジャース教授の考え方を日本の読者の方々に深く理解いただくため、今回の翻訳に際し、新たに日本企業の具体的事例として、ANAホールディングスとTBSホールディングスの取組みを紹介しています。またポイントがより明確に伝わるよう、本書の最後にロジャース教授と私の対談を掲載し、私たちNTTデータのフレームワークとも対比させながら、意見交換を行っています。

最後に、私たちがこの本を翻訳した経緯を説明させていただきます。

私たちは、DXのメソッドをブラッシュアップするため、海外のDXのソートリーダーの方々と定期的にコミュニケーションを取っています。デビッド・ロジャース教授には2022年8月に初めてコンタクトを取り、新著を執筆中との話をうかがいました。その後数回意見交換を実施し、新著がほぼ完成した2023年5月ごろから、翻訳や日本独自の企画を入れる話を始めました。

２０２３年８月にはコロンビア・ビジネススクールのキャンパスを訪問し、私たちのデジタル変革メソッドやＤＸの課題について意見交換を行いました。２０２４年１月にはロジャース教授を日本に招き、ＮＴＴデータが主催するＤＸＩ（Digital Transformation Institute）やForesight Day 2024での対話型セミナーの講師をしてもらいました。日本企業の経営幹部の方々をはじめとする多くのお客様にご参加いただき、「ＤＸに対する考え方が変わった」「ＤＸを成功させるための実践的なフレームワークでわかりやすかった」といった、たいへん高い評価をいただいております。

私たちの議論に真摯にコメントしてくださり、多くのことを教えていただいた教授に感謝するとともに、日本語の翻訳出版ができた喜びを分かち合いたいと思います。

本書が日本の企業のＤＸの成功の一助となれば幸いです。

ＮＴＴデータグループ顧問
ＮＴＴデータ経営研究所代表取締役社長
クニエ代表取締役社長
山口　重樹

●日本語版に寄せて

英語版の出版からわずか数カ月後に、本書を日本のみなさんにお届けできることを嬉しく思います。これはひとえにＮＴＴデータとの素晴らしいパートナーシップの賜物です。本書の執筆を仕上げようとしていたころ、ＮＴＴデータ経営研究所の山口重樹社長と同社取締役でありグローバルビジネス推進センター長の石塚昭浩氏からお声がけいただきました。訳者の山口氏は、デジタル変革（ＤＸ）に関する高い見識を持たれた方であり、私の前著の日本語訳を読んでくださっていました。山口氏と石塚氏は、ＤＸをテーマにした私の最新の研究について議論するため私と会議を開き、そこで私の新著の内容に強い関心を示してくれました。

この会議がきっかけとなり、日本企業にとってのＤＸの課題と機会をめぐる一連の豊かな議論が始まりました。私たち3人はZoom会議を何度も重ね、ニューヨークでは私が教えているコロンビア大学のキャンパスで直接会って議論をし、東京ではＮＴＴデータが展開するＤＸＩと、そこで開催されたForesight Day 2024の一環で、日本企業のリーダーたちとも直接会って話し合いました。日本企業に最大の利益を提供できるよう、私の新著を日本市場に投入することは、当初から私たちの共通の目標でした。

ＮＴＴデータの協力により、著名な出版社である東洋経済新報社と提携でき、英語版が発売される前に、いち早く翻訳に取り掛かることができました。この日本語版には2つの特別なコンテンツがあります。ひとつは、ＮＴＴデータの協力を得て作成した日本企業2社の事例紹介で、ＡＮＡホールディングスとＴＢＳホールディングスのＤＸのジャーニーを掲載しています。もうひとつは、山口氏と私の対談です。本書で取り上げた私のフレームワークと、数十年にわたる日本企業へのアドバイス経験から導き出された山口氏自身の洞察とのつながりを探っています。

私が10年以上前にこのテーマの研究を始めてから、ＤＸには多くの変化がありました。２０１６年、私はＤＸについて書いた初の書籍『The Digital Transformation Playbook: Rethink Your Business for the Digital Age』（『ＤＸ戦略立案書――ＣＣ－ＤＩＶフレームワークでつかむデジタル経営変革の考え方』白桃書房、２０２１年）を出版しました。当時、ＤＸはまったく新しいテーマだったのです。しかし同書が出版されたあと、ＤＸへの関心は急速に高まり、同書は日本語を含む12カ国語以上に翻訳され、刊行されました。

今日のＤＸの課題は、当時とは大きく異なっています。10年前は、アドバイスをしていた多くのＣＥＯに、デジタル革命があらゆる業界にとって本当に重要であることを納得させなければなりませんでした。事業へのＤＸの取込みを検討していたリーダーたちは、コストと技術が最大の課題だといっていました。私は彼らに対し、ＤＸとは技術のことではなく、戦略やこれまでのビジネス観を見直すことだと強調しました。デジタル時代に新たな成長を見いだすためには、旧来の戦略的思考に潜む「死角」を克服することを学ばなければならないと、彼らに話したのです。

一方で、ＤＸを取り巻く状況も大きく変わっています。私が話を聞く限り、政府、非営利団体、各業界の既存企業などを含むあらゆる組織が、ＤＸプログラムを推進しています。その一因には、新型コロナウイルスのパンデミックの影響があるでしょう。新型コロナウイルスは、消費者行動のオンライン体験へのシフトを加速させ、企業は自社の従業員にデジタル化されたオペレーションを採用することを余儀なくされました。ＡＩや機械学習も、幅広いＤＸの受入れを後押ししています。これらの新しい技術は、企業の業務のありとあらゆる側面に影響を及ぼしており、今後さらに新たな変化を引き起こしていくでしょう。

現在、ＤＸを数年間追求してきた複数のＣＥＯと話すと、彼らの視点は以前私が聞いていたものとはまったく異なっています。自社のＤＸが直面している最大の課題は何かと尋ねると、もはやコストや技術を挙げる人はいません！　そのかわり彼らはみな、組織のレガシーな文化、考え方、仕事のやり方を指摘するのです。

この洞察から、本書は組織変革の課題に焦点を当てることにしました。デジタル時代に向けて変革するためには、戦略に対する新しいアプローチだけでは十分ではありません。継続的な変化のために組織を再構築しなければならないのです。ＤＸは、従来型の中核事業のマネジメントのように、慎重に計画を練ることに注力すべきではありません。ゆえに本書では、「イノベーション」と「実験」をＤＸの取組みの中心に据えています。本書では「迅速な実験を可能にするために、どのように組織を再設計すればよいのか？」と問いかけています。既存事業の枠を超えて成長し、不確実性の高いデジタル時代に成功を収めたいなら、この問いにどのように答えるかは、きわめて本質的なことです。本書は、組織の運営をいま一度考えるようリーダーに呼びかけるものであり、これに答えを出すことで、たえず変化する環境下でも結果を出せるリーダーになれるでしょう。

いまやＤＸは、世界のどの地域でもビジネスに欠かせないものとなっていますが、日本ではとくに関心と重要性を持って受け止められています。日本の活気ある産業界と世界経済における重要な役割は、まさに誇れるものです。しかし、日本の産業界はアメリカとは異なります。アメリカではアルファベットやアマゾンのような新しい企業が、ゼネラル・エレクトリック（GE）やフォード・モーターのような旧来型企業をあっという間に追い抜いて大企業になりました。対照的に、日本経済は伝統的大企業によって牽引され続けています。したがって「日本の伝統的大企業」が、新しいデジタル製品、サービス、ビジネスモデルをリードすることがきわめて重要であり、このことは、伝統的大企業において「DX が適切に推進されることによってのみ実現する」ことができるのです。

日本企業は、技術革新、顧客中心主義、よりよい経営を追求する規律によって、世界中から賞賛されています。日本企業は大規模生産における俊敏性、柔軟性、連携に重点を置き、先行する経営革新において主導的な役割を果たしてきました。ゆえにデジタル時代の成功に向け、日本には、既存の組織を再構築し、経営変革の次の波の一翼を担うチャンスがあると信じています。

今後数年間、強力なデジタルトレンド、すなわち、新たに登場する技術、変化する顧客の期待、そして新たなビジネスモデルは、私たちの世界を再構築し続け、既存の事業に多大なプレッシャーを与え続けるでしょう。本書が日本のビジネスリーダーの方々に、絶え間ない変化のなかで成功するため組織を再構築するツールとして、お役に立てることを願っています。

原書の「謝辞」に記した感謝の言葉に、さらに付け加えたいと思います。出版社である東洋経済新報社、そして本書への多大なる支援と信頼を寄せてくれたNTTデータのパートナーに、心からの深い感謝を捧げます。このエキサイティングな旅に足を踏み入れてくださった読者のみなさんにも、感謝の意を表したいと思います。ありがとうございます！

ニューヨークにて

デビッド・ロジャース

www.davidrogers.digital

●序文

本書は私が執筆した5冊目の本であり、初めての続編である。2016年にコロンビア大学出版より上梓した前著『The Digital Transformation Playbook』（『DX戦略立案書』）が、デジタル変革（「DX」）について論じた私の最初の著書である。これは大きな反響を呼び、多くの言語に翻訳され、世界的ベストセラーとなった。この前著では、DXとは技術ではなく、戦略、リーダーシップ、新しい思考のことであるとの視点から切り込んだ。多くのビジネスリーダーが、新たな戦略にもとづいてビジネスを見直し、デジタル時代の変革へと一歩を踏み出すきっかけとなった一冊である。

こうした変革の波のなかで、私は役員会のアドバイザーやワークショップのリーダーとして、グーグル、マイクロソフト、シティバンク、HSBC、プロクター・アンド・ギャンブル（P&G）、メルク、ゼネラル・エレクトリック（GE）をはじめとする、さまざまな企業の経営幹部とビジネスの最前線で議論を交わす経験を得た。一方で、コロンビア・ビジネススクールのエグゼクティブ教育プログラムの教壇に立ち、ニューヨークやシリコンバレー、そしてオンライン授業を通して2万5000人以上のビジネスリーダーを教えてきた。ビジネススクールでの活動、最高経営責任者（CEO）や最高デジタル責任者（CDO）への1対1のアドバイスを通して、私は各業界や世界各地で巻き起こるDXの内情を掘り下げてきたのである。

今日、どの大手企業も何らかの形でDXを推し進めている。もはや「DXを推し進めるべきか」ではなく、「ＤＸのインパクトとビジネス価値をどのように生み出すか」が問われている段階なのだ。

しかし、その問いの答えは簡単には導き出せない。ＤＸに乗り出した既存企業は戦略を見直す準備ができているかもしれないが、すべての業界で、こうした企業は組織改革がもたらす課題に苦慮している。「サイロ化［訳注：組織や情報が孤立し、共有できていない状態］した部署間でデジタルの取組みをどのように連携させるか」「将来の成長と現在の中核事業のバランスをどう取るか」「複雑で大規模な組織が頭を悩ます惰性的な体質をいかに克服するか」といったことにだ。

本書は、10年にわたるＤＸの試み、成功、失敗の実例にもとづくアプローチを紹介する。後述するように、今日の既存企業のリーダーたるもの、デジタル時代の戦略をベースに「ビジネスを見直す」だけでは十分とはいえない。絶え間なく変化し続けるデジタル世界では「組織の再構築」が必要だ。気が遠くなることのように聞こえるかもしれないが、必ず実現可能であり、ビジネスを将来にわたって維持し、成長させる唯一の方法であると断言しよう。

デジタル時代を見据えて組織改革に乗り出すリーダーたちのために、本書では実践的なロードマップを提示する。私のほかの著書もそうだが、本書にも、組織の改革を推し進めるうえで役立つ実践的なツールやフレームワークを盛り込んだ。さまざまな分野の組織でＤＸを模索する経営幹部と仕事をしていくなかで、これらのツールを実際に試してみた。その過程で、組織規模や業界、地域、戦略的課題が異なる各企業のニーズに応えるため、ツールをひとつひとつ改良し続けてきた。

私の願いは、読者のみなさんが率いている、あるいは成長を支援している組織のＤＸを、現在および将来にわたって最大限に成功させる手助けをすることである。

●謝辞

どんな本も、人びとの惜しみない支援なしに出版までたどり着くことは不可能だ。執筆にあたり、支援や知見を提供いただいた多くのビジネスリーダーのみなさんに謝意を表する。コンサルティングの場面でも、大学でも、インタビューでも、ご自身の経験や教訓を惜しみなく共有していただいた。

なかでも本書の出版は、私の長年のエージェントであるジム・レヴァイン氏と、発行人のマイルス・トンプソン氏の継続的な支援によるところが大きい。編集者のブライアン・スミス氏は、コロナ禍の混乱のなかでも、常に執筆をサポートしてくれた。親愛なる素晴らしい友人であるボブ・ドーフ氏とルーシー・クエン氏は、初稿のチェックを快く引き受けてくれ、批判的な観点からフィードバックしてくれた。最終稿のチェックは、非常に優秀な原稿編集者であるカレン・ヴロツォス氏の支援が大きな力となった。彼女の鋭い質問によって、ことあるごとに私のアイデアが研ぎ澄まされ、余分なものを削ぎ落とすことができ、最終稿は核心を突きながら読者の関心を引く、簡潔明瞭なものに仕上げることができた。

本書の構想を練るにあたり、執筆作業やアイデアを展開していくための拠り所となったのは、20年以上にわたり教鞭を執り、研究を続けてきたかけがえのない本拠地でもあるコロンビア・ビジネススクールだ。とくにマーク・ロバーツ、ピエール・ヤレド、ディル・シドゥ、マイク・マレファキスの各氏は、エグゼクティブ教育部門をとりまとめ、私の講義や研究を支援してくれた。そのことに感謝を申し上げたい。そして本書の執筆中も、DX、戦略、リーダーシップに関する対面授業やオンライン授業で、何千人もの組織の管理職の生徒に教えることができたことを嬉しく思っている。生徒からの質問や、各自のキャリアで得たエピソードは、本書のカギとなる洞察を発展させていくうえで、その裏づけとなるものであった。さらに、素晴らしいオンライン教育環境を提供してくれたエメリタスのアシュウィン・ダメラ氏とチャイタンヤ・カリパトナプ氏、また、オンラインコースでバーチャルステージを作り出し、生徒と数え切れないほどのAMA〔訳注：Ask Me Anything。特定の分野の専門知識や経験を持つ人がコミュニティから質問を募る方法。ネットスラングふうにいうと「○○だけど、何か質問ある？」といった意味〕のコーナーを支えてくれたクラーク・ボイド氏にも謝意を表する。

ブライトサイト・スピーカーズのトム・ニールセン氏と彼のチームには、企画の段階から本のカバーのアイデアまで、アドバイスやサポートをいただき感謝している。ヘザー・ヒンソン氏は専門的かつ広範なリサーチを精力的に行ってくれ、ミンディ・ボウマン氏は本書の素敵なグラフィックをデザインしてくれた。エイミー・カザー氏とパット・カーティス氏は、プロジェクトがいくつも積み重なるなかで、私が執筆に集中できるよう常にサポートしてくれたかけがえのない存在だ。

最後に、妻のカレンと息子のジョージに感謝を伝えたい。２人の支え、安らぎ、そしてユーモアのおかげで、私は執筆という長い旅路を笑顔で過ごすことができた。彼らの愛が、私のすべての著書のインスピレーションとなっている。

デビッド・ロジャース
www.davidrogers.digital

CONTENTS

第6章 ステップ4――規模拡大を管理する〈ガバナンス〉　309

第1章

DXロードマップとは

デジタル革命の黎明期、ワールド・ワイド・ウェブがコミュニケーションのマスプラットフォームとして台頭してきたころ、ニューヨーク・タイムズ・カンパニー（以下、ニューヨーク・タイムズ）は、新しい時代を見据えた大胆な事業再構築プロジェクトに乗り出した。その内容は、今日でいうところの「デジタル変革（ＤＸ）」だ。

この変革は、ＣＥＯ兼発行人のアーサー・オックス・サルツバーガー・ジュニアの大号令で始まり、彼の全面的な権限を後ろ盾に進んでいくこととなった。サルツバーガーは、デジタル化を推進する別部門として、子会社となる「ニューヨーク・タイムズ・エレクトロニック・メディア・カンパニー」を設立した。そしてデジタルメディアと広告のエキスパートであるマーチン・ニーセンホルツを同社の社長に据え、プロジェクトを進めるべく新たなデジタル人材を獲得していった。

その後数年間、ニューヨーク・タイムズはデジタルジャーナリズムの新しい形を世に示そうと、さまざまなプロジェクトに取り組むこととなる。ピューリッツァー賞を受賞した、息を呑むほど美しいマルチメディア特集『スノーフォール（Snow Fall）』のような作品は、ジャーナリズムにおけるインタラクティブメディアの新たな可能性を期待させたが、そのようなプロジェクトは日々製作される紙面とは切り離されたもののように思われた[1]。技術チームはレガシー製品（紙媒体の新聞）のデジタル版を制作し、１８５１年までさかのぼって記事のアーカイブをデジタル化することさえしたが、編集者は読者のオンライン上での行動をリアルタイムに把握したり、読者が関心のあるトピックについての過去記事を参照できるようにしたりするためのデータを持っていなかった。ニューヨーク・タイムズは、電子メール、ウェブサイト、ＳＮＳ、タブレット版、仮想現実（ＶＲ）、チャットボットなど、あらゆる最新技術の流れに意欲的な姿勢を見せていた。だが、戦略的な優先順位が明確に定まっておらず、順調な事業は伸ばし、結果が出なかった実験的事業は速やかに終了させるルールが欠如していた。

やがて、深刻な問題が現れ始める。社内にデジタル改革を担当する独立部門が設立された結果、デジタル化の推進に携わる人員が固定化されてしまい、それ以外の者は旧態依然としたやり方に固執する状態が生まれてしまったのだ。そして、ビジネスとジャーナリズムが分断された旧態依然の組織構造になってしまった。サルツバーガーの狙いとは裏腹に、ニューヨーク・タイムズの経営陣は、新しいデジタル事業よりも従来の紙媒体事業を露骨に優先したのだ。たとえば新入社員は、毎日行われる「一面記事選定」会議に出席し、編集主任が紙面（紙媒体）の一面記事を選ぶ様子を見学することが日課であった[2]。編集担当者たちも、記事の見出しを2つの選択肢から選ぶようなときでさえ、内容の決定にデータを使おうとしなかった。

同様に、深刻な問題は事業面にも現れていた。ニューヨーク・タイムズが掲げるDXのビジョンは、当初から中核事業の「デジタル化」、つまり文字通り紙媒体に毎日掲載されるものと同じ記事を、最新技術を介して読者に届けることにあった。ニーセンホルツを子会社の社長として迎え入れたとき、サルツバーガーは、ニューヨーク・タイムズをウェブサイトやCD－ROMといった最新のデジタル媒体で配信すると約束し、次のように述べている。「インターネット？　別にそれはかまわない。とにかく、誰かがそういった新しい技術を発明してくれたら、紙面を読者の脳に直接届けてあげたいね」[3]。技術は旧来の商品を提供するための新しい手段のひとつにすぎないという考え方がその後何年も続き、ニューヨーク・タイムズの将来は、過去の商慣習にとらわれたものとなってしまった。さらに、インターネットがもたらした広告経済の根本的な変化についても、その潜在力を過小評価していた。長い目で見れば、旧来の広告ベースのビジネスモデルにしがみついていては、どのようなニュースメディア企業も生き残ることはできない。

　デジタル革命が進むにつれ、デジタル化に対する同社の不十分な対応がますます明るみになった。デジタル記事でピューリッツァー賞やピーボディ賞を受賞した新聞社にもかかわらず、優秀なデジタル人材はほかの新聞社へと流れてしまった。ヴォックス［訳注：２００５年設立のアメリカのデジタルメディア会社。正式名称はVox Media。スポーツメディアから複数のバーティカルメディアに成長］、バズフィード［訳注：２００６年に開設されたアメリカのオンラインメディア。当初はエンターテインメント中心であったが、現在では幅広いテーマを網羅するグローバルメディアに成長している］、ハフィントンポスト［訳注：２００５年に開設されたアメリカのリベラル系オンラインメディア。２０１７年にハフィントンポストからハフポストに改称された］に代表されるデジタルネイティブの新興メディアは、インタラクティブなスタイルでSNSを駆使しながら、検索エンジン用に最適化されたコンテンツを配信し、積極的に若い読者を惹きつけることで、ニューヨーク・タイムズを追い抜いた。ニューヨーク・タイムズの既存の記事をもとに新しい記事を作成して配信していたケースさえある。ハフィントンポストのある幹部は、「ニューヨーク・タイムズの負けだ。かといって、私はこれを誇りに思っているわけではない。これが競争相手であるわれわれの力なのだ」と語っている［４］。

　最も深刻だったのは、ニューヨーク・タイムズの業績が長期にわたって低迷し続けたことだ（図１−１参照）。紙媒体広告からの収入は激減し、デジタル広告も期待したほどの利益を上げることはできなかった。総売上は２００６年から２０１３年まで毎年減少し、わずか7年間で52％も減少した［５］。

そして2014年、衝撃的なニュースが走った。ニューヨーク・タイムズの最高経営陣の依頼により数カ月にわたる調査の末にまとめられた極秘報告書が内部リークされ、それをバズフィードがすっぱ抜いて公開したのだ。「イノベーション・リポート」と呼ばれるこの報告書は、ニューヨーク・タイムズを、将来のデジタル化をめぐって独り悪戦苦闘している組織と評している。古株の従業員は現状を維持しようと必死に抗い、サイロ化した各部署は、変化するビジネスニーズよりも、古い伝統に守られながら動いていた。完璧を求める社風も新しいデジタルモデルの実験を妨げ、日常業務を改善するためのデジタルツールやスキルではなく、単発のデジタルプロジェクトにリソースが割り当てられていた。上層部は旧態依然とした紙媒体事業に固執し、デジタル人材はニューヨーク・タイムズの将来を見限って去っていた。報告書では、

図1-1　ニューヨーク・タイムズ・カンパニーの売上の推移
（2006年～2012年）

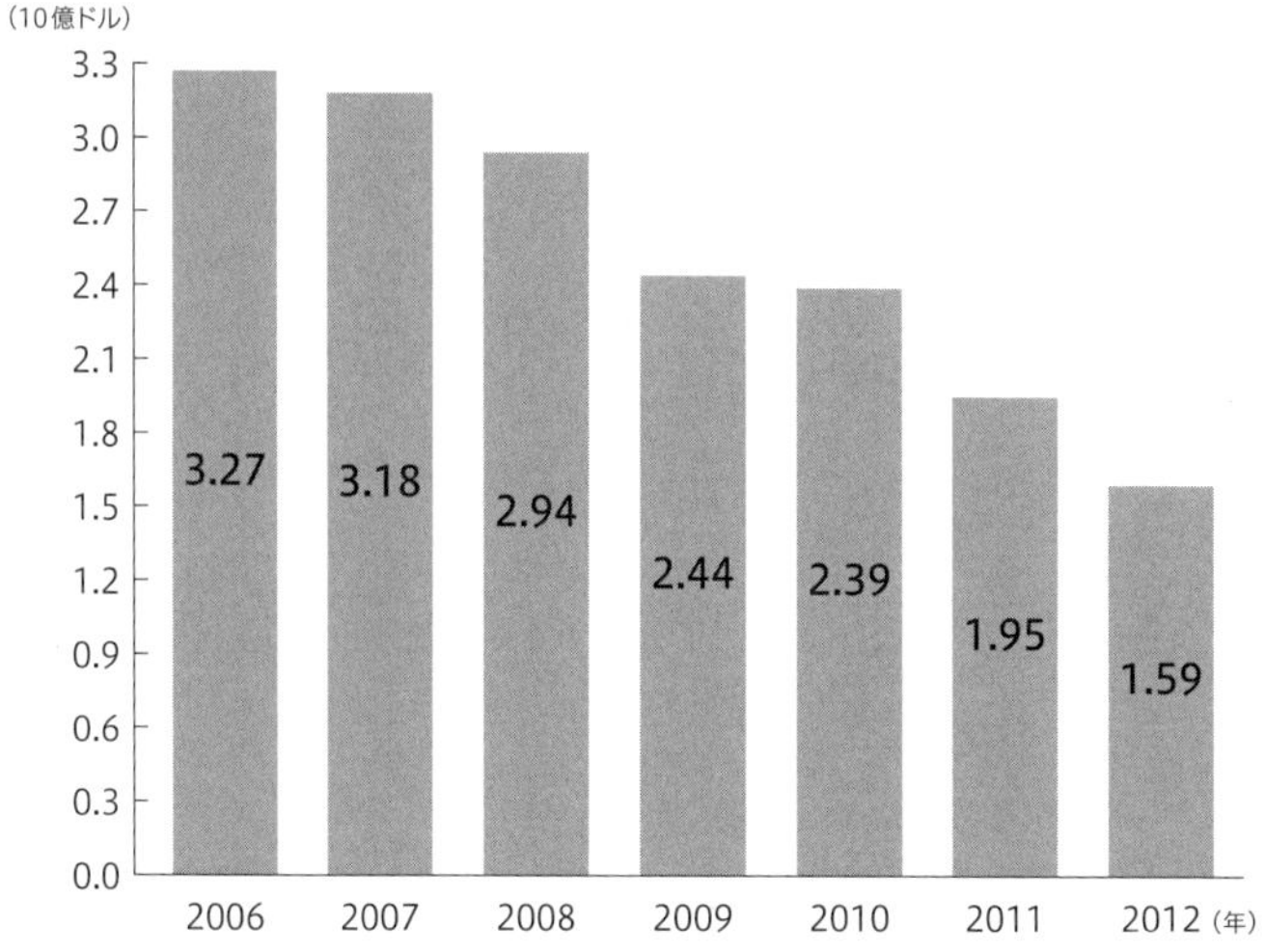

旧来事業に執着した結果、「自分たちにとって快適で慣れたやり方の職場環境ができあがってしまい、怠慢につながった。真にチャレンジしなければいけない課題を避け続け、目指すべき姿やどう変わるべきかといった現在および将来の大きな課題に向き合わない姿勢に転じていった」と指摘している〔6〕。

このケースから学べることはほかにもある。ニューヨーク・タイムズが直面した課題や危機は、現在、変革を推し進めているすべての旧来事業を直撃している。新時代への適応に苦戦したり、行き場を失ったりした多くの企業と同様、ニューヨーク・タイムズも将来を見据えたデジタル改革のロードマップを用意しておらず、無駄な努力に何年も費やす結果となってしまった。

DX失敗の危機

ここ数年、メディアに限らず、ほかの業界にもデジタル革命が拡大しており、ほぼすべての既存企業が何らかのDXの取組みを進めてきた。しかし、その大半は期待していた成果を上げることはできなかった。BCGやマッキンゼーなどが実施した世界規模の調査によると、DXの70%以上は、その目標を達成できなかったり、成果が持続しなかったりしたことが判明している〔7〕。このような企業の失敗は、あらゆる業界で起きている。コダックやブロックバスターのような有名かつ世界的ブランドがデジタルを活用した新規参入企業に敗北し、ノキアの携帯電話のように、かつて市場を独占していたマーケットリーダーがあっけなく事業撤退をしなければならなくなった。映画館、百貨店、新聞社などの伝統的企業が含まれる業界全体が急激に落ち込んでいる。

既存企業は従来の事業をなんとか維持しているものの、大きな成長機会を狙う新規参入企業がその分野に流れ込んでくるのを、なすすべもなく傍観しているケースもある。自動車業界に目を向けると、テスラが電気自動車に先鞭をつけ、瞬く間に市場価値が急騰したが、旧来の自動車メーカーはこの状況を黙って見ていることしかできなかった。金融業界では、従来型の銀行が既存事業をデジタル時代に適応させようと奮闘していた一方で、ストライプやブロック［訳注：旧社名Square。2021年にBlockに社名変更］、ペイパル、アントフィナンシャルに代表されるフィンテック企業は、まったく新しいタイプの金融サービスを打ち出し、驚異的な成長を遂げることに成功した。

このような圧倒される動きを前に、ビジネスリーダーたちはDX対応に追われている。ここで、ゼネラル・エレクトリック（GE）の有名な事例を紹介しよう。GEは2015年、「GEデジタル」と呼ばれる大規模なDXプロジェクトを開始した。これはCEOのジェフリー・イメルトが提唱したもので、GEを5年以内に「トップ10のソフトウェア企業」にすると発表した。しかし3年後には、不本意な結果に終わったことから、新たに就任したCEOによってGEデジタルは縮小され、別会社として切り離されることとなった[8]。

私はこれまで数多くの企業の幹部と会ってきたが、最高デジタル責任者（CDO）を迎え入れたものの、その企業でのデジタル戦略のあり方を理解している者は誰一人いなかったという話を嫌というほど耳にしてきた。長年にわたり既存のビジネスで成功を収めてきた企業ほど、最新デジタル技術に資本を投じるリスクを避けようとしているとの指摘もある。私が顧問を務めたある大手小売企業は、グーグルやアマゾンから上級職の人材を引き抜き、データドリブン型企業への転換を目指していたが、そもそも実験や意思決定に必要なリアルタイムデータを経営側が持っていなかったと認めている。

変革の失敗は致命的だ。年々、あらゆる業界でデジタル技術が事業に与える影響は大きくなっている。新型コロナウイルス感染症のパンデミックは、こうしたデジタルシフトを加速させ、遠隔医療、ストリーミングメディア、オンライン学習、電子商取引、リモートワークといった分野で、数年はかかると予想されていた変化を数週間で実現してしまった。この変化の勢いは落ちるどころかいまも続いており、むしろ加速している。私がHCLと実施した経営幹部を対象としたグローバル調査でも示されているように、今日のリーダーたちにとってDXはもはや「やるとしたら」ではなく、「いかに迅速に行うか」という段階にある[9]。

DXは現在、あらゆる業界の役員会の議題に上がっている。これ以上、DXへの道を誤るわけにはいかない。

DXとは何か

まず、DXの定義を明確にしておこう。DXという言葉は現在広く使われているが、流行語となった現在、その定義に混乱が生じ、明確な理解が難しくなっている。長年にわたってこのテーマを研究、実践しながら教壇にも立ってきた私は、DXをきわめて特殊な活動であると捉え、次のように定義している。

絶え間なく変化するデジタルの世界で
成功するために、
既存事業を変革すること。

ここで、押さえておきたいポイントが3つある。まず、「DXはビジネスに関するものであり、技術に関するものではない」ことだ。DXの取組みが、導入したい技術（AI、ブロックチェーン、ロボティクス、クラウドコンピューティングなど）の観点から定義されることがあまりにも多い。もちろん、策定したデジタル戦略の実施には、技術が不可欠だ。しかし、どのようなDXの取組みも、導入したい技術の一覧表ではなく、事業内容や従業員、顧客を中心に据えて策定すべきである。

次に、「DXとは既存の組織を変えることであり、スタートアップ企業を作ることではない」ことだ。スタートアップ企業の目標は、収益性の高いビジネスモデルを模索し、新しい組織の規模を拡大しその成長を支えることである。しかし、既存企業にはビジネスモデルと組織という2つの側面があり、後者は従業員、顧客、製品、流通チャネル、パートナー企業、そして確立された企業文化や働き方で構成されている。つまりDXとは、本質的にいえば、すでに動いている組織を変えることなのだ。物理学では、運動している物体が同じ方向に同じ速度で動き続ける性質を「慣性」と呼ぶ。物体が巨大になればなるほど、進路変更は難しくなる。これはビジネスにおいても同様で、変革の最大の敵は「惰性」、つまり変化に対する組織の抵抗である。

そして最後は、「DXは継続的なプロセスであり、開始日と終了日のあるプロジェクトではない」ことだ。というのも、デジタル革命は、一回限りの変革（インターネットの誕生、モバイルやクラウドコンピューティングへのシフトなど）ではなく、適応し続けなければならないものなのだ。つまり、最新技術の波が連続的に押し寄せることで、「変化が常に加速していく」状態がデジタル革命なのだ。DXは、顧客の行動、ビジネスモデル、経済システムを未来永劫にわたって変えていくものとなるだろう。その変化に対応するには、しっかりした対策をとらなければならない。

DXが失敗に終わる原因

長年にわたり数多くのDX評論家と会ってきたが、成功に必要な唯一かつ最も重要なことはCEOがDXについて明確に指示を出すことだと、みな口を揃えていう。しかし、GEやニューヨーク・タイムズ、そのほかの数え切れないほどの事例で、その反対のことを目の当たりにしてきた。これらの例では、CEO自身はDXへの取組みに全力を挙げると宣言し、実際、資金や人的資本も大幅に投入している。にもかかわらず、何年経っても期待していた成果が出なかったり、将来に向けて切望されていた形にならなかったりする結果に終わってしまう。

ではなぜ、DXは失敗するのか？　これほど多くの企業が何を間違えたのだろうか？

まず、DXの難しさを理解することから始めよう。さまざまな意味で、DXには一種のバランス感覚が必要となる。単に旧来事業を「デジタル化」するための取組みであってはならない。DXは、既存の技術をアップグレードし、コストを削減し、現在提供しているサービスの顧客体験を向上させることを目的とすべきなのだ。デジタル経済において自社の重要性を維持し、生き残り、成長するためには、すべての企業は中核事業をデジタル化しながら活動範囲を拡げつつ、既存のキャッシュフローを最大化し、将来への投資を進める準備を整えることで、今後のイノベーションが漸進的または急進的であっても、その両方に対応できるようになる必要がある。しかし、既存のビジネスを再構築し、新規事業を立ち上げるには、これまでと同じ人材、プロセス、組織構造では不可能だ。既存の状況を再建することと未来を築くことでは、同じアプローチは通用しない。

DXの導入は、複雑な組織ではとくに難しい。今日、組織の複雑さは、従業員数（対応要員数）、事業ライン（顧客ごとに提供されるサービス）の数、事業展開地域（個々の規制で括られる地域単位）の数の主な3つの要因によって決まる。この要因のいずれかが大きくなると、組織運営は劇的に複雑化する。端的にいえば、従業員が500人程度で、単一地域でひとつの事業ラインを展開しているような既存企業であれば、DXの実現はそれほど難しくないだろう。そのような事業の場合、市場や技術の動向にもとづいて明確なデジタル戦略を決定すれば、優れたリーダーシップのもとでその戦略を実行に移すことができるはずだ。一方で、従業員数が1万人（あるいは10万人）にもなり、複数の事業ラインを展開し、規制がそれぞれ異なる複数の地域で事業展開している場合、はるかにDXの取組みは難しくなる。

このような難しさは業種を問わない。複雑な組織のリーダーに話を聞けば、DXにまつわるトラブルが次から次へと出てくる。たとえば、「従業員は変化を恐れている」「新規事業が中核事業に勝ることはない」「成功しそうなアイデアも、法律やコンプライアンス上の理由で頓挫する」「デジタル化の取組みはよい企業宣伝にはなるが、目立った変化はもたらさない」「リスク回避の姿勢と意思決定の遅さのため、デジタル系競合他社に後れを取ってしまう」「自社のレガシーな情報技術（IT）では柔軟性に欠ける」「データがサイロ化している」「必要なスキルを持った人材がいない」といった問題だ。

心当たりはないだろうか？　こうした例は枚挙にいとまがないが、これらはDXの実践における根本的な問題の兆候の現れである。私自身の研究や、数多くの企業との仕事を通じて、DXが失敗する根本的原因を5つ特定した。ここで、DXを阻む障壁と、それがもたらす問題をそれぞれ確認していこう。

DXの成功を阻む主な障壁

①共有ビジョンの欠如

DXの実現を阻む最大の障壁のひとつは、共有ビジョンが存在しないことだ。「デジタル化」を優先事項として大々的に掲げる大企業は無数にあるが、経営者に話を聞くと、デジタル化による業界の未来や、ターゲット市場、あるいは将来何によって成功するのかについて、共通の認識が存在していないことがはっきりとわかる。かわりにあるのは「デジタル化する」という表面的なスローガンだけだ。このような共有ビジョンが欠如しているときに現れる兆候は山ほどある。従業員の腰は重く、変化を恐れ、企業の方向性や自らの貢献の仕方への明確な感覚を欠いている。投資家だけでなく、損益計算書（P&

L）をまとめる経営幹部も、デジタル化に必要となる高額の投資に難色を示す。これを受けて、デジタル化の取組みは平凡なものとなり、企業は同業他社の動きに追随し、一歩遅れて市場動向に反応するといった具合だ。そもそもＤＸの進捗を判断する明確なビジネス指標がないため、リーダーたちは凡庸な「デジタル成熟度」指標に頼ってしまいがちである。

②成長に向けた優先順位の欠如

２つ目のＤＸの大きな障壁は、成長に向けた優先順位が明確でないことだ。優先順位の欠如が生じるのは、企業が既存事業を「デジタル化」することだけに注目し、その先を見据えていないことが原因かもしれない。あるいは、顧客の問題解決が先かそれともビジネスチャンスの獲得が先かなど、重視すべき戦略的優先順位の決定に必要な資質を、リーダーが持ち合わせていないことも考えられる。

このように優先順位が決まっていない場合も、多くの兆候が現れる。優先順位が明確でなければ、ＤＸは戦略的方向性を見失う。ビジネス上の問題に主眼を置かず、技術（ＡＩ、クラウドコンピューティング、ブロックチェーンなど）だけを見てＤＸの道筋を決めてしまうと、次に登場する最新技術に簡単に取って代わられてしまう。成長を考慮せずに進めてしまえば、ＤＸがもたらすメリットはコスト削減と既存事業の最適化のみだ。デジタル化の取組みは技術担当者が進めるだけで、ほかの部署の仕事内容は結局何も変わらない。その結果、ＤＸはビジネスニーズから切り離され、時間とともに支持を失っていく。

③実験より計画を重視

3つ目のDXの大きな障壁は、実験よりも計画を重視することだ。意思決定者は何年もかけてDXの計画を練る。彼らは、新しいデジタル製品やサービスの開発に先立ち、煩雑な事業計画の作成を求める。いったんプロジェクトが始まると、綿密な計画と実行が重視され、ステージゲート法〔訳注：イニシアチブまたはプロジェクトを、意思決定のタイミングで区切られた明確に異なる複数のステージまたはフェーズで構成したプロジェクト管理手法〕に従いながら、あらかじめ決められたソリューションの構築に向けてプロジェクトが進んでいく。ステージゲート法は、デジタルネイティブ企業の指針となる迅速な実験モデルと対極をなすアプローチである。既存企業は、アジャイルなソフトウェアチームを立ち上げたり、デザイン思考セッションに参加したりと、一見すると実験的な活動を行うかもしれないが、こうした反復的手法を計画偏重の管理モデルに無理やり組み込んでいるだけだ。

実験よりも計画を重視することの代償は大きい。意思決定者は、新しいアイデアを顧客と一緒に直接検証するのではなく、他社のベンチマークやベストプラクティスを当てにし、チームは問題解決ではなく、ソリューション構築のために割り当てられる。プロジェクトには柔軟性が欠けているため、方向転換ができず、コストのかかる失敗やリスク回避の文化が生まれてしまう。その結果、デジタル化はなかなか進まず、他社に先を越された挙げ句、インパクトのあるビジネス創出ができずに苦労することになる。

④融通の利かないガバナンス

DXの4つ目の障壁は、すべての取組みに通常業務のプロセスやガバナンスを当てはめてしまうことだ。旧来的な組織の壁、報告ライン、予算が支配的であると、成長への取組みを阻害してしまう。企業には、反復的な資金提供プロセスや、中核事業を超えてリソースをほかに配分するための社内承認ルールが存在しないことがある。それでは部署横断型チームを立ち上げ、新しいビジネスチャンスに素早く取り組むことはできない。要するに、成長を管理し、拡大するための反復可能なプロセスが欠如しているのだ。

融通の利かないガバナンスの兆候は、あらゆるところに現れる。本来、DXの主幹幹部がデジタルプロジェクトを自身の権限で承認し、通常の社内規則とは異なる例外対応を認めるべきである。しかし実態は、以下のような事例が散見される。部署間の壁によってチーム同士の連携が滞り、イノベーションが遅れてしまう。さらに、リソースも毎年の予算編成によって制限され、イノベーション拡大の動きにも遅れが出る。承認されるプロジェクト数も少ないため、一度始まったプロジェクトを止めようとする者もいない。結果、不確実性の高い新規事業は高リスクとみなされつつも、中核事業の外側で行われているイノベーション事業は見て見ぬふりをされてしまうというわけだ。

⑤旧態依然とした能力

DXの最後の障壁は、技術、人材、企業文化など、既存の能力への依存である。旧式の技術はそのままで、ITアーキテクチャー、データ資産、そしてその両方を管理するルールに対し、パッチや表面的な修正だけで対処していることがある。長年在籍している人材の能力開発も行われず、デジタルスキルへの投資も限定的で、以前のビジネスニーズにあわせて採用・トレーニングした人材やリーダーへの投資もほとんどない。旧態依然とした企業文化は変わらず、トップダウン式の指揮統制に根ざした考え方や行動が残っていることもある。

能力の向上が見られない場合も、多くの兆候が現れる。柔軟性のないITシステムにより、組織内のサイロ化が助長されてしまう。管理者も、意思決定に必要なリアルタイムのデータが手に入らない。デジタルプロジェクトはすべて本社のIT部門が管理するため、ボトルネックが生じる。デジタルイノベーションのスキルを持つ人材が不足し、IT業務は外注せざるをえない。トップダウン式の企業文化や考え方は、従業員の意欲を削ぐとともに、不信感を生み出し、様子見の姿勢を取るようになってしまう。

DXを成功へと導くには

上記のシチュエーションに心当たりがあり気落ちしてしまったかもしれないが、落胆することはない。複数の調査でDXの取組みの70％が失敗していることが判明しているが、残りの30％は成功していることに注目してほしい。これから紹介するDXロードマップは、数々のDXの成功事例から導き出されたものである。ここでは、B2C業界とB2B業界における、注目すべきDXの成功事例をいくつか見ていこう。

●**ウォルト・ディズニー・カンパニー**：従来型のメディア企業であるウォルト・ディズニー・カンパニーは、大手ハイテク企業（ネットフリックス、アップル、アマゾン）に対抗するため、コンテンツのコレクションを拡大し、急成長中のストリーミングサービス「Disney+」「ESPN+」「Hulu」を設立した。Disney+の立ち上げから3年も経たないうちに、ストリーミング加入者数はネットフリックスを凌駕したのである［10］。同時に、D2C［訳注：Direct to Consumer。メーカーが中間流通を介さず自社のECサイトなどを通じ、商品を直接消費者に販売するビジネスのこと］としての新たなデジタルな未来を見据え、成長戦略、評価基準、組織構造を再編成した。

●**マスターカード**：クレジットカードの国際ブランドのマスターカードはいまや世界屈指のフィンテック企業だ。その膨大なデータとグローバルなビジネスネットワークを活用し、デジタルコマース分野での成長ビジネスを構築してきた。新興フィンテック企業をサポートするトップクラスのアクセラレーター［訳注：起業家に対し、経営やマーケティング、営業など、事業成長に必要なスキルやノウハウを提供することで、事業立ち上げを強力に支援］も運営しており、自社のイノベーションラボでは、サイバーセキュリティ、デジタル認証、データ分析を中心とした新しいビジネスモデルを構築、拡大しながら、世界中の法人顧客にデジタルサービスを提供している。

●**ドミノ・ピザ**：飲食チェーンを展開するドミノ・ピザは、中核事業のデリバリー事業をデジタル時代に沿った形で改革し、驚異的な成長を遂げることに成功した。ドミノ・ピザが投資した技術には、AI搭載型モバイルアプリ（初の音声注文型アプリのひとつ）や、絵文字、ツイート、アップルウォッチ、アマゾンアレクサで注文できるオムニチャネル［訳注：顧客が使用するチャネルに関係なく、シームレスで統一されたブランド体験を提供することを目指す販売、マーケティング、およびカスタマーサポートへのアプローチ」戦略の「AnyWare」、そしてピザ自動宅配ロボット（ヨーロッパ都市の狭い道路で運用）、さらにはピザ・ドローン（ニュージーランドの山岳地帯で初試験飛行）といった宅配手段のイノベーションなどがある。デリバリー体験のイノベーションを常に追求するドミノ・ピザは、デジタル投資からわずか7年で株価が３２００％も急騰する驚異的な成長を遂げた［11］。

- **ディア・アンド・カンパニー**：トラクター、種まき機、収穫機など、同社の農業機械は「ジョン・ディア」ブランドの名で知られている。現在製造している農業機械は、全製品がソフトウェアとセンサーに対応し、クラウドに接続している。顧客の農地1平方フィートごとにデータを収集し、そのデータにもとづいた精密農業［訳注：農地・農作物の状態をよく観察し、きめ細かく制御し、農作物の収量および品質の向上を図り、その結果にもとづき次年度の計画を立てる一連の農業管理手法］とデータ分析により、種まき、施肥、収穫を最適化するサービスを提供している。
- **エア・リキード**：産業ガスの世界的トップランナーであるエア・リキードは、データを活用し、ヘルスケアや製造業といった主要産業において新たな価値の源泉を創出した。現在、世界各地にある４００の産業プラントと２０００万本のガスボンベから取得したデータにもとづき、予知保全などの分野で価値を生み出している。さらに、ウェブや電話、アプリ、対面でのやり取りを組み合わせたオムニチャネルで、法人顧客向けの顧客体験も再構築中だ。大手パートナー企業やデジタルスタートアップ企業とこれまでにない方法で連携し、在宅医療や都市大気汚染対策などの新市場への参入も目指している。

上記の企業やDXに成功した30％の企業が教えてくれるメッセージは、これ以上ないほど明確だ。つまり、企業が革新的な変化を受け入れるのなら、DXは必ず実現可能ということだ。

DX＝Digital Strategy（デジタル戦略）＋Organizational Change（組織変革）

私は以前、DXについて初めて論じた著書『DX戦略立案書』を上梓した。これは世界的なベストセラーとなり、数多くの言語に翻訳され、紙媒体とオーディオ版の両方で出版されている。これがきっかけとなり、世界各地で講演し、数多くの企業の経営者にアドバイスを提供する機会に恵まれた。一方、コロンビア・ビジネススクールで経営者向けの講義を受け持つようになってからは、キャンパスとオンラインの両方で、数千人ものビジネスリーダーと親しく接するようになった。

本書は、その実践経験と長年のDX研究の集大成であり、私がこれまで見てきた、ありふれているが永続的な企業の課題と、成功をつかむためのカギとなるステップについてまとめた一冊である。このようなすべての知見にもとづき、DXロードマップの完全版を完成させた。

最初にはっきりさせておきたいのは、戦略を適応させることだけがDXではないことだ。真のDXには、デジタル戦略と組織変革を組み合わせることが必要となる。式にまとめると、次のようになる。

DX＝D strategy（デジタル戦略）＋organizational X（組織変革）

前著を読まれた方なら、これはデジタル時代の戦略を、5つの領域（顧客、競争相手、データ、イノベーション、プロセス、価値提案）全体で見直すことを意味することがご理解いただけるだろう。本書で紹介するDXロードマップは、この5つの領域を網羅し、業種や規模、複雑さを問わず、組織のあらゆる階層でDXを実現する処方箋を示したものである。

DXロードマップを考える際に忘れてはならないのが、DXは、開始日や終了日が設定されている従来のチェンジマネジメント・プロジェクトでもなければ、目的地が決まっている道のりでもないことだ。いうなれば、DXとは、組織を再構築することで、デジタルな未来における継続的な変革に備えることである。後述するように、アマゾン、アルファベット、マイクロソフト、ネットフリックスのようなデジタルネイティブ企業が、絶え間ない変化のなかで成功を収めることができたのは、まさにこの方法を実践したからだ。もちろん、あなたのビジネスも例外ではない。

DXロードマップ

前著を出版して以降、何人ものCEOから次のような問い合わせを受けた。「ロジャース教授へ——あなたの著書を拝読し、とても共感いたしました。弊社もDXを始める準備が整いました。そこで、私が次に取るべきステップが記載された論文や、もし可能であればパワーポイントのスライドをお送りいただけませんでしょうか？」

はっきりさせておこう。DXロードマップは、1から10まで図解つきで順序立てて書かれたイケアの組立説明書のようなものではない。すべての企業のDXに適用できるような投資、予算配分、戦略的ステップを網羅した簡潔なリストなどは存在しない。どの企業にも独自の背景や歴史、強み、課題があるからこそ、出発点や進むべき道もそれぞれ異なるのだ。しかし各社のDXの道筋がどれほど異なろうとも、私が知る限り、どの企業も、DXが真の意味で永続的なインパクトを企業にもたらすために、乗り越えなければならない共通の障壁に直面している。

そこで、DXでビジネスを成功へと導くための5つの反復的ステップからなるフレームワークを考案した。このDXロードマップは、業界、地域、規模、株主構造がそれぞれ異なる20社以上の企業のCEOやCDOにアドバイスを提供してきた経験と、研究対象としてきた数多くの

図1-2　DXロードマップ

DXロードマップのステップ		主となる概念
ビジョン	①共有ビジョンを定義する	•未来の風景 •成功する権利 •北極星インパクト •ビジネス理論
優先順位	②最も重要な問題を選択する	•問題／機会ステートメント •問題／機会マトリクス •新規事業一覧（ベンチャーバックログ）
実験	③新規事業を検証する	•検証の４段階 •ロジャースの成長ナビゲーター •例示MVPと機能MVP
ガバナンス	④規模拡大を管理する	•チームとボード •反復的資金提供プロセス •成長への３つの道 •企業内イノベーションスタック
能力	⑤技術、人材、企業文化を育てる	•技術／人材マップ •モジュール構造 •組織文化醸成マップ

企業の評価結果にもとづいて作成されたものである。

各ステップを詳しく見ていく前に注意してほしいことは、各ステップは梯子のように一度登れば終わりではないことである。通常は、ステップ1から始めて、次にステップ2というような順序性があるが、DXロードマップにおいては、次のステップに移っても前のステップが並行して続いていてもかまわない。DXは期間が設定されたプロジェクトではない。時間の経過とともに組織内の変革が深化・拡大していくにつれ、DXは反復的かつ累積的な変化をもたらしていく。これを念頭に置いて、DXロードマップの各ステップを見ていこう（図1－2参照）。

①ビジョン：共有ビジョンを定義する

DXロードマップの最初のステップでは、組織のデジタルの未来について共有ビジョンを定義することを目標とする。これは、デジタルの力によって形成される業界の未来の風景を描くことから始まり、デジタルな未来で成功する権利を手にするための独自の優位性を定義することを含んでいる。これはビジネスが顧客やほかのステークホルダーに与える影響について、北極星のような指針となる目標を選択するということである。どのように価値を獲得しデジタル投資に対するリターンを得るかというビジネス理論を明示することでもある。

このステップを正しく進めることで、外部環境の動向に左右されず、主体的にビジネス戦略をコントロールでき、競争優位をもたらしうるデジタル事業への投資にフォーカスでき、デジタル投資のビジネスインパクトが明確に定められ、投資家や財務責任者、デジタル推進担当者からの支持も獲得することができるだろう。

②優先順位：最も重要な問題を選択する

DXロードマップのステップ2では、デジタル成長計画の指針となる戦略的優先順位を決定する。このステップは、解決すべき問題と追求すべき機会という2つの観点で戦略を検討することから始まり、さまざまなツールを活用して、事業にとって最も重要な問題と機会を特定していく。そして、問題／機会ステートメントを使用して戦略を決定し、企業のあらゆる階層からデジタルイノベーションのアイデアを喚起する。

このステップを正しく進めることで、企業内の各チームに方向性を示しつつ、技術の導入ではなく問題解決を目的としたデジタル化を進め、単なる効率化ではなく成長を達成し、あらゆる階層や部署で新規事業による変化を加速させることができるだろう。

③実験：新規事業を検証する

DXロードマップのステップ3では、デジタル新規事業をそれぞれ迅速にテストし、顧客と自社に価値を生み出す事業を見極める。このステップは、科学者のように考えること、すなわち仮説を定義し、ビジネス上の仮定を検証する実験を組み立てることから始めていく。反復的な測定基準を使用して顧客から直接データを収集し、反復的なプロトタイプとMVP（Minimum Viable Products）［訳注：顧客が必要とする最低限の機能のみを実装した製品のこと］を用いることで、それぞれが特定の質問に対して回答を出すように設計する。そして、「検証の4段階」と呼ばれる新しいモデルにもとづき、学習プロセスの順番を決定することで、新しいアイデアから段階的に実ビジネスへと新規事業を導いていく。

このステップを正しく進めることで、新しいアイデアを数多くテストして最も効果的なものを見極め、ベンチマークではなく顧客からのデータにもとづいた意思決定をしながら失敗のコストを抑えつつリスクを取ろうとする意識を維持し、反復と適応を迅速に行い、価値あるイノベーションを大規模に構築することができるだろう。

④ガバナンス：規模拡大を管理する

DXロードマップのステップ4では、企業全体のデジタル成長を拡大させるガバナンスモデルを組み立てる。具体的には、小規模な部署横断型チームのルールと決定権の明確化、柔軟性のあるリソースプールを実現する構造（ラボ、ハッカソン、ベンチャーファンドなど）の構築、新規事業を承認し、反復的な資金提供を監督する役員会の設置、適切なルールとガバナンスによる「3つの成長経路」（中核事業内、中核事業と連携、中核事業の外側）の管理といったプロセスがある。

このステップを正しく進めることで、成長を推し進めるチームに権限を与え、リソースを柔軟に割り当てながら、実績が出ていない新規事業は迅速に打ち切り、中核事業とそれ以外の領域でデジタルイノベーションを安定した軌道に乗せることができるようになるだろう。

⑤能力：技術、人材、企業文化を育てる

ＤＸロードマップの最後となるステップ５では、デジタルな未来に不可欠な技術、人材、企業文化に投資を行う。たとえば、マイクロサービス・アーキテクチャー〔訳注：小さな独立した複数のサービスでソフトウェアを構成する、ソフトウェア開発におけるアーキテクチャースタイルのひとつ〕、同期されたデータ資産、効果的なＩＴガバナンスをそれぞれ備えた技術への投資などが挙げられる。これにより、採用、育成、離職およびその後に至るまでの人材ライフサイクルを管理することで、デジタルスキルを高めることができる。このステップは、デジタル戦略を支える企業文化（共通の考え方や行動規範）を決定し、ストーリー、シンボル的表現、行動でそれらを伝えることで、日常業務のプロセスを通じて実体を伴った企業文化に昇華させるプロセスでもある。

このステップを正しく進めることで、組織全体や外部パートナーとの間で技術が統合されるようになり、データにもとづく一元的な情報リソースを管理者に提供しながら、各チームのデジタルソリューション構築スキルを高め、あらゆる階層の従業員がボトムアップ式に変革を推し進めることができるようになるだろう。

ボトムアップ式ロードマップ

従業員に権限を与えることが重要であることについて押さえておくべきポイントがある。ＤＸロードマップを運用するうえで、ＤＸは上意下達で進めるものではないことを理解しておくことだ。ＤＸの取組みは、たとえば社長室で始まるかもしれないし、ＣＤＯのようなチェンジエージェント〔訳注：組織における変革の仕掛け人、あるいは触媒役として変化を起こしていく人のこと」の指示で始まる可能性もある。しかし、上からの指示だけではけっして成功しない。

デジタル時代の特徴といえば加速度的な変化だ。どの企業も、DXへの対応は一回だけではなく継続して行うものだと理解しなければならない。競争から取り残されないために、企業はトップダウン式の指揮統制型経営から脱却し、従業員の自主性と自発性を重んじる、よりアジャイルな組織へと転換する必要があるだろう。アマゾン、ネットフリックス、アルファベットに代表されるデジタルネイティブ企業は、すべてこの新しいモデルを採用しており、意思決定の権限を可能な限り担当者レベルにまで広げることで、大規模かつスピーディーな成長を遂げている。

本書を通してわかるように、このDXロードマップを取り入れることは、自らの企業においてもボトムアップ型のアプローチを取るということである。「ボトムアップ」とは、上下関係のないフラットな組織という意味ではない。意思決定権限が下位層にまで広げられ、市場からのインサイトがボトムアップで汲み上げられ、組織のあらゆる階層でイノベーションが起こるという、3つの流れをいうのである。

ニューヨーク・タイムズの成功事例を5つのステップに分解する

DXロードマップの5つのステップにより、新しいDXプロジェクトに向けて好スタートを切ることができるだけでなく、長い間実を結ばなかったDXの取組みを好転させることも可能だ。最も印象的な

ＤＸの成功例として、ニューヨーク・タイムズの事例を紹介しよう。苦渋に満ちた自己評価と「イノベーション・リポート」の内部リークから数年、ニューヨーク・タイムズはＤＸを成功させた代表的な企業へと一転した。同社は、変革を阻んでいた5つの課題をひとつひとつ解決し、ＤＸロードマップの5つのステップすべてを実行することで、見事ＤＸを成功へと導いたのだ。

この転換は、明確な将来の「ビジョン」を描くことから始まった。インターネットが既存の広告市場を破壊し続けるなか、ニューヨーク・タイムズに残された唯一の生き残る道は、ビジネスモデルを「再構築」することであった。つまり、広告収益ではなく、購読料収益を中心としたビジネスへの移行である。これはニューヨーク・タイムズ史上最大の戦略的転換だといっても過言ではなく、ビジネスそのものを刷新する必要があった。あの忌まわしい「イノベーション・リポート」の翌年、「われわれが進むべき道（Our Path Forward）」と題する戦略文書が発表され、紙媒体の収入をしのぐデジタル収入を上げるという野心的なビジネスモデルが明確に打ち出された。そのなかで、5年間でデジタル収入を2倍の8億ドルにするという目標が掲げられた。これは世界各地での報道活動を維持するには十分な額であった。この目標を達成してこそ、ニューヨーク・タイムズは、紙媒体ビジネスのディスラプション（破壊）から抜け出し、その使命を全うすることができるのである。

この戦略文書には、デジタル化の取組みに注力して成功へと導くための戦略的優先順位も示されていた。具体的には、「ニューヨーク・タイムズ紙の購読が、ネットフリックスやアマゾンプライムを利用するのと同じくらい生活に欠かせない存在となるよう、商品体験の変革を図る」「世界的なリーチを拡大し、読者層を海外にも拡げる」「これまでにない魅力的な広告フォーマットを生み出し、デジタル広告を成長させる」「スタッフの職務内容を、デジタルプラットフォームと読者体験に沿ったものに転換する」「読者の満足度を維持しつつ、注力分野を紙媒体からシフトさせる」というものである。

このように優先順位を定め、デジタル版の実験と新規事業のペースを加速させていった。これにより、中核事業である報道においては、データにもとづくニュースを視覚に訴えるような形で伝えることができるようになり、そうした記事の多くが同社の画期的なウェブサイト「The Upshot」から発信されることになった。つまり、動画やポッドキャスト、仮想現実（VR）、インタラクティブ・ニュースボットといったメディアを試験的に導入し、購読者がモバイル機器で好むフォーマットを検証したのだ。同時に、「ニューヨーク・タイムズ・クッキング」や「ニューヨーク・タイムズ・ゲーム」など、独立した新しいサブスクリプションサービスも開始した。さらに、ライセンス供与（FX NetworksやHuluでのテレビ番組）、アフィリエイト販売（商品レビューサイト「Wirecutter」）、ライブカンファレンス・イベントなどにもとづく新しいビジネスモデルも模索したのである。たとえば、「Wirecutter」、「Serial」（ポッドキャスト・スタジオ）、「Audm」（朗読アプリ）、「The Athletic」（世界展開するスポーツサイト）、大ヒットしたオンラインゲーム「Wordle」などは、買収によって誕生したデジタル新規事業だ。一方、広告チームと技術チームにより、モバイル広告とオーディオ製品向けの新しいフォーマットも開発された。

ニューヨーク・タイムズの改革は、ガバナンスにも及んでいる。デジタル事業はもはや独立した子会社のような扱いではなく、組織全体の中核に据えられ、ジャーナリズム、商品、エンジニアリングの視点が初めて機能横断的なチームに結集された。あらゆる成長機会に対応できるよう、さまざまなガバナンスモデルも確立された。「クッキング」や「クロスワード」などの新規サブスクリプションサービスは、明確な指標をもって成長に注力すべく、スタンドアロン・プロダクツ&ベンチャー・グループに組み入れられた。一方、スポーツファンという明確な購読者層を持つ企業である「The Athletic」は2022年に買収したものの、独立した事業部門として元の創業者により引き続き運営されることになった。

同時に、デジタルな未来にとって重要な能力の構築についても、その取組みの見直しを図っている。エンジニアリングチームが技術とデータ基盤を強化し、読者のあらゆるデジタル行動におけるデータを収集できるようになった。これにより、ニュース記事をニューヨーク・タイムズ紙の100年以上にわたるアーカイブの関連記事と結びつけ、読者のプライバシーを維持しつつ、自社で収集したデータにもとづき、ターゲットを絞った広告を配信することが可能となったのだ。

一方で、新たなデジタル人材の採用や管理職への登用も進み、各分野の記者を対象にデータドリブンなジャーナリズムや視覚的な情報伝達についての研修も行われた。2018年に発行人となったA・G・サルツバーガーは、「われわれは、ほかのどの報道機関よりもプログラムコードを書けるジャーナリストを多く擁している」と自負している[12]。企業文化の変化を見ても、古い伝統に縛られたリスク回避の考え方から、リスクを取って失敗から学ぶことを大切にする文化へとシフトしていった。

ニューヨーク・タイムズにとって二度目となるDXの成果は、実に驚異的なものだった。デジタル収入を8億ドルにするという野心的な目標を1年前倒しで達成し、さらには2025年までに購読者数1000万人という追加目標も、予定より4年も早く達成したのだ[13]。なかでも注目すべきは、デジタルの収入が紙媒体の収入を上回り、購読料も広告売上を超え、2つの重要目標をともにクリアしたことである。この偉業は投資家たちの注目を集め、2016年から2021年までの5年間で株価は261

%も急騰した。当時の年次報告書には、将来を見据えた新しいビジョンが次のように記されている。「ニューヨーク・タイムズは、世界を理解し、世界と関わりを持とうとするすべての英語圏の人びとにとって、欠かすことのできない媒体となることを目指している」[14]

なぜDXロードマップが重要なのか

DXは、企業の生き残りがかかっているきわめて重要な挑戦であり、このDXロードマップの5つのステップは、真にインパクトのあるDXを実現するための道筋を示すものである。このステップを実行することで、多くのDXの取組みを阻んでいる組織の停滞という失敗を回避し、DXの勝者の仲間入りができるだろう。表1－1は、DXロードマップの5つのステップごとに、DXの取組みが失敗した場合と成功した場合の成果の違いをまとめたものである。

本書の活用法

本書はきわめて実用的な一冊だと自負している。その内容は、私自身が、さまざまな規模、業界、地域の企業でアドバイザーとして携わってきた経験、またコロンビア・ビジネススクールでの講義を通じて世界中の何千人もの経営者たちから受けた多くの質問や、彼らと長年にわたり意見を交わしてきた経験にもとづくものである。

DXは企業のあらゆる階層で推進される必要があるため、このDXロードマップは、組織全体を俯瞰したマクロ的視点から、各階層のミクロ的視点までカバーするように構成されている。読者がCEOやCDO、あるいは事業部門のデジタル担当者、人事部などの部門長、はたまたデジタル製品の設計者であろうと、DXロードマップの各ステップは役職を問わず、すべての人が対象だ。

次章（第2章）では、DXとイノベーションの関係を分析し、既存企業がデジタル時代に求められるスピードでイノベーションを起こせない原因について考察する。あわせて、高い不確実性が存在するなかでのイノベーションの課題と、中核事業以外の領域におけるイノベーションの課題について探り、さらには、デジタル時代のビジネスから得られる教訓や、アジャイル、リーンスタートアップ、デザイン思考、プロダクトマネジメントなどのデジタル時代の手法から学べることも取り上げていく。

第3章から第7章までは、DXロードマップの5つのステップを掘り下げて説明する。各ステップは、企業の実際のケーススタディと照らし合わせながら考察する。その過程で、銀行、保険、小売、製造、メディア、通信、技術、自動車、エネルギー、ヘルスケア、非営利団体、製造業、さらにはコンテナ輸送など、さまざまな業界から数多くの事例を紹介する。それぞれのケースでは、実在する人物とその人のビジネスにまつわるエピソードを交え本書の戦略的コンセプトを説明していく。

さらに、このDXロードマップを自身の企業で活用するための実践的な手段として、次の8つの戦略立案ツールも盛り込んでいる。

失敗の兆候	成功の兆候
ステップ4：ガバナンス	
•上級幹部が個人的に認めなければ、新しいイノベーションは起きない。	•イノベーションのためのリソースとガバナンスを提供する仕組みが確立されている。
•新規事業はなかなか進まず、従来型のチームが機能別サイロ内で主導している。	•新規事業は迅速に進められ、高度に独立した多機能型チームが主導している。
•年間予算サイクルにより、新規事業へのリソース配分が遅くなる。	•反復的な資金提供を通じて、迅速にリソース配分が行われる。
•イノベーションは少数の大型プロジェクトに限定されており、開始後中止するのが難しい。	•安定したイノベーションパイプラインがあり、効率的な事業停止によりリソースを解放している。
•中核事業内の低リスクなイノベーションのみが支援を受ける。	•ガバナンスモデルは、不確実性の高い新規事業も低い新規事業も、中核事業の内外を問わず、支援している。
ステップ5：能力	
•柔軟性のないITシステムによりサイロ化が助長され、連携を制限している。	•モジュール式ITシステムは組織全体に統合され、外部パートナーとの提携も容易に行える。
•データは一貫性がなく不完全で、マネージャーはリアルタイムにアクセスできない。	•データは会社全体のマネージャーにとって信頼できる唯一の情報源になっている。
•中央集権型のITガバナンスが、新規プロジェクトのボトルネックになっている。	•ITガバナンスは監督的な役割を担いつつも、イノベーションは事業部門が推進している。
•社内にはデジタルスキルが欠如しており、デジタルプロジェクトは外注せざるをえない。	•社内の従業員がデジタルソリューションを構築し、反復しながら改善することができる。
•トップダウン式の企業文化と官僚主義により従業員が抑えつけられ、不信感や無気力を増殖させている。	•企業文化とプロセスにより、従業員にボトムアップの変化を推進する権限を与えている。

表1-1　DXロードマップの5つのステップにおける失敗と成功の兆候

失敗の兆候	成功の兆候
ステップ1：ビジョン	
• 従業員は変化を恐れており、会社の方向性は明確でない。	• 従業員は組織のあらゆる階層で会社のデジタル戦略を理解し、推進している。
• デジタル投資に対する投資家、CFO、P&L責任者の支持が弱い。	• デジタル投資に対する投資家、CFO、P&L責任者の支持が強い。
• デジタル施策は一般的で、他社の模倣が多い。	• デジタル施策は競争優位性のある分野にのみ投資している。
• 一般的なデジタル成熟度指標を取組みの指針としている。	• デジタル化の取組みの事業への影響が明確に定義されており、成果を測定・追跡するための指標がある。
• 市場に追随し、他社の動きに反応し、新規参入企業の動きに驚かされている。	• 市場をリードし、重要なトレンドが到来する前に対応策を決定する。
ステップ2：優先順位	
• DXは明確な方向性を持たないバラバラなプロジェクトの集まりとなっている。	• 明確な優先順位により、組織全体を通してDXの方向性が明確である。
• デジタル化の取組みは、使用する技術によって定義されている。	• デジタル化の取組みは、解決すべき問題と追求すべき機会によって定義されている。
• デジタル化の取組みは、運用、コスト削減、既存事業の最適化だけに焦点を当てている。	• デジタル化の取組みは、既存事業の改善だけでなく、将来の成長にも焦点を当てている。
• 組織内の少人数がデジタルを推進し、ほかの従業員は従来の働き方に固執している。	• 各部門が独自のデジタル新規事業を進めており、試すべきアイデアが豊富にある。
• 変革はビジネスニーズと切り離されており、時間の経過とともに支持を失っている。	• 変革はビジネスニーズと密接に結びついており、時間の経過とともに支持が広がっている。
ステップ3：実験	
• イノベーションへのアプローチは、少数の優れたアイデアを生み出すことに焦点を当てている。	• イノベーションへのアプローチは、多くのアイデアをテストし、何が最も有効かを学ぶことに焦点を当てている。
• 重要な意思決定は、ビジネスケース、外部データ、専門家の意見にもとづいて行われている。	• 重要な意思決定は、実験と顧客からの学びにもとづいて行われている。
• チームはプロジェクト開始後、ソリューションを完成させることにコミットしている。	• プロジェクト内でチームは問題に焦点を当てながらも、ソリューションには柔軟に対応する。
• 失敗はコストが高くつくと考えられており、リスクを取ることに対して慎重である。	• 失敗のコストが抑えられており、リスクを取る意識を維持している。
• よいアイデアがあっても動きが遅く、ビジネスへの影響は限定的である。	• よいアイデアは急速に拡大し、大きなビジネス価値を生み出す。

- 共有ビジョンマップ
- 問題／機会ステートメント
- 問題／機会マトリクス
- 検証の4段階
- ロジャースの成長ナビゲーター
- 企業内イノベーションスタック
- 技術／人材マップ
- 組織文化醸成マップ

上記のツールは、私のアドバイザーやコンサルタントとしての経験にもとづくものであり、それぞれの企業にとって適切な答えを導けるよう、核心を突いた質問を投げかけるように構成されている。ツールのダウンロード版と、使用方法に関する詳細なチュートリアルが必要な方は、私のウェブサイト（www.davidrogers.digital）の「Tools」セクションを参照いただきたい。

本書の結論では、ボトムアップ型組織というテーマに立ち返り、絶え間なく変化し続ける時代のリーダーに求められる3つの仕事について考察する。付録には、ビジュアルサマリー、自己評価ツール、オンラインリソースに関する情報を掲載している。

DXロードマップは、すぐに始められるように構成されており、実践しながら学び、直接結果を得ることができる。真のDXとは、終わりの決まっていない反復的なものであることを常に心に留めておいてほしい。一度始めてみれば、５つのステップは反復的で、重なり合い、互いに支え合っていることに気づくだろう。慣れていくにつれて、変革に対する理解が深まり、その範囲も広がっていくはずだ。大切なことは、まず始めてみること、そして実践しながら学ぶことである。５カ年計画を待つのではなく、90日以内に「何かしらの」取組みを始めてほしい。ＤＸとは、何カ月もかけて数年単位のプロセスを計画し、それを忠実に実行することではない。まずは最初の一歩を踏み出し、実践のなかで学んでいくことなのだ。

デジタル時代に成功するためには、組織は継続的に変革していくことを前提に構築しなければならない。直近の大規模なデジタルシフトに適応できるようになったころには、すでに次のデジタルシフトに向けた準備が必要になることが頻繁に起こるのである。ダーウィンの言葉を借りれば、デジタル時代に生き残るのは最も強い企業ではなく、変化に最も適応できる企業だということだ[15]。

さあ、継続的な変革に向かって踏み出そう！

第2章

DX——
イノベーション推進に伴う課題

DXロードマップの5つのステップを始める前に、DXにおけるイノベーションの役割を理解しておくことが重要である。本章では、イノベーションの失敗が既存企業の足かせとなっていること、イノベーションにおける2つの大きな課題、そしてその課題を解決する方法について検討しながら、企業の既存企業がデジタル時代の企業に学ぶべきこと、デジタル時代のイノベーションを成功へと導く方法についても探っていく。

DXとはイノベーションである

20世紀はどのような企業においても、うまくいくビジネスモデルを見つけ、そのモデルを最適化し、可能な限り長年にわたって運用することが目標であった。成功した事業は、その商品の特徴、顧客層、技術、オペレーションなどにおいて、長い年月を経て多くの変化を遂げたことだろう。一方、ビジネスモデル（企業が市場から価値を創造し、提供し、獲得する手段）は、何世代にもわたって変わることなく成功を収めることができてきた。IBMが事務機器の販売からサービス業へとシフトしたり、ゼネラル・エレクトリックが家電製品の製造から発電所、金融事業、テレビ放送へと事業転換したように、何十年もの間にビジネスモデルをシフトしてきた老舗企業も存在はする。ただしこうした企業はまれであり、ビジネスモデルの普遍性の例外である。

しかし、デジタル時代においては、変革は例外ではなく、むしろ当然のことである。ビジネスモデルの寿命、事業経営の有効な手段として登場してからその収益性に陰りが見え始めるまでの期間が、年々短くなっていると思う［1］。デジタル企業はひとつしかないビジネスモデルをうまく運用するのではなく、常に新しいビジネスモデルを生み出して導入し、従来のモデルと置き換えたりすることで成功を収めているのだ。

ネットフリックスに見る絶え間ない改革

ここでネットフリックスを思い浮かべてほしい。デジタル時代に誕生した世界的メディア企業だ。ネットフリックスは創業から24年の間に、少なくとも4つの異なるビジネスモデルによって変革を繰り返してきた。マーク・ランドルフとリード・ヘイスティングスは、自宅での映画の楽しみ方を大きく変えるビジネスモデルをもとにネットフリックスを立ち上げた。1998年当時は、VHSテープを店舗でレンタルする必要があり、貸出期間も短く、返却が遅れたら延滞料を請求されるような時代であった。そのようななかネットフリックスは、プレミアム会員プランに加入すれば、DVD（当時は最先端のフォーマット）が郵送され、延滞料も発生しないという最初のビジネスモデルで、市場参入を果たした。

これにより事業は急成長を遂げていたものの、そのときにはすでに、創業者の2人は次なるビジネスモデルを計画していた。将来的にインターネットで動画をストリーミング視聴する時代が来ることは2人とも予想していたが、起業当時は技術インフラが整っていなかった。その後、家庭用インターネットの回線容量が増えたことから、ネットフリックスはストリーミング動画のテスト配信を開始した。DV

Dサービス利用者を対象に小規模な動画ライブラリを無料で公開したところ、これが好評であったため、スターズやエピックスといった版権保有企業の大規模な動画ライブラリをライセンス使用するようになった。条件がすべて整ったことから、ネットフリックスは2つ目のビジネスモデルを立ち上げ、「ハリウッド映画を自宅のテレビに直接ストリーミング配信」の謳い文句で大々的に売り込んだ。

この2つ目のビジネスモデルでは財政を維持できなくなったころ、3つ目のビジネスモデルが立ち上がった。これは、ネットフリックスの会員数と収益が急増したことから、動画ストリーミング配信市場が巨大であることが証明され、版権保有企業がライセンス更新料を著しく値上げしたことに始まる。他社の動画をストリーミング配信することでは採算が取れなくなったネットフリックスは、3つ目のビジネスモデルとなる、自前のテレビ・映画ネットワークに軸足を移した。毎年数十億ドルを投じて、『ハウス・オブ・カード　野望の階段』といったヒットシリーズなどの自社コンテンツを制作し、加入者を惹きつけ続けている。ネットフリックスはさらなる成長を求めて対象を世界へと広げ、さまざまな言語でグローバルなコンテンツを手掛けるようにもなった。『イカゲーム』に代表される英語以外のシリーズ作品からもわかる通り、あらゆる地域のコンテンツを取り入れ、世界中の視聴者に配信することで利益が出ることを証明したのだ。

長年続いた加入者数の伸びがついに鈍化し始めたころ、4つ目のビジネスモデルが生まれた。2011年から2021年までに2100万人から2・2億人に増加した加入者数が、2022年、10年ぶりに微減しただけで、投資家に衝撃が走り、株価は半減した。この動きを受け、ヘイスティングスは、長い間議論されながらも実現しなかった新しいビジネスモデル、「広告」へと舵を切った。4つ目の（テレビ放送の旧式モデルを彷彿とさせる）ビジネスモデルにより、広告主という新たな収入源が生み出されることが期待される。これにより新規顧客、すなわち、サブスクリプションの現行料金プランを支払いたがらない人や、1億人とも試算されるフリーローダー（他人のアカウントを使用している人）の加入も見込めるだろう。これに対する投資家の反応も好意的だ。新しいビジネスモデルの立ち上げ準備が進むなか、上層部はネットフリックス自体も進化していくとし、次のように語っている。「これまでのネットフリックスの新しい取組み同様、われわれが目指しているのは、このビジネスモデルを展開し、周囲に耳を傾けながら学び、迅速にサービスを改善する作業を繰り返していくことだ。数年後のわれわれの広告ビジネスは、いまとは大きく異なったものになっているだろう」［2］

イノベーションの格差

デジタル時代のビジネスは、どれもネットフリックスと同様のプロセスでビジネスモデルが生み出されている。たとえば、ウーバーは自動車送迎サービスから始まり、後にフードデリバリー市場に参入した。テスラは、電気スポーツカーの販売でスタートし、その後、充電システム、分散型電力網の家庭用バッテリー販売も手掛けるようになった。検索エンジンから始まったグーグルは、動画サービス（ユーチューブ）やモバイルOS（アンドロイド）、デジタルホームデバイス（Nest）、エンタープライズコンピューティングも提供する企業へと成長した。アリババは、オンライン・マーケットプレイスから始まり、検索サービス、デジタル決済、そして信用スコアリングや世界最大の投資信託といった幅広い金融サービス市場に参入した。

既存企業も、デジタル時代に求められていることは同じである。DXとは、単にデータや技術をアップグレードして、従来の事業を最適化することではない。既存の事業を成功させるためには、DXを推進することで、イノベーションと新たな成長の原動力を生み出す必要がある。しかし現実を見ると、デジタル時代以前の企業のほとんどはこれが大きな弱点となっており、どの業界でも、既存企業は中核事業を超えた新たなビジネスモデルの創出に苦戦している。デジタルイノベーションが市場で成功するたびに、その業界で同じ顧客層をターゲットにしている既存企業が、「われわれもそうすべきだった！」と嘆いている有様だ。

携帯電話の王者ノキアが、iPhoneのような第一世代スマートフォンを売り出せなかったのはなぜだろうか？　アマゾンがキンドルを立ち上げるよりも先に、既存の書籍出版社（ランダムハウスなど）や書店（バーンズ・アンド・ノーブルなど）が電子書籍フォーマットを作れなかったのはなぜだろうか？　マリオットのようなホスピタリティ・チェーンが、多面的市場［訳注：プラットフォームを利用する2つ以上の異なったタイプの顧客が存在し、その顧客が相互に依存しあいながら製品・サービスを利用することで、その製品・サービスの価値が高まるような市場］をベースにエアビーアンドビー（Airbnb）が席巻したオンライン旅行体験市場を獲得できなかったのはなぜだろうか？　ハリウッドやテレビ局が、ネットフリックスがストリーミング配信をスタートしてから何年も経ったあとにやっと同じ道をたどることになったのはなぜだろうか？　世界の自動車メーカーが、テスラに続いて電気自動車に参入するのに10年もかかったのはなぜだろうか？　従来型の銀行が、ペイパルやアリババなどがピア・ツー・ピア決済を開拓してから十数年もが経ったあと、やっと投入したのが「Zelle」〔訳注：アメリカの主要銀行複数行が保有するZelle社が提供するピア・ツー・ピア口座間直接送金サービス。2017年にサービス開始〕のような模倣サービスだったのはなぜだろうか？

既存企業は、何度も何度も将来の成長機会をつかみ損ねてきた。その原因は、既存企業のイノベーションにおいて2つの根本的な課題が存在していることである。私はこれを、「不確実性と近接性の課題」と呼んでいる。幸いなことに、どちらの課題にも経営的なソリューションがあり、このソリューションはDXロードマップの中核をなすものでもある。

不確実性のもとでイノベーションを起こす

既存企業におけるイノベーションの1つ目の課題は、大きな不確実性のもとでイノベーションを実現しなければならないことである。不確実性というテーマは、長い間、イノベーションの理論と実践の中心となっている。多くの実務者の意見によると、ビジネスのイノベーションは、3種類の不確実性に対処するための取組みだという。「魅力性（desirability）」——市場が求めているか、「実現可能性（feasibility）」——提供できるか、「収益性（profitability）」——利益を上げられるか、この3つだ。ただしこれ以外の不確実性も同じく重要である。たとえば「防御性（defensibility）」——競合他社を回避できるか、「拡張性（scalability）」——成長できるか、「合法性（legality）」——法規制を遵守できるか、などだ。専門性の高い新規事業であれば、不確実性の要因は、費用構造、競合他社との差異化、チャネルパートナー、顧客体験など、さらに細かくなる。

デジタル時代のビジネス環境は、最新技術、業界を超えた競争、絶え間なく変化する顧客ニーズや期待により、不確実性は増すばかりだ。そして、新たなデジタル・ビジネスモデルを模索する企業こそが、最も大きな不確実性を経験している。たとえば、エアビーアンドビーの創業者たちが起業時に直面した疑問には、「この新しいビジネスモデルを試したいと思っているのはどのような顧客層か?」「システムの信頼を高めるにはどうすればよいのか?」「どのように資金を調達したらよいのか?」「現地の税金や規制などの課題をどうクリアすればよいのか?」「競合他社を抑えながら、企業規模を拡大するにはどうすればよいのか?」などがあった。

既存のデジタル企業もまた、新たな成長事業を追求するなかで不確実性に直面している。たとえば、グーグルがユーチューブを買収したのは、ユーチューブのサービス開始から18カ月後のことであり、当時、ユーチューブは急成長を遂げてはいたものの、実績のあるビジネスモデルや収益もなく、著作権法違反の可能性さえあった。アップルは、タッチスクリーン設計における技術的な不確実性が非常に高いなかでiPhoneの開発に着手したが、当時は外部開発者向けのアプリストアを作ることが成功のカギとなるとは考えてもいなかった。フェイスブックはモバイル事業に大金を掛けたが、ターゲットをＰＣからスマホにシフトした当初は、収益がゼロのまま何年も耐えることになった。マイクロソフトがAzureで大きな賭けに出たのは、クラウドコンピューティングに注力することは非常にリスクが高く、既存の企業向け「サーバとツール」部門と自社競合する懸念があった時期であった。

従来型プランニングに潜む欠陥

不確実性の高い状況での経営は既存企業にとってきわめて難しい。ほとんどの組織では、規模が拡大して複雑になるにつれて、マーケティング、人事、事業運営、財務計画といったあらゆる機能が、シックス・シグマ〔訳注：主に製造業で使用される経営・品質管理手法〕や総合的品質管理（TQM）〔訳注：品物やサービスを適時に適切な価格で提供できるように、企業の全組織を効果的・効率的に運営し、企業目的の達成に貢献する体系的活動〕といった手法で、一貫性を保ち、管理される仕組みになっている。リスクを回避しようとする姿勢は、「失敗は許されない」という考え方そのものだ。経営の本質は、予測可能な投資収益率（ROI）を生み出すことにある。

当然のことながら、このような企業は、計画を立てて不確実性に対応しようとする。古典的なプランニング・プロセスには4つのステップがある。「第三者データの収集」「詳細な事業計画の策定」「エキスパートによる決断」、そのうえで「実施に集中」だ。簡単にいうと、「検討→計画→決定→実行」という流れである。

このようなプランニング・アプローチはビジネススクールで何年にもわたり教えられており、一般的に知られたビジネスモデルに対しては非常に効果的である（そもそものモデルにあわせて開発されたものである）。しかし、このアプローチに頼って大きな不確実性のもとでのイノベーションを進めようとすると、とんでもなく失敗する（以下の「従来型プランニングの危険性」参照）。不確実性の高いデジタルの世界でイノベーションを追求する場合、従来型プランニングは災いのもとだ。手間のかかるベンチマーキングや事業計画の策定に数カ月あるいは何年もかけていると、いわゆる分析麻痺［訳注：状況を分析しすぎたり考えすぎたりすることで、前進や意思決定が「麻痺」する可能性がある個人またはグループのプロセスを指す］に陥ってしまい、立ち廻りのうまい競合他社にチャンスを奪われることが往々にしてある。最悪の場合、従来型プランニングは、デジタル領域でとてつもなくコストのかかる失敗を招く。

従来型プランニングの危険性

一般的によく知られた問題に対処するときや、長年にわたって行っている事業を運営するとき、つまり比較的確実性の高い状況下での経営では、従来型プランニング・アプローチ（検討、計画、決定、実行）は非常にうまくいく。しかし、デジタル時代の不確実性の高い状況では、従来型プランニングでは各段階で失敗する。

- **検討（第三者データの収集）**：未知の問題に直面した経営者は、たいていの場合は大手コンサルティング会社の助言によって、既存のデータをかき集めるように指示される。そして、競合他社のベンチマークを当てにしながら、ベストプラクティスが含まれていそうな実証されたケーススタディを漁るのだ。これは、抱えている悩みが、他社がすでに解決済みの既知の問題である場合には有効だが、目まぐるしく変化する市場でイノベーションを模索しているときには、問題の本質を致命的に見誤りかねない。

● **計画**（**詳細な事業計画の策定**）：次に、従来タイプの経営者は、ベストだと考える分析データをもとに、詳細なステップと将来の結果予測で埋め尽くされたビジネスケースを書き上げる。決定事項が重大であれば、詳細なビジネスケースが複数作成されることもあり、それぞれに各行動がもたらす結果が詳しく説明されている。しかし、不確実性のもとでイノベーションを追求する場合、事業計画はただの空想にすぎない（私の同僚であるボブ・ドーフは、事業計画はビジネススクールではなく、創作を教える文芸学科で扱うべきだと何年も前から主張している）。

● **決定**（**エキスパートによる決断**）：選択肢の分析が終わったら、次は取るべき行動を決断しなければならない。従来の慣習では、エキスパート、つまり最も年長で経験のある者の意見に頼ることになる。将来の展望が過去のケースに近い場合は、経験豊富なリーダーの直感は優れた指針となるかもしれない。しかし、大きな不確実性のもとでは過去の経験にもとづくエキスパートの意見は、判断を誤らせる可能性がきわめて高い。シリコンバレーでは、この慣習を「H・i・P・P・O（Highest-Paid Person's Opinion）」［訳注：高給取り幹部の意見。動物の「カバ」と同意］による経営と呼ぶ。

● **実行**（**実施に集中**）：動き方が決まると、従来の企業はその実施に全力を注ぐ。「範囲を決めてくれれば、われわれが実行しよう！」。これが、従来のITチームと運用チームの合言葉だ。企業は大規模な投資を開始し、特定のソリューションに対して複数年計画でコミットすることになる。計画したイノベーションを小規模で始めて、その妥当性を地道に検討するのではなく、急ピッチかつ大規模に実施するのだ。

●CNN+の計画

報道に関する新しいデジタル・ビジネスモデルとして２０２２年にスタートしたＣＮＮ＋は、典型的な失敗例だ。この事例を、従来型プランニングの４段階をたどりながら見ていこう。

- **検討**：ＣＮＮは、ＣＮＮ＋を開始するにあたり、コンサルティング会社マッキンゼーの協力を得て、急成長するストリーミング動画市場を調査した。数億人の会員数を誇るネットフリックスとアマゾンプライムが支配的な存在であったなか、近年スタートしたDisney+は、サービス開始初日で１０００万人の加入者を獲得した。一方で、ＣＮＮの姉妹局であるＨＢＯもストリーミングサービスを大々的に推進していた。
- **計画**：ＣＮＮは、有料のニュース配信サービスを開始する予定であり、テレビチャンネルに出演している著名なキャスターも多数登場することを明らかにした（ただし、ケーブルテレビ局との契約の都合上、テレビ放送をストリーミング配信することはできない）。ＣＮＮとマッキンゼーの予測では、加入者数は初年度だけで２００万人、４年で少なくとも１５００万人に達すると見込んでいた[3]。
- **決定**：ＣＮＮ＋の計画にゴーサインを出したのは上層部だ。社長のジェフ・ザッカーは、このプロジェクトに報道の未来、そしてＣＮＮの新たな時代を期待していた。その上司であるジェイソン・カイラーも「私の考えでは、ＣＮＮ＋はわが社の使命にとって、これまでの42年間にわたる従来のテレビ放送と同じくらい重要な存在となるだろう。言葉では伝えきれないほど、ＣＮＮにとって重要な局面なのだ」と述べている[4]。しかし、そう思わない者もいた。あるＣＮＮ社内関係者は、「ＣＮＮ＋

は虚栄心を満たすプロジェクトであり、〝上層部〟が進めたがっていただけだ」と吐露している［5］。

● **実行**：最高幹部の決定によりCNN＋は全面的に実行へと移されることになり、制作費用として3億ドルが投入され、数百人が雇用された。NPRのオーディ・コーニッシュや、FOXニュースのクリス・ウォレスといった有名キャスターとも契約した。最初の4年間で、10億ドル以上を投じてサービスを拡大するという計画が立てられた［6］。

CNN＋が大胆で革新的な新しいビジネスモデルであったことは間違いない。しかし、最も大きな不確実性はここから姿を現し始める。誰が月5ドル99セントを払ってまでニュースを見たいと思うだろうか？　CNN＋は、アメリカで展開している300以上の異なるストリーミングサービスのひとつだが、ある試算によると、平均的な世帯が加入しているサービスは、そのうちの4つのみである［7］。少なくとも、CNNの既存の視聴者で、ストリーミング版も加入したいと思う者は何%なのかを把握しておくことがヒントとなっただろう（10%？　5%？　もしくはそれ以下？）。ところが、CNNはそれを検証しようとせず、計画を進めることだけに躍起になっていた。

その結果は既存顧客の加入率の低さに表れている。当時、CNNのテレビチャンネル視聴者数は1日平均77万3000人であったが、CNN＋の最初の数週間の視聴者数は、1日あたり1万人に満たなかった（テレビ視聴者の1%程度）［8］。これを受けて、CNN＋はサービス開始から1カ月も経たずに終了することが発表された。親会社であるワーナー・ブラザース・ディスカバリーの見解は、顧客は金を払ってまで別のストリーミングサービスを見ようとは思わず、ましてやニュースだけに特化し、プライム時間帯のCNNの人気番組もないものには興味を示さない、というものであった。結局、3億ドルが泡となって消えた。

●発売すべきスマホはどれか？

デジタルネイティブな企業であっても、とくにカリスマ的なCEOがイノベーションの意思決定を左右する場合は、従来型プランニングに過度に依存してしまうことがある。アップルのiPhoneやグーグルのアンドロイドに対抗するべく、アマゾンがスマートフォン市場への参入を決めた当時、2つのアイデアが存在していた。1つは「Otus」のコードネームで呼ばれ、アマゾンの人気タブレット「ファイア（Fire）」と同じソフトウェアを使用した低価格端末、もう1つは「Tyto」のコードネームを持つ、3Dディスプレイ搭載型のハイエンド・スマートフォンで、ジェスチャー操作が可能な端末であった。さて、どちらのアイデアが市場で成功するだろうか？　誰も知らなかったが、どうやら検証作業は実施されなかったようだ。結局、Otusは見送りとなり、創業者の一存でTytoに決まった。ジェフ・ベゾスがその3Dディスプレイを気に入っていたと伝えられているが、このディスプレイは大きな技術的課題を抱えており、プロジェクトが4年も長引いたにもかかわらず、ベゾスがTytoに対する個人的なこだわりを曲げることはなく、開発に1000人の従業員が動員され、1億ドル以上が費やされてしまった。ところが、「ファイアフォン（Fire Phone）」と名付けられたこの製品をベゾス自身が発表するころには、スマートフォン市場は大きく様変わりしており、結果、アマゾンのスマートフォンは顧客のニーズに合わず（Gメールやユーチューブといった人気アプリとの互換性もなく）、性能の割に高すぎるものとなってしまった。

iPhoneの最新機種が発売開始から24時間で400万台売れた年、ファイアフォンの販売数は発売後6週間でわずか数万台であった［9］。破格の値引きで投げ売り状態となったが、その後まもなく生産中止となっている。

では、エアビーアンドビーやネットフリックスのようなデジタルスタートアップ企業は、このような不確実性のなかでどのようにイノベーションを成功させているのだろうか？ ベンチャーキャピタリストは、どのようにしてこの種の企業を最初の段階から倒産させることなく投資しているのだろうか？ グーグルやアップルのような大企業は、どのようにしてビジネスモデルを刷新し続けているのだろうか？ 不確実性の課題に対するソリューションに触れていこうと思うが、その前にもうひとつの課題を見てみよう。

中核事業の外側でイノベーションを実現する

既存企業におけるイノベーションの2つ目の課題は、中核事業以外でイノベーションを実現しなければならないことである（これはスタートアップ企業が経験しない課題だ）。私はこれを、「近接性の課題」と呼んでいる。これまで会った経営幹部たちによると、中核事業の外側で成長を実現させることは、DXにおいて経営陣が頭を抱えている問題のひとつだそうだ。ひとたび企業が成功を収めると、既存のビジネスモデルを成長させることと、それを超えるイノベーションを追求することの間には、特有の緊張関係が生まれる。これを解消しようと、中核事業と性質が似かよった事業領域で活動することを常に優先している企業があまりにも多すぎるのだ。

しかし、どのような組織であれ、目まぐるしく変化するデジタル時代で成長を遂げるには、中核事業のなかだけでなく、その外側でもイノベーションを起こすDXが不可欠だ。中核事業の外側の新規事業のターゲット層は、既存のビジネスとは異なるかもしれない。収益の上げ方も違えば、費用構造も違うだろう。新たな能力や提携関係が必要になる可能性もある。こうした違いが意味するものは、中核事業の外側でイノベーションを実現するには、企業は新たな経営課題を認識し、それに適応しなければならず、この「課題の認識と適応」のプロセスが必須であることだ。持続可能な長期的成長を望むのであれば、どの企業も中核事業の外側の新規事業に賭ける必要がある。既存のビジネスモデルが成熟し、成長の伸び代を失っていくなかで、この種のイノベーションはきわめて重要である。

アマゾン ウェブ サービスの教訓

中核事業の外側のイノベーションがいかに重要であるかは、アマゾンの例を見れば明らかだ。アマゾンはオンラインで注文を受け、商品を消費者に発送するという小売ビジネスモデルからスタートした。当初は書籍を中核事業としていたが、その後、取り扱い範囲をほかの製品カテゴリーにも拡大した。自社のウェブサイトに、サードパーティの販売者が参加できるマーケットプレイスも構築し、ビジネスモデルを拡げていった。そのあとに登場した、配送料が無料となる小売会員制モデル「アマゾンプライム」も大成功を収めている。一方で、ストリーミングメディア（音楽、テレビ番組、映画）や電子機器（電子書籍リーダー「キンドル」、スマートホームデバイス、音声アシスタント「アレクサ」）など、中核事業である小売業とは大きく異なる分野でも成長を追求してきた。そのなかでも、中核事業の外側で起こったイノベーションで最も注目すべきは「アマゾン ウェブ サービス（AWS）」だろう。

AWSのアイデアは、ネットワーク・エンジニアのベンジャミン・ブラックと、その上司であるクリス・ピンカムが2003年に発表した論文で提唱されている。この論文の骨子は、ウェブサイト「Amazon.com」に、より柔軟で安定したスケーラブルな新しいコンピューティング・アーキテクチャーを構築するというものだ。ブラックとピンカムは、このアーキテクチャーをB2Bクラウドコンピューティング・サービスとして、他社にその使用権を販売することも可能であると提起し、論文を締めくくっている[10]。

クラウドコンピューティング市場への参入というアイデアは、アマゾンの中核事業とはかけ離れたものだった。当時のアマゾンは純粋に消費者向けの小売業を営んでおり、クラウドコンピューティングは完全に畑違いの分野であった。ターゲット層（買い物客ではなく企業が対象）も、販売プロセスも、ITパートナー企業のエコシステムとの連動方法も、すべてまったく異なるということだ。

AWSはベゾスの承認を得て実行に移され、やがて大成功を収めただけでなく、アマゾンで最も収益性の高い事業へと成長した。AWSの財務状況を初めて発表した2015年には、すでに50億ドル規模のビジネスに成長しており、投資家たちを驚かせた[11]。6年後、AWSはアマゾン全体の収益の63％を占めるようになり、同部門を率いていたアンディ・ジャシーがベゾスの後任としてアマゾンのCEO

に就任した[12]。

アマゾン以外のデジタル時代の企業も、中核事業の外側のイノベーションで成功を収めている。コンピューターメーカーとして創業し、MP3プレイヤーやスマートフォン、タブレット端末、腕時計といった別のハードウェア事業にも進出したアップルを思い浮かべてほしい。アップルは、中核事業のハードウェアとは別の分野で成長を遂げた。音楽、ゲーム、アプリの販売に乗り出すことで、エコシステムと利益を拡大したのだ。独自のテレビや映画スタジオも立ち上げ、データドリブンなフィットネスサービスまで生み出した。

本書を通じて紹介するDXの事例も、同じパターンで成功していることがわかる。たとえば、ニューヨーク・タイムズが行ったデジタルイノベーションでは、ニュース購読用のアプリや電子メールだけでなく、ポッドキャストやライブイベント、デジタル・サブスクリプションといった新規事業もスタートした。ウォルマートのDXでは、実店舗型の小売業をオンライン販売にまで拡大したが、ヘルスケアや金融サービスに特化したデータドリブンな新規事業も誕生している。そしてマスターカードは、中核事業であるクレジットカード事業を拡大してデジタル・ウォレットやオンライン決済に対応させただけでなく、サイバーセキュリティやデジタル認証サービスにも新たな成長機会を見いだした。

中核事業の外側での苦闘

このような事例があるにもかかわらず、ほとんどの既存企業が、自社の中核事業の外側でイノベーションを追求することは、きわめて難しいと感じている。それも当然のことだろう。なぜなら、既存企業にとって、いまあるビジネスモデルを最適化することが一番大きな目標であり、そのように経営が成り立っているからだ。このような環境では、従業員が既存事業以外の分野で優れたアイデアを思いついたとしても、製品化できないと思いこんでしまう恐れがある。有名な事例で考えてみよう。

- **シスコ**：従業員であったエリック・ユアンが新たな事業分野でのイノベーションを提案した当時、シスコはWebex製品によって、すでにビデオ会議技術市場のリーダー的存在であった。ユアンが思いついたのは、個人向けビデオ会議ツールであり、企業向け市場でのシスコの成功を補完するものであった。しかし、このアイデアは、シスコの中核事業の戦略からかけ離れすぎているとして却下された。業を煮やしたユアンはシスコを辞めて起業した。そして世に送り出したのが、後に市場にイノベーションをもたらすことになる「Zoom」だった[13]。コロナ禍によって世界各地で外出制限が始まり、ビデオ会議の需要が急増し、それこそシスコにとって大きなチャンスになったかもしれない。しかし実際は、シスコはこれまで無名に近かったZoomのプラットフォームにユーザーが殺到するのを傍観するしかなかった。Zoomの1日あたりの利用者数は、1年で1000万人から2億人に増加した[14]。一方Webexは、一夜にして独壇場であった分野で負け組へと成り下がったのである。
- **IBM**：1999年、IBMの戦略グループは、CEOのルイス・ガースナーに対し、音声認識、無線周波数識別（RFID）、ビジネス・インテリジェンス、初のインターネットルーターなどの分野で、29件の画期的な技術を開発したと報告した。しかし、当時の経営陣は既存市場のみを重視し、予測可能な成果を短期間で出すことで報酬を得ていたため、どの技術も製品化されることはなかった。かわりに、ニュアンス、アカマイ、シスコといった二番手企業が、ＩＢＭが独占できたはずの分野で巨大な市場を獲得していった[15]。

●**ゼロックス**：いまでは伝説的となっている「パロアルト研究所」をゼロックスが設立した当初、世界最高のコンピューター科学者やエンジニアが数多く集結した。彼らの努力により、レーザープリンターなど、ゼロックスの中核事業（写真式複写）に近いイノベーションを生み出し、商業的成功をもたらした。しかし、パロアルト研究所から生まれた最大のイノベーションといえば、世界初のグラフィカル・ユーザー・インターフェース（ＧＵＩ）を備えたコンピューター「Xerox Alto」だろう。この名前に聞き覚えがない人がいるのも無理はない。ゼロックスはAltoを世に出さず、研究室に長い間放置していたからだ。ゼロックスは、Altoが自社の中核事業からあまりにもかけ離れていたために、製品化するチャンスをみすみす見逃していたのだ。その後、パロアルト研究所を訪れたスティーブ・ジョブズがAltoの画期性を見いだし、マッキントッシュ・コンピューターにＧＵＩを搭載して市場に投入した。マイクロソフトも、ウィンドウズですぐにこれに続いた。ジョブズは後に「もしゼロックスがAltoの革新性を認識し、そのチャンスを活かしていたら、世界最大のハイテク企業になれたかもしれない」と語っている[16]。

なぜ既存企業は従業員のイノベーションに投資せず、そのアイデアを製品化できないのか？　既存企業が中核事業の外側でイノベーションを起こしにくい理由は数多くある。

● **組織構造**：中核事業の外側での成長機会は既存の事業部門と適合しにくいため、成長機会を効果的に支持したり後押ししたりするための強力な中枢部門が社内に存在しない。

● **指標**：既存企業が有する指標は、ほとんどの場合、新しいビジネスモデルの成功を判断するには適していない。その結果、チャンスに魅力がない、リスクが高い、小さすぎて注目に値しない、といった印象を与えてしまう。

● **リソース**：一般的な組織では、収益を最も多く生み出している経営幹部が、将来のリソース投資を左右している。そのため、それらの事業部門に無関係なアイデアは、リソースの無駄遣いとみなされてしまう。

● **顧客重視**：企業は当然のことながら、既存顧客を重視する。クレイトン・クリステンセンが指摘するパラドックスによると、企業が破壊的イノベーションへの投資に失敗するのは、ほとんどの場合、既存顧客に集中するあまり、別の市場で活動する機会を見いだせないことが原因である［17］。

● **カニバリゼーション**：見込みのあるイノベーションは、利益を生み出している中核事業の売上を減らす恐れがあるとみなされれば、真っ向から抵抗を受け、潰されることさえある。

● **狭隘なビジョン**：時間の経過とともに、企業の将来のビジョンは、過去に成功を収めた製品にもとづいて決まってしまう。その結果、セオドア・レビット［訳注：1925年生まれのドイツ系アメリカ人。ハーバード・ビジネススクール教授。1960年に発表した論文「マーケティング近視眼」や「ドリルの穴理論」など、現代につながる数々のマーケティング理論を提唱］が「戦略的近視眼」と形容したことで有名なように、企業は後ろ向きの狭い視野を持つようになる。たとえば、自分たちはエンターテインメント産業ではなく映画産業だと考えていたハリウッドスタジオは、新しいメディアの登場により姿を消し、大きな可能性が眠る輸送市場を軽んじていた鉄道会社は行き詰まってしまった[18]。レビットは、成功した企業が変化の時代でつまずいたのは、解決すべき課題ではなく、自社の製品に固執したことが原因だと見ている。

つまるところ中核事業の外側のイノベーションの推進は、既存企業にとっては昔から続く課題であり、イノベーション事業が中核事業から離れれば離れるほど、その事業の成長は難しくなるということだ。不確実性と近接性という2つの課題に直面している多くの既存企業がイノベーションに苦戦している理由が、ようやく見えてきた。一方で、この2つの障害を克服し、驚異的な成長を遂げた企業の事例も紹介した。それでは、デジタル時代の教訓をもとに、不確実性と近接性の課題を解決する方法について探っていこう。

不確実性を解決する

大きな不確実性のもとでイノベーションを起こすことは可能だ。これは、ベンチャーキャピタル（VC）の投資によって世界中に誕生した、目を見張るほど価値のあるデジタル企業の成長を見れば明らかだ。こうした企業はいずれも、新しいデジタル・ビジネスモデルを構築していたため、大きな不確実性のもとでもスタートすることができた。どの経営者も、実験と反復的な資金提供という2つの手段で成功したのだ。

スタートアップ企業が実践する「実験」

優れたスタートアップ企業は、「優れた」アイデアをもとにスタートするのではなく、「ひとつの」アイデアの創出からスタートし、実験を通じて、市場の反応をうかがいながら、必要に応じて方向転換する。これがシリコンバレーのスタイルだ。「1に計画、2に計画、3に計画、4で実行」という従来型企業の行動様式とは異なり、スタートアップ企業は実験を繰り返すことで成功へとつなげている。私は、前著『DX戦略立案書』のなかで、「実験」を「何がうまくいき、何がうまくいかないかを学ぶ反復的なプロセス」と定義した[19]。スタートアップ企業でも科学的手法でも、実験の目的は同じである。つまり、重要な仮説や仮定を検証することだ。

科学の実験では、条件がXであった場合、Yという結果を導くかどうかを検証する（たとえば、患者が薬を服用した場合と偽薬を服用した場合で、健康状態が改善するかどうか、など）。ひとつの薬を開発するだけでも、多くの仮説を検証する必要がある。たとえば、「この薬は回復を早めるか？」「どの程度早めるか？」「必要な投与量は？」「効果が出るまでの時間は？」「副作用はあるか？」などだ。

一方、ビジネスの実験では、新規事業のビジネスモデルについて、そのカギとなる仮定を検証することが目的となる。テストすべき仮定とは、たとえば、「どのような顧客層か？」「顧客が抱える問題や、満たされていないニーズは何か？」「われわれのソリューションに興味を示すか？」「いくらなら支払いそうか？」「いつ、どこで、どのように使うのか？」「どのように提供すべきか？」「利益率はどの程度か？」「現実的な市場規模は？」などだ。

　実験は、デジタルネイティブ企業にとって揺るぎない哲学である。急成長しているスタートアップ企業や、グーグル、アマゾンといった大企業と一緒に仕事をすると、耳慣れないイノベーション関連の専門用語が頻繁に飛び交うことになる。たとえば、「MVP」「フェイルファスト」〔訳注：「速く失敗せよ」という意味で、新しいアイデアを試し、失敗することを奨励している〕、「デザインスプリント」〔訳注：5日間（40時間）でアイデアからプロトタイプの完成までを完了する、課題解決のためのメソッド〕、「ピボット」〔訳注：ベンチャー企業は新しい技術やサービス、ビジネスモデルを経営基盤とすることが多く、方向転換や路線変更を強いられるケースが多い。この方向転換や路線変更をピボットと表現する〕、「リーンメトリクス」〔訳注：改善や変更の機会を特定することで継続的な品質を促進できるよう、商品やサービスの開発プロセスを管理・監視するために使用できる尺度のこと〕、「アジャイルスクワッド」〔訳注：顧客への価値提供に必要な役割を担う職種を最低限揃えて組織されている業務遂行の最小単位のこと〕、「プロダクト思考」〔訳注：ユーザーの問題に対して価値あるソリューションを開発するための問題解決手法のこと。ユーザー、技術、ビジネスの目標がどのように交わり、顧客に利益をもたらす製品を提供し、プラスの投資対効果を生み出すかを考える〕といった用語だ。イノベーションの方法を学ぶ今日のビジネスリーダーなら、こうした用語やその進め方が、デジタル時代に生まれた4つの強力なイノベーション・アプローチに由来していることを知っておくとよいだろう。「リーンスタートアップ」「アジャイルソフトウェア開発」「デザイン思考」「プロダクトマネジメント」の4つの流派である。それぞれの流派には独自の儀式があり、熱狂的な信者もいるため、私はこれらを「反復的イノベーションの4大宗教」と呼んでおり、反復的な実験を通じてイノベーションを実現するという教義が共通している。各流派については、次の「反復的イノベーションの4大宗教」をご覧いただきたい。

反復的イノベーションの4大宗教

違いこそあれ「反復的イノベーションの4大宗教」は、それぞれ同じ経営課題、すなわち、巨大な不確実性のもとで、いかにしてイノベーションを起こし、問題を解決するかという課題に取り組むために誕生した。いずれも、プランニングよりも学習を中心に開発されたアプローチによって、不確実性という課題に対処する。それぞれのアプローチでは、学習を高いレベルの反復的なプロセスとして捉えることで、初期費用を抑え、可能な限り早期に具体的なものを製作し、それを使用して仮定を検証することで、不確実性を迅速に減らすことを目標としている。

「リーンスタートアップ」は顧客開発とも呼ばれ、シリコンバレーのスタートアップ企業の間で生まれた手法だ。その目的は、従来の事業計画にかえて、新しいビジネスモデルを模索する際に役立てるというものである。核となる概念は、スティーブ・ブランク〔訳注：アメリカの起業家、教育者、作家、講演者。シリアルアントレプレナーおよび学者としてのキャリアを通じてリーンスタートアップ手法を考案。1953年生まれ〕とその共著者であるボブ・ドーフ〔訳注：著名なシリアルアントレプレナーであり、世界的なベストセラーとなった『スタートアップ・マニュアル』（翔泳社）の共著者。コロンビア・ビジネススクールのアントレプレナーシップの非常勤教授も務める〕が2000年代初頭に考案し、ブランクの学生であったエリック・リースが発展させた。ブランクは、スタートアップ企業を「反復可能なビジネスモデルを模索するための一時的な組織」と定義している[a]。具体的には、インタビューや、迅速な実験により顧客のフィードバックを把握できるMVPを介して、顧客の意見に直接耳を傾けることで、ビジネスモデルを模索していく。

「アジャイルソフトウェア開発」は、IT開発者の間で生まれた手法で、たいていは「アジャイル」と略される。大企業における従来のソフトウェア開発タスクが、あまりにも時間やコストがかかり、柔軟性に欠けるため、それに対応するために考案された。アジャイルは、スクラム、カンバン、XPなど、複数の異なる手法で構成される。2001年、それぞれの手法の創設者たちがユタ州のスキーロッジに集まり、ソフトウェア開発タスクの改善における共同宣言をまとめた[b]。その基本理念として、自己管理型チーム、顧客ニーズ重視、迅速な反復サイクル、段階的展開によるソフトウェアの継続的提供などを挙げることができる。

「デザイン思考」は、大企業のデザイナーらの間で生まれた概念であり、優れたデザインの理念を製品開発の最終段階（製品はどのようにあるべきか）ではなく、より前の段階（どのような製品であるべきか／どのような問題を解決しようとする製品なのか）に取り入れることを目的としている。デザイン思考は、1960年代のヒューマンファクターや創造性の理論から派生したものだが、IDEO〔訳注：アメリカ、イギリス、ドイツ、日本、中国にオフィスを構えるデザイン＆コンサルティング会社。700名のスタッフを抱え、デザイン思考のアプローチで製品、サービス、環境、デジタル体験をデザインしている〕のようなデザイン会社によって2000年代に広く知られるようになった。デザイン思考には、統一されたテキストやフレームワークは存在せず、核となる理念は、顧客ニーズを中心にイノベーションを構築すること、解決すべき問題を慎重に検討すること、プロトタイピングを反復して早期かつ頻繁に具体的なフィードバックを得ることである[c]。実際には、工業デザイン、人類学、データサイエンスなどの異なる分野の専門知識を組み合わせたチームが必要となる。

「プロダクトマネジメント」は、デジタルネイティブの大企業（アルファベットやメタなど）でよく耳にする言葉であり、新規事業や現行製品に携わるチームの編成方法のことをいう。方法論はひとつではなく、ほかの3つの宗教が持つ多くのツール（MVP、デザインスプリント、ジャーニーマップなど）を使用するのが一般的だ。それぞれの企業が独自のツールも開発している。たとえば、アマゾンの製品管理者は、イノベーションの提案すべてに対して「未来のプレスリリース」を作成する。この作業により、予想される顧客への影響を視覚化し、そこから逆算して開発をスタートさせるのだ[d]。プロダクトマネジメントは、プロジェクトマネジメントと対比されることが多い。プロジェクトマネジメントは、作るべき成果物が定まっており、規定のリソースを使って決められたスケジュールで進めることを目標とする場合に、最も適した伝統的な手法である[e]。

a Steven G. Blank and Bob Dorf, *The Startup Owner's Manual: The Step-By-Step Guide for Building a Great Company* (Pescadero, CA: K & S Ranch, 2012).

b Kent Beck et al., "Manifesto for Agile Software Development," 2001, https://agilemanifesto.org/. この

共同宣言が策定された会合の歴史は、ジム・ハイスミスの記事に詳しい。"History: The Agile Manifesto," 2001, https://agilemanifesto.org/history.html.

c　Jon Kolko, "The Divisiveness of Design Thinking," 2017, https://www.jonkolko.com/writing/the-divisiveness-of-design-thinking. コルコの記事は、デザイン思考のルーツについての優れた考察であると同時に、特定のグループにおけるその軽視や商業化に対する批判でもある。

d　Werner Vogels, "Working Backwards," *All Things Distributed*, November 1, 2006, https://www.allthingsdistributed.com/2006/11/working_backwards.html.

e　Kyle Evans, "Product Thinking vs. Project Thinking," *Medium*, Product Coalition, October 21, 2018, https://productcoalition.com/product-thinking-vs-project-thinking-380692a2d4e.

どのような手法を採用するか、または組み合わせるかを問わず、優れたデジタル企業は実験を通して成長への道を探ってきた。たとえばエアビーアンドビーの創業者たちは、テストと学習を何度も繰り返すことで、旅行ホスピタリティの多面的市場に向けたビジネスモデルを検証した。彼らは、最初に思いついたアイデア（サンフランシスコのホテルが満室だった週末に、自分たちの家でゲストを迎え入れようというアイデア）のテストからスタートし、次から次へと都市を替えながら、数え切れないほどの実験を繰り返し、何がユーザーをウェブサイトに惹きつけるのか、旅行者とホストの双方から信頼を得る要素は何か、どうすれば現地の法律や規制をすべて遵守できるのか、どうすればネットワーク効果を活用して競合を退け、並外れた規模に成長できるのかを地道に検証したのだ。

イノベーションにおける不確実性は、綿密な事業計画によって消し去ったり、排除したりすることはできない。不確実性を減らす唯一の方法は、市場での実験から直接学び、仮説を実績に変えることである。そのことを、すべてのデジタル勝者は知っているのだ。

ベンチャーキャピタルが実践する「反復的な投資」

不確実性の課題を解決する2つ目の手段は、反復的な投資だ。デジタルスタートアップ企業が実験を通して成長への道筋を検証する一方、ベンチャーキャピタルの投資家は、反復的な投資によりこうしたスタートアップ企業に投資する。ベンチャーキャピタルの投資の本質は、不確実性の高いスタートアップ企業を支援することにある。スタートアップ企業が設立されたばかりで不確実性が高い場合には、（低い企業価値評価にもとづき）少額投資を行い、ビジネス仮説が検証されれば、その後のラウンドで投資額を増やしていくことでリスクに対処する（図2－1参照）。

このアプローチは、ほとんどの既存企業が実施する資金の割り当てとは正反対である。CNNがCNN＋を立ち上げるために初年度に3億ドルもの巨費を投じ、その後の3年間も毎年、同様の予算配分を計画していた事例を思い出してほしい。従来のアプローチでは、企業がイノベーションに資金を供給する場合、可能な限り多くの計画や分析が完了するまで投資を遅らせ、責任者が考え抜いた末にゴーサインを出したら、多額の初期投資を行うことで成功の確率を高めようとする。しかし、不確実性の高いデジタル時代の条件下では、このアプローチに成功の見込みはない。それよりも、企業は次の4つの単純明快な原則に従い、反復的な投資を実践すべきなのである。

- **不確実性が高いときは投資を減らし、不確実性が低いときは投資を増やす**：不確実性が低い場合（たとえば、すでに確立したオンライン販売ビジネスで使用する倉庫に投資する場合）は、最初から多額の投資を行ってもよい。しかし、プロジェクト開始段階で不確実性が高ければ高いほど、初期投資の額は抑えるべきである。つまり、ビジネスモデルが新しい場合や、ビジネスのアイデアが検証されていない段階では、できるだけ少額投資で始めるべきだ。
- **不確実性が高いときは投資先の数を増やす**：初期のシードステージでは、ベンチャーキャピタルはさまざまなスタートアップ企業に出資する。その後、不確実性が低下した時点で、出資対象は、市場テストの検証に成功した限

図2-1　ベンチャーキャピタルの一般的な出資ステージ

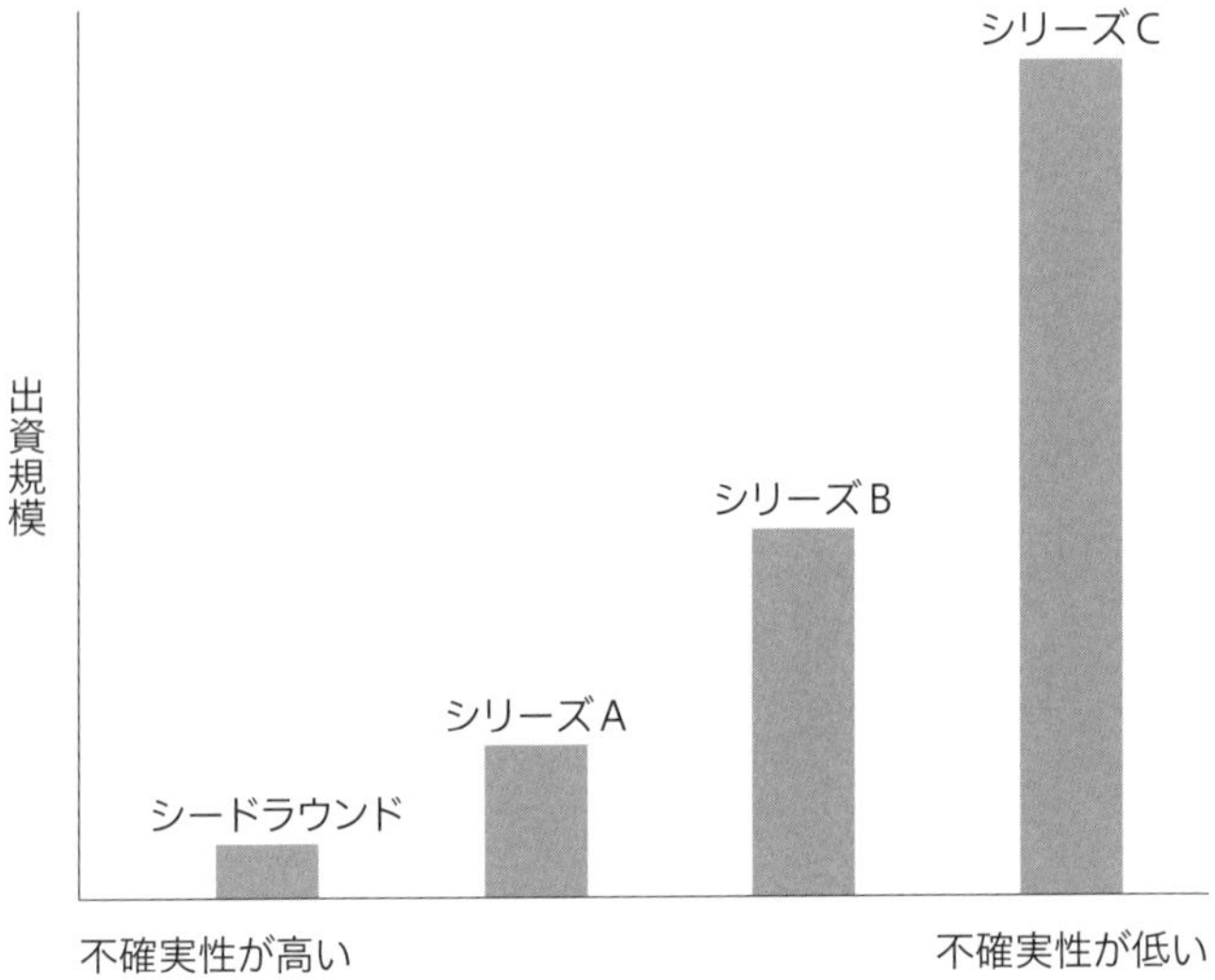

られたアイデアのみになる。ビジネス全体に大きな影響を与えるようなイノベーションを発掘したいのであれば、まずは不確実性の高い多数のアイデアに投資し、その後、実験から得られた知見にもとづいてアイデアを絞り込んでいくという流れだ。

●**投資の目的を把握する**：不確実性が低い状況で行う投資は、金銭的利益を得るために資金を投入することである。要は「稼ぐために投資する」ということだ。一方、不確実性が高い状況で投資を行うのであれば、その目的は「知見を得るために投資する」ということになるだろう。つまり、初期投資の目的は、製品の市場投入ではなく、小規模で安価なテストの実施による不確実性の低減であるべきなのだ。顧客のニーズや解決すべき問題をすでに把握している場合でも、最初にすべきことは、とにかくテストと検証だ。

●**不確実性が低くなるにつれて投資を増やす**：実験によりアイデアの不確実性が低減したら、たとえば製品を市場投入するための準備として、多額の投資を迅速に行うべきである。しかし、気をつけてほしい。投資額の増加は、学習の節目、つまりカギとなるビジネスの仮説が検証されたときのみに行うべきであり、予算計画のタイミングが来たからといって投資額を増やすべきではない。

たとえばフェイスブックは、投資家のピーター・ティールから最初のシードラウンドの資金提供に成功した2004年当時、誕生から4カ月しか経っておらず、収益もなく、大学のキャンパスでテストされただけであった。それでも、ティールはフェイスブックの価値額を490万ドルと評価し、50万ドルを出資して10・2％の株式を取得した。翌年、フェイスブックのユーザー数は100万人を突破し、マスターカードのような大手広告主から売上を得るまでに成長した。シリーズAラウンドでは９８００万ドルの評価額を得て、１２７０万ドルの出資を受けることに成功した。さらに翌年には、フェイスブックのサービスは大学や高校、企業にも拡大し、シリーズBラウンドでは5億ドルの評価額がついている。その次の年にはモバイル版を発表し、ニュースフィードをスタートさせ、アプリ開発者が参入できるようにした。シリーズCラウンドを主導したのはマイクロソフトであり、フェイスブックの企業価値を１５０億ドルと評価した。フェイスブックの核となるアイデアは、サービス開始からシリーズCラウンドまで変わることはなかった。そのアイデアの市場価値は、４９０万ドルから１５０億ドルに上昇したが、それでも利益を上げるまでにさらに2年を要した。いったい、２００４年から２００７年の間に何が変わったのだろうか？　答えは「フェイスブックのビジネスモデルの不確実性」だ。

利益を最大化し、リスクを最小化する

イノベーションの難しいところは、構想の段階ではうまくいきそうなアイデアのほとんどが、実際にサービスを提供してみると世の中に受け入れられないということだ。実験と反復的な投資の両方が揃ってのみ、不確実性のもとでイノベーションを実現できる。だがこの2つだけでは、優れたアイデアを思いついたり、未来を正確に見通したりすることはできない（読者のなかには、3Dスマートフォンのようなイノベーションを思いつく人がいるかもしれないが、自分には素晴らしく思えても、現実の世界で必ずしも成功するとは限らない）。大切なのは、いろいろなアイデアのなかでうまくいっているものを確実に摘み取りつつ、うまくいかないアイデ

アによる損失を最小化することだ。

先に紹介したCNN＋は、失敗したことではなく、失敗するのに3億ドルもかかったことが問題なのだ。テストすること自体はよい判断だが、3万ドルあればテストできただろう。実験と反復的な投資という2つの手段を組み合わせることで、どんなビジネスでも不確実性のもとでのイノベーションを成功させることができる。そのためには、実現できないと判断したアイデアは早めに見切りをつけ、成功の可能性が最も高いアイデアは投資額を倍にする必要がある。

DXロードマップの5つのステップでは、どのような組織にも適用できるツールやフレームワークを用いて、不確実性に対処する方法を学んでいく。「検証の4段階」と呼ばれるアプローチにより、あらゆるビジネスモデルの背後にある仮定をテストする方法についても紹介する。この「検証の4段階」を視覚的ツールとあわせることで、構想段階からグローバル展開に至るまで、新たなイノベーションを実験する際の指針となるだろう。専任のリソースプールを活用し、リソースの無駄遣いを回避するために「効率的な事業撤退」を行い、迅速かつ柔軟にリソースの割り当てを行うことで、反復的な投資との相乗効果を出す方法についても見ていく。

近接性を解決する

これまで見てきたように、あらゆる既存企業が直面するもうひとつのイノベーションの課題は、中核事業から離れた領域のイノベーションをいかに成功させるかという「近接性」である。この課題が厄介なのは、構造的な障壁（指標、リソース、組織設計）に加え、マインドセット（ビジョン、注力領域、恐怖）など、さまざまな要因があることだ。にもかかわらず、アマゾン、アップル、アリババのような成熟したデジタル企業や、ウォルマート、マスターカード、ニューヨーク・タイムズといった既存企業が、自社の中核事業の外側でのイノベーションを追求し、成功を収めている。DXロードマップを見ていきながら、近接性の課題を克服している企業の事例も紹介しよう。読者のみなさんのビジネスでも実践できるよう、その基本原則を以下に示す。

- **優位性を発揮できる課題に注目する**：企業が中核事業以外の分野で成長アイデアを見つけ、戦略的近視眼の罠から逃れるにはどうすればよいのだろうか？　その答えは、既存の製品や業界よりも、解決すべき顧客の問題に注目することだ。しかしそうやって視野を広げたところで、既存ビジネスからどの程度まで範囲を広げるべきなのだろうか？　たとえば、フォード・モーターが自動車メーカーから脱却しモビリティ企業になると決断した場合、次は飛行機を製造すべきなのだろうか？　必ずしもそうではない。効果的な戦略とは、ビジネスチャンスだけでなく、競合他社に対する独自の優位性にも目を向けることだ。オンライン小売業のアリババがデジタル決済市場への参入を決めた理由は何だったのだろうか？　自社のマーケットプレイスで顧客同士が互いに支払いをする手段を必要としていたという、解決すべき顧客の課題があったからだ。アリババは、その事業規模、既存の顧客ベース、豊富なユーザーデータという独自の強みで、この課題を解決することができた。

●中核事業から切り離す：多くの場合、デジタルイノベーションのビジネスチャンスは既存の事業部門で実現することが望ましい。なぜなら、そのチャンスは中核事業と直接的な関係があり、その事業部門以外では実現できないからだ（ドミノ・ピザが飲食事業のデリバリー体験を改革した事例を思い出すとよいだろう）。一方で、中核事業と大きく異なる（顧客、収益、費用構造、能力が異なる）新規事業を立ち上げる場合、少なくともその初期段階では、中核事業から切り離して進めるべきである。物理的な距離を置くことで、干渉や介入を防ぐ方法もある。アマゾンがＡＷＳのアイデアを実行に移すことを決定した際、プロジェクトをオンライン販売部門から切り離して進めたことは理にかなっていたといえるだろう。ＡＷＳは、アンディ・ジャシー率いる57人の独立グループとしてスタートし、そのメンバーの大半がアマゾン外部から雇用された[20]。クリス・ピンカム率いるチームは南アフリカのケープタウンに拠点を構え、ＡＷＳの最初の２製品のうちの１つ、「ＥＣ２」を開発した[21]（シアトル本社から地球上で最も離れた場所がケープタウンというわけだ！）。

●親会社と強いつながりを維持する：中核事業の外側で成長している新規事業は独立して進めるべきだが、成功するか失敗するかの運命を丸投げするべきではない。こうした新規事業の重要な資産やリソースは、依然として親会社が頼みの綱となる。ウェブの黎明期、イギリスの食料品チェーンであるテスコが「Tesco.com」を立ち上げ、同国で最初に成功した食料品のオンライン販売ビジネスとなった。ＣＥＯのテリー・リーヒーは、テスコの企業文化が社内的にも非常に競争の激しいものであることを知っていたため、このチームを独立した事業部門として設立した。リーヒーはこの新しいネット事業部門が、社内で拒絶反応にさらされる危険性があることも視野に入れていた。独立した事業部門ではあったものの、それでも中核事業（実店舗）との関係はきわめて重要であった。なぜなら、Tesco.comの従業員は、商品棚から商品を選び、店舗周辺の顧客にスピーディーに配達する必要があったからだ。そのため実店舗には、オンライン事業の利益の一部を還元する「影の会計ルール」なる指標が設定された。「Tesco.comは、中核事業のデータセットや顧客リストを活用して見込み客を発掘し、中核事業と同じマーケティング代理店を使っていた。Tesco.comの当時の責任者であったクリス・リードは、この事業部門は多くの点でスタートアップ企業のように運営されていたが、「中核事業とは強いつながりがありました」と語ってくれた。

●別ルールで運営する：中核事業の外側にある新規事業の場合、単に事業部門を切り離すだけでは不十分だ。こうした事業部門は、たとえ中核事業と同じ企業の敷地内にあったとしても、別ルールで運用していく必要がある。たとえば、予算や資金源も個別に割り当てて運営しなければならない。さらに、成功に向け独自の評価基準、社外の人材が多くを占める独自のタレントプール、そして独自のエグゼクティブスポンサー［訳注：プロジェクト管理の役割であり、通常はプロジェクト会議のシニアメンバーで、多くの場合は議長である。プロジェクト成功のために事業責任を持つ企業の上級管理職（多くの場合、取締役会レベルまたはそのすぐ下）が就くことが多い］や報告・監督体制も必要となる。たとえばアルファベットは、X（旧グーグルX）を「ムーンショット・ラボ」として位置づけ、自動運転車、サプライチェーン・ソフトウェア、ヘルスケアなど、中核事業とは大きく異なる新規事業を開拓してきた。また、Xの指標や資金提供、経営陣も、中核事業（検索サービスやデジタル広告）とはまったく異なっていた。一方、ニューヨーク・タイムズの場合は、ニュース購読以外の新しいデジタル製品の開発・発売を担当するスタンドアロン・プロダクツ&ベンチャー・グループを設立した。この組織はニューヨーク・タイムズ本社内の別フロアに設置され、新しいアプリや商品ごとに、プロダクトマネジメントの手法を用いる部署横断型チームが割り当てられ、ひとつの会議室で作業が行われた。

●着地点を決めておく：チームを編成して中核事業の外側で新規事業を立ち上げる場合、責任者はその着地点をあらかじめ考えておく必要がある。新規事業が成功すれば、最終的には中核事業に統合するか、あるいは独立した常設の事業部門として運営されることになるが、場合によっては組織全体を再構築するきっかけともなりうるだろう。たとえば、AWSは独立した事業部門として設立され、2006年に公開されたあとも急成長を続け、現在も独立した部門として運営されている。オンライン販売の黎明期にネット事業チームを立ち上げたテスコのような小売企業は、最終的にはオムニチャネル戦略を採用している。結果、ほとんどの企業が、製品カテゴリーや顧客タイプにもとづいて組織を再編成することになり、オンライン販売と実店舗のチームが統合され、企業にとっての総合的価値を優先する統一指標（顧客生涯価値など）が設定された。中核事業の外側で新規事業を行う場合は、計画からスタートし、状況に応じて計画を柔軟に変更できるようにしておくことが大切だ。滑り出しの段階では個別に進めるべき取組みでも、市場や組織が成熟するにつれて統合したほうがよい場合もある。

DXロードマップの5つのステップでは、あらゆるビジネスで中核事業の外側での成長を実現するためのツールとフレームワークを紹介する。解決すべき問題に戦略を集中させ、戦略的近視眼の罠に陥らないようにするためのツールも提供する。将来の市場環境をどのように定義し、自社独自の勝ち筋をどのように見いだし、これらの視点にもとづき追求すべき機会をつかむ方法についても探っていく。加えて、中核事業内外の新規事業にふさわしいガバナンスを選択するための「3つの成長経路」と呼ぶモデルも紹介する。

＊　＊　＊

イノベーションの課題から目をそらしていては、どの企業もデジタル時代に生き残ることはできない。DX推進のためには、明確なベンチマークやベストプラクティスに従う低リスク投資だけでは不十分であり、中核事業の強化やデジタル化だけでも実現は不可能だ。DXは、何よりもまずデジタルツールを使って未知の問題を解決し、新たな成長を推し進めることである。DXロードマップが、ITのプランニングと同様、戦略、イノベーション、ガバナンス、企業文化の取組みと結びついた、包括的かつ成長重視のアプローチを取るのはそのためだ。

続く5つの章では、デジタルビジョンを戦略とイノベーションに結びつける方法、顧客と解決すべき問題に焦点を当てる方法、新規事業の実験を行いながらガバナンスを活用して規模を拡大する方法、そして適切な能力と企業文化でこうした取組みを支える方法について見ていく。

これですべての準備が整った。それでは始めていこう。

第 3 章

ステップ 1——
共有ビジョンを定義する〔ビジョン〕

2011年カリフォルニア州ロングビーチで開催されたTEDカンファレンスにて、ウィリアム・クレイ・フォード・ジュニア（ビル・フォード）が交通の未来像について語った。フォード・モーターの会長兼CEOであるビル・フォードは、自動車畑一筋でキャリアを歩み続けてきた人物であり、フォード・モーター創業者であるヘンリー・フォードの曽孫にあたる。ビル・フォードのセッションは、「フォード・モーターの未来が、単に自動車をたくさん作って売ることではなかったとしたら？」というインパクトのある質問でスタートした。続いて行われたプレゼンテーションは、トップグローバル企業フォードの会長ビル・フォードが、明確な企業ビジョンを語るという異色のTEDトークとなった。

このなかでビル・フォードは、自動車産業が直面する2つの大きな課題として、環境への影響と迫り来るモビリティの危機を挙げている。前者については、フォード・モーターはゼロ・エミッション車の開発を目指し、エンジンの電動化といった技術の開発をすでに進めているとした。後者については、都市部の人口集中によるストレスの増大、中産階級の世界的な台頭、北京やアブダビのような大都市での交通渋滞の脅威を指摘した。こうした問題は、曽祖父であるヘンリー・フォードが事業を始め、勝ち得てきた移動の自由そのものを脅かしかねない。将来的に、世界の人口が80億人に達し、その75％が都市に集中すると予想されるなか、自動車をさらに販売し、道路をより整備するという既存のソリューションでは不十分だ。このままでは経済成長は阻害され、食料や医療、必要不可欠なサービスを世界中の地域社会に適切に届けることができなくなってしまう。

そこでビル・フォードが打ち出したソリューションは、データとデジタル技術により、自動車、道路、給油所、公共交通機関を網羅するスマートネットワークの構築に投資することで、これらすべてを接続し、移動、駐車、支払い、安全などにおける新たな統合ソリューションを生み出すというものであった。ビル・フォードは、香港やマスダール・シティ〔訳注：ゼロ・エミッションを目指して、二酸化炭素排出量ゼロ、再生エネルギーだけですべてを動かすことを目的に作られたアラブ首長国連邦の都市〕のイノベーションを例に、「リアルタイムデータを活用して個人のモビリティを大規模に最適化する統合システム」により車両同士が情報をやり取りするコネクテッドカーの未来像について述べ、フォード・モーターが自動車メーカーとしてだけでなく、デジタルドリブンのモビリティサービス企業として、このビジョンを追求することを確約した[1]。

このビジョンは進化し洗練され続けながら、その後10年以上にわたってフォード・モーターの戦略を形作ることとなった。結果、何十億ドルもの新たなデジタル投資と企業買収へとつながり、後続の3人のCEOの人選にも影響を与え、デジタルな未来へと突き進む今日のフォードの戦略を形成し続けている。

共有ビジョンが重要である理由

変化はいとも簡単に起こる。非常事態ともなればなおさらだ。コロナ禍のなか、メディア業界を専門とする研究者ルーシー・クエンは、このパンデミックは既存企業にとって変革を行う千載一遇のチャンスであると指摘し、次のように述べている。「企業が変革に対して柔軟な状態にあるいま、人びとは変化を期待している。起こるべき大きな変化に取り組むうえで、これほどよいタイミングはないだろう」[2]。差し迫った危機的状況下では、現状維持が不可能であることをすべての従業員が認識するため、全員が何らかの行動に出る必要性を感じ、古い仕事のやり方にこだわらなくなるためだ。

しかし、(幸いなことに)このような危機的状況が訪れることは滅多にない。こうした状況でもなければ、変革を行うことはきわめて難しい。変化を起こそうとすると必ず抵抗勢力が現れる。現状維持が当たり前であり、従業員にとっては同じことの繰り返しが意識として根づいている。計画立案も、将来も過去と同じような状況で進むだろうという暗黙の前提で進められるものだ。成功は自己満足を生み、「うまくいっているものをなぜ変える必要があるのか?」と反論される。ある企業の経営幹部は、「将来への最大の壁となっているのは、創業から79年間、これほどまでに成功を収めてきたことです」と語ってくれた。

DXの過程で変化への切迫感を生み出すには、社内の「差し迫った危機」を見つけろとアドバイスするコンサルタントは多い。この表現はノキアのCEO、スティーブン・エロップのメモに由来するものであり、アップルのiPhoneや安価なアンドロイドスマートフォンによって破壊されつつあったノキアの携帯電話事業を憂慮し、社内を奮い立たせるために書いたものであった[3]。では、この「差し迫った危機」を伝えるメモで状況は好転したのだろうか? 答えは「ノー」だ。ノキアは首位の座から転落し、最終的には携帯電話事業から完全に撤退した。ノキアの事例からも、差し迫った危機だけでは十分ではないことがわかる。

「とんでもないことが起こる」だとか、「デジタル・ディスラプター(破壊者)に潰されるのは時間の問題だ」などと単に緊迫感を煽るだけでは、従業員や株主の気持ちを動かすことはできない。私が顧問を務めたことのあるラテンアメリカの大手小売企業は、アマゾンがもたらす脅威にとても敏感になっていて、生き残るためには変化が必要だと従業員に伝えていた。しかしこのメッセージは、同社が顧客中心主義や数々の事業改革により過去何十年間にわたって成長してきた歴史を無視していただけでなく、こうした過去の努力がデジタル時代でも道しるべになりうることを見落としたものだった。悲観的で緊急性を求めるメッセージは、希望のある緊急性、つまりDXによってどのように新たな価値を生み出し、新たな成長を推し進め、未知の問題を解決できるかというビジョンとセットでのみ、初めて効果を発揮するのである。

価値創造についての希望のあるメッセージを作り上げるには、株主価値だけでは十分ではないことを覚えておいてほしい。DXにより新たな効率性が生まれ、1株当たり利益を向上させられることを説明すれば、投資家の背中を押すことはできるかもしれない。しかし、四半期ごとの短期的な利益だけ見せても、従業員が不確実性のある変革に腹落ちし、困難な業務を引き受けるモチベーションを上げるには不十分だ。従業員のやる気を高めるには、業務の重要性と意義を、リーダー自ら示す必要がある。

変革を推し進めるには、外的モチベーション（投資収益率［ROI］、利益、費用削減、金利支払前税引き前減価償却前利益［EBITDA］）に訴えることで、株主の背中を押さなければならない。一方で、従業員の意欲を高める内的モチベーション（顧客・従業員・パートナー企業・社会のために生み出される価値）にも訴えかける必要がある［4］。ビル・フォードは、フォード・モーターのデジタルな未来についてのプレゼンテーションをした際、次のように会社の創業と結びつけることで、内的モチベーションに訴えている。「曽祖父であるヘンリー・フォードは、フォード・モーター・カンパニーの使命は、人びとの生活を向上させ、誰もが自動車を持てるように手ごろな価格にすることだと強く信じていた。それは、移動できるようになることで、自由と進歩が生まれると考えていたからだ」[5]。ビル・フォードは、コネクテッド・トランスポーテーションのビジョンを、自由とモビリティというコア・バリュー（中核となる価値観）を次世代に引き継ぐための方法であるとした。

DXロードマップの最初のステップは、ビジネスの未来についての共有ビジョンを定義することだ。これにより、関係者のモチベーションを高めて足並みを揃え、変革の必要性を示すことができる。このビジョンは共有すること、つまり組織の全員に認識されていることが重要であり、各企業の状況にあわせた独自のものでなければならない。「デジタルファースト」や「デジタルリーダーとして認知される」「将来を見据えたビジネスにする」といった凡庸なものでは不十分だ。企業に求められているのは、具体性のあるビジョン、会社が目指す方向性、求められている役割、そしてその理由を明確に示したビジョンなのである。

共有ビジョンの重要性は、確立している。ダニエル・ゴールマンのリーダーシップについての有名な研究によると、「6つのリーダーシップ」のなかで最も強力なのは、リーダーが「ビジョンに向かって人びとを動かしていくこと」である[6]。最近では、DXを成功に導く最大の要素は「明確な変化のストーリー」を持つことであるというマッキンゼーの調査結果も公表されている[7]。

にもかかわらず、こうした共有ビジョンを持たない企業があまりにも多いことには愕然とする。これまで数々の大企業とワークショップをしてきたが、参加者が大きな障壁のひとつとして一様に挙げるのが、「会社のデジタルな未来についての共有ビジョンが存在しない」ことである。ある保険会社の次期CEOと話す機会があったが、「正直なところ、DXのビジョンを弊社事業部門の3人に尋ねたら、3つの異なる答えが返ってくることでしょう」と語っている。ある大手バイオ製薬会社の幹部50人とディスカッションしたとき、その企業のCEOは「デジタルファースト」の企業になると宣言し、同業他社と同じように最高デジタル責任者（CDO）を採用したそうだ。しかし、参加した部門責任者らに自社にとってのデジタルとは何かと尋ねたところ、彼ら自身も答えに窮してしまい、私に説明してほしいと懇願してきたのである。

将来の共有ビジョンを定義することは容易ではない。しかし「なぜ変わらなければならないのか」という問いに対して、明快かつ説得力のある答えがなければ、どんなDXも頓挫するだ

表3-1　何が問題か――ステップ1：ビジョン

失敗の兆候：ビジョン	成功の兆候：ビジョン
• 従業員は変化を恐れており、会社の方向性は明確でない。	• 従業員は組織のあらゆる階層で会社のデジタル戦略を理解し、それを推進している。
• デジタル投資に対する投資家、CFO、P&L責任者の支持が弱い。	• デジタル投資に対する投資家、CFO、P&L責任者の支持が強い。
• デジタル施策は一般的で、他社の模倣が多い。	• デジタル施策は競争優位性のある分野にのみ投資している。
• 一般的なデジタル成熟度指標を取組みの指針としている。	• デジタル化の取組みの事業への影響が明確に定義されており、成果を測定・追跡するための指標がある。
• 市場に追随し、他社の動きに反応し、新規参入企業の動きに驚かされている。	• 市場をリードし、重要なトレンドが到来する前に対応策を決定する。

ろう。表3－1は、DXロードマップの最初のステップにおける成功と失敗の主な兆候を示したものである。

本章の内容

本章では、企業、事業部、機能、チームにおけるDXの取組みについて、リーダーが共有ビジョンを定義する方法を紹介する。影響力のある共有ビジョンに不可欠な4つの要素も考察する。これらの要素は、次のそれぞれの問いに対する答えを導くものである。

- **未来の風景**：現在の環境やビジネスの状況は、今後どのように変化していくか？
- **成功する権利**：組織独自の強みと限界は何か？　こうした要素はリーダーの役割にどう影響するか？
- **北極星インパクト**：長期的にどのようなインパクトを生み出したいか？　その理由は？
- **ビジネス理論**：どのようにして価値を獲得し、将来への投資を回収するのか？

これらの4つの要素とさまざまなケーススタディを考察し、戦略的プランニングツールである「共有ビジョンマップ」について見ていく。このツールは、DXの推進において、共有ビジョンの各要素を定義する際に活用できるだろう。最後に、トップダウン型組織からボトムアップ型組織への転換を図るうえで、共有ビジョンを定めることの重要性について見ていく。

未来の風景

ビジネスにおける共有ビジョンの1つ目の要素は、私が「未来の風景」と呼んでいるもので、ビジネスの方向性や状況の変化を示したものだ。マイクロソフトのCEO、サティア・ナデラは、リーダーの仕事とは、「外部のビジネス機会や、内部の能力と企業文化、そしてこうした各要素間のつながりを把握する」ことであると語り、「リーダーの仕事は科学ではなく、芸術のようなものだ。そして、リーダーが常にそれを正しく行うとは限らない。しかし、リーダーの仕事をどれだけ正しく行えたかという打率が高ければ、ビジネスの世界において長く現役でいられるだろう」と述べている［8］。

未来の風景を描くには、顧客、パートナー企業、競合他社という環境に存在する最も重大な変化を捉えると同時に、この変化がビジネスにもたらす脅威と機会も把握しておかなければならない。読者のなかには、規制の厳しい業界（例：金融や医療）の既存企業に身を置く人もいるだろう。こうした業界では、規制がひとたび緩和されると、デジタルファーストのビジネスモデルを掲げる新規参入企業が出現する。このような企業は、規制の網のかからない領域のみで既存企業が担ってきたサービスの一部を提供することで、旧来のビジネスを「分解」しようとしている。一方で、固定資産（例：油井、船団、通信ネットワーク）に莫大な投資を行っている業界に従事している読者もいるだろう。こうした資産は、以前は競合他社の参入を阻む障壁として機能していたが、近年では、むしろ他社の資産を積極的に活用し、データ、予測分析、システム統合にもとづく新たなビジネスモデルを構築しようとするスタートアップ企業が出現している。あるいは専門サービス（例：広告、監査、人材サービス）を提供する企業に身を置く読者もいるかもしれない。これらのビジネスは顧客との深い関係のうえに築き上げられてきたが、これまで顧客のために解決していた問題は、今日では日に日にアルゴリズムやＡＩが処理するようになってきている。その結果、既存企業は、新しい顧客ニーズにあわせてビジネスを改革し、提供サービスを再構築しながら、この変化に対応できるよう従業員の能力構築も継続的に行う必要に迫られている。

未来の風景、つまり、ビジネスがどこに向かっているのかを理解することは、デジタルな未来のどの分野でどのように競争していくのか、どのような市場をターゲットとするのか、どの分野で成長を目指すのかという目標を決定するうえできわめて重要となるだろう。

未来を見通す

アメリカ最大級の非営利団体「ＡＡＲＰ」〔訳注：50歳以上の３８００万人の会員を持つ世界最大の高齢者によるＮＰＯ。以前はAmerican Association of Retired Persons（全米退職者協会）であったが、１９９９年からＡＡＲＰが正式名称になった〕のサミ・ハサニェＣＤＯは、「ＣＤＯの仕事は、目まぐるしく変化する顧客ニーズに対し、組織が文化的、技術的、戦略的な観点から応えられるようにすることです」と語ってくれた。変化に追いつくためには、どの組織のリーダーも、自身の業界だけでなく、それ以外の分野に対しても常に目を光らせておく必要がある。どのようなビジネスであれ、デジタルな未来を知るには、従来の同業他社、競合他社、顧客にとどまらず、その先にある世界に目を向け、そこから学ばなければならない。
未来の風景を描くにあたり、私は焦点を当てるべき分野を大きく次の4つに分けた。

● **顧客**：顧客の変化する行動、期待、ニーズの理解に力を入れよう。その際、自身の業界以外の分野の影響も意識すること。たとえ大企業の購買部門に機械を販売していたとしても、その部門のスタッフは毎日アマゾンやグーグル、ネットフリックスを個人的に利用しているため、彼らの期待（個別サービス、スピード、セルフサービス体験など）は急速に変化している。その変化に追いつかなければならない。顧客の将来の姿を分析するときは、昔からの既存顧客（ビジネスの基盤となり、現在も収益の大部分に寄与している層）と、新規顧客（将来的な成長と収益の牽引力となる層）の双方に焦点を当てよう。たいていの場合、この2つの顧客層の行動や期待は著しく異なるため、二分された市場でうまく立ち回るには、それぞれの顧客層にあわせた戦略が必要となる。

● **技術**：顧客体験を形成している最新技術、とくに顧客があなたの企業のサービスを見つけ、購入し、利用するときに使用されている技術を見極め、詳しく調べよう。一方、社内業務に影響を与える技術だけではなく、パートナー企業、サプライチェーン、周辺業界の業務に影響を与える技術にも注目する必要がある。技術動向を調べるときには、時間軸と当該技術の成熟度の観点から幅広く捉えるようにすること。「製造パートナー企業はどのように工場設備を改修しているのか」「顧客はどのようなSNSを使用しているのか」といった点に注目し、現在、積極的に利用されている技術から見ていくようにしよう。さらに、一部のアーリーアダプターが導入し始めたばかりの技術にも目を向けるようにする。同じ業界のスタートアップ企業について調べることも、最新技術の新しい活用方法を知るよい方法だ。最後に、まだ市場に出回っていない技術に投資している研究所やベンチャーキャピタルを注視し、長期的に業界再編成につながる可能性のある技術を見極めるようにしよう。

- **競合他社**：将来の自社を取り巻くビジネスのエコシステムを把握したければ、競合他社やパートナー企業の動きを俯瞰的に見てみよう。たとえば、「業界に新規参入してきた企業はどこか？」「どのような新製品や新たなビジネスモデルがテストされているのか？」「自社内のいくつかの部門が直面している市場環境変化の速度、競争上の脅威はどの程度進んでいるのか？」といった点だ。将来の競合分析をするときは、対称的競合（自社と同じビジネスモデルを持つ従来の同業他社）と非対称的競合（競

図3-1　自動車メーカーにおける対称的、非対称的な競合他社

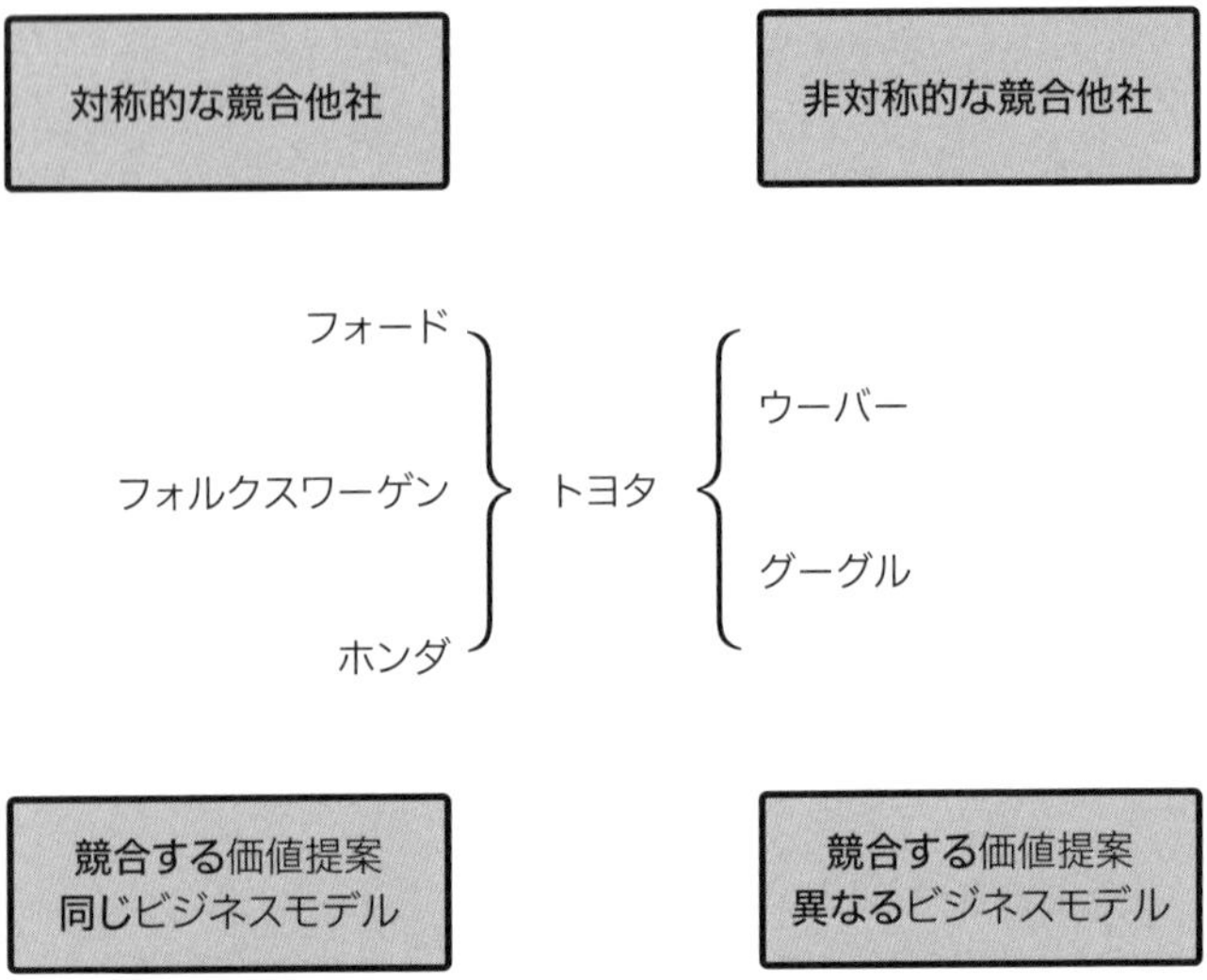

合する価値提案を持つがビジネスモデルが異なる企業）の双方を考慮すべきである。現在は自社と付き合いが深いビジネスパートナーが、将来的には非対称な競合他社になるケースもあるだろう（図3－1参照）。

- **構造的傾向**：事業を取り巻く外部環境の主要動向を調べておこう。なぜなら、このような動向が将来の事業を形作る可能性があるからだ。たとえば、人口動態（人口増加、世代間格差、都市部の人口集中、高齢化など）や、マクロ経済動向（経済開発、グローバル化、資源の利用可能性など）、政府の動向（法律、規制、関税、投資など）の検討だ。最後に、社会、環境、健康、気候、地政学など、ビジネスに影響を与える可能性のあるものの動向に目を向けることも重要である。複数市場で事業を展開している場合は、市場ごとの相違点を探り、各市場で最も大きな影響を及ぼす可能性のある動向を見極めるようにしよう。

これら4分野のインサイトは、社内外の情報源から得るべきだ。具体的には、顧客との対話、スタートアップ企業や既存パートナー企業とのミーティング、調査報告書、現場従業員の意見をまとめた定期的な最新情報などからである。

未来を見通すためのツール

前著『DX戦略立案書』で紹介した4つのツールは、自社の未来の風景を描く際に役立つだろう。そのなかでも、「価値提案計画」（『DX戦略立案書』第6章）は、進化する顧客ニーズについての情報を収集するうえで不可欠なツールだ。まずこのツールを使って、顧客ニーズや提供しているサービスによって顧客が得ている価値にもとづき、顧客をセグメント分けする。次に、自社が提供している各価値要素について（代替されつつあるか、破壊されつつあるかを）調査し、そして最新技術や動向を調べることで、将来的に新たな価値要素になりうるものを探る。最後に、このツールを使って、各顧客層の将来的なニーズを満たす新たな価値提案を規定していくのである。

「競争のバリュー・トレイン」（『DX戦略立案書』第3章）は、自社と他社との間に存在する、競争と協力の相互作用である「競合エコシステム」を把握する際に役立つツールだ。これまで多くの経営幹部と一緒にこのツールを使用し、各業界（保険、小売、消費財など）へのデジタル新規参入企業を分析し、こうした企業がもたらす競争上の脅威と協調の機会のバランスを評価してきた。

『DX戦略立案書』の第7章では、事業に対するデジタル・ディスラプションの脅威を評価するための2つのツールを紹介している。1つ目のツールである「破壊的ビジネスモデル・マップ」は、各ビジネスモデルの2つの側面（価値提案と価値ネットワーク）を検討することで、新たなビジネスモデルが実際に破壊的な脅威をもたらすかどうかを判断できる。2つ目のツールである「破壊的レスポンス・プランナー」は、破壊的挑戦者に直面した際の選択肢の評価に役立つ。このツールを活用し、破壊者を3つの側面から検討することで、6つの戦略的レスポンスのなかから最善の選択肢を特定できる。

これらのツールはすべて、デジタル・ディスラプションを、未来志向のイノベーションを起こし、将来への方向性を示す契機であると捉えている。現在、マスターカードの執行副社長（EVP）を務めるクリス・リードは、「ディスラプションは、それを予想でき、素早く対応できるのなら、望ましいものである場合が多いと感じています。ディスラプションを回避する場合も、あるいはそれをうまく活かす場合も、どちらもその方法を見つける能力が大切なのです」と語ってくれた。

未来の風景を明確に描くには、顧客の生活に起こっていることや、進化を続けるデジタル技術の全体像、そして成功を収めるために競合ないし協力しなければならない他企業の動向について、たえず知ろうとする姿勢が必要である。

未来の風景とはどのようなものか

では、未来の風景はどうあるべきなのか？　上記のプロセスから得られる情報は、非常に詳細な場合もあれば、きわめて簡潔な場合もある。重要なのは、こうした情報が、事業部門や会社が進むべき方向性、追求すべき機会を検討する際に、具体的な行動につながる指針となることである。ここからは、メルク・アニマルヘルス、BSHホーム・アプライアンス、アキュイティ・インシュランスの3社の事例について見ていく。

●メルク・アニマルヘルス

メルク・アニマルヘルス（アメリカとカナダ以外では「MSDアニマルヘルス」として知られる）のグローバルCMOであるフェルナンド・リアザは、ペットオーナーと、畜産・養殖（牛肉、乳製品、鶏肉、豚肉、魚）を手掛ける企業の両者を対象としたサービス事業について、その将来性を見極めるべく動いている。同氏は、ペットが人間のデジタルライフに溶け込むにつれて、消費者向け事業に劇的な変化が起き、同様に産業用市場も大きく変化すると見ている。動物用医薬品を求める顧客の「購買経路」は劇的に変化しており、獣医の処方箋を介した入手が減り、オンラインでの直接販売が増加していることから、顧客は獣医の判断に頼るのではなく、自分で判断できるデジタルコンテンツやデジタルツールを求めていることがわかる。産業界においても、技術トレンドが将来のビジネス機会を形成しつつある。たとえば酪農ビジネスや食肉ビジネスでは、デジタルセンサーの進化によりリアルタイムデータの利用が増加している。

●BSHホーム・アプライアンス

ＢＳＨホーム・アプライアンスは、調理器具、食器洗浄機、洗濯機、冷蔵庫などを手掛ける世界有数の家電メーカーであり、「ボッシュ」「シーメンス」「ガゲナウ」「サーマドール」「ネフ」などのブランド名で展開している。ＢＳＨが未来の風景を描くときは、デジタル接続された消費者の生活の変化や、衣食住の基本的ニーズを満たすためにアプリやデータ、スマートフォン対応サービスをどのように利用しているのかといった情報を把握することから始まる。そのため、ＢＳＨは競合家電メーカーが開発したデジタル対応製品（最新のデジタル冷蔵庫など）だけをチェックしているのではなく、ウーバーイーツ（フードデリバリー）、レシピアプリ、オンラインインフルエンサー、ランドリーサービスのスタートアップ企業などの新規参入企業にも目を光らせている。こうした未来のビジョンを描くことで、ＢＳＨは家電製品から最新デジタルソリューションへと市場を拡大し、未来の顧客の調理や掃除のニーズに対応できる企業へと成長を遂げようとしている。

●アキュイティ・インシュランス

以前、アキュイティ・インシュランスのベン・サルズマンCEOと密接に仕事をする機会があり、同社の損害保険事業について、その未来の風景を経営陣とともに練ったことがある。アキュイティはB2C市場（個人向け）で、住宅保険や車両保険を一般消費者に販売する企業だが、B2B市場（法人向け）にも進出しており、建設業、トラック運送業、製造業といった分野の中小企業を対象に、より複雑な保険商品を販売している。アキュイティはB2C市場について、若年層ほど、より利便性が高く、カスタマイズ可能で、スマートフォンでセルフサービス・オプションを選べる保険を求めているなど、世代間格差があると見ている。B2B市場では、高齢者介護やギグ・エコノミー・ワーカー［訳注：フリーランスなどの立場で、主にインターネットを利用して、単発・短時間の仕事を請け負う働き方をする人。単にギグ・ワーカーとも呼ばれる］などの新規顧客領域の成長分野があると見ている。一方、長年サービス提供している顧客からは、業界特有の深い洞察やアドバイスが求められるようにもなってきている。

技術トレンドも急速に変化している。今日の顧客が期待するのは、モバイル端末、ウェブ、チャット、SNSにまたがるサービスや、スマートフォンのアプリをスワイプしてクリックするだけで、保険金の請求や確認ができるサービスだ。「Nest」や「Ring」といった人気のホームセンサーは、損害保険の新たなデータ源となっている。アキュイティが擁する法人顧客の多くで、ロボティクスや自動化が導入され、保険が必要な資産の再定義が求められるようになり、高度熟練技術者への依存がさらに高まることで、必要な労働者補償保険に影響が及んでいる。一方で、同社は自律走行車の開発状況も注視している。将来、完全自動運転が普及すれば、自家用車であれトラック運送会社などの業務用車両であれ、自動車保険へのニーズは劇的に変わるだろう。

競争環境はアキュイティにとっても変わりつつある。同社は、デジタル広告プラットフォームからオンライン・マーケットプレイス、アンダーライティング〔訳注：個人や機関が料金と引き換えに金融リスクを引き受けるプロセスのこと。このリスクには、融資、保険、投資などが含まれる〕業務やリスク評価のデータプロバイダーまで、多数の新規パートナー企業と提携している。保険業界にはベンチャーキャピタルの投資が集まり、ビジネスモデルが大きく異なるスタートアップ企業が数多く誕生している。そこでわれわれは、「競争のバリュー・トレイン」にもとづき、新規デジタル参入企業１００社以上を、「アグリゲーター」「バーチャルエージェンシー」「付加価値パートナー」「デジタル元受会社」といったカテゴリーに分けて分析し、それぞれの競争上の脅威と機会を明確にした。「保険会社としてのメーカー」というビジネスモデルなど、将来の潜在的脅威も特定した。

このように、インシュアテック分野に対する投資家たちの興奮は冷めやらぬものの、こうした企業のすべてが収益性を確保できるわけではないことも明らかになった。アキュイティの場合、Ｂ２Ｂ事業（保険内容の複雑さが新規参入の障壁となっている分野）よりも、Ｂ２Ｃ事業のほうがリスクに直面していることも判明した。さらに、アキュイティのような保険会社を破壊しようとするインシュアテック企業はほとんどないこともわかった（むしろほとんどの企業は、保険会社との提携を模索している）。最も差し迫ったデジタルの脅威は、同社がこれまで提携してきた保険代理店だが、長期的に見れば、アキュイティにとっての最大の脅威は、変化する顧客ニーズに後れを取ってしまい適応できないという事態だろう。

パルメニデスの誤謬

未来の風景を描く最も重要な理由は、「何もしなければどうなるのか」という問いに対する答えを見つけることである。

この問いは、フィリップ・ボビット〔訳注：アメリカの法学者、歴史学者。専門は、憲法学、軍事戦略史。2023年時点で、コロンビア大学ロースクール教授〕が「パルメニデスの誤謬」と呼ぶ過ち――新たな取るべき行動を「何も行動を起こさなかった場合に起こりうる将来の状態」と比較すべきところを、「現在の状況」と比較してしまうという過ち――を避けるうえで、きわめて重要である（「パルメニデスの誤謬」という言葉は、すべての変化は幻想であると主張したギリシアの哲学者にちなむ）［9］。大きな組織では、将来は現在の状況の「続き」のようになるという暗黙の前提のもとで意思決定が行われていることがあまりにも多い（これまでに耳にしたDXに対する奇抜な反論のひとつに、「わが社のEBITDAは十分すぎるほど高いので、変わるわけにはいかない！」という既存の経済的成功にもとづいたものがある）。

パルメニデスの誤謬がこれほど蔓延しているのは、よく知られた認知バイアス〔訳注：個人的な経験や嗜好のフィルターを通して情報処理を単純化しようとする人間の脳の傾向によって引き起こされる体系的な思考プロセスのこと〕、すなわち「現状維持バイアス」〔訳注：現状を維持することを好み、現状を変える可能性のある行動に反対すること〕、「授かり効果」〔訳注：すでに保有しているものに過大な価値を見いだす（＝すでに保有しているものを失うことに過大な痛みを感じる）こと〕、「不作為バイアス」〔訳注：何かをすることよりも何もしないこと（不作為）を好むこと。不作為バイアスの背景には、「何かをしてマイナスの結果がもたらされるよりも、何もしないでもたらされるマイナスの結果のほうがマシ」と考える人間の脳の癖がある」によるものだ。こうした影響の結果、私たちは行動することのリスクを恐れる一方で、何も行動しないことのリスクには目をつぶる傾向がある。しかし、変化の激しい時代にあって、これは重大な誤りである。ジョン・F・ケネディは次のようにいったとされる。「行動には危険や代償が伴う。しかし、行動せずに楽な道を選んだときの長期的なリスクや代償と比べれば、はるかに小さなものである」[10]

成功する権利

共有ビジョンの2つ目の要素は、あなたが見据える未来で成功する権利だ。なぜあなたなのか？　未来の風景において、あなたのビジネスが成功する要因は何か？　ジム・ハケットがフォード・モーターのCEOに就任したとき、フォードの従業員が直面する最大の課題について、「ひとりひとりに未来を知ってもらい……そして次に、その未来で成功する権利はわれわれの手にあると理解することだ。それを誰にも譲る必要はない。テスラだろうがどこだろうが関係ない。成功する権利はわれわれのものだ」と述べている[11]。

成功する権利を見つけるには、企業としての独自の強み、つまり他社と一線を画す資質を理解する必要がある。同時に、戦略的選択における最も重要な限界や制約も見極めなければならない。未来の風景が（顧客、競合他社、外部勢力を継続的に把握することで得られる）外部の知識にもとづいて形作られるのに対し、成功する権利は自らの組織に対する深い知識から生まれるのだ。

独自の優位性

成功する権利を見つけるのは、市場で競争するための明確な強みを知ることから始まる。自社が他社に負けないほど得意としていることは何か？　自社を差別化し、製品やサービスに付加価値を与え、競争優位をもたらす資産やスキルは何か？　私はこれを「独自の優位性」と呼んでいる。

２００２年にネットフリックスが新規株式公開（ＩＰＯ）を申請した際、その関係書類からは、「加入者基盤」「顧客のメディア嗜好に関する膨大なデータセット」「パーソナライズされた体験を提供する実証済みの能力」という自社を差別化する３つの独自の優位性が明らかとなった[12]。その後の数年間、ネットフリックスはまさにこうした優位性を活かし、さまざまなビジネスモデルを試しながら飛躍的な成長を遂げてきた。

マスターカードの場合、消費者とビジネスパートナー（銀行と加盟店の両方）の巨大なネットワークは、デジタルな未来を見据えたときの重要な強みのひとつとなる。もうひとつの強みは、個々の商取引に結びついた巨大経済データへのアクセスだ。

ウォルマートはデジタル時代の成長を目指すにあたり、独自の優位性に着目することから始めている。その筆頭が店舗ネットワークだ。ジェフ・ショッツＣＯＯは「私たちの最大の資産は、アメリカ国内に展開する４７００店舗であり、全人口の90％が家から10マイル以内に店舗があることです」と語ってくれた。ウォルマートの店舗は、中核事業である小売事業のために建てられたものだが、各店舗には平均15万点もの商品が並び、近隣の顧客への配送も可能なことから、オンラインビジネスにも活用されるようになった。ウォルマートのもうひとつの強力な資産は、毎週1億5000万人にものぼる来店顧客の購買パターンに関する膨大なデータセットだ。

カナダ自動車協会（CAA）は、これまで会員向けに提供していたサービスの多くが、Waze、グーグルマップ、ウーバーのようなスマートフォンアプリにより無料で利用できるようになった昨今、ビジネスモデル改革という困難な課題に直面している。それでも、ティム・シャーマン会長が私に説明してくれたように、CAAは依然として強力な戦略的資産を保持している。3600万人の会員、CAAのロイヤリティ・プログラムを介したさまざまな企業と会員の大

表3-2　各社の独自の優位性

企業	独自の優位性
ネットフリックス	•加入者基盤 •顧客のメディア嗜好に関するデータ •パーソナライズされた体験を提供する能力
マスターカード	•ビジネスパートナー（銀行、加盟店）のネットワーク •消費者（カード利用者）のネットワーク •取引から得られる比類なき量の実用的な経済データ
ウォルマート	•小売店舗 •顧客との近さ •1億5000万人の来店顧客の購買パターンに関するデータ
カナダ自動車協会（CAA）	•会員基盤 •CAAのロイヤリティ・プログラムによる取引データ •カナダのあらゆる業界で最も信頼されているブランド

量の取引データ、そしてカナダのあらゆる業界で最も信頼されているブランドと評価されたCAAブランドだ。こうした優位性は、まさにデジタルによるビジネスモデル変革を通じてさらに強化される強みである。

表3―2は、4社（ネットフリックス、マスターカード、ウォルマート、CAA）それぞれの独自の優位性を示している。

どの組織にも独自の優位性がある。そうでなければ、もはや事業として成り立たない。これらは、物的資産、特許、技術、データ、顧客関係、ブランドの評判、戦略的パートナーシップ、従業員のスキルなど多岐にわたる。独自の優位性を見極めるには、批判的かつ懐疑的な視点を持つ必要がある。優位性をリストアップしたら、以下の問いに答えてみてほしい。

その優位性にはどれくらい独自性があるのか？（われわれはこの領域で本当に比類なき存在なのか？　あるいは同業者の上位20％に入っているのか？　それとも上位50％か？）。次に、これがビジネスにもたらす競争上のメリットは何だろうか？（この優位性はコスト削減につながるのか？　顧客ロイヤリティは高まるのか？　他社から最高の人材を引き寄せることはできるのか？）

この2つの問いに対して愚直に精査をしないまま、その企業が得意とすることを「独自の優位性」として議論を進めると、強みとして列挙したつもりのリストが、その業界では企業を運営するための必要最低限な「基本サービス」を単に長々と書き連ねた紙切れにしかならなかったというケースを目の当たりにしてきた。「基本サービス」の資質は確かに必要だが、それだけではけっして競合他社と差別化を図ることはできない。

どのように効果的な戦略であっても、それをどんなビジネスにも適用できる機会を見つけることはできない。だからこそ、独自の優位性を知ることが重要となる。つまり同じサービスを提供しようとする他社に対して、「不公平にも思えるほどの」優位性を発揮できる機会を見つけることが大切だということだ。このような機会とは、どの企業でも取り組むであろう一般的かつ優れたアイデアではなく、真に成功する権利をつかみ取るための機会である。

独自の優位性を活かす

独自の優位性を活かすには、それが顧客の価値創造にどのように役立つかを探ることだ。同じくらい重要なのは、価値を獲得できる機会がどこに存在しているかを知ることである。つまり、競合他社が同じビジネスモデルで提供するよりも多くの利益を上げられるかどうかということだ。

マスターカードは、クレジットカード決済の領域以外でもサービスを提供するフィンテック企業となるべく、さまざまなデジタル戦略を模索してきた。そのいずれも、商取引における世界的な決済ハブを持つマスターカード独自の優位性を活かした内容となっている。成長分野のひとつは、小売データの分析とそれを活用したコンサルティングサービスだ。マスターカードは、小売店における購買パターンを街区単位で地理的にマッピングしたデータを、企業向けサービスとして提供を開始した（銀行や不動産・建設業界、さらには「食の砂漠」〔訳注：人びとが健康的で手ごろな価格の食品を入手する手段が限られている地域のこと〕と呼ばれる地域を特定して支援策を検討する政府機関さえもこのサービスを利用している）。もうひとつの戦略がサイバーセキュリティとデジタルＩＤ認証領域の強化であり、さまざまな最新技術（地理位置情報、生体認証など）を使用して本人確認を行い、安全なデジタル決済を実現するシステムだ。小売分析とデジタル認証の取組みはいずれも、マスターカードの既存の強みである、銀行や加盟店などのビジネスパートナーとの比類のないネットワークと取引データにアクセスできることによって、その競争優位性が確保されている。

ここでインテュイットの例も紹介しよう。ラニア・サッカルがインテュイットに採用された当時、同社はすでに「QuickBooks」ブランドにより、中小企業向けの会計、給与計算、支払ツール市場でトップの座を築いていた。サッカルが任されたのは、インテュイットの新たな戦略的機会である小規模事業者向け融資事業の推進であった。彼女はこの新規事業は独自の優位性にもとづいているとし、次のように語ってくれた。「私たちインテュイットなら、他社にはまねできない小規模事業者向けの融資ソリューションを提供できると考えていました。なぜならQuickBooksに入力されているデータによって、どの企業よりも小規模事業者のデータを保有しているからです。私たちの仮説は、小規模事業者のためにデータを活用し、クラス最高の信用査定モデルを構築し、小規模事業者にとって有益なサービスを提供し、資金調達率を大幅に向上させることができるというものでした」。実験と検証を経て、この製品を「QuickBooks Capital」として発売した。２６０億のデータポイントを活用してアルゴリズムを磨き上げ、49の州の小規模事業者に最大10万ドルの融資を提供できるようになった。顧客の満足度も高く、このサービスが事業成長に直接貢献したと90％の顧客が回答している。

●互恵的優位性

最も強力な戦略とは、単にすでに有している企業の優位性を新しい戦略の実現のためだけに活用することではない。追求すべきは、私が「互恵的優位性の戦略」と呼ぶものだ。すなわち、あるビジネスモデルが成功したら、ほかのビジネスモデルのコア資産も活用し、成長させるという好循環を生み出す戦略である（図3－2参照）。これは、関連性のない事業を統合したり（例：電子機器、金融サービス、造船を手掛けるサムスングループ）、単一のサプライチェーン内で垂直統合したり（例：自動車メーカーによるタイヤ会社の買収）する単純なコングロマリットとは大きく異なる。そうではなく、互恵的優位性を持つ企業は、それぞれの事業を結びつける戦略的資産（例：データ、アルゴリズム、顧客）を共有、改善することで、互いの成長を支えるようなビジネスモデルを複数組み合わせているのだ。

図3-2　互恵的優位性

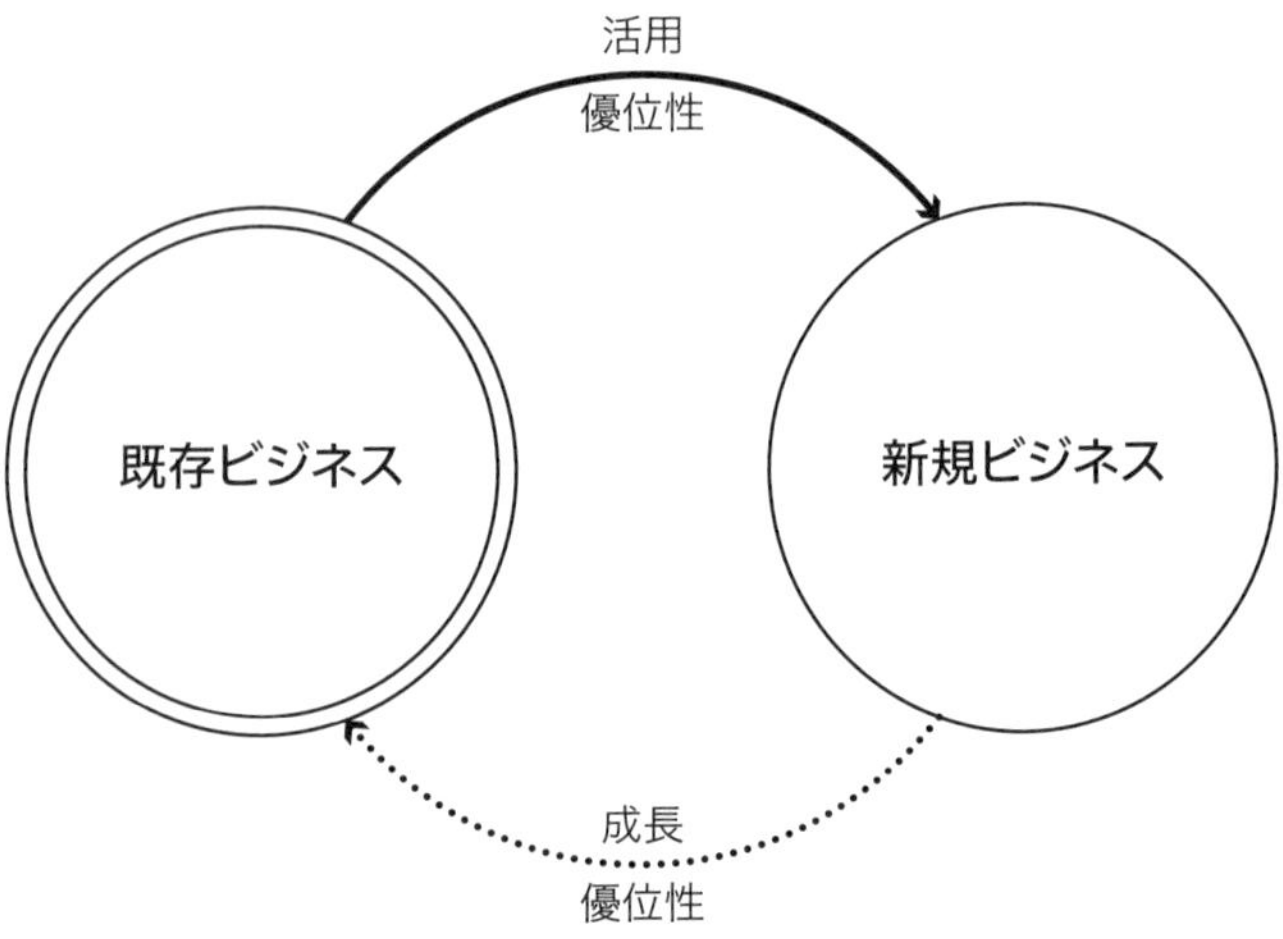

グーグル、アップル、アマゾンなど、デジタル時代に最も成功を収めている企業には、このダイナミズムが働いている。たとえば、グーグルマップは素晴らしいサービスだが、グーグルはこのサービスを常に改良、刷新することで顧客の利便性を高めている。しかし過去長年にわたって、グーグルマップを直接収益化しようとする動きはほとんどない。では、グーグルマップに投資し続ける余裕はどこから生まれてくるのだろうか？　その答えは、グーグルマップが膨大な量の位置情報を取得し、ユーザーがグーグルのサービスにログインして滞在している時間を大幅に増やすことで、グーグルのほかのビジネスモデルが持つ独自の優位性を強化し、さらには成長させることにもつながっているからである。つまり、ほかのビジネスモデル（検索、ディスプレイ広告、ユーチューブなど）こそ、グーグルが高い利益率と莫大な収入により、その優位性

図3-3　グーグルの互恵的優位性

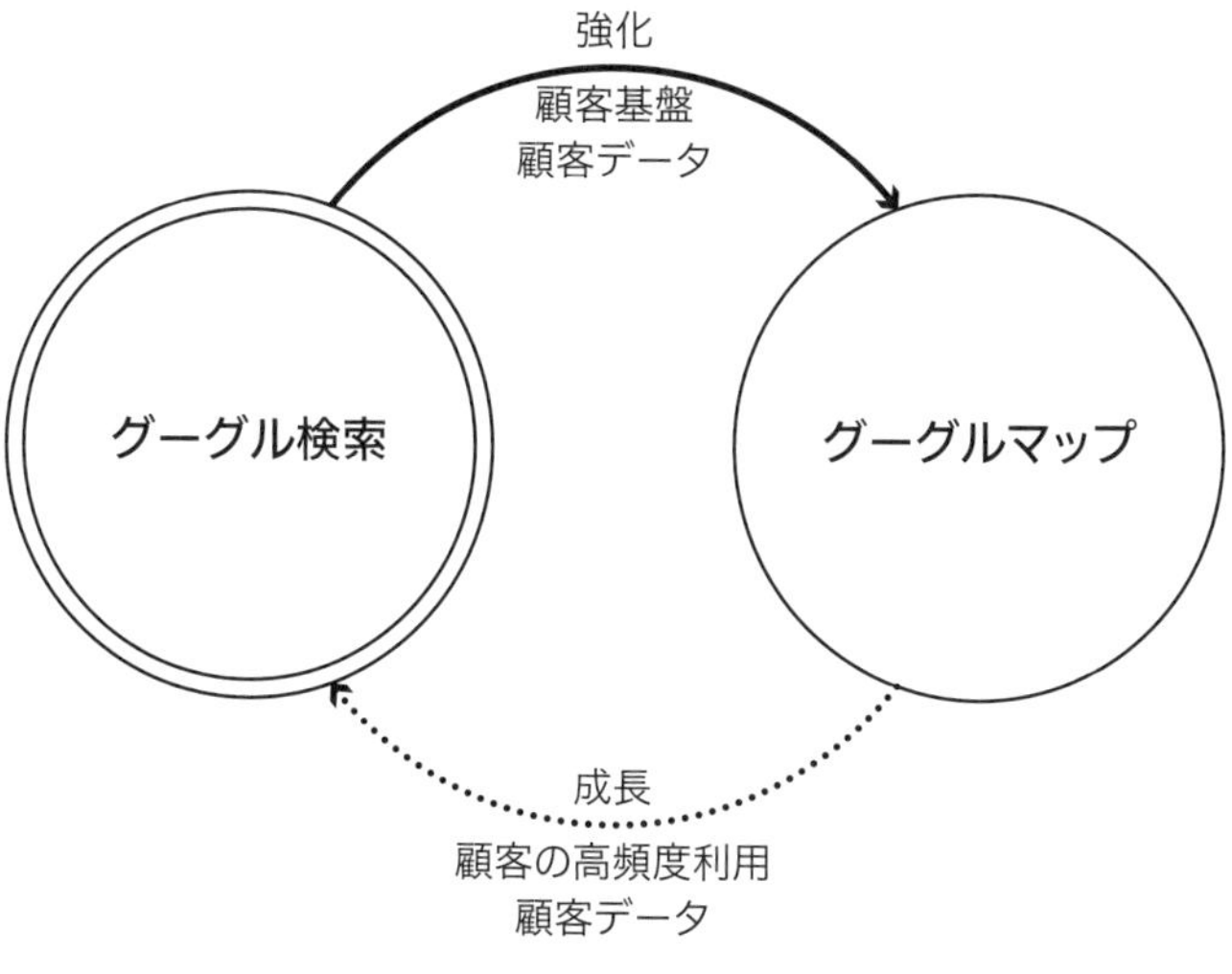

を収益化している領域なのだ（図3－3参照）。

既存企業のDXにおいても、互恵的優位性はチャンスといえる。ウォルマートは新たなデジタル戦略を検討しながら、この道を模索している（図3－4参照）。同社のオンライン販売事業である「Walmart.com」では、実店舗の近さを活かして配送サービスを提供したり、実店舗の販売データを活用して商品の需要を予測したりすることが可能だ。このウェブサイトのおかげで、ウォルマートの顧客購買データが増え、閲覧行動の情報も得ることができる。さらにオンラインで購入した商品を実店舗で返品できるようにしたことで、実店舗への来客数を増やすことにも成功した。自社のオンライン販売事業を確立したウォルマートは、次に、サードパーティ販売者が参加できるオンライン・マーケットプレイスに進出した。この戦略により、既存のオンライン取引の増加がもたらされた。顧客の検索や商品への関心についてのデータがこれまで以上に収集されたことで、Walmart.comの取扱品目の拡大にもつながっている。さらに最近では、ヘルスケアと金融という2つの有望な新分野

図3-4　ウォルマートの互恵的優位性

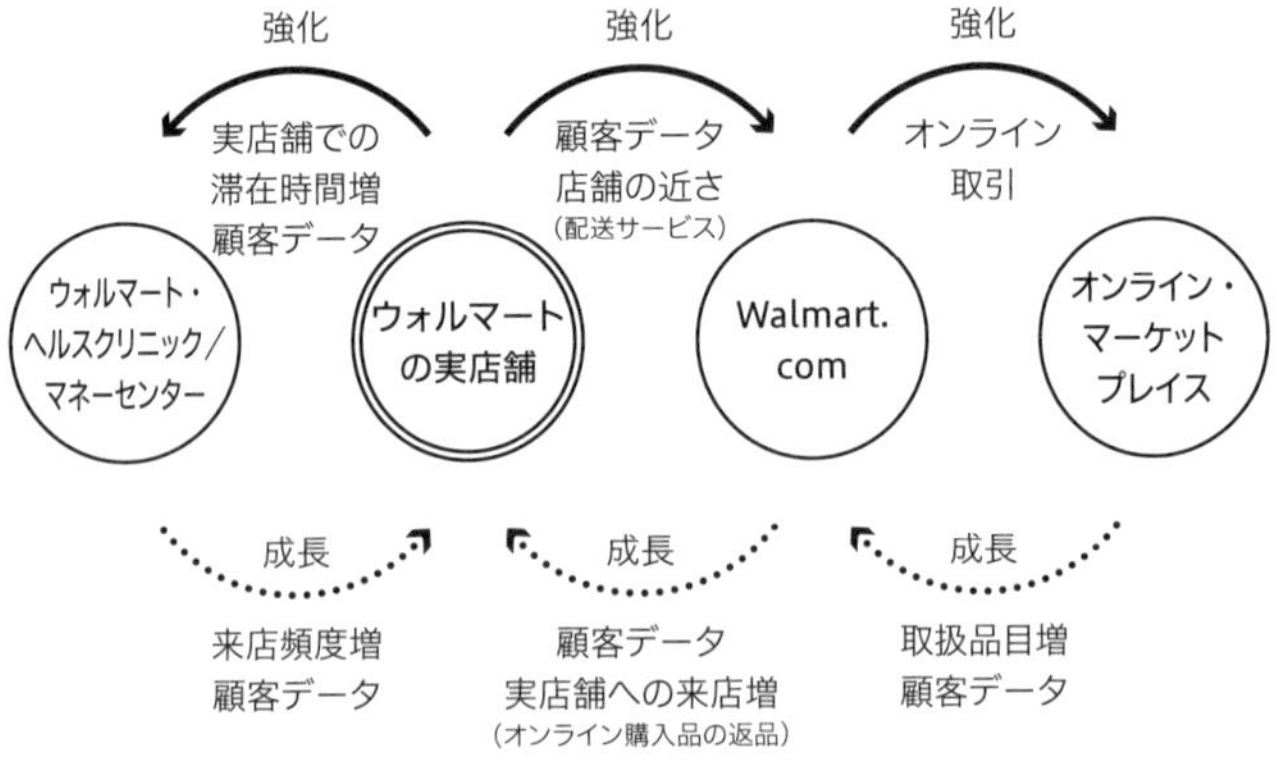

に進出し、実店舗でのサービス提供を始めている（図3－4参照。「ウォルマート・ヘルスクリニック」と「ウォルマート・マネーセンター」）。このような新たなビジネスモデルは、顧客の信用度を評価するといったときに、実店舗での顧客行動パターンや購買データを利用できるメリットがある。同時に、こうした新しい事業は、顧客にとっての価値を高め、来店頻度を増やし、生み出すデータ量も多くなるため、実店舗にも利益をもたらす。これについてジェフ・ショッツCOOは、「われわれは、自分たちが築いているエコシステムのあり方について考えている。つまり、人びとがどこにお金を使うのかだけでなく、どこで時間を費やすのか、そしてその両方においてわれわれの価値や関連性をどのように高めればよいのかについてだ」と述べている。

戦略的制約

独自の優位性を理解することと同じくらい重要なことは、戦略的制約を知っておくことである。新しいデジタル戦略を決めるときには、踏み越えてはならない境界線や、越えてはならない事業の活動範囲、あるいは（他社は進出するかもしれないが）足を踏み入れるべきでない領域を特定することが重要となる。

ここでは、プロセス、企業文化、人材、技術といった、DXロードマップのなかで時間をかけて反復的に改善していく課題について述べているのではない。ここで検討すべきは、政府の規制や法的な取り決めで、たとえデジタルによって規制や取り決めを飛び越えて実現できたとしても、企業がその範囲内で活動する必要があり、その組織で働く誰もが認識しておく必要がある制約である。一般的な戦略的制約として、次のようなものが挙げられる。

●**組織の所有形態や法的構造**：組織の種類（上場企業、家族経営企業、国営企業、フランチャイズ・ビジネスなど）はどのようなものか？ たとえば、ＣＡＡは国際自動車連盟（ＦＩＡ）という世界的組織の一員であり、ＦＩＡには１４６カ国で２４６の自動車クラブが加盟しており、それぞれのクラブが非常によく似たデジタル・ディスラプションの課題を抱えている。ただし、ＦＩＡはごく小規模な世界的組織であり、実態は各国の支部が予算や権力を持つ。この組織構造ゆえに、ＦＩＡ自身が世界規模のデジタル戦略を指示したり、一元的に管理したりすることはできない。ではＦＩＡの役割は何か。各国支部の考え方を方向づけること、ベストプラクティスを共有すること、各クラブの取組みを調整して協力関係を構築することである。

●**パートナー企業との契約**：多くの場合、ある企業の願望と販売パートナーの願望が対立する「チャネル・コンフリクト」が起こる。私が顧問を務めてきた企業の多くが、新しいデジタル・ビジネスモデルを検討するなかで、こうした対立に取り組む必要に迫られていた。重要なサプライヤーとの法的契約によって、特定の製品分野や特定の市場での競争を禁止されている企業もある。ＣＮＮの事例を思い出してほしい。最も需要のあるコンテンツ（毎日のケーブルニュース番組）をＣＮＮ＋のデジタル・ストリーミングサービスに取り入れることができなかったのは、その行為がケーブル配信パートナー企業との契約によって禁じられていたからだ。

●**法的規制**：法的規制は多くの企業、とくに医療業界や金融サービス業界の企業にとっては、大きな戦略的制約である。たとえば、シティバンクやチェースのような銀行は、新しいデジタル戦略を検討するときには、データプライバシー、本人確認（KYC）コンプライアンス、セキュリティといった幅広い規制に対処しなければならない。アキュイティを見ても、事業地域の拡大による成長戦略は、アメリカの50州すべてで保険業者の許認可要件が異なるという点で制約を受けている。業界の規制は、デジタルスタートアップ企業と既存事業とでは異なる形で適用されるケースが多く、不平等な競争環境を生み出す原因となっている。

- **地域インフラ**：ブロードバンドの利用可能性、優れた交通網、信用調査機関といったインフラの有無は、新しい戦略やビジネスモデルにとって大きな制約となりうる。不可欠な原材料が入手できない場合や、業界内で技術基準が確立されていない場合も大きな制約となるだろう。たとえば、アマゾンがインド市場に参入したとき、同社の戦略的制約には、政府の規制だけでなく、先進国市場では当たり前の配送パートナーや高速道路、住所制度が存在しない国における物流上のハードルも含まれていた。アリババがモバイル決済事業に参入してアリペイを立ち上げたのは、中国市場には他国で見られるクレジットカードのような、確立された消費者決済システムがなかったからだ。
- **そのほかの要因**：企業の社会的使命など、さまざまな要因が戦略的制約をもたらす可能性がある。たとえば、ニューヨーク・タイムズのデジタル戦略は、単に多くの人の目を引くコンテンツを作るという目標だけでなく、ジャーナリズムの使命にもとづいて形作られている。サウジアラビアの国立商業銀行（NCB）がDXをスタートしたときに直面した大きな制約は、従業員の回転率の低さと、実店舗の銀行を運営するために採用・研修を受けたスタッフを解雇しないという取り決めであった。

制約を特定するときは、その制約が意思決定にさまざまな影響を及ぼす可能性があることを認識しておくことが重要だ。戦略を完全に頓挫させるような制約ではないケースもあるだろう。その場合は、そうした制約を管理すべきリスク要因として扱うことができる。制約に関連する新しい戦略を策定するときには、自社のリスク選好度や、その制約と対峙すべき理由を慎重に検討しなければならない。

また、けっして越えることのない戦略的レッドラインを明確に設定したほうがよい場合もある。たとえば、アキュイティの経営陣は、ほかのリスク負担事業体（たとえば、ほかの保険会社）を買収することによって成長を追求することはないと明言している。これは、アキュイティの会社方針「書」にも記載されているように、きわめて適切に管理されている同社のアンダーライティングという独自の優位性を危険にさらすからだ。

北極星インパクト

ビジネスにおける共有ビジョンの3つ目の要素は、私が「北極星インパクト」と呼ぶもので、長期的に何を達成したいかを示すものである。スティーブ・ジョブズがかつて、アップルとその従業員たちが「宇宙に衝撃を与える」ことを目指していると語ったことは有名だ［13］。「DXでどのようなインパクトを与えようとしているのか？」と聞かれたとき、「北極星のように、長期的にぶれない取組みの指針と方向性を与えること」と答える人もいるだろう。ここで、あなた自身の北極星インパクトを考えながら、次の質問に答えてみてほしい。

- あなたは世界にどのようなインパクトを与えたいと思っているのか？
- あなたしか解決できない問題とは何か？
- あなたがいなくなったら、なぜ周囲の人は困るのか？

あなた自身の北極星インパクトは、世界の外部知識（未来の風景）と組織の内部知識（成功する権利）、そして組織の設立と歴史の背景を知ることで、おのずと見えてくるだろう。北極星インパクトは、単に感動的な言葉を羅列したものであってはならない。そうではなく、投資の方針、リーダー的役職への人材の登用、追求すべき戦略など、今後何年にもわたるビジネス上の意思決定の礎となる方針を示したものでなければならない。

デジタルネイティブ企業は、たいていの場合、自分たちが求めるインパクトを明確に表明することで知られている。グーグルは、「世界の情報を整理する」という使命を長い間掲げてきた。マイクロソフトは、人びとのためにテクノロジーツールを構築してきた長い歴史を持ち、「地球上のすべての個人とすべての組織が、より多くのことを達成できるようにする」という使命を掲げている。一方、デジタルネイティブ以外の企業でも実例はある。私の知る限りでは、一貫したDXの取組みを行っている企業はすべて、自分たちが目指すインパクトをきわめて明確に理解し、それに従って動いている。表3－3に4つの例を示す。表3－3に示した北極星インパクトの記述には、注目すべき点が2つある。まず、非常に野心的であることだ。どれも簡単に、また短期間で達成できる目標ではない。次に、進化を続ける中核事業分野と最新事業分野の両方が表現されている。目標とは、組織内のあらゆる分野に対するものだ。つまり、全員が会社の将来に関与しているということだ。

この4社の事例は、DXが企業全体に及ぼすインパクトについてのものだが、組織の全階層で北極星インパクトを定めることができる。メルク・アニマルヘルスを例に取ると、あるチームはDXが酪農家にもたらすインパクトを、別のチームはペットの飼い主に与えるインパクトをそれぞれ明確にできるだろう。アキュイティ・インシュランスの場合、個人向け保険部門はDXが保険に加入している個人や家族にもたらすインパクトを、企業向け保険部門は小規模事業者に与えるインパクトを明確にする、といった具合だ。

表3-3　企業レベルの北極星インパクト

企業	企業のDXにおける北極星インパクト
フォード・モーター	接続された自動車とその交通システムで、成長し都市化する地球の環境とモビリティのニーズに応える。
マスターカード	あらゆるデバイス、パートナー、プラットフォームにおいて安全な電子商取引を保護し、強化する。
BSHホーム・アプライアンス	デジタル接続された一般家庭の調理や掃除のニーズにまつわる体験を向上させる。
ドミノ・ピザ	デジタル接続された現代の消費者に、究極のデリバリーピザ体験を提供する。

「なぜ」vs.「何を」

北極星インパクトで押さえておくべき最も重要なポイントは、「何を」ではなく「なぜ」という問いの答えを見つけることだ。何をしたいかではなく、何を達成したいかを記述しなければならない。つまり、大切なのは行動ではなく結果である。経営陣はミッション・ステートメントや企業戦略を策定しているつもりでも、こうした区別は見落とされがちだ。これまで何百人ものCEOにインタビューをしてきたアダム・ブライアント［訳注：ExCoGroup のシニアマネージングディレクター。それ以前は、ニューヨーク・タイムズで記者、編集者、コラムニストとして30年間、ジャーナリストとして18年間勤務。2009年に開始したリーダーシップに関するコラム「コーナーオフィス」で500人以上のCEOにインタビューを実施してきた」は、「戦略に関する多くの文書に目を通してきたが、高い視点で会社が何をしているのかを語っているだけで、何を達成しようとしているのかは書かれていない」と語っている［14］。

これはDXではとくに致命的だ。北極星インパクトで意識すべき点は、「何を」するのかという最終的な問いの前に、「なぜ」変革が必要なのかという問いに答えることである。先にも書いたが、DXとは技術に関することではない。自社のDXの取組みについて文章を書く際、「AI」や「ブロックチェーン」「メタバース」といった用語に飛びついてしまう企業を多く目にする。しかし、導入したい具体的な技術を検討する前に、まずその使用目的を明確にしなければならない。

たとえばドミノ・ピザは、デジタル技術が流行しているから使用しているわけではない。このことは、ドミノ・ピザがペパロニを3D印刷したり、モッツァレラのブロックチェーンを構築したり、ガーリックノットの非代替性トークン（NFT）を販売したりしていないことからもわかる。ドミノは自らを「ピザ会社と同じくらい、テクノロジーカンパニー」であると捉えており、デジタルの取組みは、すべてピザの注文とデリバリーの究極の体験（シンプルかつシームレスで、どこでもスピーディーに届く驚くほど便利な体験）を提供するという目標を厳格に達成するためのものである。

私がこれまで見てきたなかで印象的だったウェブ3のスタートアップ企業はどこも、解決すべき顧客の問題を中心に据えている。たとえば、Qikfoxの使命は「インターネットを消費者にとってより信頼性の高い、安全かつ安定したものにすること」であり、ブロックチェーンやジャバスクリプトといった技術の使用についてはいっさい触れられていない。

DXの目標は、使用する技術の観点から決めるべきではない。同様に、構築する能力（データ分析、機械学習、クラウド基盤など）や使用するプロセス（カスタマージャーニー、アジャイルスクワッドなど）といった観点から決めるべきでもない。そうではなく、北極星インパクトを活用することで、目指すインパクトを基軸にDXを推進すべきである。エア・リキードのマーケティング担当副社長を務めるオリヴィエ・ドゥラブロワは、業界の巨大企業である同社のDXについて、エア・リキードは価値創造の成功要因であるデジタル化に「執着」していると話し、「私が目指す変革とは、エア・リキードによる、エア・リキードのための変革です。つまり、デジタル化のためのデジタルではなく、顧客、株主、従業員に利する価値を創造するためのデジタルなのです」と語っている。

自分が求めるインパクトについて考えるときは、内的モチベーションの力を忘れず、自社のDXの取組みがステークホルダー（顧客、パートナー企業、社会全体）にどのような価値を生み出すのかという視点に立つことが大切だ。

●ズームアウト

北極星インパクトを決めるときは、一歩下がって自社が属する分野を再定義するとよいかもしれない。たいていの場合、そうすることで、自社の製品を狭い視点からではなく、顧客ニーズというより広い視点から俯瞰できるため、私はこれを「ズームアウト」と呼んでいる。

たとえばフォードがデジタルな未来について検討したときは、これまでの製品からズームアウトし、環境の持続可能性や、人口集中が深刻化する都市部のモビリティといった課題に着目している。フォードは自らを自動車メーカーからモビリティサービス企業に再定義し、コネクテッドカー（ネットワーク、電気、自律走行）を重要な要素として位置づけている。

長年マスターカードのCEOを務めるアジェイ・バンガは、マスターカードはもはやクレジットカード会社ではなく、技術を駆使して決済を利用した商取引や決済以外のサービスを可能にするフィンテック企業であると宣言し、デジタルジャーニーへと一歩を踏み出した。マスターカードは、「クレジットカード」や「決済」という商品カテゴリーからズームアウトし、常時接続かつモバイル接続の世界における消費者と加盟店の商業ニーズに注目している。

もちろん、ズームアウトには限界がある。ある経営幹部から、「フォードがモビリティ企業であるのなら、航空機を製造してボーイングと競争しなければならないということですか？」と尋ねられたことがある。重要なのは、事業の基準を見直すときは、成功する権利に目を向けることである。競争の激しいデジタル環境においては、独自の優位性や制約と合致したビジネスモデルだけが生き残れるのだ。「われわれのビジネスとはいったい何なのか？」と自分自身に問いかけることでズームアウトするとよいだろう。この問いに真摯に答えることで、どのような企業もセオドア・レビットが唱える戦略的近視眼の罠から逃れ、解決すべき問題に注力し続けることができるはずだ。

成功の定義

北極星インパクトの記述は、野心的かつ定性的な性質を含んだものでなければならない（「究極のデリバリーピザ体験の提供」「電子商取引の保護・強化」など）。このような定性的な記述と、私が「成功の定義」と呼ぶ具体的な指標をひとつ以上組み合わせれば、非常に効果的なものとなる。ここで重要なのは、やることすべてを正確に測定することが目的ではなく、「北極星インパクトに向かって大きく前進しているかどうかを、どのように知るのか？」というシンプルな問いに答えることだ。

マスターカードの重要な目標は、旧来のクレジットカード会社から、デジタル世界における安全な商取引を実現するフィンテック企業へと進化を遂げることだったので、サイバーセキュリティや金融セクターの各種サービスに特化した新しい事業部門を設立した。この目標に向けた進捗状況を測るため、マスターカードは、「新規サービス事業を中核事業であるクレジットカード事業の2倍のペースで成長させること」「新規サービス事業を会社の総売上の40％まで成長させること」という2つの野心的な目標を設定した。この２つの目標をあわせることで、マスターカードのＤＸの成功を効果的に測ることができる。

同様に、ニューヨーク・タイムズも、広告とアナログを優先するビジネスモデルから、購読者とデジタルを優先するものへと移行するための測定可能な目標を定めている。ニューヨーク・タイムズが最初に掲げた目標は、デジタル収入を年間８億ドル（紙媒体が完全に廃止されても同社のジャーナリズムが維持できる額）にまで成長させることであり、もうひとつの目標は、ニュースとニュース以外の商品で１０００万件の定額サービスの契約を獲得することであった。

表３－４は、ニューヨーク・タイムズとマスターカードの事例を示している。この表では、両企業の北極星インパクトの定性的な記述を「目標」、測定可能な成功の定義を「主要な成果」としている。これらの用語は、「目標と主

表3-4　北極星インパクトの成功の定義

企業	北極星インパクト（目標）	成功の定義（主要な成果）
マスターカード	デジタル世界の安全な商取引を強化・保護する。	• 新規サービス事業を中核事業であるクレジットカード事業の2倍のペースで成長させる。 • 新規サービス事業を会社の総売上の40%まで成長させる。
ニューヨーク・タイムズ	デジタル経済においてジャーナリズム活動を維持する。	• デジタル収入を5年で8億ドルに倍増させる（報道活動を維持するうえで十分な額）。 • 2025年までに定額サービス契約1000万件を獲得する。

要な成果」(ＯＫＲ：objectives and key results) として知られる管理手法から借用したものである。ＯＫＲという方法論はアンディ・グローブＣＥＯ率いるインテルから生まれ、ジョン・ドーア (インテルでキャリアをスタート) によって改良された。その後、ドーアがベンチャーキャピタルの投資家やメンターとして活動するなかで広く普及していき、やがてグーグル、インテュイット、アンダーアーマー、ゲイツ財団など、数え切れないほどの組織で採用されるまでになった。ＯＫＲのカギは、目標 (達成したい目標) と主要な成果 (各目標を進めると思われる測定可能なステップ) を区別することである［15］。

北極星インパクト (目標) とは、達成しようとしていることを定性的に記述したものである。その野心的な目標に対してどのように貢献できるかを、すべての従業員に考えるよう促すことで、組織内のアライメントに結びつけるのだ。対照的に、成功の定義 (主要な成果) は数値化される。達成したいことのすべてを把握することはできないが、全員が進捗状況を客観的に知ることができるため、的確にアライメントに結びつけることができる。

このような明確で野心的かつ測定可能な目標を掲げて、組織全体のチームと個人を結束させるには、非常に大きな労力がかかる。ここで、ユーチューブ事業がスタートしたころのグーグルの例を紹介しよう。２０１２年、ユーチューブの経営幹部らは、動画の視聴時間を10倍に増やし、合計視聴時間を１日あたり10億時間にまで広げるという大胆な目標を設定した。これは当初、天文学的な数字にも思えたが、最終的に社内全体のスローガンとなった。その結果、ユーチューブの検索やおすすめ動画のアルゴリズムから、帯域幅向上のためのデータセンターの改善、仮想現実やゲーム動画をはじめて追加、テレビにユーチューブを「キャスト」するリビングルーム体験の向上まで、さまざまなチームがそれぞれ目標達成に貢献した。ユーチューブのスーザン・ウォジスキCEOによると、経営幹部の重要な役割は、すべての従業員に対して「これがわれわれの目指す方向です。さて、みなさんはどのようにこの目標を達成しますか？」ということだった〔16〕。

成功の定義を決めるべきもうひとつの理由は、指標の選定過程に全従業員を関与させることである。OKRの基本原則のひとつは、CEOから組織図の最下層まで、組織のあらゆる階層でOKRが実施されることだ。すべてのチームが関与し、「われわれの目標は何か？」「達成状況を知るにはどうしたらよいか？」と常に自らに問いかけるのだ。

成果の測定において最も重要なことは、指標のあり方について深い議論を行うことだと私は信じている。この過程を正しく行えば、戦略的アライメントと従業員のエンパワーメントが生まれるのだ。これが実現できれば、実際に測定せずとも、すでにその指標の90％の利益を生み出しているといえよう！

ビジネス理論

社会心理学者のクルト・レヴィンの言葉を借りれば、「優れた理論ほど実践的なものはない」〔17〕。共有ビジョンの4つ目にして最後の要素は「ビジネス理論」、将来への投資をどのように回収するかについての仮説である〔18〕。この仮説は、顧客に利する価値をどう創造するかだけでなく、どのようにして価値を獲得するかを説明するものでなければならない。はっきりさせておきたいのは、ビジネス理論とは、XをすればYになるという因果論であって、特定の時期に特定の結果を財務的に予測するビジネスケースではないことだ。ユニット・エコノミクス〔訳注：主にサブスクリプション型のビジネスにおいて使われる、事業の経済性を表す管理会計の指標のひとつ〕や粗利益率、あるいは正確な損益分岐点などを具体的に数字で示すようなモデルではない。そうではなく、ビジネス理論とは、より広範で方向性のある問いへの答えを導き出すものである。たとえば、「財務リターンは、販売増からもたらされるのか、コスト削減からもたらされるのか、新たな収益源を生み出すことでもたらされるのか、あるいはこれらを組み合わせることによってもたらされるのか?」や、「企業の成長は、社内のイノベーションによるものなのか、買収によるものなのか、あるいはこれらを組み合わせることによるものなのか?」といった問いにである。

最も有名なビジネス理論のなかには、視覚的な形で示されているものもある。ウォルト・ディズニーのダイアグラム（インターネットで簡単に見つけることができるが、ライセンス上の理由によりここでは割愛する）には、ディズニーという企業が数十年にわたって利益ある成長を実現するためのビジネス理論が示されている。1957年（ディズニーランド開業の2年後）に作成されたこのダイアグラムは、ディズニーの中核事業以外での事業拡大が、どのように中核事業との相乗効果を生み出し、さらなる収益を生み出し、活性化させるかを視覚化したものだ。このダイアグラムでは、クリエイティブな人材という独自の優位性を持つディズニーの劇場映画事業が中心に描かれ、そこからラベルの付いた矢印が伸びて交差している。矢印は、中核事業とそのほかすべてのカテゴリー（テーマパーク、テレビ、音楽、書籍、雑誌、コミック、グッズ、キャラクターライセンス）をつないでいる。こうした新規事業を相互に結びつけることで、中核事業とそれ以外のカテゴリーが互いにどのように影響を与えあっているのかを示している。たとえば、映画は音楽に「メロディと人材をもたらし」、音楽は「新作（再公開）映画のプロモーションとなり」「人びとに映画を印象づける」一方で、テーマパークは「アルバムのアイデア」を生み出し、「映画の宣伝」にもなるといった流れだ[19]。

デジタル時代の優良企業もまた、シンプルなビジネス理論にもとづいて築かれている。アマゾンのオンライン販売は、開始当初からきわめて具体的な理論にもとづいていた。ジェフ・ベゾスは、低価格を維持することが顧客の信頼を獲得し、そして顧客の信頼が長期的なフリーキャッシュフローを生み出すという「信条」を明言している[20]。この理論が初めて拡大されたのは、アマゾンがサードパーティ販売者を自社サイトに迎え入れたときであった。この動きはある意味でリスキーに思えた。なぜなら、アマゾン自らが自分の顧客を競合他社に紹介するようなものだったからだ。しかし、ベゾスにはアマゾンの「好循環」（あるいは「フライホイール（はずみ車）」）と呼ばれる新しいビジネス理論があった。ナプキンに描かれたその理論（図3－5参照）には、サードパーティ販売者が相互利益のサイクルを通じてアマゾンのオンライン販売事業を成長させるメカニズムが示されていた。アマゾンの低価格と豊富な品揃えは、顧客を惹きつける体験を生み出しており、その顧客アクセス数の多さは、アマゾンで販売するサードパーティ販売者を惹きつけるものであった。サードパーティ販売者の存在は手数料を徴収できるというメリットだけでなく、アマゾンの品揃えも増やすことができる。またサーバや倉庫のような固定資産の利用率が上がることで、アマゾンのコスト効率が改善し、結果として商品をさらに安く提供できるようになる。価格が下がり、品揃えが充実すれば、顧客はさらに増え、好循環が生まれることで成長が促されるという仕組みだ[21]。

DXに多大なリソースを投じようとする企業にとって、優れたビジネス理論は不可欠だ。サウジアラビアの国立商業銀行（NCB）がDXに着手したとき、CDOのオマール・ハシェムは、この取組みが一筋縄ではいかずコストもかかることを知っていた[22]。NCBが計画していた大規模な投資（バックエンド・テクノロジー、顧客向けのデジタル体験、支店行員の再教育）の妥当性を知るためには、デジタル投資がどのようなメカニズムでNCBに価値をもたらすのかという理論が求められていた。そこでハシェムとCEOは、NCBが持つ2つの大きなインサイトからスタートした。まず、NCBはレガシーなITシステムに苦しんでおり、システムバグの発生で取引の自動処理率が押し下げられていた。つまり、行員のマニュアル処理が必要な取引が毎日大量に発生していたのである。次に、これまでNCBがサービスを提供してきたサウジアラビアの都

図3-5　アマゾンの好循環ビジネス理論（2001年ごろ）

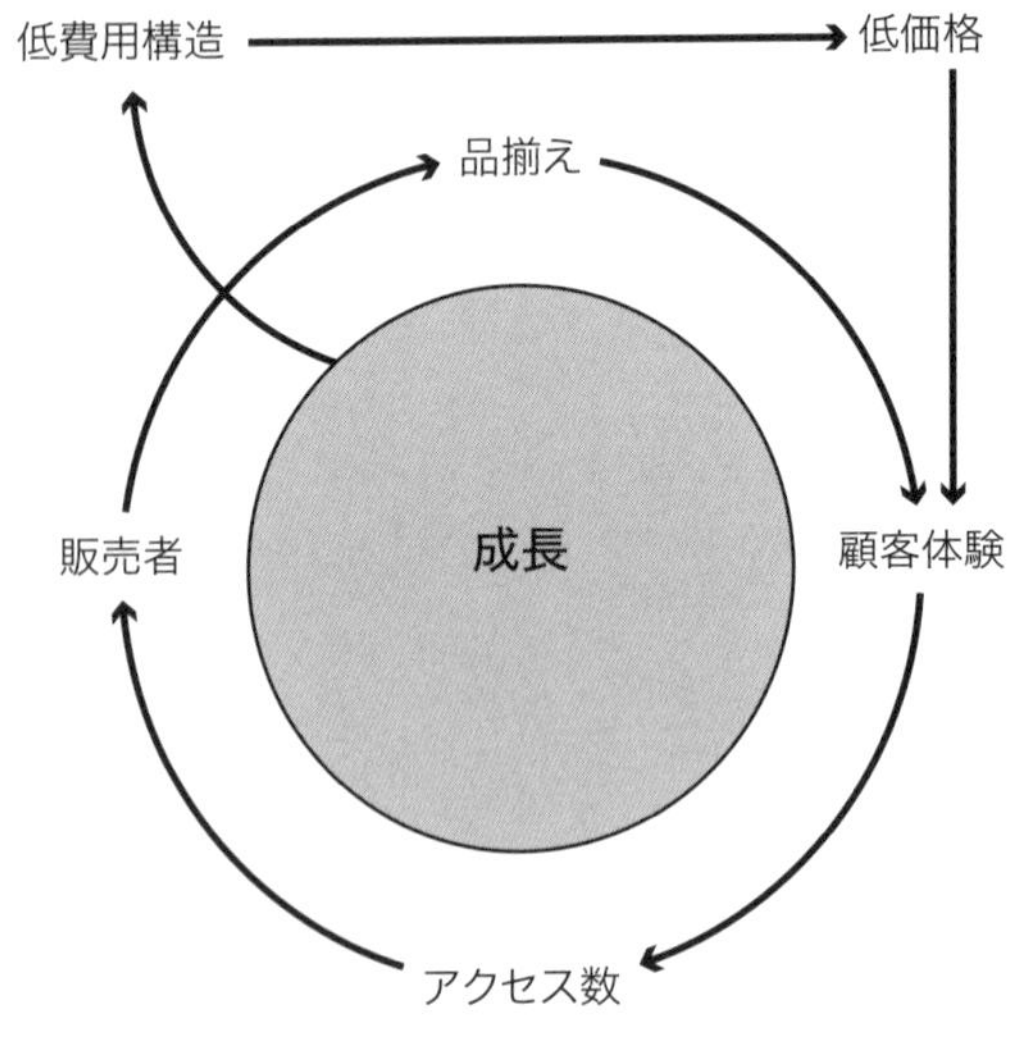

市部の外には、銀行口座を持たない顧客という大きな未開拓の市場機会が存在していた。この未開拓市場はよく知られていたが、NCBには、そこでの顧客サービスを提供する人材が欠けていた。

これをもとに、NCBの経営幹部らはDXに向けた明確なビジネス理論を構築した。その内容とは、まずは取引の自動処理のエラーを削減することで、人材を業界最高水準のバンキングアプリの設計に振り向けるとともに、銀行口座を持たない新規市場の開拓に専念できるようにするというものであった。同時に、デジタルアプリ体験の向上により、新規市場の獲得も見込んでいた。この戦略の実施には数年を要したが、結果は歴然であった。処理エラーは減少し、NCBのアプリユーザーは増え、そして行員の再配置により活動地域が大きく拡大したのだ。DXが利益を生み出すメカニズムの明確な理論がなければ、NCBは投資を継続できず、こうした成果を得ることはできなかったかもしれない。

バリュードライバー（価値を高める要素）を選ぶ

では、ビジネス理論を作り上げるには何から始めればよいのだろうか？　ひとつの方法は、自社のDXのカギとなる「バリュードライバー（価値を高める要素）」を選ぶことだ。バリュードライバーとは、デジタル化が企業に価値を生み出すと思われる大まかなカテゴリーである。私がこれまで見てきたなかには、次のようなバリュードライバーにもとづいてDXを定めた企業がいくつか存在する。

- **顧客体験（CX）**：新製品、新サービス、体験向上、マーケティングの変更など、顧客に直接関係するデジタルイノベーションから生まれる金銭的利益。通常CXは、顧客獲得、顧客維持、利用者1人当たりの平均売上高で測定される。

- **オペレーショナルエクセレンス（OpEx）**：労働力やサプライチェーンの効率化（例：データ、AI、オートメーション、そのほかの手段）など、業務改善や事業リスクの低減に資するデジタルイノベーションから生まれる金銭的利益。通常OpExは、コスト削減で測定される。
- **新たなビジネスモデル（NBM）**：前述の2つの要素は、既存ビジネスを改善することで得られる価値についてのものだが、NBMは、自社が市場投入する新たなビジネスモデルから得られる価値を示す。

この3つのバリュードライバーは非常に効果的である。ただし企業によっては、別のバリュードライバーを用いたほうがよい場合もある。私が顧問を務めたあるNPO（非営利団体）は、自身のバリュードライバーとして、影響度（使命を支えるために生み出される社会的価値）、関与度（団体の活動や財務健全性に不可欠な、数百万人の会員のロイヤリティや愛着度）、収益（一般事業と異なるビジネスモデルを勘案した財務指標）を用いることになった。このNPOのデジタル化の各取組みは、この3つのバリュードライバーの1つ以上に対してどのように貢献するのかを示す必要がある。

DXのバリュードライバーについて意見が一致したら、次に考えるべきことは、「どの領域で最も価値を期待するか？」となる。バリュードライバーについて、期待される組み合わせを円グラフにしてみるといいだろう。デジタル化の取組みが、その価値のうち50%をOpExから、40%をCXから、そして10%をNBMから生み出すことを期待するだろうか？　それとも、20%、30%、50%の割合だろうか？

これは予算編成のプロセスではなく、優先順位についての議論である。期待されるバリュードライバーについて意見が一致すれば、組織内の全員がデジタル化の取組みを明確に理解できるようになる。マリオ・ピーパーが初代CDOとしてBSHホーム・アプライアンスに入社した際、同社のCEOは、同業他社の2倍の成長率で収益も倍増させるという目標を掲げ、収入面での成長を最優先の目標とすることを明言した。ピーパーは次のように語っている。「その目標を聞いたとき、単に生産ラインの効率アップのためだけにデジタル技術を活用するわけでないことは明らかでした。顧客数の増加や、より価値のある製品の販売も狙っていたのです。そうなると、新たな収益源へと拡大できる（デジタル）サービスのような新しいビジネスモデルも必要になるだろうと考えていました」

ビジネス理論のメリット

ビジネス理論を明確にすることで、多くのメリットが生まれる。1つ目は、期待する結果との一致だ。DXのビジネス理論について、時間をかけて主要ステークホルダーの賛同を得ることはきわめて重要である。DXに期待する成果について全員の賛同がないまま多額の予算を確保するよりも、わずかな投資でステークホルダー全員の足並みを揃えるほうがはるかによい。あまりにも多くのDXが、投資回収期間やその方法について、合意形成がないままスタートしている。

ビジネス理論のもうひとつのメリットは、リソース配分の指針となることである。ユナイテッド・テクノロジーズ・コーポレーション（UTC）のCDO、ヴィンス・キャンピシは、自身が考案したバリュードライバーを用いることで、自社のＤＸの取組みにおいて最も理にかなったリソース配分を実現している。キャンピシは、デジタル化の取組みのバリュードライバーとして、「生産性の再起動」（ＯｐＥｘ）、既存の顧客体験の再設計（ＣＸ）、ＵＴＣが販売する産業機器からのデータと分析にもとづく新たなビジネスモデルの追求（ＮＢＭ）を選択した。キャンピシがＵＴＣの既存の取組みを評価したところ、デジタルリソースの95％がＯｐＥｘ、５％がＣＸに費やされ、ＮＢＭは０％であると推定した。そこで、ＵＴＣのデジタル化の工程表に対応したビジネス理論を設定し、バランスを調整することとした。その結果、ＯｐＥｘは依然として70％と最大の割合を占めているものの、ほかの２つのバリュードライバーにも十分なリソースが行き渡るようになり、大きな変化をもたらすまでになった。

ビジネス理論の３つ目のメリットは、企業独自のデジタル化の取組みを評価するにあたり、適切な指標（主要な成果）を示してくれることだ。ＮＣＢの場合、ＩＴシステムを再構築する際、ビジネス理論にもとづき初期の指標を得ることができた（取引の自動処理化率や従業員がバグ改修に要した時間の測定）。その後も、ＮＣＢはこの理論をもとに、ビジネスインパクト（新規市場への顧客拡大やＮＣＢバンキングアプリの使用率）を測るための指標を確立している。アマゾンの好循環理論では、オンライン販売事業の健全性を測るための指標として、商品の品揃え、諸経費、商品の価格設定、顧客からのアクセス、顧客維持などがある。

●ビジネス理論と株主コミュニケーション

上場企業の場合、ビジネス理論にはもうひとつ重要なメリットがある。それは、自社のビジョンを株主に伝えられることだ。上場企業のＣＥＯであれば、誰もが会社の共有ビジョンを投資家に伝え、財務リターンを生み出す方法を説明する責任がある。たとえばアマゾンは、上場以来CEOが毎年、同社のビジネス理論とその年の投資との関連性を説明した書簡を株主宛てに送っている。

ディズニーのボブ・アイガーCEOは、「Disney+」を立ち上げることでストリーミングメディア市場において戦略的な大勝負に打って出ることを決定した際、投資家たちに自身のビジネス理論を説明する義務があることを十分に認識していた。当時ディズニーは、最も需要のあるコンテンツ（ディズニーの名作映画、ピクサー、スター・ウォーズ、マーベル）をネットフリックスなどのデジタル・ストリーミング企業にライセンス供与していたが、これらの高収益なライセンス契約は、独占コンテンツのコレクションを擁するDisney+を立ち上げる前に終了させる必要があった。そこでアイガーは、投資家たちに自身のビジョンを示し、その背景にある考えを説明した。その際、ディズニーにとって最大の資産である独自のコンテンツについて、何年もの間、競合他社（ネットフリックス）に「われわれの核兵器の技術を売っていた」と語っている。こうした契約を終了することで、ディズニーは短期的には「収益の大幅減少」に見舞われることになる。しかしアイガーが説明したように、この決断によってディズニーは、「今日のメディア界で最も魅力的な成長エンジンである（ストリーミング）事業に足を踏み入れることになった」[23]。既存の安定した収益源を断ち切ることは、上場企業にとってリスクの高い行動だ。アイガーは、Disney+が最初の数年間は黒字にならないと明言していた。だが2019年にサービスが開始されると、株主がこれに反応し、ディズニーの株価は2日間で9%も上昇した[24]。

優れたビジネス理論の目的とは、企業のビジョンを投資家ひとりひとりに納得させることではない。ビジョンを説明することで、それを支持する投資家がその企業の株を購入し、そのビジョンに賛同しない投資家は別の企業に株を移せるようにすることだ。ベゾスは、ウォーレン・バフェットから教わった考え方について次のように語っている。「(バフェット)曰く、『ロックコンサートを開いたってかまわない。バレエでもいい。しかし、バレエだと宣伝しておいてロックコンサートを開くのはだめだ』。公開会社は、バレエを開催するのかロックコンサートを開催するのかを公に明確にする必要があり、投資家はその情報にもとづいて選べばよい」[25]

◯「共有ビジョンマップ」ツール

ここまで、将来の共有ビジョンにまつわる重要な要素と、ＤＸを目指す組織にとって共有ビジョンが不可欠である理由について見てきた。１つ目のプランニングツールである「共有ビジョンマップ」は、各企業の状況に応じた共有ビジョンを構築し、自社のＤＸを進めるにあたり、従業員や投資家といったステークホルダーの足並みを揃えることを目的としたものである(図３－６参照)。それでは、共有ビジョンマップの各ステップを簡単に確認し、どのようにビジネスに適用すればよいかを見ていこう。

レベルを設定する

始めるにあたって最も重要なステップは、共有ビジョンを定義する際のレベルを設定することだ。その共有ビジョンは、全社的なDXのためのものだろうか？　はたまた、あなたの役割は、事業部門内、あるいは担当（マーケティング、人事、サプライチェーンなど）内でのDXの取組みを率いることなのか？　共有ビジョンマップは、こうしたいずれのレベルでも、あるいは個々のチームのレベルでも用いることができ、自分たちが目指す方向性や、その未来において果たそうとしている役割を明確にできる。まずは、共有ビジョンを定義する際のレベルを選ぶところから始めよう。

①未来の風景

共有ビジョンの1つ目の要素は、企業の未来の風景であり、ビジネスの方向性や状況の変化を示したものだ。共有ビジョンを構築する際は、できるだけ多くの視点を取り入れることが重要

図3-6　共有ビジョンマップ

となるため、顧客、ビジネスパートナー、外部アナリスト、そして組織内のあらゆる階層の人びとに多様な意見を求めるようにしてほしい。やるべきことは、こうした異なる視点を組み合わせることで、自分たちの世界が向かっている未来について、情報に満ちた風景を描くことである。この作業を進めるにあたっては、「顧客」「技術」「競合他社」「構造的傾向」という4つのカテゴリーを詳細に記述するよう意識することが大切だ。

●顧客

- **変化するニーズと期待**：デジタル時代の顧客ニーズはどのように変化しているのか？　あなたが取り組んでいるようなビジネスに対して、顧客が新たに期待していることは何だろうか？
- **既存顧客 vs. 成長を牽引する顧客**：長年の顧客と、現在の成長を牽引する顧客はどのように異なるのか？
- **新たな顧客層**：新規獲得を狙える顧客層はあるか？　彼らの嗜好やニーズについてどのような情報を得ているのか？

●技術

- **商業化された技術**：市場に普及しているデジタル技術に注目しよう。あなたのビジネスと最も関連性が高い技術はどれだろうか？　あなたの顧客やパートナー企業が導入した技術とは？　ほかの業界のどのようなユースケースが自社に応用できるだろうか？

- **実現可能な技術**：技術的な裏づけはあるが、用途が明確になっていない技術に注目しよう。業界における特定の顧客やビジネス上の問題を解決するために応用できそうなものはあるだろうか？　実行可能なユースケースを実践しているほかの業界から学べることは何だろうか？
- **新興技術**：開発の発展途上にある技術に注目しよう。ベンチャーキャピタルや大手テック企業はどこに投資しているか？　将来的に実現するとしたら、どのような技術があなたの業界に最も大きな影響を与える可能性があるだろうか？

●競合他社

- **新製品と新サービス**：業界ではどのような新製品や新サービスが登場しているか？　近々発売されるもので、すでに関心を集めているものは何だろうか？
- **新規参入企業**：自業界に参入してくるデジタル時代の新しいプレイヤーは誰か？　パートナー企業、ディスラプター（破壊的企業）、代替プレイヤーにも目を光らせておこう。
- **競争のバリュー・トレイン分析**：競争のバリュー・トレインを用いて新規参入企業を分析し、新規参入企業がどのように自社の既存ビジネスモデルを侵食しているか、そして新規参入企業がもたらす脅威と機会が混在している状況を精緻により分けよう。
- **変化のペース**：各事業において変化はどのくらいの速度で進んでいるか？　業界でスピーディーに動いている企業はどこで、逆に出遅れている企業はどこだろうか？
- **脅威レベル**：自社の各事業分野においてデジタルによる変化の脅威はどの程度深刻か？　事業部門、

顧客層、製品ラインごとに注目しよう。

●構造的傾向

人口動態、人材、規制、サプライチェーン、マクロ経済など、自社の事業環境に影響を及ぼす可能性がある、より広範な構造的傾向にも目を向けることが重要だ。自業界にとって、変化の重要な原動力となるもの、あるいはその可能性があるものはどれだろうか？　世界のさまざまな市場で事業を展開している場合は、こうした傾向の共通点と相違点を探るとよいだろう。変動性についても検討する必要がある。こうした傾向は今後も変わらないのか、それとも劇的な変化の可能性があり、それに備える必要があるのだろうか。

●何もしなければどうなるのか？

自社の未来の風景を描くことで、変化を続ける事業環境の最も重要な側面、そして自社独自の事業に対する脅威と機会について、明確な視点を持つことができる。未来の風景は、「何もしなければどうなるのか？」という重要な問いに対する答えを導くものともなるはずだ。

単に「現状維持」という道を選んだ場合に、構造的傾向が事業に与えうる影響について話し合うとよいだろう。同僚に次のような質問を投げかけてみよう。「もし何も変えなかった場合、将来、どのタイミングでビジネスができなくなるのだろうか？」（正解はない。唯一の間違った答えは「そのようなことにはならない」だ）。チームメンバーのなかには、大きなディスラプションが起こるのは5年先だと考える者もいれば、

30年先だと考える者もいるだろう。その場合は、しっかりと話し合い、共通の見解を持つようにしよう。

②成功する権利

共有ビジョンの2つ目の要素は、あなたが見据える未来で成功する権利だ。あなたの事業は、他社にはない将来の成功要因を、どのように、どこから獲得するのだろうか？

●独自の優位性

まず、類似している企業と競争するうえでの、自社の優位性をリストアップすることから始めよう。以下のカテゴリーにおいて、自社の強みや優位性が何なのかを考えてみてほしい。

- **資産**：有形資産と無形資産
- **能力**：スキル、洞察力、トレーニング、人材
- **関係**：ブランドの評判、顧客関係、事業提携
- **ポジショニング**：競合他社との差別化、市場参入の方法
- **企業文化とプロセス**：従業員文化、効果的なマネジメント、市場投入までのスピード
- **その他**：上記カテゴリーに当てはまらない強み

リストアップした優位性が、それぞれ組織にどのようなメリットをもたらすのか明確にしよう。たとえば、独自の優位性を「イノベーターとしてのブランドの評判」と定義することもできるだろう。しかし、これが具体的に自社にどのようなメリットをもたらすのだろうか?（顧客維持率の向上? 新商品のマーケティング? チームへの優秀な人材の獲得?）。ビジネス上のメリットが明確でない場合は、その項目をリストから削除し、残りの優位性をひとつひとつ、次の2つの側面からスコアリングする。

- どの程度の独自性があるか?
- あなたの事業にどの程度のメリットがあるか?

次に自社の優位性を、この2つの側面にもとづきマトリクス化していく。そうすると、重要な優位性は、独自性かメリットの側面で上位にくるだろう。最も重要な優位性は、両方で上位に入るはずだ。

●戦略的制約

次に、自社にとっての戦略的選択肢に影響を与える制約を特定する。そこで、以下のカテゴリーについて考えてみてほしい。

- 所有権や法的構造
- 提携先企業との関係

- 社会的使命
- 規制
- 地域ごとのインフラ
- そのほかの業界の制約

特定した制約について、次の問いに答えてみよう。「これは自社の戦略をどのように制限することになるのか？」。たとえば地域ごとの規制の違いがあるということは、デジタル戦略を大々的に展開する前にまず特定の市場で試験的に行う必要性を意味するのだろうか？

すべての制約を精査したら、最大級の戦略的リスクのリストを作成しよう。それぞれのリスク選好度はどの程度だろうか？（ある領域の好機を得るためなら、高いリスクや中程度のリスクも厭わないのか？　それともリスクを取りたくないのか？）。次に、そうしたリスクの受け入れを検討するには、どのようなメリット・デメリットを考慮しないといけないのかを考えてみよう。（たとえば、新しい製品分野や地域に事業を拡大する際に、規制当局の監視が厳しくなるリスクも厭わないか？）。最後に、違反してはならない制約、超えてはならない戦略的レッドラインについて考えてみよう。けっして採用してはならない戦略とその理由を具体的に考えてみるとよいだろう。そうすることで、仮に状況が変化した際に、このレッドラインを見直すかどうかの指針となりうるだろう。

③北極星インパクト

共有ビジョンの3つ目の要素は「北極星インパクト」。長期的に何を達成したいのか、そしてその理由を記述したものである。

●質問の構成

北極星インパクトを検討する際は、以下の問いに答えてみよう。

- われわれは世界にどのようなインパクトを与えたいと思っているのか？
- われわれしか解決できない問題とは何か？
- われわれがいなくなったら、なぜ周囲の人は困るのか？

ズ、ー、ム、ア、ウトして自社の事業の定義を拡大し、その本質を捉え直してみよう。次の問いに答えてみてほしい。

- われわれはどのような商品やサービスを提供しているか？
- その商品は、どのような根本的な顧客ニーズに応えているのか？

・われわれは本質的には何の事業を行っているのか？

●インパクトの記述

これであなたが求める北極星インパクトを記述する準備が整った。まず、記述する際、事業として何をするかではなく、なぜそれを行うかという視点を中心に据えるようにする。北極星インパクトには、これまでの行動や使用したツール、提供した商品ではなく、成果とインパクトを記述しなければならない。

DXを達成するうえで、チームや事業部門、あるいは会社が一丸となって目指すべき最も重要な目標とは何だろうか？　そして、次の問いに答えながら未来について考えてみよう。「これまでは解決できなかったものの、デジタル技術によって解決できるようになる課題とは何か？　DXによって、新しい顧客層にどのようなサービスを提供できるようになるか？　デジタル時代に出現した課題で、あなたの企業が対応できそうなものは何か？」

北極星インパクトのドラフトが完成したら、以下のテストに当てはめてみよう。

・野心的か？（たとえば3年で達成できるようなものであってはならない）
・すべての業務を網羅しているか？（既存事業と新規事業の両方）
・従業員の内的動機づけとなっているか？（顧客、パートナー企業、社会のために生み出される価値について記述されているか）

●成功の定義

次に、北極星インパクトの記述に、複数の具体的な指標、つまり「成功の定義」を組み合わせる。DXで行うすべての活動をこれらの指標に反映させる必要はないが、北極星インパクトに向けて進んでいることを示す有力な指標となるはずだ。そして、明快に測定可能な指標を1つ～3つ選び、達成までには何年もかかるような野心的な目標を割り振る。これらの指標は、DXの取組みの足並みを揃え、長期的な価値創出を裏づけるものでなければならない。

④ビジネス理論

共有ビジョンの最後の要素は、ビジネス理論である。どのようなデジタル投資を行うか考えてみてほしい。将来的にその投資の元を取るにはどうしたらよいだろうか？

●バリュードライバー

バリュードライバーについては、DXの取組みが生み出すさまざまな価値を把握できるよう、幅広い要素を3つ～5つ選ぶようにしよう。顧客体験、オペレーショナルエクセレンス、新たなビジネスモデルなど、共通するバリュードライバーを検討するとよいだろう。自社に当てはまるバリュードライバーについて、独自の記述も考えてみてほしい。たとえば、ミッション主導型の組織（例：非営利団体、公共部門、非政府組織）であれば、DXを通じて実現したい北極星インパクトにつながるバリュードライバーを選択するとよいだろう。次に、バリュードライバーについて、期待される組み合わせの円グラフを作成する。結果、それぞれのバリュードライバーは、デジタル化が生み出す価値の何パーセントを占めているだろうか?

●因果論

バリュードライバーの枠を超えて、投資によって社内の価値をどのように高めるのか、仮説を構築してみよう。その際、ディズニーやアマゾン、NCBのビジネス理論が参考になるだろう。

現在、成長や収益でどのような壁に直面しているか? それに対して、あなたはどのような行動を取るのか? その行動の結果、どうなると予想しているか? ポジティブな変化が次々に起こる好循環が期待できるか?

DXのビジネス理論を描くときは、その理論が投資家を説得し出資を得られるかどうかを自らに問いかける必要がある。あなたのビジネス理論を、CFOに説明したら、あるいは株主に手紙で投げかけたとしたら、彼らは納得してあなたのビジョンに資金を投入するだろうか?

ボトムアップ型ビジョン

共有ビジョンは、上層部から伝達されるものと考えられがちだが、そもそも指揮統制のためのツールではない。旧来的なトップダウン型の組織では、共有ビジョンは不要である。従業員は自分の職務の背後にある長期的な考え方など知る必要はなく、組織の使命や目的を理解する必要もないからだ（そのほうが士気が高まる場合もあるが）。従業員はただ、次の人事考課のために何をすべきか、どのくらいの数字を達成すべきかを指示されるだけでよいのだ。

ところが、真のボトムアップ型組織を率いるとなると、共有ビジョンが不可欠となる。企業がどこに向かっているのか、なぜそうするのか、といったビジョンのもとで全員の足並みが揃って初めて、個人やチームが真に主体性を持って取り組み、意思決定に対する責任感を持つことができる。これこそが、あらゆる階層で全員がスピーディーに動き、状況に適応するという、ボトムアップ型組織の特徴ともいえるものだ。ビル・フォードは、「将来に対する明確な展望があれば、意思決定はきわめて迅速に行うことができる」と語っている[26]。

それぞれの階層に存在するビジョン

共有ビジョンは組織全体レベルのものだと考えがちだ。確かに、そのような中核的な共有ビジョンは不可欠である。しかし、真の変革を実現するためには、組織の各部門がそれぞれの階層で共有ビジョンを定義しなければならない。つまり、事業部門、部署、チームごとに設定されたビジョンということだ。

あなたがマーケティング機能におけるＤＸを主導しているのであれば、マーケティングの未来の風景を明確にすることがきわめて重要となる。新たなマーケティング技術、新たな顧客の期待、新たなマーケティング・パートナー企業や競合他社を視野に入れながら、どのように自社の仕事の将来像を描くのだろうか？　データプライバシー規制など、どのような新しい構造的傾向が自社に影響を及ぼすのだろうか。

マーケティングチームは、共有ビジョンの残りの要素も明確にしなければならない。たとえば、「マーケティングDXを活用して達成しようとする北極星インパクトは何か？」「成功する権利を形成する独自の優位性と戦略的制約とは何か？」「構築したビジネス理論によると、マーケティングのDXはどのように財務リターンをもたらすか？」「自部門のデジタル化におけるバリュードライバーは何か？」といったことだ。

カスケードダウンではなく、カスケードアップ

どの階層からビジョンを定義するにしても、次に何をするかが重要だ。経営幹部らに共有ビジョンについて話すと、たいていの場合、「それならすでにある！　上層部が共有ビジョンを考案し、組織全体にカスケードダウンしている」というだろう。「カスケードダウン」とは、上層部が計画を立て、その計画をリーダーが次の部下に伝え、その部下がまた次の部下に伝えと、組織図の下方向に向かうことを意味する。しかし、DXが大成功を収めた事例では、カスケードダウンで変革は起こっていない。経営幹部らには、私が「カスケードアップ」と呼ぶ方法を検討するよう勧めている。

カスケードダウンとカスケードアップの違いは、それぞれの分岐点で起こるコミュニケーションにあ

る。トップダウン型コミュニケーションの場合、リーダーは「これが私の目標だ」と伝え、直属の部下に「この目標を実現するためにあなたにやってほしいことはこうだ」と指示する。一方、ボトムアップ型コミュニケーションでは、リーダーは「これが私の目標だ」と伝え、直属の部下に「この目標を実現するためには何をすべきだろうか？」と尋ねるのだ。そうすると、アイデアは、その仕事を担当することになる人からおのずと出てくるだろう。そして議論がスタートする。計画の承認は依然としてリーダーの仕事だが、どのような役割を担い、どのような目標を達成すべきかを提案するのは各人の責任となる。いったん合意に達すれば、直属の部下はそれぞれ、同じボトムアップスタイルで自分の部下と話し合うという流れだ。

ユーチューブが掲げた、1日の総視聴時間を10倍にするという大胆な目標を思い出してほしい。ユーチューブの上層部は、この目標を進めるために各チームが何をすべきかを指示してはいない。チームに目標を伝えたあと、「どのようにこの目標を達成しますか？　それに向けて、自身の業務にどのような指標や目標を提案しますか？」と尋ねたのだ。

DXのビジョンを周囲と共有するにあたり、リーダーとしてのあなたの役割は、従来のトップダウン型組織とは異なることを心に留めておいてほしい。デジタル時代のリーダーシップは3つの役割から成り立っている。「企業が進んでいる方向性やその理由についてのビジョンを定義すること」「そのビジョンを全員に伝え、足並みを揃えること」「そのビジョンを進めるために、周囲の人びとが行動できるようにすること」である。

＊　　＊　　＊

どんな効果的なＤＸも、将来の共有ビジョンを全員で共有しない限り始まらない。共有ビジョンこそが、目的と方向性を一致させるものだからだ。共有ビジョンとは、自分たちがどの方向に進んでいるのか、そしてデジタルな未来で自社の事業が果たす役割とは何かについて、理解の共有化がなされることである。共有ビジョンは、変革のモチベーションにもなる。投資家や損益を管理する経営幹部にとって、ビジネス理論は外的モチベーション、デジタル化がどのように財務リターンを生み出すかの答えとなる。そのためビジネス理論は、変革のための長期的なリソース確保をするうえで不可欠である。従業員にとって、北極星インパクトは内的モチベーション、顧客や社会といったステークホルダーに生み出す価値の裏づけとなる。北極星インパクトは、継続的な変革のための持続的な取組み、意志、創造性を奮い立たせるうえで不可欠である。ビジネス理論と北極星インパクトを定義するには、未来の風景や独自の成功する権利について、明快かつ説得力のある見解を持つことが必要だ。

共有ビジョンがあれば、長年にわたりビジネス活動を確固たるものにできる。ビル・フォードのＴＥＤスピーチから10年近くたったいま、フォードの最高変革責任者であるマーシー・クルボーンは、「あのスピーチのテーマは、仕事の優先順位の決め方について、私やチームに大きな影響を与えるものでした」と語ってくれた。一方で、共有ビジョンは常に現在進行形である。ＤＸロードマップでは、共有ビジョンを「完成」させたら壁に掲げ、次のステップに進むわけではない。ＤＸロードマップの次のステップに進む際の土台として共有ビジョンを使用するときも、共有ビジョンをもとに取り組みつつ、状況に応じて深化・更新させるための努力を続ける必要がある。共有ビジョンの初版ができたからといって完成ではないが、次のステップに進む準備はできているということになる。

評価基準がないままにＤＸに着手すると、多くの組織は、たくさんのデジタルプロジェクトやイノベーションのアイデアに圧倒されてしまう。説得力のある共有ビジョンと、チームに権限を付与するというコミットメントがあれば、たちまち組織のあらゆる階層からアイデアが湧き上がってくるだろう。こうしたアイデアのなかから優れたものを選び、一度に多くの方向に進まないようにするにはどうすればよいだろうか？　次章（第4章）では、リーダーが戦略的優先順位を定め、共有ビジョンの目標を追求していく方法について見ていく。こうした優先順位は、解決すべき大きな課題、あるいは成長の機会と捉えることもできるだろう。このような課題や機会を組み合わせることで、デジタル化の活動に意識を傾け、ＤＸにおける競争領域や価値創造の範囲を明確にすることができるはずである。

第 4 章

ステップ 2 ——
最も重要な問題を選択する〔優先順位〕

ファイザー・アニマルヘルスの新たなデジタル戦略担当として登用されたイムラン・ハックは、その役職にうってつけの人物だった。デジタル広告代理店でキャリアをスタートしたハックは、ヘルスケア関連のスタートアップ企業を設立した後、製薬業界に転身。ファイザーでは、臨床試験プロセスにおけるビッグデータの応用、安全性とリスク管理のための分析ツールの刷新、世界規模の事業に対する技術投資の統括など、さまざまな技術プロジェクトを率いてきた経歴を持つ。ハックに課せられた使命は、アニマルヘルス部門のデジタル成長戦略を策定することであった。その部門は、その後まもなく「ゾエティス」として分離独立している。

ハックはまず、動物専門の医薬品の開発・製造を担うアニマルヘルスについて、デジタルな未来を形作る主要な傾向を探ることからスタートした。そして、より幅広い技術分野に目を向け、ウェブやSNSの台頭、オンライン教育の成長、クラウドコンピューティング、ビッグデータ、モノのインターネット（IoT）などの動向を注視。当時のアニマルヘルス業界はデジタルイノベーションに積極的ではなかったが、ハックの関心は同業他社よりも、この分野の変化する顧客ニーズに向けられていた。その顧客とは、ペットオーナー、牛・豚・鶏・魚を飼育する畜産・養殖業経営者に加え、これまで販売ルートであると同時に、商品購入の意思決定に大きな影響を与えていた獣医師などだ。こうした顧客の間では、アニマルヘルスに関する情報ニーズや、オンライン販売への関心が高まっていること、そして家畜の疾病を早期に発見したい畜産農家にとっては、診断の重要性が増していることなど、アニマルヘルスに対するニーズが進化していることをハックは察知していたのだ。

こうして将来の明確なビジョンが定まったハックの次なる課題は、これを成長戦略に変えることであった。そこで実践したアプローチが、解決すべき具体的な顧客の問題と、活用すべき事業機会を探ることだった。(1)オンラインで商品を見つけ、購入し、ロイヤリティ・プログラムに加入するまでの顧客のデジタル購買プロセスの改善、(2)アニマルヘルス専門家を対象としたオンライン学習やオンラインコンテンツの提供、(3)動物の疾病を特定・予防する成長中の診断市場への参入、(4)デジタル追跡・分析技術を駆使した家畜管理の強化、これらを戦略的優先項目とする一覧表を整理した。同業他社がまだ旧来の経営や販売経路の最適化を追求していたなか、ハックは成長に向けた優先順位を明確な形でまとめたのだ。

こうした戦略的優先順位のおかげで、ハックと彼のチームは、その後数年間にわたり数多くのデジタルイノベーションを立ち上げることができた。デジタルマーケティングという大きな括りでいえば、モバイル端末やウェブサイト、SNSにおける多種多様な製品ブランドシリーズの認知度向上、畜産業界向けデジタル・ロイヤリティ・プログラムの拡大、業界初のオンライン販売チャネルの構築といった取組みを展開した。そのほかにも、獣医師を対象としたオンライン学習トレーニングや認定資格、さまざまな顧客ターゲットごとのウェルネスレポート形式の有料コンテンツ公開など、新たな収益源となる機会を創出した。さらに、新たなビジネスモデルも立ち上げた。ゾエティスは、デジタル技術を活用した畜産業向けのサービス事業を起こし、支払いのデジタル化から豚の受胎検査まで、あらゆる面で畜産農家をサポートできるようになった。そして自社で実現したイノベーションやスタートアップ企業の買収により、診断ビジネス市場へも急速に進出した。また「Smart Bow」といったゾエティスのIoT新規事業により、農場主は、牛1頭ごとに小型センサーを取り付け、各牛の動き、水や餌の摂取量、バイタルサイン［訳注：身体の最も基本的な機能を測定するもの。医療従事者が日常的にチェックする主なバイタルサインとして、体温、脈拍数、呼吸数（呼吸）、血圧などが挙げられる］を測定・分析し、疾病や健康状態、理想的な受胎のタイミングを判断できるようにすることで、家畜管理の効率化を実現している。

こうしたデジタルイノベーションは顧客の間で広く採用され、また時が経つにつれて、ゾエティス社内におけるDX推進への追い風となっていった。ハックがデジタル事業の責任者を務めていた期間［訳注：同氏のLinkedInによると、ゾエティスの所属は2013年2月から2017年5月までとなっている。また、ゾエティスの株式公開は2013年2月に行われている］でもある、株式公開後から4年間で、ゾエティスの時価総額は公開時の130億ドルから600億ドルに成長した。その間、ハックはさまざまなデジタル関連の取組みを主導し、サポートしてきた。こうした取組みは、行き当たりばったりではなく、デジタル成長を目指した戦略的優先順位を明確にし、常にアップデートをさせながら生まれたものだ。

優先順位が重要である理由

DXにおける戦略の役割を考えるにあたっては、「なぜ組織に戦略が必要なのか？」というシンプルな問いから始めるとよいだろう。経営理論の観点からいえば、戦略の目的は、限られたリソースのなかで優先順位を明確にすることによって意思決定の指針となることである。すべてのビジネスにおいて、選択肢のなかから何かを選ぶ際は、ほかを犠牲にしなければならない。つまり、戦略とは基本的に選択することであり、重視すべき機会とそうでない機会を見極めることだ。マイケル・ポーター曰く、「戦略の本質は、すべきでないことを選ぶことである」［1］。

　戦略的優先順位を定めるのは、とくにＤＸの初期段階では当然に思えるだろう。それはゾエティスの事例からも明らかだ。にもかかわらず、戦略を見落としているケースが往々にしてある。あるベテランＣＤＯは次のように打ち明けてくれた。「ほかの会社では、戦略の手順を踏んでいないケースが散見されます。戦略的にどこに注力するかを決めないままデジタルプロジェクトを進め、違う道を突き進んでしまう。だから、同じ目線で議論しあえる他社のＣＤＯにはなかなか巡り合えないのです」

　戦略不在のままＤＸを進めてしまっている企業があまりにも多すぎる。このような状態は、単に個別プロジェクトの集合体にすぎない。成長に向けた優先順位が明確でないために、新しいデジタルプロジェクトのアイデアを前に途方に暮れてしまうことは、企業ではきわめてありふれた光景だ。意思決定のための明確な判断基準がないと、魅力的な最先端技術が登場したら、いまあるものを捨ててそちらに飛びついてしまうだろう。またＤＸの目的が、費用削減と既存の業務プロセスの最適化程度にとどまるケースは頻繁に見受けられる。最悪の場合、デジタル化の取組みが日常業務の課題と切り離され、専門チームに丸投げされていることもある。こうなってしまうと、この小さな専門チームが壮大なＤＸ戦略立案書の作成に注力しているにもかかわらず、ほかの部署はわれ関せずに既存業務を続けていくことになってしまう。

　ＤＸロードマップのステップ１では、企業のデジタルの未来について共有ビジョンを定義する方法について学んだ。ロードマップのステップ２では、そのビジョンを足掛かりとし、限られたリソースと時間を投資するための具体的な優先順位を決めなければならない。あなたにとって、将来のためのデジタルに関する最優先事項はどのようなものだろうか？　それらは、顧客や自社にとって解決すべき問題であると同時に、新たな価値を生み出し、その価値を自社のなかに取り込む機会でもあると捉えるべきである。

ここですべき議論は、技術（「機械学習を活用しなければならない」）やデジタルスキル（「暗号技術に詳しい人材が必要だ」）についてではなく、成長と価値創造に向けた優先順位についてでなければならない。この段階はまだ、デジタルプロジェクトやイノベーションのアイデアが網羅されたリストを探すところではない。まずは、イノベーションを模索する場所、つまり追求するアイデアの範囲を設定する段階なのだ。新しいデジタル製品やソリューションはいったん横に置き、まずはどの分野でイノベーションを起こし、競争

表4-1　何が問題か――ステップ2：優先順位

失敗の兆候：優先順位	成功の兆候：優先順位
• DXは明確な方向性を持たないバラバラなプロジェクトの集まりとなっている。	• 明確な優先順位により、組織全体を通してDXの方向性が明確である。
• デジタル化の取組みは、使用する技術によって定義されている。	• デジタル化の取組みは、解決すべき問題と追求すべき機会によって定義されている。
• デジタル化の取組みは、運用、コスト削減、既存事業の最適化だけに焦点を当てている。	• デジタル化の取組みは、既存事業の改善だけでなく、将来の成長にも焦点を当てている。
• 組織内の少人数がデジタルを推進し、ほかの従業員は従来の働き方に固執している。	• 各部門が独自のデジタル新規事業を進めており、試すべきアイデアが豊富にある。
• 変革はビジネスニーズと切り離されており、時間の経過とともに支持を失っている。	• 変革はビジネスニーズと密接に結びついており、時間の経過とともに支持が広がっている。

していくかを考えよう。

ビジネスの将来にとって最も重要な優先事項を選ぶことは、容易ではない。しかし、明確な戦略的優先順位を設定できなければ、どんなDXも息の長いインパクトを生み出すことはできないだろう。表4－1は、DXロードマップのステップ2における成功と失敗の主な兆候を示したものである。

本章の内容

本章では、DXロードマップのステップ2について掘り下げていく。そのなかで、どのような組織やリーダーでも、DXの取組みに寄与する、焦点を絞った戦略的優先順位を決めることができる方法について見ていく。次に、問題と機会という2つのレンズを通して、それぞれが戦略的優先順位の決定にどのように役立つのかについて検討する。その後、カスタマージャーニーマップやカスタマーインタビューといった一般的な手法が、価値ある問題や機会を特定するうえでどのように役立つかを学ぶ。問題／機会ステートメント（戦略的優先順位を明確にし、新たなイノベーションのアイデアを引き出すもの）と、問題／機会マトリクス（組織のあらゆる階層で戦略的優先順位を決めるもの）という、2つの新しいツールも紹介する。さらに、トップダウン型組織からボトムアップ型組織への転換を図るにあたり、戦略プロセスに全員を関与させることの重要性についても解説する。

問題のレンズ

戦略的優先順位を明確にするための最初のレンズは、「問題のレンズ」である。これは、すでに解決策が確立している問題に対してではなく、未解決の問題を中心に据えて戦略を練ることだ。たとえばゾエティスは、単に牛用抗生物質の販売数を増やす方法に焦点を当てたのではなく、酪農家にとって大きな問題である疾病の早期発見、早期治療を実現するため、大規模な集団の牛のバイタルサインを把握する方法に注目した。さらにゾエティスが注目した問題には、獣医師が専門的なトレーニングや資格認定を必要としていることや、ペットオーナーが薬用シャンプーなどの商品をより手軽に購入したいというニーズなどがあった。

本章では、自社のDX推進にあたって問題のレンズを効果的に活用する方法について解説しよう。まず、現代の多くのイノベーションが、未解決の問題を解決すべく推進されていると認識しておくことが重要だ。新製品の立ち上げに携わるアジャイルな組織でも、長年続く業務プロセスの最適化に取り組むプロダクト生産組織のいずれであろうとも、すべての多機能型チームは、試行錯誤を繰り返し、時間をかけて解決策を導き出そうとしている問題のために組成される。課題には、複雑で入り組んだ問題、感情などの人間の問題、システム全体に関わる問題、の3つの要素がある。デザイン思考において、問題のレンズはこのような課題を精査して解決することが主な目標である。最も普及しているデザイン思考のツールの多くは、問題の定義づけに特化したものだ。トーマス・ウェデル＝ウェデルスボルグの著書『What's Your Problem?』（『解決できない問題を、解決できる問題に変える思考法』実務教育出版、２０２２年）には、こうした問題の定義づけへのアプローチのなかでも、最も優れたものが集約されている［2］。

問題のレンズという概念は別の用語で認識している人もいるかもしれない。たとえば、イノベーションにおける「問題」は「ペインポイント」、顧客の「解決すべきジョブ」「アンメットニーズ（満たされていない顧客の潜在的な要求）」などと呼ばれることがある。マイクロソフトのサティア・ナデラＣＥＯは、「アンメットニーズ、表現されないニーズを満たす能力を高めれば高めるほど、それがイノベーションの源泉となる」と強調している［3］。

どのように呼ぶにせよ、問題のレンズは従来の組織に大きな転換を突きつけるものだ。プロダクトマネージャーは、この転換を「プロダクト思考」や「プロダクト・マインドセット」と呼ぶことが多い。このような名称は少し誤解を招くかもしれないが気にしないでほしい。大切なことは、作ろうとしている製品よりも、解決しようとしている問題に注目すべきということだ［4］。この転換は、アマゾンのイノベーション原則のひとつである、「顧客ニーズから逆算する」という表現がぴったりだろう［5］。

ソリューションではなく、問題に夢中であれ

顧客の問題に焦点を当てることは容易ではない。ほとんどの企業は、ソリューションありきで物事を始めたがる。「何を作るべきか教えてくれれば、どう提供するかを教えよう」といった具合だ。既存事

業では、コアコンピテンシーや、提供する商品・サービスに焦点を当てることが一般的だが、すべてを自社の視点ではなく、顧客の視点から組み立てなければならない。すべては、「顧客ニーズは何か？どうやって満たせばよいのか？」から始まるのだ。セオドア・レビットの有名なたとえでいえば、あなたが工具店を経営しているとして、自分では4分の1インチのドリルを売っているつもりかもしれないが、顧客は4分の1インチの穴を買っているのだ。ジェフ・ベゾスは、この逆転の発想をアマゾンのオンライン販売事業に活かし、「モノを売っても儲からない。顧客の購買意思決定をサポートすることで儲かるのだ」と語っている［6］。

自分の認識を改めるというこの姿勢には、謙虚さだけでなく、最初のアイデアに固執しない柔軟さも必要だ。リーンスタートアップの手法では、起業家のほとんどがソリューション（世の中に出したいと思う優れた発明）を念頭に置いてスタートする。そのためこの手法は、顧客の声に耳を傾け、自分のイノベーションが本当に解決できる問題とは何かを検証することから始まる。

たいていの場合、問題のレンズには大いに働いてもらわなくてはならない。ユナイテッド・テクノロジーズ・コーポレーション（UTC）のデジタルアクセラレーター部門には、さまざまな事業部のマネージャーが構築してほしい新しいデジタルソリューションの要望を定期的に持ち込んでくる。そこでデジタルアクセラレーター・チームは、まずマネージャーたちにワークショップに参加してもらい、そのビジネスで目指す顧客体験や成果など、解決したい問題を明確なステートメントに定義していく。持ち込まれた時点での事業部門の要望は、まさに「ソリューションの仮面を被った問題」であると指摘するのは、UTCのヴィンス・キャンピシCDOだ。「10回中10回とも、最初の提案内容と、実際に構築することになる最終的なソリューションの形は大きく異なっている」と同氏は指摘する［7］。

問題に焦点を当てる最大のメリットは、追求すべきソリューションを幅広い視点で検討できるようになることだろう。BSHホーム・アプライアンスのマリオ・ピーパーによると、このアプローチにより、彼のチームは、冷蔵庫にレシピ画面を組み込むといった小さなイノベーションにとどまらず、キッチンまわりの顧客ニーズを満たすような、まったく新しいアイデアを思いつくことができたという。「キッチンを使う人のペインポイントが『食べたい』ということであれば、調理の機能はもちろんのこと、デリバリーを頼める仕組みを組み込んでもいい。食料品をデリバリーしてキッチンを使わずにすむようなイノベーションも模索すべきか？　ということを論じるべきだ。『どのような製品があり、それで何ができるのか』ではなく、『問題に対する最善のソリューションは何か』と自問すること。これこそ、われわれがやりたかったことなのだ」とピーパーは説明する。

DXを推進するにあたっては、技術ばかりに執着してしまうと、本来の戦略から逸脱しかねないと理解しておくことも重要だ。特定の最新技術や、それをどのように使うかに気を取られてしまい、解決しようとしている問題から注意がそれてしまう経営者は非常に多い（次のコラム「最新技術の誘惑」を参照）。私は何年もの間、経営幹部たちにAIは戦略ではないと言い続けてきた。ブロックチェーン、NFT、ウェブ3といった技術も戦略ではない。では、AIやブロックチェーンのような技術に特化した専門チームにすでにリソースを割り当てている組織の場合はどうすればよいのだろうか。私がこれまで見てきた一般的な解決方法は、初期段階のユースケースに集中してもらうことだ。つまり、この最新技術を活用して解決できると思われる問題をいくつか選び、結果を出せるかどうかをテストするのだ。「ユースケース」という言い回しはシステム設計の要件定義時の用語と同義語になるため、技術第一主義者の人びとにとっても受け入れやすい代替語となる。

最新技術の誘惑

最新技術はきわめて魅力的なので、ビジネスリーダーの戦略的思考や問題への焦点が本質からそれてしまうことがある。どのような最新技術でも、そのハイプ・サイクル〔訳注：特定の技術の成熟度、採用度、社会への適用度を示す図。アメリカの調査会社ガートナーが考案〕がピークに達すると(IoTは2016年、ブロックチェーンは2019年、メタバースは2022年)、技術にそこまで熱心でない人びとから、「問題を探しているソリューション」と呼ばれてしまう。この表現は的を射ているが、それは特定の段階、つまり実際の問題の解決に注目が移る前の段階を表している。

ひとつ例を紹介しよう。2012年から2014年にかけて、人工ニューラルネットワーク(パターンマッチングのディープラーニングと呼ばれる技術を使用)における一連の技術進歩が、AIの可能性について大きな興奮を呼び起こした。グーグルの技術者たちは、膨大なデータにもとづいて訓練されたAIシステムが、ウェブから取得した画像のなかから猫の写真を特定できることを初めて実証した。ほかの企業も同様に、ディープラーニングが人の話を理解する目を見張るような実演を成功させた。このような動きにより、これまであまり知られてこなかったAI分野が大いに盛り上がることとなった。すると突如として、デジタル畑を歩んできた経営幹部らに注目が集まり、彼らは自社の「AI戦略」について説明を求められるようになってしまった。
ベンチャーキャピタルがこぞって投資を行ったにもかかわらず、新世代のAIは、当初なかなか価値を生み出すことができなかった。初めのころの、ディープラーニングの能力に手を加えず、そのまま他社に売り込もうとした試みは、市場で失敗した。もうおわかりだろう。AIが1000枚の画像のなかから猫を見つけることができるといわれても、だから何だという話だ。しかし、数年のうちに状況は変わり始めた。スタートアップ企業が、この技術で解決できる一般的なビジネス上の問題を明確にし始め、ディープラーニングの真価が発揮されるようになった。ディープラーニングは無数のニッチなサービスとして「製品化」された。たとえば、銀行の不正取引を検知するよう訓練されたアルゴリズム、ドローン撮影された画像にもとづきコンクリート建築の欠陥を発見するアルゴリズム、カスタマーセンターに電話をかけた利用者がスタッフの対応に不満を抱いていることを判別するアルゴリズムなどだ。このころにはバズワードは次の最新技術に移っていたものの、それは逆にいえば、ディープラーニングがようやく真価を生み出し始めたことを示すサインでもあった。

私は、事業部門が最もよく把握している顧客の問題にDXを集中できるように、DXの取組みをIT部門から切り離している企業をいくつも見てきた。石油・ガスサービス事業のシュルンベルジェでデジタル戦略を率いていたある幹部は、すでに取り組み始めていたデジタルをIT部門から切り離すことの重要性を強調して次のように語ってくれた。「私たちは、IT部門からデジタルを取り出し、組織内の各事業部門にデジタルを導入する必要がありました。なぜなら、私たちの重要な理念のひとつは、顧客の問題をデジタルで解決することだからです」

読者のみなさんも、自身のビジネスでデジタルイノベーションに取り組むときには、シリコンバレーの起業家たちの不朽のスローガンを思い出してほしい。「ソリューションではなく、問題に夢中であれ」

それは誰にとっての問題か？

すべての問題にはステークホルダーが存在する。つまり、その問題の影響を直接受け、ソリューションのメリットを享受する人、あるいはグループだ。一般的には、ステークホルダーが最終消費者（Ｂ２Ｃビジネス）であれ、企業（Ｂ２Ｂビジネス）であれ、問題の主体は顧客であると考えがちだ。確かに、ゾエティスのデジタル戦略も、ペットオーナーと同時に、畜産農家や獣医が抱える問題の解決を重視してきた。しかし、あなたが解決しようとしている問題の対象者は、社内のステークホルダーである可能性、つまり「事業上の問題」かもしれないと認識することも重要だ。

エア・リキード（ヘルスケア企業と製造企業向けにガスや技術を供給するグローバル企業）によるＤＸの取組みでは、顧客の問題と事業上の問題の両方の例を見ることができる。エア・リキードが取り組んでいる重要な顧客の問題は、病院や製造業者がガス（酸素、水素など）のタンクの残量が少なくなってきたタイミングを把握し、ガス切れになる前に交換できるようにすることだ。この問題を解決するには、タンクのデジタルセンサー、消費量にもとづく予測分析、ユーザーへのアラートと通知、シームレスな再注文システムなどのイノベーションが必要となる。さらに、ソリューションのあらゆる側面も、顧客の日常業務で支障なく機能するように設計し、テストされなければならない。

同時に、エア・リキードは同じ事業部門で、顧客離れをいかに予測するかという事業上の問題にも取り組んでいる。この問題を解決すれば、今後30日以内にサービスを退会するリスクが最も高い顧客を予測できる。ソリューションには、顧客基盤全体の利用パターンにもとづく予測モデルが組み込まれ、統計的な誤判定（小規模事業者が休業中や閑散期に使用量を減らす場合など）を回避するよう慎重を期している。この場合、問題のステークホルダーは、エア・リキードの社内にいる。既存顧客と顧客維持を担当しているマーケティングチームだ。この問題に対するソリューションはすべてマーケティングチームにあわせて設計され、そのチームに採用され、日常業務のなかで結果を出さなければならない。

もちろん、あるステークホルダーの問題に取り組んでいるときに、別のステークホルダーにも影響を及ぼす問題に出くわす場合があることも、認識しておく必要がある。たとえば、あるSaaS（サービスとしてのソフトウェア）企業は、新しいソフトウェアソリューションの販売面では大成功を収めていたが、一方で解約企業も多いという事業上の問題を抱えていた。そこで、解約企業情報だけでなくその解約理由も調べてみたところ、ユーザーがこのソフトウェアを非常に使いづらいと感じていたという、未解決の顧客の問題が浮かび上がった。顧客は製品のメリットを感じられないまま料金を数カ月支払い、解約していたのだ。そこで、新規販売に伴うトレーニング・プログラムを改善し、顧客の問題に対処することで、このSaaS企業は顧客離れという事業上の問題を解決することができた。

問題のレンズの限界

問題のレンズを使えば、どのような企業も戦略的優先順位を効果的に決めることができるが、限界がないわけではない。問題の定義づけを重視しすぎると、既存顧客だけに注目したり、得意としている事業、つまり既存の中核事業をこまごまと改善したりすることだけに集中しかねない。実際、私が見てきた多くのデザイン思考ツールでは、既存事業のなかにある問題を明らかにできても、自社の得意領域の外にある新たな機会を見つけられることは少ない。

では、この問題のレンズに内在するバイアスを克服するにはどうすればよいのだろうか？　まず、顧客インサイトをより深く掘り下げることから始めるのがいいだろう。よく知られている5Whys手法［訳注：豊田自動織機を創業した発明家兼実業家の豊田佐吉氏が開発した手法。その後、トヨタ生産方式にも組み込まれた］とは、顧客の行動の背後にある、より深い根本的な動機やニーズを知るために「なぜ？」を反復する手法である。そして、レビットの「戦略的近視眼」という問いに立ち返れば、「われわれのビジネスとはいったい何なのか？」という企業の活動範囲を見直すことができるだろう。これらに加えて、成長につながる別の視点を映し出す第2のレンズ、「機会のレンズ」を活用することで、戦略的優先順位を模索する際の幅を拡げることができる。

機会のレンズ

戦略的優先順位を明確にするための第2のレンズは、「機会のレンズ」である。これは、顧客と事業の双方に価値を生み出す新しい方法という観点から、戦略を練ることである。機会のレンズの強みは、既存事業の枠を超え、より広い視点で戦略を考えられるようにしてくれることだ。

ゾエティスのDXに関する戦略的優先順位が高いもののひとつは、アニマルヘルス分野で成長を遂げている診断領域に参入することであった。ファイザーから分離独立した当初は、ゾエティスは診断分野にはまったく参入していなかった。この市場への進出は、既存の問題を解決するものではなく、価値創造を実現するための魅力的な機会だったのである。

デジタル時代に、新しい価値の創造を明確に打ち出す機会を追求した結果、数々の画期的な製品が誕生している。アップルがiPodの開発に着手したとき、スティーブ・ジョブズが顧客のために描いていたビジョンは、「1000曲をポケットに」である。アマゾンが後にキンドルとして知られる製品の開発をスタートしたころの野望は、「どんな言語で出版された本でも60秒以内に手に入れられるようにする」ことであった[8]。こうした事例は、それぞれ追求する価値のある素晴らしい戦略的機会であったが、アップルやアマゾンの顧客がソリューションを渇望しているような差し迫った問題ではなかった。まったくの新規ソリューションを市場に送り出そうとするとき、事業の活動範囲を押し拡げるようなアイデアは、機会のレンズがあれば見つけやすくなる。

これに関するもうひとつの考え方は、ベンチャーキャピタル（VC）の分野に由来する。「鎮痛剤を売るつもりなのか、それともビタミン剤を売るつもりなのか？」。これは、ベンチャーキャピタリストのケビン・フォンが投資先となるスタートアップ企業を検討する際、起業家に投げかけた有名な質問だ［9］。つまり、顧客にとって差し迫った問題を解決する製品を作るのか、あるいは、顧客がまだ気づいていないような方法で、生活の質を高めるものなのか、ということだ。一般的な投資の常識でいえば、「鎮痛剤」のほうが成功する確率は高い。なぜなら、顧客はその価値をすぐに理解し、その製品を必要とする理由も知っているため、マーケティングが容易だからだ。一方、スタートアップ企業が「ビタミン剤」、つまり誰もがまだ想像していないがゆえ、それを求める人が一人もいない画期的な製品で成功すれば、より大きな利益が期待できるかもしれない。

この2つのレンズは、既存製品や既存事業の価値提案を検討する際にも役立つ。顧客に提供するメリットを決めるにあたり、次の2つの問いを考えてみてほしい。「現在のどのような不満やペインポイントを軽減するのか？」「どのような新しい喜びを提供するのか？」（私はこの2つを「価値要素」と呼んでいる。アレックス・オスターワルダー［訳注：スイスのビジネス理論家、作家、講演者、コンサルタント、起業家。『ビジネスモデル・ジェネレーション』（翔泳社）の著者であり、組織における計画的かつ実用的なビジネスモデルイノベーションについてのアドバイザー］は、この2つのタイプを「ペインリリーバー（痛みを和らげるもの）」と「ゲインクリエーター（利益を生み出すもの）」と呼んでいる）［10］。

機会のレンズを用いるときには、戦略的機会とは何か、そうでないものは何かを認識しておくことが重要である。戦略的機会とは、単なるビジネス指標（「今年の売上を20％伸ばす」）でもなければ、すでに決まっているソリューション（「バッテリー寿命の長い仮想現実（ＶＲ）ヘッドセットを作る」）でもない。そうではなく、自らの事業が創造できる価値とそれが競争に勝てる場所（「デザイナー向けの会議室にいるよりも優れたＶＲミーティング体験を創造する」）に焦点を絞ったアイデアなのだ。

それは誰にとっての機会か？

戦略的機会は、問題と同じように、顧客や事業の視点から考えなければいけない。

まず、「顧客の機会」とは、特定の顧客に向けた新たな価値を創造する方法に着目することである。たとえば、iPodやキンドルのビジョン・ステートメントを思い浮かべてほしい。ウーバーが事業を開始するにあたり定めた機会は、「水道のように信頼できる交通手段を、どこでも、誰にでも」提供することであった［11］。顧客の問題は、すでに存在する障害やペインポイントを解決することであるのに対し、顧客の機会は、思いも寄らない利益や喜びを生み出すことである。この思いも寄らない喜びという要素は、顧客満足の理論においてきわめて重要だ。たとえば、狩野モデル〔訳注：東京理科大学名誉教授の狩野紀昭氏が１９８０年代に提唱した。このモデルは海外でも“Kano Model”として広く知られており、品質と顧客満足度の関係を捉えるうえで参考になる考え方〕というものがある。このモデルでは、顧客の製品に対する価値、要求、期待にもとづいた製品ベネフィットと、「魅力的品質」と呼ばれる、提供されたときに顧客に最大の興奮をもたらす思いも寄らないベネフィットを区別している［12］。

一方、「事業の機会」とは、事業の新たな成長と拡大に着目することである。たとえば、ゾエティスが見いだしたのは、成長を遂げる診断事業に進出する機会だ。ユーチューブは、合計視聴時間を1日あたり10億時間にまで拡大するという野望を打ち出したが、これもまた明確に定められた機会といえよう。アマゾン ウェブ サービス（AWS）は、自社の新しいITインフラの一部を利用料ベースでほかの企業に貸し出すことで収益化できる機会と見定めて事業を開始している。

機会を定める

私の知見から、企業が機会のレンズを活用して戦略的優先順位を定めるための、4つの効果的な方法を紹介しよう。

- **顧客の喜びに関する記述**：顧客のために創造する思いも寄らない楽しい体験を記述してみよう。ジェフ・ベゾスがキンドルに託した夢は、「どんな言語で出版された本でも60秒以内に手に入れられるようにする」ことであった。
- **成功する権利のある魅力的な市場**：自社の事業がすでに持っている優位性を活かし、かつ大きな市場や成長中の市場を見つけよう。ゾエティスの「診断事業に参入する」機会は、すでに治療薬やワクチンでサービスを提供している既存の顧客層をターゲットとしていた。
- **自社事業に確実に応用できる新しい能力**：自社ビジネスモデルの中核部分に関連する新しいスキルや技術を探ろう。アマゾンがロボティクスへの投資を決めたのは、倉庫の棚から商品をピッキングするという特定用途の知見があったからだ。さらに最近では、創薬プロセスの主要ステップに機械学習が応用できることから、医薬品メーカーが機械学習に投資している。

- **10倍のストレッチ目標：**小さな改善を積み重ねていくのではなく、大規模な価値創造を思い描いてみよう。ユーチューブにとって「合計視聴時間を1日あたり10億時間にまで拡大する」というのは大胆な目標であり、魅力的な事業の機会であった。グーグルが掲げる基本原則のひとつは、「10%アップではなく10倍を目指す」ことだ［13］。同様に、ゲイツ財団は医師の採用面談にあたり、「もしリソースが無限にあったら何をするか？」と問いかけ、大胆な考えを持つよう促し、公衆衛生の野心的な目標を定めている［14］。

機会を定めるときは、最も大切なことについて大胆に考えるよう自分自身の背中を押すのがポイントだ。戦略とは、成長のための優先順位を決めることであり、ほかの何よりも優先されるべきであることを忘れてはならない。

2つの補完的レンズ

問題と機会という2つの概念は、戦略を考えるうえで効果的かつ補完的なレンズであると理解することが重要だ。実際、問題と機会は、同じアイデアを表現する2つの方法にすぎないかもしれない。たとえばゾエティスにとっては、診断市場への参入は明らかな事業の機会であったが、いかにして家畜の疾病を早期発見してよりよい治療を行うかという、顧客である畜産農家の問題であるともいえるだろう。

当初は幅広い成長機会を目指して開始したものが、時間の経過とともに、より具体的な解決すべき問題へと進化することも往々にしてある。ゾエティスの診断市場への参入は、市場でその地位を活かせる絶好の機会だった。しかし、その機会を追求することは、優先すべき顧客を選択することでもあった。「顧客のなかで、動物の疾病発見という最も満たされていないニーズを抱えているのは誰か?」「まず、どのような具体的な問題に対してソリューションを提供できるだろうか?」ということだ。機会を定め、主要なステークホルダーを特定し、最も満たされていないニーズや解決すべき問題を把握する。これが一般的な進化である。

私はよく企業に対し、問題のレンズで戦略プロセスに着手し、次に機会のレンズで視野を広げるよう助言している。最高の機会を追求していけば、おのずと解決すべき新たな問題が見えてくるはずだ。

ツール——「問題/機会ステートメント」

戦略的優先順位が重要である理由、そして問題と機会という2つの補完的レンズを通して戦略的優先順位を特定する方法について正しく理解できたので、ここからは、DXロードマップのステップ2の最初のツールである「問題/機会ステートメント」について見ていこう。

問題のレンズ、機会のレンズ、あるいはその両方を使うにせよ、最終的には戦略的優先順位のリスト

表4-2 DX戦略のための問題/機会ステートメント

企業名	DX戦略のための問題/機会ステートメント
ゾエティス	•オンラインでの商品の探索からネット購入、さらにはロイヤリティに至る、顧客のデジタルな購入プロセスの改善 •アニマルヘルス専門家を対象としたオンライン学習コンテンツの提供 •動物の疾病を検知・予防する、成長中の診断市場への参入 •デジタル追跡・分析を駆使した家畜管理の強化
マスターカード	•銀行口座を持たないコミュニティ向けの金融サービス(金融包摂)の提供 •デジタルID認証でサイバーセキュリティに対する企業ニーズを解決 •小売取引データを分析やインサイトのために活用 •金融サービス部門のパートナー企業へのイノベーション支援
エア・リキード	•製造工場からガスボンベまで、物理的資産のデータを活用し、事業運営を改善して新たな価値を創造 •アプリからウェブ、電話、営業担当者まで、あらゆるコミュニケーション手段で顧客の選択肢の幅を広げ、つながりを維持 •新しいデジタル・ビジネスモデルやコラボレーション・ツールを介して、従業員、パートナー企業、スタートアップ企業など、拡大するエコシステムと連携
アキュイティ	•デジタル時代のビジネスリスクをカバーする新しい保険を法人顧客に提供 •新しいデータソースをアンダーライティング・モデルやマーケティング・モデルに活用し、適切な顧客に適切な補償を適正価格で提供 •シームレスなオムニチャネルを通じて顧客サービスや請求処理を実現 •従来型の代理店に頼らず、オンライン購入を希望する買い手に保険を直接販売

をひとつにまとめたほうがいいだろう。それぞれの優先順位は簡潔に要約された記述とし、さまざまなソリューション候補に明確な指針やさらなるアイデアを想起できるよう整理しなければならない。私はこれを「問題／機会ステートメント」と呼んでいる。

表4−2は、4つの企業におけるDXロードマップの戦略的優先順位を示した問題／機会ステートメントの例である。いずれも記述には、事業や顧客における明確な戦略的機会や問題が示されている。

それぞれの問題／機会ステートメントには、企業が価値を創造し、獲得しようとする分野が明確に記述されているが、どのようなソリューションを構築するかはあらかじめ決められていない。戦略を定める際には、「何を（What）」するかに集中すべきで、この段階では「どのように（How）」行うかは横に置いておくことがポイントだ。ここでは、対処する機会と問題を定めるべきであり、対処に必要なソリューションについて記述することは控えなければならない。

たとえば、電子書籍プラットフォームであるキンドルの開発がスタートしたとき、アマゾンは、ハードウェアとソフトウェアのソリューションがどのようになるかを明確にしようともしなかった。明確にしたのは、「どんな言語で出版された本でも60秒以内に手に入れられるようにする」という機会だ。キンドルが数年かけて成功を収めるにつれて、そのソリューションは大きく変化した。その結果、電子書籍リーダーのハードウェアデバイスであったキンドルは、従来の出版社と自費出版者の双方が利用するクラウドベースの書籍ライブラリへと進化し、いまではほとんどのスマートフォン、タブレット、ＰＣ、電子書籍リーダーで利用できるようになった。

レベル別の問題／機会ステートメント

戦略的優先順位は、企業全体だけでなく、レベル単位でも設定しなければならない。問題／機会ステートメントは、単一の担当（マーケティングや人事など）や特定の事業部門（ファイザーのアニマルヘルス部門など）の戦略を定める際にも使用できる。問題／機会ステートメントをチームごとに作成することで、そのチームが担当するどの業務についても、戦略を明確にできる。問題／機会ステートメントは、特定の意思決定や出来事（たとえば他企業の買収など）に対して、それがもたらす戦略的機会を定めることもできる。

ひとつの組織の各レベルにおける問題／機会ステートメントの例として、ウォルマートのDXを表4－3に示す。企業レベルでは、ウォルマートには次の3つの主要な問題／機会ステートメントが存在する。「食料品購入にまつわるオンライン販売の未来を定義する」「小売店舗を活用してオンラインとオフラインをつなぐ商取引のラストワンマイルを勝ち取る」「小売現場における人間とAIの相互作用を改革する」だ。この表の下段のチャネルレベル（実店舗とオンライン販売）では、問題／機会ステートメントに、各チャネルにおけるウォルマートの戦略的優先順位が記載されている。実店舗のセクションの問題／機会ステートメントには、「顧客が特定の商品を求めて来店したときに、その商品の在庫が常にある状態を保つ」が挙げられている（ウォルマートがロボティクスをうまく活用している分野）。Walmart.com の問題／機会ステートメントは「顧客のオンライン購入頻度を向上させる」である。そして、この2つのチャネルをつなぐオムニチャネルへの取組みにとって重要な問題／機会ステートメントは、「実店舗の従業員を活用し、オンラインで注文された商品を近隣の顧客に迅速に配送する」だ。その下の段のチームレベルでは、特定の問題／機会ステートメントがウォルマートのDXにおいて、どのような指針となっているかを示している。ウォルマートのモバイルアプリを担当するチームは、「店頭での返品体験を向上させる」など、多くの顧客が抱える問題に対するソリューションに力を入れている。この問題／機会ステートメントにより、アプリ内に「モバイルエクスプレス返品」機能が追加され、顧客は紙のレシートをスマホでスキャンし、返品したい商品を選択したら、実店舗の優先レーンでQRコードをスキャンしてその商品を返品すると、翌日までに返金を受け取ることができるようになった。このソリューションが構築されたことにより、顧客が店舗での返品に要する時間は74％も短縮した[15]。

表4-3　ウォルマートのレベル別の問題／機会ステートメント

組織内のレベル	戦略の範囲	問題／機会ステートメント
企業	**ウォルマート**	• 食料品購入にまつわるオンライン販売の未来を定義する。 • 小売店舗を活用してオンラインとオフラインをつなぐ商取引のラストワンマイルを勝ち取る。 • 小売現場における人間とAIの相互作用を改革する。
チャネル	**ウォルマートの実店舗**	• 顧客が特定の商品を求めて来店したときに、その商品の在庫が常にある状態を保つ。
チャネル	**Walmart.com**	• 顧客のオンライン購入頻度を向上させる。
チャネル	**オムニチャネル**	• 実店舗の従業員を活用し、オンラインで注文された商品を近隣の顧客に迅速に配送する。
チーム	**ウォルマートのモバイルアプリ**	• 店頭での返品体験を向上させる。

私が顧問を務めたことのあるラテンアメリカの超多角経営企業は、問題／機会ステートメントのアプローチを活用して3つのレベルでDXに優先順位をつけている。まず各事業部門が、おのおのの事業内部におけるデジタルの戦略的機会を模索する（各事業部門はまったく異なる業界であった）。次に経営チームが、各事業のデータと能力を結びつけて新しいインサイトや価値を生み出すため、事業全体にわたる戦略的機会を検討する。最後に新規事業チームが、買収、合弁事業、デジタルスタートアップ企業への投資なども視野に入れながら、既存業界以外の分野で機会を特定するのである。

アイデアを閃かせるステートメント

優れた問題／機会ステートメントがあれば、イノベーションにつながる新たなアイデアが生まれる。これは、従業員やパートナー企業、スタートアップ企業、顧客が参加するイノベーションチャレンジやハッカソンにおいてとくに顕著だ。イノベーションチャレンジのオープニングでは、解決すべき問題が発表され、最も優れたソリューションを提案した参加者には、たとえば賞金、スタートアップ企業への出資、その企業で働く機会などが報酬として約束される。

効果的なアイデアを生み出すためには、よく練られた問題／機会ステートメントの存在が不可欠だ。ゼネラル・エレクトリック（GE）のグローバル・イノベーションで責任者を務めたスティーブン・リグオリが、GE初のイノベーションチャレンジについて私に語ってくれたところによると、その募集要項は、参加者に「革新的なクリーンエネルギーのソリューション」を提案するよう求めただけだったという。結果、ＧＥの担当者らは悲鳴を上げることになる。「審査員は５人しかいないのに、７万７０００件もの応募がありました」とリグオリは当時を振り返る。なかには、「電源ケーブルがつながったプールに電気ウナギの大群を放り込む」といったアイデアまであったそうだ。以降のイノベーションチャレンジでは、募集要項の内容をより具体的にし、エンジニアと協力して技術的な詳細を追加することとなった。ジェットエンジン部品の３Ｄ印刷がテーマのイノベーションチャレンジでは、「１５５件の応募が寄せられ、そのうち１２５件は、当時のＧＥの知識をはるかに凌駕するようなアイデアでした」とリグオリはいう。

明快かつ詳細、さらにポイントを絞った記述は、優れた問題／機会ステートメントには不可欠だが、言い回しも重要だ。問題／機会ステートメントを簡単に改善するには、記述内容を疑問文に変えるというのもひとつの手だ。問題／機会ステートメントを疑問文として記述することのメリットは、必然的に、ソリューションではなく問題に焦点が当たるようになることである。私が気に入っているテクニックのひとつは、問題／機会ステートメントをすべて「どうすればよいか（How might we）」のスタイルで記述することだ。たとえば表４－２の最初にあるゾエティスの問題／機会ステートメントは「オンラインでの商品の探索からネット購入、さらにはロイヤリティに至る、顧客のデジタルな購入プロセスを改善するにはどうすればよいか」と書き換えることができる。「How might we」は、１９７０年代、プロクター・アンド・ギャンブル（P&G）に勤めていたミン・バサデューが作った造語であり、イノベーションやデザインの世界ではお馴染みの言い回しだ。今日では、グーグル、フェイスブック、ＩＤＥＯ、クーパー・ヒューイット国立デザイン博物館などで広く使われている[16]。「How might we」というフレーズを使うことで、想定されたソリューションやあらかじめ決まっているソリューション（例：マーケティングチームがすでに取り組んでいる獣医師向けのロイヤリティ・プログラムだけを考えること）から離れ、より幅広いイノベーションに目を向けた発想が生まれる。優れた疑問文を投げかければ、多種多様な回答が返ってくるだろう。

●優れた問題／機会ステートメントの8つの要素

これまでの私の研究や多様な状況下でのリーダーを対象とした戦略のコーチング経験から、効果的な問題／機会ステートメントには次の8つの基本原則があることを突き止めた。

①「どうすればよいか（How might we）」のフレーズで疑問を投げかける（「銀行口座を持たないコミュニティ向けの金融サービス（金融包摂）を提供するにはどうすればよいか」）。

②価値創造のための重要な問題や機会に焦点を当てる（「オンラインでの商品の探索からネット購入、さらにはロイヤリティに至る、顧客のデジタルな購入プロセスの改善」）。

③顧客や事業の視点で捉える。顧客を対象とした問題／機会ステートメントの場合、顧客が使うような言葉（「スマホ上で使っている言葉でもかまわない」）を使い、企業を対象としたものであれば、ビジネス用語で表現するのがよい（「最新のデータプランでアップセルを実現」）。

④期待する成果に焦点を当て、このタイミングではソリューションの提案はしない（「サプライチェーンのトラッキングを実現するブロックチェーン台帳を作成」ではなく、「サプライチェーンのトラッキングを改善」）。

⑤間口を広げ、多種多様な選択肢を引き出す（「診断企業のX社を買収」ではなく、「診断市場に参入」）。
⑥具体性を持たせ、効果的な指針を出しやすくする（「よりよい顧客体験の創出」ではなく、「店頭での返品体験を改善」）。
⑦言葉の重複を避ける（「出荷ミスを減らし、出荷スピードを上げる」ではなく、「出荷ミスを減らす」と「出荷スピードを上げる」でそれぞれ問題／機会ステートメントを作成する）。
⑧測定可能な成功の定義を盛り込む（「新人研修の時間を75％短縮」）。

問題／機会ステートメントの真価が問われるのは、それを読んだ人たちの心を突き動かすかどうかだ。優れた問題／機会ステートメントは、人をソリューションではなく、問題に夢中にさせるものであることを覚えておこう。

ひとつの問題／機会ステートメントから多くの新規事業を生み出す

チーム、事業部門、あるいは企業全体の戦略的優先順位をまとめた一覧表の作成にあたっては、戦略とイノベーションの関連性を理解することが重要である。簡単にいえば、それぞれの問題／機会ステートメントから、さまざまなイノベーションのアイデアが生まれるということだ。問題／機会ステートメントをすべて疑問文（「How might we ／どうすればよいか」）にすると、ひとつの質問だけで膨大な回答を得ることができるだろう。新しい製品、サービス、プロセス、ビジネスモデルなどが回答として返ってきた場合、ひとつの問題や機会に対して多種多様なソリューションの可能性が存在するということだ。

このことは、スターバックスとマクドナルドが、デザイン会社であるIDEOの力を借りて共同で立ち上げた野心的な革新プロジェクト「ネクストジェン・カップ・チャレンジ」の事例を見ればよくわかる。この2つのスポンサー企業のためだけに年間数十億個の紙コップが生産されており、提供するホットコーヒーをしっかりと守るためプラスチックの裏地でコーティングされているので、リサイクルができなくなっている。こうした紙コップの環境負荷を軽減するための革新的なアイデアを模索していたスターバックスとマクドナルドは、紙コップメーカーに対して特定のソリューションを構築するよう提案依頼書（RFP）を提出するのではなく、コーヒーカップの廃棄問題を解決するため、明確な問題／機会ステートメントを掲げたオープンイノベーション・チャレンジの開催を発表したのである。

すると、ネクストジェン・カップ・チャレンジには数百ものチームから応募があり、この問題／機会ステートメントに対して多様なソリューションが提案された。たとえば、カップクラブは、自転車シェアリングのアイデアをベースに、再利用可能なカップをオリジナルマークの入ったリサイクルボックスに返却するという画期的な計画を提案した。一方、ミューゼは、カップを追跡、回収、洗浄、再利用できるよう、再利用可能なカップにQRコードを付けるという案を発表。コロンビエ・グループは、再利用ではなくリサイクル性に注目し、カップのプラスチック層をリサイクルまたは堆肥化可能な水性コーティングに置き換えるというアイデアを出した。こうしたアイデアを成功させるには、現実社会で反復テストと試作を行い、技術的な実現可能性、利用者の行動変容と受容性、大規模導入における経済性を検証しなければならない。この検証プロセスに着手できるよう、受賞チームにはそれぞれ100万ドルが与えられ、各自のアイデアをテストし、商品化の試みが進められた[17]。

ネクストジェン・カップ・チャレンジは、優れた問題／機会ステートメントの目的であるさまざまなイノベーション（「成長事業」と私が呼ぶもの）を生み出している。成長事業にはさまざまな形がある。それはプロセス革新や、新しい商品やサービスの場合もあれば、新たなビジネスモデルかもしれない。私が「成長事業」という言葉を使うのは、こうした取組みは常に成長という観点から定めるべきであることを強調するためだ。このステップでのデジタルイノベーションは、企業が価値を創造し、価値を獲得するものとして定義されなければならない。ここで注意すべきは、成長事業が、技術（「クラウドコンピューティングへの投資」）やスキル構築（「マーケティング担当者のSNS能力のスキルアップ」）の観点から定義されないようにすることだ。このような能力の構築は非常に重要だが、問題／機会ステートメントがもたらすさまざまなイノベーションの探求やテストを開始したあとの段階であるDXロードマップのステップ5で行う。

表4－4は、問題／機会ステートメントが、新規事業のアイデアを数多く生み出すメカニズムを示している。ウォルマートは、「便利な食料品オンライン注文を提供するにはどうすればよいか？」という問題／機会ステートメントに取り組むチームが、食料品配達の年会費プラン、BOPS（オンラインで注文した商品を実店舗で受け取るサービス）の無料体験、宅配アプリ「ドアダッシュ」との提携、ウォルマートの従業員が車で帰宅途中に荷物を届けるサービスなど、さまざまなアイデアを追求している。

ニューヨーク・タイムズのDXがもたらす大きな機会は、デジタルオーディオで新たな利用者を取り込むことだ。ニューヨーク・タイムズは、同紙の記者がその日の重大ニュースについて語るニュースポッドキャストや、オピニオンデスクのライターによるオピニオン・ポッドキャスト、成功を収めたポッ

表4-4　それぞれの問題／機会ステートメントが複数の新規事業を生み出す

企業	問題／機会ステートメント	この問題／機会ステートメントにおけるさまざまな成長事業
ウォルマート	便利な食料品オンライン注文を提供するにはどうすればよいか？	•年会費の支払いで食料品を無制限に配達 •BOPS（オンラインで注文した商品を実店舗で受け取るサービス）を手数料なしで体験 •宅配アプリ「ドアダッシュ」と提携 •ウォルマートの従業員が車で帰宅途中に荷物を配達
ニューヨーク・タイムズ	ジャーナリズムのオーディオ体験を求める利用者にリーチするにはどうすればよいか？	•トップニュースについて記者に話を聞くデイリーニュース・ポッドキャストを開始 •オピニオン部門の一環として、さまざまなテーマのオピニオン・ポッドキャストをオムニバス形式で立ち上げ •人気の調査報道系ポッドキャスト制作チーム「Serial」を買収 •大手雑誌の長編ジャーナリズム記事を朗読する声優が所属するスタートアップ企業「Audm」を買収
シティバンク	十分なサービスを受けていない個人や地域社会の経済的活力を高めるにはどうすればよいか？	•投資家とオポチュニティゾーンをつなぐオンラインプラットフォーム •市場データを活用してキャリアパスの評価やスキル開発を行う、求職者向けのデジタルツール •個人間（P2P）融資や少額融資を提供するフィンテック新興企業に投資
スターバックスとマクドナルド	コーヒーカップの廃棄による影響を減らすにはどうすればよいか？	•再利用可能なカップをリサイクルボックスに返却するシェアリングシステムを構築 •カップを追跡、回収、洗浄、再利用できるよう、再利用可能なカップにQRコードを印字 •カップのプラスチック裏地をリサイクルまたは堆肥化可能な水性コーティングに置き換え

ドキャスト制作チームの買収、大手雑誌の記事朗読を手掛けるスタートアップ企業の買収といったさまざまな事業を展開している。

シティバンクのデジタルにおける主要な問題/機会ステートメントのひとつは、「十分なサービスを受けられていない個人や地域社会の経済的活力を高めるにはどうすればよいか」である。ここから、投資家とオポチュニティゾーン〔訳注：特定の条件下での新規投資が優遇税制の対象となる地域を指す。2017年12月22日の減税および雇用法により作られた新しい仕組み〕投資をつなぐオンラインプラットフォームや、求職者にキャリアパスの評価やスキル開発を提供するデータドリブンなツールなど、さまざまなイノベーションが誕生した。同時に、シティバンクの新規事業投資部門は、経済的エンパワーメント〔訳注：女性と男性が、その貢献の価値を認識し、尊厳を尊重し、成長による恩恵がより公平に分配されるよう交渉することを可能にするような形で、成長プロセスに参加し、貢献し、そこから利益を得る能力のこと〕に対する独自のソリューションを提供するスタートアップ企業に投資することで、この問題/機会ステートメントに貢献することができた。

戦略プロセスの目標は、複数の問題/機会ステートメントでベンチャーバックログを作成することだ。ベンチャーバックログとは、新たな成長事業のアイデアに優先順位をつけたリストであり、戦略的優先順位や共有ビジョンと一致するものである。これにより、担当のチームや事業部門、担当が新規事業のアイデアを検証、テストし、最も効果を発揮したものへの投資が可能となる（「バックログ」という用語は、アジャイルソフトウェア開発における用法から拝借している）。ベンチャーバックログの使用については、第6章で取り上げるDXロードマップのステップ4で詳しく見ていく。

◯問題／機会ステートメントを特定する効果的なツール

優れた問題／機会ステートメントの秘訣とは何だろうか？　まず、問題／機会ステートメントは、DXロードマップのステップ1で定めた共有ビジョンから生まれるものでなければならない。顧客インサイトの調査でよく使われる便利なツールもある。なかでも、前著『DX戦略立案書』で編み出した4つの戦略ツールを用いることをお勧めする。こうしたツールを組み合わせることで、すべての事業にとって価値ある問題／機会ステートメントをどのように見つけるのか、その方法について簡単に見ていこう。

共有ビジョン

価値ある問題／機会ステートメントを特定する際に最初にチェックすべきは、DXロードマップのステップ1で定めた共有ビジョンだ。共有ビジョンには、未来の風景、成功する権利、北極星インパクト、ビジネス理論が盛り込まれている。この4つの要素は、問題／機会ステートメントを特定するうえで役立つものとなる。

●未来の風景

未来の風景とは、顧客、最新技術、競合しあうエコシステム、そして経済のより広範な構造変化に対するインサイトにもとづいた、事業環境がどのように進化しているかについての共通の認識である。こうしたインサイトこそが、事業上の新たな問題や機会に対処するための指針となるだろう。ここで、いくつか例を紹介しよう。

- ゾエティスの「デジタル追跡・分析を駆使して家畜管理を強化する」という問題／機会ステートメントは、ビッグデータとＩｏＴの動向、そして中規模畜産農家がこうした技術の導入に苦戦しているという認識から生まれた。
- ウォルマートの「食料品購入にまつわるオンライン販売の未来を定義する」という問題／機会ステートメントは、競合他社がソリューションを提供できていない食料品配達という顧客ニーズを背景に、ほかの分野のオンライン販売よりもイノベーションの余地があるとの判断にもとづくものであった。
- アキュイティの「デジタル時代のビジネスリスクをカバーする新しい保険を法人顧客に提供する」という問題／機会ステートメントは、製造業のロボティクスやオートメーションの動向、ギグ・エコノミーの拡大、サイバーセキュリティ・リスクに対する顧客企業の脆弱性などが促進要因となった。

●成功する権利

問題／機会ステートメントは、成功する権利、自組織における独自の優位性と限界を定義したうえで、記述していかなければならない。マイケル・ポーターは、「戦略とは独自性である。つまり、意図的に他社とは異なる活動を選択することで、独自の価値を提供することだ」と述べている[18]。戦略を成功する権利と結びつけることで、独自の優位性が発揮できる機会の追求が可能となる。

- インテュイットは、自社が保有するデータ（インテュイット製品を利用する顧客が共有した給与や税金のデータ）という独自の優位性を活かし、ほかの金融機関が行っていない小規模事業者を対象とした融資サービスという機会を特定した。
- ウォルマートは、独自の優位性である実店舗ネットワークと購買者データを活用し、消費者向けのヘルスケアサービスと金融サービスへの参入機会を見いだした。

●北極星インパクト

北極星インパクト（生み出したい長期的なインパクト）もまた、問題／機会ステートメントを特定する際の指針になるはずだ。

- マスターカードは、「デジタル世界の安全な商取引を実現し、保護する」という北極星インパクトにより、企業のデジタルID認証ニーズに対するソリューションを提供するという問題／機会ステートメントを追求することとなった。
- ビル・フォードが定めたフォード・モーターの北極星インパクトは、「成長し都市化する地球の環境とモビリティのニーズに応える」ことである。この北極星インパクトにより、自律走行車と車両管理、電気自動車と充電ネットワーク、ライドシェアリングと都市モビリティ・ソリューション、車内からのさまざまな取引や決済など、複数の問題／機会ステートメントが生まれた。

●ビジネス理論

ビジネス理論（投資からどのように将来価値を獲得できるか説明すること）は、事業上の具体的な問題／機会ステートメントに向かって進む道しるべとなる。

- ウォルト・ディズニーが1957年に作成したビジネス理論マップには、テーマパーク、キャラクター商品、テレビ、音楽、キャラクターライセンス、書籍、雑誌、コミックについての問題／機会ステートメントが明確に示されている。
- アマゾンは、取扱品目と顧客数の増加における好循環の理論により、サードパーティ販売事業者との協業という問題／機会ステートメントを追求することとなった。

顧客インサイトツール

共有ビジョンに加え、顧客インサイト調査の一般的な手法の多くが、問題／機会ステートメントの特定にも有用であることを、私は突き止めた。プロダクトマネジメントで使用される3つのツール、リーンスタートアップ、アジャイル、デザイン思考は、解決すべき顧客の問題や顧客の喜びを生み出す機会の特定に役立つ。ひとつひとつ見ていこう。

●建物から出ろ

リーンスタートアップの精神は、スティーブ・ブランクの「建物から出ろ」[19]という言葉に最もよく表れている。オフィスにこもって事業計画を練るのではなく、顧客と直接関わり、顧客から学ぶ必要があるということだ。実際、リーンスタートアップの第1段階である「顧客開発」プロセスは、プロトタイプもMVPもパワーポイントのスライドもなく、客先で顧客と対話するというシンプルな顧客インタビューから始まる。

たとえばユナイテッド・テクノロジーズ・コーポレーション（UTC）のデジタル担当チームは、ラスベガスから上海、トリノに至るまで、定期的に現地に赴いて業界の顧客と対話を重ね、UTCが検討中のデジタルイノベーションにどれほど関心を持っているのかを探っている。ゾエティスのデジタル担当チームは、定期的に顧客の車に同乗し、たとえば獣医と一日を一緒に過ごして、獣医業界の昨今の動きや業界のニーズの変化を把握している。顧客の一日を観察することで、調査やフォーカスグループよりもはるかに多くのインサイトを得ることができるのだ。

●PR／FAQ

問題／機会ステートメントを特定して定義するための効果的なもうひとつのツールは、アマゾンが

「プレスリリース／よくある質問（PR／FAQ）」と呼ぶものである。これは、「顧客ニーズから逆算する」という哲学を浸透させる方法として開発された。つまり、売ろうとする商品からスタートするのではなく、顧客に与えたいインパクトを起点とするのだ。PR／FAQは2部構成になっており、イメージした商品を発表するプレスリリースと、想定質問に答えるFAQからなる。プレスリリースは1ページにも満たない。顧客が理解できるような商品名をつけ、顧客が得られる利益や解決できる問題を説明し、企業と想定顧客が新商品から得られる価値の記述で締めくくる。それに続くFAQは、最大で5ページにもなる。FAQでは、顧客が抱くであろう質問（「どのような商品で、価格はいくらなのか？」）と、企業から寄せられるであろう質問（「市場規模、経済性、技術的実現可能性はどの程度で、ビジネスパートナーは誰か？」）といった質問の一覧に対する回答を用意する［20］。

●カスタマージャーニー・マッピング

カスタマージャーニー・マッピングは、デザイン思考とアジャイルの両方で広く用いられている一般的な調査手法である。顧客があなたのビジネスに対して現在抱いている経験は、複数のステージ（例：購入前から購入後まで）に分けられたジャーニーとして定義される。各ステージにおける調査を行うことで、顧客の行動（取った行動、利用したタッチポイント）と、経験（目標、動機、疑問、感情、ペインポイント）を把握する。この調査結果にもとづき戦略的機会を特定し、内容を改善していく。

カスタマージャーニー・マッピングは、既存ビジネスにおける問題／機会ステートメント、とりわけ解決すべき顧客の問題を特定する際の強力なツールとなる。しかし注意も必要だ。このツールがあまりに普及したことで、ＤＸの目的が「カスタマージャーニーをマッピングすること」になっている企業に出くわしたことがある。手段と目的を取り違えてはならない！　ＤＸの目的は価値創造であり、常にそうあり続けなければならない。そして優れた問題／機会ステートメントこそが、価値創造の原点となるのだ。

デジタル戦略ツール

前著『ＤＸ戦略立案書』に収録されている戦略ツールのなかには、すべての企業が戦略的機会、つまり問題／機会ステートメントを特定できるように設計されているものがいくつかある。そのなかから、とくに有用なツールを４つ紹介しよう。

- **顧客ネットワーク行動**：顧客戦略の章は、デジタル時代の企業に影響を与える５つの顧客行動（接続、参加、適応、結合、協働）への欲求について論じている。このツールは、主要な顧客行動を中心に設計されており、（商品、サービス、顧客体験における）価値創造の機会を発見する方法を知ることができる。
- **データに価値を与えるテンプレート**：データ戦略の章では、データから価値を創造するための４つのテンプレート（インサイト、ターゲティング、パーソナライゼーション、コンテクスト）を紹介している。付属ツールから、既存のデータ資産にこれらのテンプレートを適用し、時間の経過とともにそれらの資産を成長させるための措置を講じることで、どのようなビジネスでも価値創造の機会を特定できる方法を知ることができる。

- **競争のバリュー・トレイン**：競争戦略の章では、「競争のバリュー・トレイン」（本書の第3章でも紹介）について取り上げている。このツールを既存事業の関連部門に適用することで、最終顧客への価値提供を支える上流パートナーと下流パートナー、そしてそれぞれの結節点で発生する価値の交換や強化を特定できる。これらのインサイトにより、競争のバリュー・トレインは、自社が担う役割の独自性の強化、上流への事業の拡大、あるいは顧客と直接関わるための下流への拡大など、エコシステムのなかでより大きな影響力を発揮できる新たなビジネスの機会を特定する際に役に立つ。
- **価値提案計画**：価値提案の章では、「価値提案計画」（本書の第3章でも紹介）について触れている。このツールを使い、現在の価値提案、その価値の低下要素と成長要素を分析することで、それぞれの顧客層に対して将来価値を高める戦略的な問題／機会ステートメントを作り上げることができる。

ツール――「問題／機会マトリクス」

ここでもうひとつの新しいツール、「問題／機会マトリクス」を紹介しよう。このツールの目的は、新規に単発の問題／機会ステートメントを作成することではなく、あらゆる企業、部門、事業部、担当、チームにとって最も重要な問題／機会ステートメントを一覧表にまとめ、明確にすることである。そのため、前のセクションで紹介したツールで検討を行ったうえで、このツールを活用することが望ましい。

図4－1の問題／機会マトリクスには、「問題」と「機会」（戦略を定義するための2つのレンズ）、そして「顧客」と「事業」（社外ステークホルダーと社内ステークホルダーの視点）という縦軸・横軸がある。つまりこのマトリクスは、「顧客の問題」「事業の問題」「顧客の機会」「事業の機会」という4つの象限（四分割）で構成されている。この4つの象限は、それぞれ異なる方法で事業の戦略的優先順位を特定できる。ただし、同じ問題／機会ステートメントでも異なった書き方があり（例：「顧客の問題」に記述するのか、それとも「事業の機会」に記述するのか）、そして問題／機会ステートメントは時間とともに変化していくことを覚えておこう。問題／機会マトリクスのポイントは、どの戦略についても「正しい」象限を選択することではない。そうではなく、4つすべての象限を使用することで、ほかの方法では見逃してしまうような成長に資するさまざまな優先

図4-1　問題／機会マトリクス

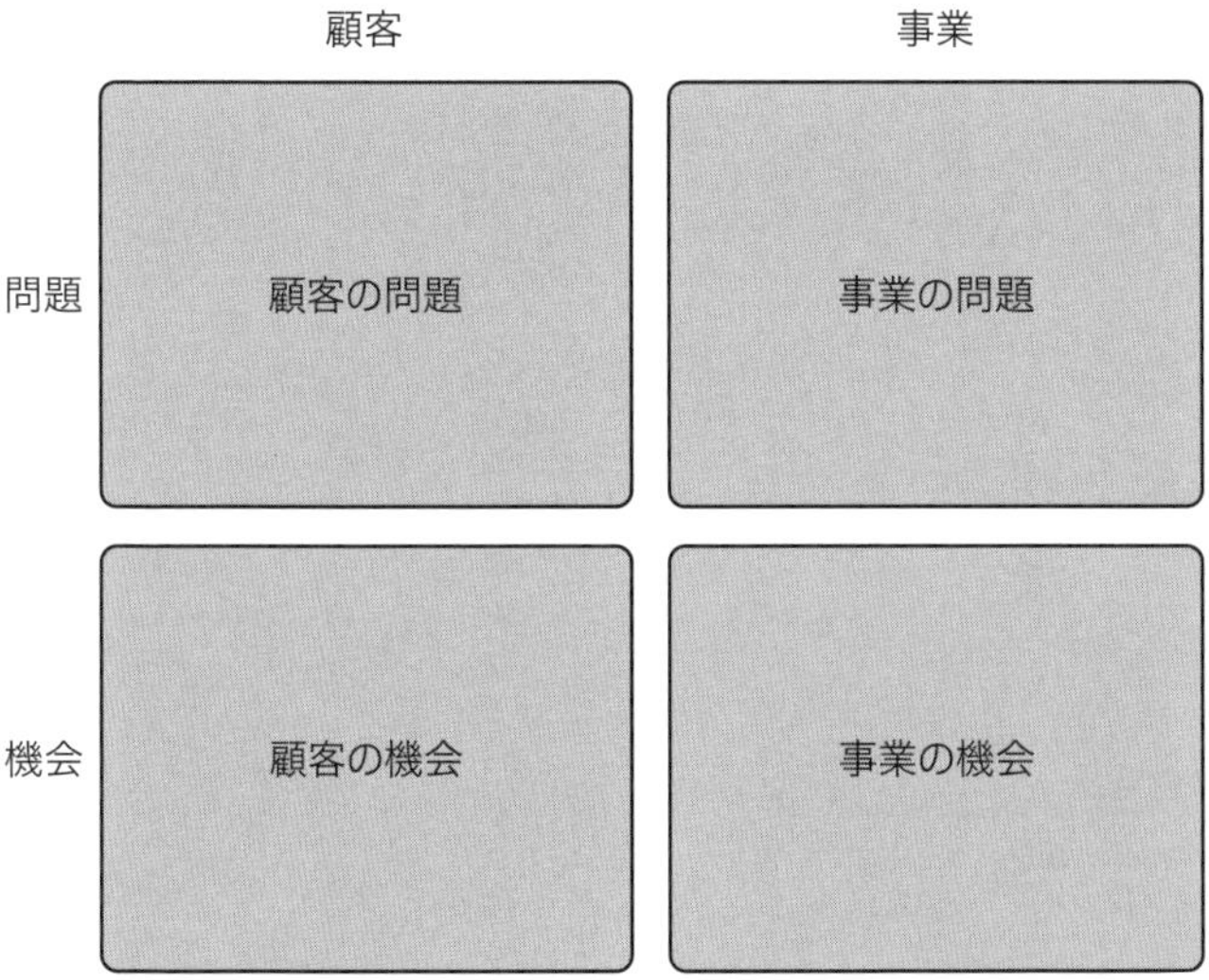

順位を見極めるのだ。

私はこれまで多くの組織と連携して、DXにおける最も重要な戦略的優先順位を定めてきた。問題／機会マトリクスは、そのような経験から編み出されたものである。それでは、このツールの各ステップの概説と併せて、問題／機会マトリクスを各自の組織に応用する方法について見ていこう。

①レベルと顧客を選ぶ

まず、事業のどのレベルについて戦略的優先順位を定めるかを決めることから始めよう。対象となるのは製品チームか？　特定の販売チャネルか？　事業部門や活動地域か？　マーケティング、財務、人事といった担当か？　それとも組織全体か？　いずれにせよ、問題／機会マトリクスは企業のどのレベルでも適用できる。だからこそ、始める前に対象とする組織を選ぶ必要があるのだ。

次に、最も重要な顧客を特定する。この顧客とは、選んだ組織の外側にいる主要ステークホルダーである。通常は、複数の顧客タイプが存在するはずだ。ここで、ゾエティスの事例を思い出してほしい。ゾエティスの顧客は、ペットオーナー、牛や豚などの畜産農家、そしてこの2タイプの顧客にサービスを提供する獣医である。問題／機会マトリクスを用いてスタッフ部門（人事や財務など）の戦略を設定する場合、顧客には社内の別部門のステークホルダーが含まれるかもしれない。人事部門の場合、「顧客」には会社の従業員だけでなく、人材の供給元である大学も含まれるだろう。サプライチェーン部門の「顧客」としては、製品を配送するチームやビジネスラインなどが挙げられる。

②象限ごとに問題／機会ステートメントを書く

組織と顧客の関係について理解したところで、次は問題／機会マトリクスの4つの象限ごとに、問題／機会ステートメントを書き出していこう。

- **顧客の問題**：最初の象限では、ステップ1で特定したそれぞれの顧客について確認しよう。それぞれの顧客にとって最大かつ最も根強い問題で、自社が解決に一役買えそうなものは何だろうか？　その顧客が最も必要としているものは何だろうか？
- **事業の問題**：この象限では次の問いを考えてみよう。現在、自分の部門が直面している喫緊のペインポイントは何か？（ここでも、ステップ1で選んだ組織を思い出そう）。それぞれの問題について、ソリューションの利用や適用が必要とされる主要なステークホルダー（マーケティング部長、人事部長など）は誰か？
- **顧客の機会**：ステップ1で特定したそれぞれの顧客をあらためて確認しよう。その顧客のために、どのような思いも寄らない価値や利益、メリットを生み出せるだろうか？　キンドルの目標が「どんな言語で出版された本でも60秒以内に手に入れられるようにする」ことであったように、それぞれの顧客に向けた「顧客の喜びの記述」を書いてみよう。
- **事業の機会**：この象限では、「どの組織単位を拡大すれば、ビジネスの新たな価値を創造し、獲得できるだろうか？」と自問するとよいだろう。成功する明確な権利を持っている魅力的な成長市場を見定め、事業に的確に応用できる新しい能力を見つけよう（たとえば「機械学習を活用する」ではなく、「機械学習を創薬に活用する」とする）。10倍のストレッチ目標を書いてみよう。普段は10％改善しようとしていることでも、実は10倍改善できる機会があるかもしれない。

それぞれの象限で、できるだけ多くの興味を惹かれる問題／機会ステートメントを特定しよう。1つの象限につき、3〜4つ以上あると理想的だ。

問題／機会ステートメントを記述するときには、本章で前述した「優れた問題／機会ステートメントの8つの要素」を思い返し、次のガイドラインに従うといいだろう。

- **疑問文にする**：ミン・バサデューのフレーズ「どうすればよいか（How might we）」を使う。
- **言葉の重複を避ける**：問題／機会ステートメントに「および」という単語があるなら、2つのアイデアに分けるとよいだろう。
- **けっして「手段（How）」は述べない**：手段ではなく、期待する成果を書く。優れた問題／機会ステートメントは、問題の仮面を被ったソリューションではない。
- **明確な視点をもって書く**：顧客の問題を書くのであれば、業界内の専門用語は避け、顧客が使う言葉で書く。

問題／機会ステートメントは、象限に応じて表現を変えて記述できることも覚えておこう。問題／機会ステートメントのある象限での記述にメリハリや説得力が足りないと感じたら、問題を機会に書き換えたり（あるいはその逆）、事業から顧客に視点を変えてみたり（あるいはその逆）してみるとよいだろう。

③残すべき重要なものを選び、組み合わせる

次のステップは、作成したすべての問題／機会ステートメントを精査し、最も重要なものだけを残すプロセスだ。真の問題を解決するものや、重要な価値創造に寄与するものを選ぶ必要がある。特定の顧客（社外）や事業（社内）にとって明確な重要性がなくてはならない。興味を引き立てられ、価値を創造し獲得する方法について、新しい発想を引き出すようなものでなければならない。次に、選んだ問題／機会ステートメントを4つの象限から抜き出し、組み合わせてひとつのリストにまとめる。これで、疑問文（どうすればよいか）で書かれた問題／機会ステートメントの一覧表の完成だ。

④問題／機会ステートメントに磨きをかける

さらに、リストにある問題／機会ステートメントについて時間をかけて話し合い、内容に磨きをかけよう。すべての問題／機会ステートメントで、最終的なソリューションを通じてそのメリットを享受すべき主要なステークホルダーを、もう一度はっきりさせておこう。

問題／機会ステートメントは、担当チームが集中して取り組めるよう、その対象を狭める必要がある。

たとえば、「より多くの顧客を惹きつけるにはどうすればよいか?」という表現よりも、「音声媒体のジャーナリズムを好む人びとを惹きつけるにはどうすればよいか?」と書くほうがよい。

問題/機会ステートメントには、複数の回答を引き出せるよう、十分な幅を持たせることも重要だ。たとえば、「朝のトップニュースについて記者に話を聞くデイリーニュース・ポッドキャストを作るにはどうすればよいか?」ではなく、「音声媒体を使って読者をニュース報道に惹きつけるにはどうすればよいか?」とするほうがよい。

⑤ブレインストーミング・テスト

ここからは、私が「ブレインストーミング・テスト」と呼ぶ手法で、問題/機会ステートメントを確認していく。磨きをかけた問題/機会ステートメントに目を通しながら、ソリューション（同一の質問に対する異なる回答）について複数のアイデアをブレインストーミングしてみよう。その際、互いにまったく異なるアイデアを見つけるようにしよう。つまり、同じ問題を解決したり、同じ機会をつかんだりするのに異なるアプローチを考えてみるのだ。

このステップによって、問題/機会ステートメントが、将来のイノベーションの取組みに本当に役立つかどうかを見極めることができる。問題/機会ステートメントのソリューション案がひとつしか思い浮かばない場合は、他の人の意見に耳を傾けて自分の視野を広げよう。それでも思いつくソリューションがひとつしかない場合は、その問題/機会ステートメントはおそらく「問題の仮面を被ったソリューション」であろう。

⑥成功指標

最後のステップでは、作成した問題／機会ステートメントのそれぞれについて成功指標を定めていく。こう自問してみよう。「先ほどブレインストーミングしたソリューションや、今後提案されるかもしれないソリューションのなかから、最良のものを選ぶためには、データをどのように活用すればよいか？」リストに残っている問題／機会ステートメントについては、その問題や機会に対する最良のソリューションを見分ける指標を2〜3つ定めよう。

このプロセスを正しく行えば、問題／機会ステートメントのいずれかひとつを、精鋭メンバーを集めたチームに担当させようという気持ちが生まれるはずだ。そのチームなら、指針となる成功指標にもとづき新しいイノベーションをテストし、検証してくれるはずなので、深掘りするための裁量を大いに与えるべきである。

ボトムアップ型戦略

本章で紹介した戦略アプローチは、一般的な既存企業のやり方とは一線を画すものだ。多くの組織では、「戦略」は特定のグループが年に一度議題に上げるトピックである。上級幹部は毎年数週間を割いて会議やリトリート〔訳注：「日常生活から離れてリフレッシュする時間をもち、心身ともにリセットする」という意味で近年欧米において使用されている単語。CEOがエグゼクティブをオフィスから離れた場所に連れ出し、議論を交わしたり自社の戦略を練ったりすることを「エグゼクティブリトリート」と呼ぶ〕に参加し、企業の戦略をアップデートする。その結果、戦略は、年に一度提出しなければならない予算計画のような成果物、組織全体に浸透させるための紙切れ一枚に姿を変える。

しかし、このモデルは、絶え間なく変化しそれに対応していかなければならないデジタル時代の課題には、まったく向いていない。今日のあらゆるビジネスにおいて、戦略は上層部だけでなく、組織のあらゆるレベルで実施されなければならない。戦略は単なる毎年恒例の成果物ではなく、常に現在進行形の継続的なプロセスとなることが必要なのだ。

あらゆるレベルでの戦略

これまで見てきたように、戦略的優先順位（問題／機会ステートメント）は組織のあらゆるレベルにおいてきわめて重要である。DXの対象が会社全体、部門、担当、チームのいずれであっても、すべての組織単位は、解決すべき最も重要な問題と、新たな価値を創造する機会の特定に集中すべきである。組織がそのようにシフトすれば、あらゆるレベルに属する従業員が戦略に関与するようになるだろう。

エネルギーサービス企業のシュルンベルジェの場合、各事業部門の責任者は、企業レベルのデジタル戦略チームによるアドバイスやインサイトにもとづき、独自のデジタル戦略を策定することが求められている。ニューヨーク・タイムズは、デジタルイノベーションに関するグループ報告書（2020年）で、すべての「デスク」（各分野の報道を担当するジャーナリストのグループ）は、独自の戦略ステートメントを定めなければならないという目標を示した。この戦略ステートメントには、各デスクの顧客（ターゲット層）、価値提案（報道の対象とそうでないもの）、競合（競合他社とどのように差別化を図るか）、指標（成功のあり方）、事業運営（開発の必要があるスキルや、ほかのデスクや部署との関わり方）が記載されている[21]。

どの企業においても、全体的な企業戦略が、組織全体の業務を形作る指針として機能しなければならない。繰り返しになるが、この影響は私が「カスケードアップ」と呼ぶプロセスによってもたらされるべきだ。幹部は部下に対して、「私の戦略的優先順位はXだから、あなたの戦略的優先順位はYであるべきだ」といった伝え方はすべきでない。そうではなく、まず「私の戦略的優先順位はXである」と伝え、そのあとに「Xの実現を後押しするためには、あなたのチームの戦略的優先順位はどうあるべきだろうか？」と尋ねるのだ。カスケードアップにより、会社の問題／機会ステートメントを、あらゆるレベル、あらゆる部門の戦略的優先順位とリンクさせることができる。

継続的な会話としての戦略

戦略的優先順位を定義することは、常に現在進行形の継続的なプロセスだ。すべてのリーダーやチームは、個々の問題／機会ステートメントを定期的に見直すことで、新たな知見を勘案し取り入れるべきである。戦略的優先順位の重要性は、さまざまな理由で変動する可能性がある。たとえば、顧客の関心の低下、競合他社の参入による利益減少、コロナ禍のような不測の事態などである。これらによって、戦略的優先順位の時間軸に混乱をきたし、新たな外部制約を考慮に入れなければならなくなる。

戦略は、成果物としてではなく、全員が貢献できる継続的なプロセスとして再認識されなければならない。ドナルド・サル［訳注：グローバル・ビジネスの戦略と実行における専門家。マサチューセッツ工科大学（MIT）スローン校上級講師。ハーバードおよびロンドン・ビジネススクール（LBS）元教授］は、戦略とは、組織のあらゆるレベルで、継続的かつ反復的に行う必要のある一連の会話であると評している［22］。このアプローチは、ユナイテッド・テクノロジーズ・コーポレーション（UTC）のDXにも見て取れる。UTCのデジタルアクセラレーターを率いるスティーブ・セラによると、このチームは各事業部門の責任者らと定期的にミーティングを開くことで、それぞれの業務における最重要課題を把握しつつ、最新の動向や他市場の事例を提示し、各自のビジネスにとって最も重要な戦略的機会を特定しているそうだ。

全員がこうした戦略の会話に参加すれば、物事の捉え方に大きな転換が起こり、組織のあらゆるレベルの従業員が「問題を定義する」という考え方を持ち始めるようになるだろう。そうなれば、タスクやプロジェクト、ワークフローに取り掛かるときに、毎回一歩引いて「これをやる理由は何だろうか？何のためのソリューションか？」と自問することからスタートできる。全員がそのように転換し始めれば、つまり自身の業務にとって最も重要な問題に対する新たなソリューションを考えるようになれば、ひとりひとりの創造性が解き放たれることになるだろう。

チームとリーダー

ボトムアップのスタイルで継続的に戦略を実行した結果は明らかだろう。すべてのチームにとって、それぞれの部門や事業部で定められた共有ビジョンが道しるべとなるのだ。チームはそれぞれ独自の戦略的優先順位（3つ～7つ程度の問題／機会ステートメント）を設定することで、それが各自の業務における指針となり、結果として会社全体の優先順位と一致していく。そしてすべてのチームは、ベンチャーバックログ（追求すべきイノベーションのアイデアを10～30程度記載した一覧表）を作成すべきだ。ベンチャーバックログは定期的に更新されるが、戦略的問題／機会ステートメントと合致していなければならない。

戦略がボトムアップ型になるにつれ、リーダーのあるべき姿も変化する。つまり、リーダーの役割は、もはや正しい答えを考えることではなく、正しい質問を組み立てることなのだ。

第3章で触れた、リーダーの3つの役割を思い出してほしい。この3つの役割とは、リーダーが戦略に関連して集中すべき次の3つのタスクである。まずリーダーは、チームの取組みの指針となる最も重要な問題と機会を定める。次に、これらを明確な問題／機会ステートメントとして周知し、チーム全員の足並みを揃える。最後に、チームに権限を付与することで、そのメンバーが新しいアイデアをテストし、共通の戦略的目標に対する新しいソリューションを追求できるようにする。

＊　＊　＊

ＤＸを成功させるためには、まず、そのＤＸがどの分野で競争力のある価値を生み出すのかを明確にしなければならない。優先順位を定めなければ、ＤＸは一貫性のないプロジェクトの寄せ集めとなってしまう。そして、事業のニーズとはかけ離れたものとなり、刺激的な宣伝文句を謳う最新技術に簡単に取って代わられるだろう。ＤＸロードマップのステップ2では、戦略的優先順位を定め、ＤＸを明確な成長計画と結びつける方法について見てきた。問題と機会の2つの視点から物事を捉えることの強み、そして、ビジネスに合致した問題／機会ステートメントの作成に役立つさまざまな戦略ツールについても押さえることができただろう。そして戦略とイノベーションの関連性、つまり、ソリューションのアイデアを練る前に、まず最も重要な問題を定義しなければならない理由についても理解したはずだ。

どの戦略もまだ作業の途中ではあるが、最初の草案がうまく出来上がれば、ＤＸロードマップの次のステップに進むことができる。問題／機会ステートメントを特定し、それをもとに新しいデジタルイノベーションのアイデアを生み出すことができれば、あとはそのアイデアを実際の成長事業に変えるだけだ。

ＤＸロードマップのステップ3では、第2章で取り上げた「不確実性の課題」に取り組んでいく。そこでカギとなるのが、謙虚な姿勢と実験だ。新規事業のアイデアを事業の成長エンジンに変えるには、未来を見通す特別な能力など必要ない。必要なのは、どんなアイデアでも迅速に検証し、事業面の仮定をテストして、現実社会で大規模な結果を生み出せるかどうかを判断するための明確なプロセスだ。第5章では、組織全体で新規事業を検証する方法、そしてＤＸを通じて真の価値を創造するための一歩を踏み出す方法について見ていこう。

第5章

ステップ3——
新規事業を検証する〔実験〕

私がウォルマート・ラボでCOOを務めるジェフ・ショッツと会うためシリコンバレーを訪れた当時、ウォルマートは大規模なDX推進の最中にあった。業務改善から新しい顧客体験、最新のデジタル・ビジネスモデルまで、数々のイノベーションを同時並行で進めていたのである。

そのなかのひとつに、招待制の会話型コマースサービス「ジェットブラック（Jetblack）」があった。たとえば、「10歳の男の子向けの誕生日プレゼントが欲しい」といったショッピングの希望内容をジェットブラックにテキスト入力し、何度かやり取りするだけで、24時間以内にぴったりの商品が届くというシステムだ。別のイノベーションには、ウォルマートの実店舗の通路を巡回するロボットもあった。床掃除を行いながら、マシンビジョン〔訳注：ロボットや自律走行車などの機械が、周囲の環境にある物体を見て認識できるようにする技術〕で商品棚をスキャンし、補充が必要な商品もチェックするというものだ。ウォルマートのフルフィルメント・センターでは、ウェブサイトに掲載されている数百万点の商品のピッキング―梱包―発送の一連の作業を迅速化するためのロボット・ソリューションも開発されていた。一方で、食料品のオンライン注文への対応も計画されており、全国展開に向けて準備が進められていた。

ウォルマートの各チームは、それぞれのデジタルイノベーションを進めるにあたり、「ソリューションに夢中にならない」ように注意を払いながら、常に迅速に実験を繰り返していた。プロトタイプをシンプルかつスピーディーに何度も市場投入してテストし、現実社会でうまくいくものと、そうでないものを見極めていったのだ。実験を通じた検証項目の大半は顧客に関するもので、「まだ満たされていないニーズは何なのか?」「最も重視される機能とは何か?」「最適な顧客体験を生み出すにはどうすればよいか?」といった問いの答えを見つけるためのものであった。次に注力する検証項目はオペレーションに関するものである。「それぞれのソリューションに必要な技術とは何か?」「セキュリティやデータプライバシーにおける問題はどのように対処すればよいか?」「このアイデアの実際のスケーラビリティはどの程度か?」といったことの見極めを行った。経済性に関する検証も実施しており、価格設定、運営コスト、追加的な顧客データの獲得など企業にもたらす価値についてのランニングテストがなされた。ショッツCOOは、ウォルマートのすべてのイノベーションは「経済的閾値を満たしつつ、いかにして顧客が満足するサービスを規模拡大できるかを考えなければならない」と述べていた。つまり、積極的に新しいアイデアを市場でテスト、検証することで知見を得て、その結果に応じて柔軟に次のステップを調整するということだ。

こうした学習の一例として、市場テストによってユースケースごとに異なる判断が下された、ウォルマートのロボットに触れたい。床掃除ロボットはうまく機能し、商品棚の補充にかかる人件費を削減できたため、テスト店舗を数カ所から全国規模に拡大し、ウォルマート全店の10%で展開されることとなった。ところが、スタッフのパフォーマンスを高めることでロボット掃除機と同等の成果を得られることが判明し、このプログラムは最終的に中止されることとなった[1]。一方、ウォルマートのフルフィルメント・センターを見ると、オンライン・ビジネスモデルのカギを握っているのはロボットだ。ウォルマートが従来の店舗に隣接させる形でより小規模な倉庫を建設し始めたことで、ロボットは新しい役割を担うこととなった。こうした小規模倉庫では、ロボットが実店舗で働くスタッフと連携し、当日配送の商品をピッキングしている。ニューハンプシャー州のある店舗で行われたテストでは、実店舗と小規模倉庫を組み合わせたハイブリッド・ソリューションにより、商品供給の増加、注文処理の迅速化、倉庫スペースの利用効率の改善が確認された。こうした実績が、やがて大規模な投資や展開へとつながっていったのだ[2]。

ただし、どのようなイノベーションでもテストをすれば進展するわけではない。ショッツは、その一例として、チャット形式のコンシェルジュ・ショッピング・サービス「ジェットブラック」の名前を挙げる。顧客には好評だったジェットブラックについて、ショッツは次のように説明する。「われわれは、顧客が（競合の）アマゾン離れを起こすほど魅力的な価値提案を打ち出してきた。しかし、ここで手を緩めるわけにはいかない。アメリカに住む2億人に対して、このサービスをどのように拡大し、利益を上げられるかを考えなければならないのだ」。ジェットブラックの初期の試用は、都市部の一部の市場で実施された。バックエンドを人手に頼っていたため、規模を拡大することはできなかったが、どのような体験が顧客の行動を変えるかをテストできた。しかし、顧客を喜ばせるだけでは十分ではなかった。もともとは、機械学習アルゴリズムでジェットブラックを運用することが目標であったが、人間のサービスに取って代わるほどの段階には至っていなかったのだ。こうして、ジェットブラックの規模拡大への道が途絶えたことから、ウォルマートはその過程で得た学習を成果とし、このプロジェクトは終了した。

同時並行して行っていた食料品のオンライン注文に関する実験では、実際に顧客の需要があり、複数の方法で大規模なスケールアップを実現できることが実証された。未知数であった重要な点は、食料品宅配サービスを利用したいという顧客の意欲であった。「25ドル分の購入商品を無料配送するとなると、利益を出すのは難しい。このテストに反対しているわけではないが、このモデルの規模を拡大するのは大きなチャレンジである」とショッツはいう。ウォルマートは膨大な数の実験、さまざまな価格帯での有料配送、送料無料となる最低購入金額、アマゾンプライムのような年会費モデルなどを試みている。しかし、ウォルマートの場合、扱っている商品が低価格で薄利であることを考慮すると、顧客の導入率を高めつつ、全体利益を確保しながら継続的にサービス提供できる最適なモデルを見つけることが不可欠だった。最終的に誕生したのが「Walmart+」と呼ばれる全国規模のサービスであり、会員になると、オンライン商品が送料無料で1日か2日で届き、さらに食料品も実店舗から当日配送される。食料品の配送については、会員でなくても1回7・95ドルで利用できるようにした。

製品やサービスが開始されたからといって、テストや学習が終わるわけではない。ウォルマートは、ネットスーパーの市場が拡大するにつれ、顧客の行動変容についての知見を獲得しながら、それに適応し続けた。コロナ禍によるロックダウンが各地に広がった際には、「クリック&コレクト」と呼ばれるサービスの需要が急増した。ユーザーはオンライン注文したあとに車で店舗を訪れ、従業員が購入商品を車のトランクまで運んでくれるサービスだ[3]。ロックダウンが緩和されると、次にウォルマートは、配達員が食料品を自宅まで運んでくれるだけでなく、自宅のなかに入って使用ずみの食料品を片付けてくれるという、斬新な新しい顧客ニーズを掘り起こした。「ウォルマート・インホーム（Walmart InHome）」と名付けられたこのサービスは、きめ細かい個別宅対応とスマートエントリーデバイスなどの追加防犯対策が売りで、プレミアム価格で提供されている[4]。

実験が重要である理由

ニューヨーク・タイムズの編集長を務めていたディーン・バケットは、在任期間中に同社のDXが目を見張るような進展をしたことを、次のように述懐している。「ジャーナリズムの未来がどうなるのか、われわれにはまったくわからない。ポッドキャストを始めたときも、先々のことは想像もつかなかった。われわれはリスクを取り、試行錯誤を繰り返す。何がうまくいくかは正直わからない」[5]

バケットの謙虚な姿勢は、変革をもたらすリーダーたちに共通するものだ。こうした経営幹部たちは、デジタルのアイデアはどれも、顧客、競合他社、運営、利益、技術面において検証されていない仮説の寄せ集めからスタートするものであることを認識している。彼らは自分が何を知らないかを知っているからこそ、学ぼうという姿勢を持っているのだ。これこそ、リーンスタートアップ、デザイン思考、プロダクトマネジメント、アジャイルの4大宗教が、テストと実験を迅速に繰り返すプロセスを中心に成り立っている理由である。これら4つのすべてが、新規事業には不確実性がつきものであると認識することからスタートしている。

多くの企業経営者が、イノベーションのカギはよいアイデアを思いつくことだと誤認している。しかし、アイデアそのものが競争優位性につながることはほとんどない。真のイノベーションの課題は、優れた検証を行えるかである。つまり、どのアイデアがどのようにうまくいくかを、できる限りスピーディーかつ低コストで学習するということだ。アイデアがどこから生まれるかに全神経を注いできた伝統的なイノベーション理論によって、アイデアの創出が過度に注目されてしまってきた。しかし現代のイノベーション理論は、アイデア創出をそこまで重視しない。むしろ重要なのは、アイデアを検証して改善するための最も有効な手法（前提条件の明確化、顧客との対話、MVPの設計、データの収集、学習にもとづく適応）だ。優れたアイデアは生まれるものではなく、創り出すものである。

　DXロードマップの最初の2つのステップでは、共有ビジョンを定義し、戦略的優先順位（問題／機会ステートメント）を定め、その問題／機会ステートメントにもとづいて新規事業のアイデアを出していく作業を行った。DXロードマップのステップ3の目標は、これらの新規事業を迅速にテストし、どの事業がどのようにうまくいくかを検証することだ。

　最も優れたデジタルビジネスが成功するには、顧客や市場から迅速に学び、その学習を通じてアイデアを修正、方向転換、調整し、要素が適切に組み合わされアイデアが軌道に乗るまでこの作業を繰り返すことである。ウォルマートをはじめDXを追求する企業は、社内のさまざまなアイデアに対して、この作業をうまく行えるよう常に取り組んでいる。成長事業といっても、新製品、新しい顧客体験、最新のマーケティング戦略、斬新なビジネスモデルなど、その形はさまざまだ。自社にインパクトを与えるような新規事業をひとつでも立ち上げようと思えば、多くのアイデアをテストし、いくつかは中止し、テストやフィードバックに応じて改変を繰り返さなければならない。そのためには、企業のイノベーションへの対峙の仕方という観点で、次のような大きな思考の転換が必要となる。

●**科学者のように考える**：意見だけにもとづいた議論は避ける。そのかわり、すべての戦略的決定はデータにもとづき行われなければならない。既存の第三者のデータではなく、自ら手掛けた実験で得たデータを使う。すべての実験は理論から始まり、顧客、技術、解決しようとする問題など、特定の事項を検証対象とすべきだ。仮説をもとに考える。自分が正しいことを証明するためのテストを設計してはならない。むしろ科学者のように考え、自分の仮説が間違っていることを証明できるテストを組み立てるべきだ。こうしたテストに次々と合格できれば、その新規事業が有望である手ごたえを感じるだろう。

●**迅速な市場参入で素早く学習する**：アイデアをできるだけ早く、現実社会の顧客に提供してみる。インテュイットの例を見ると、ラニア・サッカル率いるチームは、小規模事業者向けローン商品の検討開始からわずか半年で、最新版商品をジョージア州で限定販売する段階にまで漕ぎ着けた。せわしないほど早い展開だったが、得られた結果はきわめて大きかった。「この商品について想定していたことは、すべて検証できました。しかし結果は、100%予想と違っていました」とサッカルは述べている。これを受けて、チームは即座に方向転換し、顧客の需要を喚起する最も重要な機能に対応できるよう、商品の方向性を変更することとなった。「この経験から学んだことは、超高速で市場に参入し、自分たちが知らないことを知ることの大切さです。なぜなら、作り上げたロードマップは机上の空論であり、おそらくすべて間違っているからです。だからこそチームを後押しして、市場に素早く参入する必要があります」と彼女はいう。スティーブ・ブランクは、「顧客との接触なしに存続できるビジネスモデルなど存在しません」といっている〔6〕。真の学習は、ベンチマークや専門家からではなく、顧客からもたらされることを忘れてはならない。したがって新規事業を前進させる唯一の方法は、できるだけ早くかつ頻繁に、顧客に直接アプローチすることである。

● **学習のペースを上げる**：仮説を文書としてまとめ、MVPを用いてアイデアの検証作業を開始したら、次はプロセス全体のペースを上げていく。「テストは月単位ではなく分単位で進める」。これがデザイン思考の原則だ。スクラム〔訳注：チームを組んで役割やタスクを分散しつつ、コミュニケーションを取りながら行う、アジャイルの亜種とも呼べる開発手法〕などのアジャイル開発手法では、スプリントと呼ばれる作業単位を軸に、アイデア創出、コード作成・公開、レスポンス計測というサイクルを繰り返す。スプリントの期間は1週間から4週間と短い。SAPデジタルの構築を担当していたジョナサン・ベッヒャーは、企業内の新規事業において最も重要な指標は、投資収益率（ROI）ではなく、新しいイノベーション、機能、実験ごとの市場投入までの速度であることを導き出している［7］。実験とは、学習と適応を絶え間なく繰り返すプロセスである。テストを行うたびにアイデアの機会と弱点が浮き彫りとなり、その結果、新しいアイデアやテストすべき新たな疑問が生まれる。この学習サイクルのペースを上げていくのだ。

迅速な実験によるイノベーションは、理論的には単純なものに聞こえるかもしれないが、やってみると難しい。アジャイルコーチを雇ったり、デザイン思考ワークショップを開催したりしているものの、実際の運用方法の変更に苦労している既存企業をこれまで数多く見てきた。リーダーたちは、スケールの大きい限られたアイデアのなかから候補を選ぼうとしがちだ。判断を下す前に詳細な分析と事例を求められることが常であり、ひとたびソリューションが選ばれると、全員がその目標に向かって計画通りに動くことになる。本当に優れたアイデアが出てくることもあるだろうが、デジタルネイティブの競合他社に比べると歩みは遅い。このような組織のＤＸが生み出すプロジェクトは、ちょっとした報道発表記事にはなるものの、事業の根幹に持続的な影響を与えるようなものはないのが実態だ。

真に実験主導型の企業になるには、ほとんどの場合、組織の慣行、習慣、考え方を根底から変える必要がある。それが、効果的なＤＸへの唯一の道なのだ。表５－１は、ＤＸロードマップのステップ３における成功と失敗の主な兆候を示したものである。

本章の内容

本章では、組織内のチームが新規事業を検証し、新たなデジタル成長を推進する方法につい

表5-1　何が問題か――ステップ3：実験

失敗の兆候：実験	成功の兆候：実験
• イノベーションへのアプローチは、少数の優れたアイデアを生み出すことに焦点を当てている。	• イノベーションへのアプローチは、多くのアイデアをテストし、何が最も有効かを学ぶことに焦点を当てている。
• 重要な意思決定は、ビジネスケース、外部データ、専門家の意見にもとづいて行われている。	• 重要な意思決定は、実験と顧客からの学びにもとづいて行われている。
• チームはプロジェクト開始後、ソリューションを完成させることにコミットしている。	• プロジェクト内でチームは問題に焦点を当てながらも、ソリューションには柔軟に対応する。
• 失敗はコストが高くつくと考えられており、リスクを取ることに対して慎重である。	• 失敗のコストが抑えられており、リスクを取る意識を維持している。
• よいアイデアがあっても動きが遅く、ビジネスへの影響は限定的である。	• よいアイデアは急速に拡大し、大きなビジネス価値を生み出す。

て見ていく。「検証の4つの段階」という、新規事業の継続的な学習プロセスを整理する新しいモデルを紹介する。MVPを用いてアイデアを市場でテストする方法を学び、例示MVPと機能MVPの違いについても探っていく。新しいツール「ロジャースの成長ナビゲーター」も紹介する。このツールは、あらゆる新規事業において、検証の4つの段階を経て、最も初期の構想段階から世界規模での展開に至るまでの指針となるものである。最後に、ボトムアップ型組織を目指すにあたり、ビジネスのあらゆるレベル、部署、部門で実験を行うことの重要性について考察する。

検証の4つの段階に進む前に、誤用や誤解が多く見られる2つの要素、「MVP」と「指標」を見ていこう。この2つは、検証の4つの段階に不可欠なものである。

学習のペースを上げるMVP

イノベーション理論において最も重要でありながら、最も誤解されている概念のひとつが、「MVP(Minimum Viable Product：実用可能な最小限の製品)」だ。ここで私の定義を紹介しよう。「MVPとは、事業の仮説をテストするために設計された最小限の成果物である」。MVPには、見込み客にテーブルを挟んで見せるアイデアスケッチのような単純なものから、フィードバックを得るために初期の顧客に提供するビデオゲームのベータ版のような複雑なものまである。「MVP」という用語は、1980年代にフランク・ロビンソンが提唱し、スティーブ・ブランクやエリック・リースらによってリーンスタートアップ手法の中心的要素として広められた[8]。ＭＶＰをめぐる主な混乱は、その名称に「Product（製品）」という言葉が入っていることに起因する。ブランクとリースも指摘しているが、ＭＶＰは製品である必要はなく、実際、ちょっとした動きを見せるプロトタイプにも満たないことも多い。

優れたＭＶＰのカギは、「最小限のコスト（時間的にも金銭的にも）」と「最大限の学習」の２つだ。リーンスタートアップの「リーン（＝無駄のない）」とは、新規事業で何がうまくいくのか、あるいはうまくいかないのかを知ることだけでなく、その情報を得るための時間とリソースを必要最小限に抑えるのが目的であることに由来する[9]。顧客が製品に興味を持っているかどうかを検証するためだけに、複雑なプロトタイプに何カ月も費やすべきではない。そのようなことは、数日もあればオンライン上で簡単にテストできるはずだ。実際、洞察にあふれた顧客フィードバックを得るには、粗削りなＭＶＰのほうが向いている場合が多い。ＩＤＥＯのジョー・ブラウンは、「洗練されたプロトタイプを顧客に見せると、彼らは欠点ばかりに目が行く。ところが、かなり粗削りなものを見せると、彼らはそれに将来性を感じるのです」と語っている。

粗削りなＭＶＰとして有名なものが、マーク・ロアとヴィニット・バララが、ベビー用品に特化したオンラインストア「Diapers.com」のビジョンをテストするために用意したＭＶＰだ。ロアとバララは最初のＭＶＰとして、自分たちと妻のフェイスブックページで、夜間でも紙おむつを配達するサービスを発表した。すると、翌朝までに２４０件の注文が入り、自家用のミニバンで近所の店舗を回って商品をかき集め、地元の郵便局から発送する対応に追われた。この必要最小限の実験は、大規模な展開のための運用、コスト、利益率をテストするものではなかったが、顧客の需要、製品の好み、プライスポイントに関する初の実際のデータを、わずか24時間で手に入れることができた。5年後、驚異的な成長を遂げたDiapers.comは、5億ドル以上で成功裡に売却されたのである[10]。

例示MVPと機能MVP

多くの組織では、「MVP」や「プロトタイプ」「概念実証（Proof of Concept: PoC）」といった用語が、明確な定義や目的なしに使われている。その結果、MVPの数が少なすぎたり、最小限とは程遠いイノベーションが推し進められたりし、時間やリソースを無駄に消費するだけではなく、結論の出ないデータしか手に入らないという状況をもたらしがちである。これとは逆に、有能なイノベーターは、使用するMVPの種類とその理由をしっかりと理解している。

私は、2つの主なMVP、「例示MVP」と「機能MVP」に注目することが有用であると突き止めた。この2つのMVPにはそれぞれの役割があり、新規事業の検証段階で使用することで、さまざまなことを学び取ることができる。

●例示MVP

例示MVPとは、提案するソリューションのメリット、特徴、設計を例示するものだ。しかしこうしたメリットは、そのまま顧客に提供されるものではない。例示MVPは、いわば見込み客にアイデアスケッチを見せて反応をうかがうようなものだ。このMVPは、計画しているデジタル体験のスクリーンショットが示された静的なワイヤーフレーム〔訳注：ウェブサイトやスマートフォンアプリの画面設計図のこと〕かもしれないし、スクロール機能やクリックボタン、ダミーデータによる模擬フィードバックが搭載されたインタラクティブなワイヤーフレームかもしれない。たとえば、サービスの例示ＭＶＰなら、そのサービスが顧客の生活のなかでどのように役立つのかを動画で表現してもよいだろう。物理的な製品の場合は、顧客が手に取って使用感がわかるような粘土でできたプロトタイプが、例示ＭＶＰになりうる。例示ＭＶＰは別の名称でも知られており、低性能ＭＶＰ（スティーブ・ブランクとボブ・ドーフによる）、プロトタイプ（アルベルト・サヴォイアによる）、プロダクトマネジメントでは概念実証（ＰｏＣ）などと呼ばれることもある。

　例示ＭＶＰのポイントは、計画しているイノベーションの説明をただ顧客に聞いてもらうのではなく、顧客から何らかの具体的な反応を引き出すことだ。例示ＭＶＰを顧客に提示するときには、顧客が何に注目し、何を見逃し、何を理解しておらず、どのような質問をするのかを注意深く観察し、耳を傾けなければならない。

●機能ＭＶＰ

　機能ＭＶＰとは、イノベーションのひとつのバージョンであり、範囲は限定されているが、顧客が実際に使用する環境において本質的な価値提案を行うものである。機能ＭＶＰは非常に効果的であり、データもすべて本物を使用する（ダミーデータは使用しない）。機能ＭＶＰは価値を提供し、顧客の問題を解決するものだが、重要なことは、そのイノベーションが対象とする現実社会（職場や日常生活）で顧客によって使用される必要があるということだ。機能MVPは、高性能MVP（ブランクとドーフによる）またはプロトタイプと呼ばれることもある（エンジニアにとってプロトタイプという用語は、すべての機能を備えた1回限りの製品を意味することが多いが、この文脈ではそのような意味ではない）。

注意してほしいのは、機能MVPは製品やサービスの完全版ではないということだ。機能MVPは、（「迅速な市場投入」が目標であるため）範囲が限定され、必要最小限の機能のみを備えたものでなければならない。招待制や、場所や期間を限定するなどして、最初は顧客を絞って提供すべきである。機能MVPは手作業で行われることが多く、この時点では最終的な製品リリース時の規模の対応は具備されていない。

インテュイットの場合、小規模事業者向けローン商品の最初のテストのデータは、ハムスターの車輪のごとく従業員が手作業で処理しており、同社のラニア・サッカルは、この商品を拡大展開するまでにはプロセスを自動化しなければならないことを十分認識していた。Diapers.comの最初のMVPも同様のアプローチを取っている。車で一晩中店舗を巡り、紙おむつを買い集め、再包装して手作業で郵送する作業は、規模が拡大したら対応できるようなものではない。しかし、紙おむつの夜間デリバリーという体験を顧客に提供することで、顧客が実際の生活でどのようにこのサービスを利用するかについて貴重な知見を得ることができたのだ。

MVPはできるだけ多く

覚えておくべきことは、うまくいっている新規事業チームは、MVPをひとつではなく、数多く生み出していることだ！　ひとつのイノベーションに対して、（アイデアスケッチからしっかりしたワイヤーフレームまで）複数の例示MVPを実践しながら、構築しようとしているものを明確にし、検証する必要がある。機能MVPの段階に進んでも、この反復作業は続く。サッカルは次のように語っている。「テスト段階の3カ月間で7つのバージョンを提供し、顧客にそれぞれの商品を実際に使ってもらい、インターフェースや機能などについて意見をもらったのです」。作成すべきMVPの標準的な数というものはないが、多ければ多いほど学習のペースを上げることができる。

複数のMVPをテストすることで、チームの柔軟性も高まる。リーンスタートアップの第一人者であるボブ・ドーフは、「初期のMVPは、Jell-O〔訳注：アメリカで人気のゼリー商品〕を入れる型のようであるべきです」という。つまり、無限の柔軟性を持つべきということだ。チームは、解決したい問題への揺るぎないコミットメントと、最終的にベストなソリューションを見つけるための柔軟な考え方を持つことが必要なのだ。エリック・リースは、この姿勢を「方向転換への意欲」と表現している。どの起業家も、まずソリューションを思いつくところから始めるが、成功している起業家は、顧客から新たなフィードバックを得ながら、常にアイデアを修正していく。常に顧客の声に耳を傾け、それに合わせて行動することが大切なのだ。

優れたMVPはすべて、新規事業にとってその時点で最も重要な特定の質問に対する答えを出すように設計されている。私が気に入っている事例のひとつである、ネットフリックスがDVDの郵送レンタルサービスを開始しようと計画していた初期のMVPを紹介しよう。共同設立者のマーク・ランドルフとリード・ヘイスティングスは、1枚のディスク（パッツィー・クラインのヒット曲を録音したもの）をピンクのグリーティングカード用封筒に入れ、カリフォルニア州サンタクルーズにある地元の郵便局から自分たち宛てに郵送した。この単純なテストが重要だった。顧客が関与しなくとも、「郵便局を使って発送することは可能か？」「どのくらいで手元に届くのか？」「DVDは紙の封筒で郵送しても壊れずに届くのか？」という3つのことを検証できたからだ。このテストが成功したことで、2人は革命的なアイデアに突き進むことになった［11］。

「すべてのMVPは創造的飛躍である」。これを常に心に留めておこう。MVPは、イノベーションの過程における特定の時点のニーズに合わせて設計されなければならない。今後MVPを設計するにあたっては、次の3つを自らに問いかけてみよう。

①新規事業について次に学ぶべきことは何か？
②その学習に最も役立つデータはどのようなものか？
③そのデータを得るために、最も迅速かつ安価で簡単なテストはどのようなものか？

もう一度いおう、「最小コスト」「最短時間」「最大の学習」が重要なポイントだ。あとは自分の創造力に任せよう。

重要な指標

MVPが反復的アプローチを取っているため、指標も同様に反復的であるべきだ。以下の指針に留意しよう。

- **その時点で最も重要なものの測定**：新規事業のプロセスにおいて、最も重視すべき指標はその時々で異なる。ある週は、どの顧客層があなたのソリューションに最も興味を持つかを検証しているかもしれない。しかし、1週間後は、どの機能があれば無料体験ユーザーに有料顧客になってもらえるかに、重視する指標が変化しているかもしれない。次に検証すべき対象を特定し、それに合わせた指標を選択することを意識しながら進めていこう。指標は進展に合わせて目まぐるしく変わっていくことになる。
- **懐疑的アプローチ**：価値のない指標に注意しよう。簡単に収集でき、アイデアの印象をよくはするが、事業にとって重要な意味をもたらさないデータだ。顧客がいう「好きだ」「価値がある」「やってみたい」という言葉をすべて鵜呑みにすべきではない。顧客のフィードバックで最も価値があるのは、自らが「身をもって関与する」ときである。つまり、顧客がお金や時間を投資しているときであり、その行動こそが本物の関心を証明するものなのだ。

- **行動データと心理データのバランス**：実験では、「行動データを重視する」「顧客が何をいうかより、何をするかを測定する」は、よく聞く格言である。一方で、「顧客が何に関心を持ち、何を覚えており、何に注目し、何を考えているのか」という心理データも不可欠だ。こうしたデータは、顧客ニーズを把握し、今後の顧客行動に変化をもたらす設計変更の指針となるだろう。質的手法と量的手法の両方のバランスを取ることが大切なのである。
- **遅行指標と先行指標を合致**：遅行指標とは、収益、サイトや店舗への訪問数、そのほかの主要業績評価指標（KPI）など、現在の事業業績を測定するものである。先行指標とは、将来の結果を予測するデータであり、たとえば、顧客がサービスを利用する頻度（月に2回、あるいは1時間に2回）のデータは、今後1カ月以内にサービスを退会するかどうかの予測に使えるかもしれない。顧客からの苦情や口コミも先行指標となりうる。成長と衰退の原因を知ることこそ、未来を見通す大きな力だ。だからこそ、将来のKPIを予測できる先行指標を常に把握しておこう。
- **いくつかの重要指標へのフォーカス**：リストは短いほうがよい。新規事業にとってその時点で最も重要なカギとなる変数を3～6つ選び、それに全神経を集中する。カギとなる変数を見つけるには、MVPの設計原則を思い出すとよいだろう。次に最も学ばなければならないことが何であるかから検討を始め、それに見合った指標を特定するのだ。ほかにも重要だと思われる指標はあるだろうが、それらは今後のテストで順次検討すればよいだろう。

検証の4つの段階

どのような成長事業でも、刺激的なアイデアをスケールアップして成功するまでの道のりは、とてつもなく困難なものだ。その多くがうまくいかない可能性さえある。サッカルは、「新規事業を立ち上げるときは、いつも不確実性の多さに面食らってしまう」と語っている。ここで、新規事業が直面するさまざまな疑問を見てみよう。

- 顧客は誰か？
- 市場機会はどの程度の大きさか？
- 競合他社はどこか？
- 競争優位性は何か？
- 価格設定はいくらにすればよいか？
- 一律料金にすべきか、従量課金制にすべきか、それとも会費制にすべきか？
- どのような機能を最初に作るべきか？
- ニーズに応える体験を提供できるか？
- 必要なスキルや知的財産（IP）はあるか？

- その技術は成果を出せるだろうか？
- パートナー企業は協力してくれるだろうか？
- 最初の顧客はどこにいるのか？
- どのようなチャネルを使って売り込むべきか？
- 事業を行ううえでのコストはいくらか？
- 適切な問題に対するソリューションだろうか？
- 本当に需要はあるのだろうか？

同様に実施可能な実験や構築可能なＭＶＰも、数多く存在するだろう。私が出会ってきたリーダーたちにとって、最も難しい問題は何から手をつけるべきかだ。実験主導のアプローチが必須であることはいうまでもない。しかし、何から始めたらよいのか？　テストや学習はどのように進めたらよいのだろうか？　これまで見てきた数多くの企業は、チームは最初の市場テストから規模拡大まで、各プロセスを進めるための指針を切実に必要としていた。

長年にわたってチームに助言を与え、成功した新規事業を研究してきた経験から、効果的なイノベーションの順序を定めるためのフレームワークを開発した。このフレームワークを「検証の４つの段階」と呼んでいる（図5－1参照）。

この４つの段階は、それぞれイノベーションにまつわるさまざまな側面を検証（証明や反証）するものである。検証の４つの段階では、問題（解決しようとしていること）、ソリューション（その問題に対処するもの）、製品（顧客が使用するもの）、ビジネス（このイノベーションで構築したいもの）の4つをテストする。検証の4つの段階それぞれで、本質的な問いへの答えを導き出すことが目的となる（表5－2参照）。すべてのテスト、MVP、顧客インタビューは、この4つの基本的な問いのいずれかについて、その答えにつながるデータが得られるよう設計する必要がある。この4つの質問にすべて答えて初めて、新規事業が現実社会で価値を生み出すかどうかの検証ができることとなる。

各段階は順序に従って重なり合いながら進める

検証の4つの段階を実践する前に、2つの重要な点を押さえておく必要がある。

検証の4つの段階の1つ目の重要な点は、その順序だ（図5－1参照）。企業のイノベーションがしばしばトラブルに見舞われるのはここである。大半の大企業の場合、チームは、解決しようとする問題や、その問題を抱えている対象者（いる場合）が誰なのかを検証する前に、後続の段階である製品やその機能、ビジネスケースの対応に取り掛かろうとする。その例を紹介しよう。

- **財務主導型の企業は、いきなり第4段階である「事業の検証」から始めよう**

図5-1　検証の4つの段階

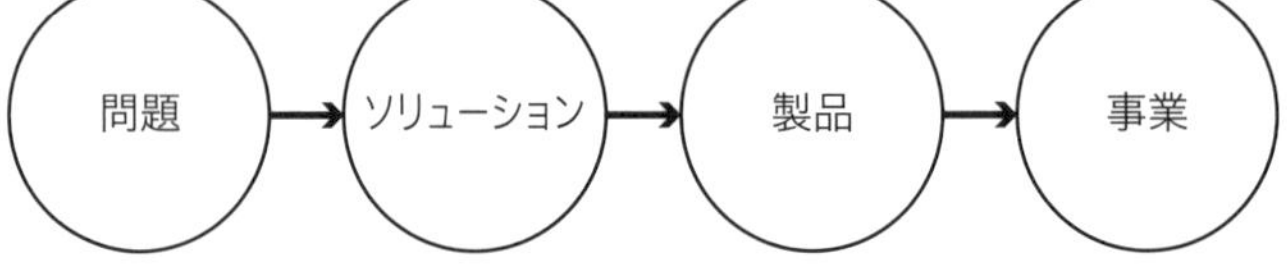

とする傾向がある：「まずビジネスケースを見せてくれ。そうすれば、市場テストや検証の予算を承認できる」

- **エンジニアリング主導型の企業は、第3段階の「製品の検証」から始めようとする場合が多い：**「必要なソリューションはわかっているから、それが可能かどうか、概念実証としてプロトタイプを作ってみよう。トライアル用の完成品が出来上がったら、すぐに顧客に見せることができる」
- **マーケティング主導型の企業は、顧客を重視するあまり、第2段階である「ソリューションの検証」から始める場合がある：**「戦略的ブレインストーミングで素晴らしいアイデアが生まれた。ワイヤーフレームのモックアップ［訳注：アプリなどのデザインを視覚的に表現したもので、実際の機能はないが、レイアウト、ユーザーインターフェイス、全体的なデザイン要素を視覚的に紹介するもの］

表5-2　検証の4つの段階と重要な質問

検証段階	重要な質問
①問題の検証	実際の顧客の真の問題に焦点を当てているか？
②ソリューションの検証	顧客はわれわれが提案するソリューションに価値を見いだすか？
③製品の検証	顧客に使ってもらえるソリューションを提供できるか？
④事業の検証	このイノベーションから十分な価値を引き出せるか？

を作って、早く顧客のフィードバックを得よう！」

これらのアプローチはすべて間違っている！　どのケースも誤った段階の検証プロセスから始めている。このような例とは対照的に、これまで見てきた効果的なイノベーションプロセスは、すべて第1段階（解決しようとしている重要な顧客の問題の検証）からスタートし、そのあとの段階を順次踏んでいる。

検証の4つの段階の2つ目の重要な点は、それぞれが重なり合うことだ。図5－2の並び（問題＞ソリューション＞製品＞事業）は、各段階のスタート地点を示しているにすぎない。つまり、問題の検証を始めてからソリューションの検証に進み、ソリューションの検証を始めてから実用製品の検証に進み、製品の検証を始めてから事業の検証に進むのだ。図中の矢印は、それぞれの段階はほかの段階がスタートしても継続していることを示している。

検証の4つの段階は、ひとつの段階を終えてから次の段階に進む「ウォーターフォール法」や「ステージゲート法」のようなプロセスではない。事実上、各段階に終わりはないのだ。事業の財務面を検証（第4段階）し、製品を市場に投入したあとも、解決しようとしている問題（第1段階）、次に必要なソリューションの機能（第2段階）、ターゲット顧客のユースケースに合わせた製品の展開方法（第3段階）に対する認識について、引き続き情報を集めながら修正を図っていく必要がある。最終的には、4つの段階すべてを同時に検証していく。たとえば、インテュイットが初期の顧客を対象にローン商品のテストを行っていたころ、サッカルのチームは、ローンを正確に審査する方法（製品）、適切な機能で顧客の需要を喚起する方法（ソリューション）、収益予測を修正する方法（事業）など、あらゆるレベルの課題や疑問に対処していた。

　イノベーションが事業に価値をもたらすためには、4つの段階をすべて検証する必要がある。真のイノベーションとは、顧客がそのソリューションを求めていること（プロダクト・マーケット・フィット）を単に証明することではなく、ビジネスモデル全体を検証することである。これこそ、検証の4つの段階が、初期の顧客に最初の機能MVPを提供した時点で終わらない理由であり、利用方法、展開方法、コスト、売上、そして利益への道のりまで、すべてを考慮する必要があるということだ。クリス・リードは、「これがプロダクトマネージャーの仕事です。私の考えでは、競争力のあるコスト基盤、価値提案の開発、競争力のある運用方法、競争力のある販売方法というソリューションのバリューチェーンに責任を負うのが、プロダクトマネージャーなのです。しかし、デジタル環境においては、最

図5-2　重なり合いながら進む検証の4つの段階

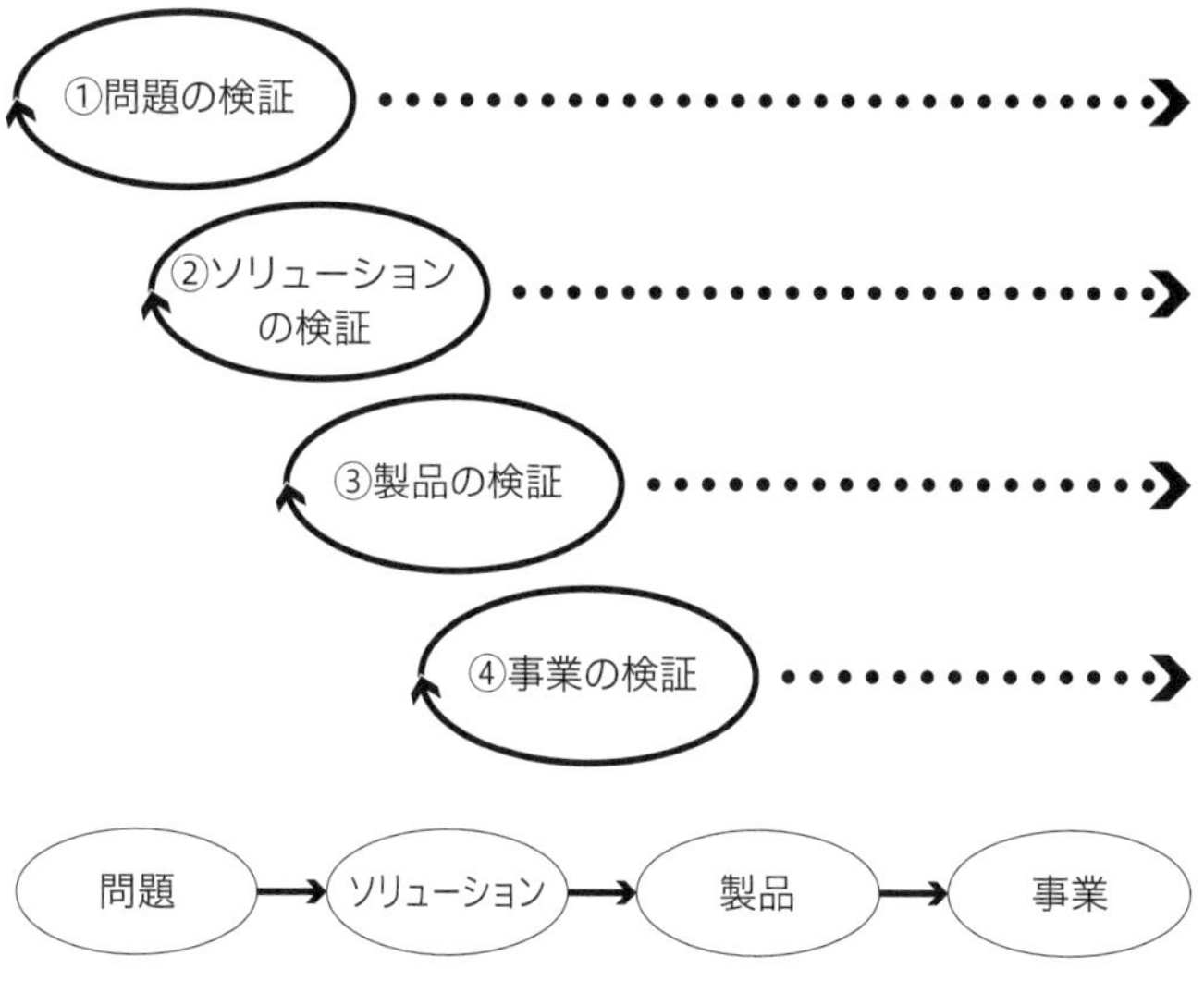

後の『競争力のある販売方法』で立ち止まってしまい、しっかりと検討しない人がいるように思います」と語っている。

新規事業が成長を遂げる現実社会で、検証の4つの段階がどのように機能するのか、それぞれ詳しく見ていこう。各段階では、MVPの最適な活用法、確認すべき主要な指標、イノベーションの成功を脅かす最大の脅威を特定する。

第1段階：問題の検証

どのような新規事業でも、検証の第1段階は「問題の検証」だ。この段階で答えを出すべき重要な質問は、「実際の顧客の真の問題に焦点を当てているか？」である。この質問に答えるには、解決しようとしている問題を定義し、実際の顧客と対話を重ね、その問題が顧客の生活や仕事にとって本当に重要かどうか、そしてどのように重要であるのかを知ることから始まる。

イノベーションのプロセスをスタートするうえで、まず問題と顧客を検証することがいかに重要か、声を大にして言いたい。急いでソリューションの設計に取り掛かりたいのはやまやまだが、「ほとんどの新規事業は顧客不在で破綻している！」と、ボブ・ドーフは常々口にしている。たとえば、シティバンクの「Discovery 10X」と呼ばれるプロセスが常に問題の検証から始まるのはこのためだ。最高革新責任者のバネッサ・コレラによると、シティバンクの新規事業はすべて、「クライアントがやり方を変えたいと思っているものを探る」作業を徹底的に行うことから始まるといい、「まだ何も構築されていない非常にやわらかい段階から、さまざまな手法を用いてこの問題を検証しています」と語っている。

問題の検証のポイントは、解決しようとしている問題、顧客の満たされていないニーズ、顧客がその問題に直面している状況、顧客が感じている緊急性を把握し、確認することだ。この段階では、ターゲットとなる顧客層、顧客が存在する市場、その問題の影響が最も大きな顧客層についても、可能な限り情報を収集していく。目指すべきは、誰よりも早くそのソリューションを試したいと思っている「アーリーアダプター」と呼ばれる意欲的な顧客層を見つけることだ（ヒント：もし、ソリューションを提供しようとしている問題にどの顧客も関心を示さないのであれば、別の問題のソリューションにシフトしよう！）。

緊急度の高い問題を特定した場合、その問題に対して顧客が現在どのように対処しているかを知っておく必要もある。顧客の対応は、その場しのぎの解決策から、すっかり諦めている状態（すなわち「我慢するしかない」状態）まで、その形態はさまざまだ。こうした顧客の対応は、あなたが開発しようとしているソリューションの既存の代替手段として捉えることができる。重要なことは、このような代替手段がどのようなもので、顧客にどの程度受け入れられているのか、そして何が足りないのかを把握することだ。

ターゲットとなる顧客を見極める

問題の検証は、顧客の声に耳を傾けることから始まり、顧客の声に耳を傾けることで終わる。最初の顧客を見つけるには、「この成長事業で誰の問題を解決しようとしているのか？」「開発したソリューションを実際に使うのは誰か？」と自問するとよいだろう。ここで注意すべきは、販売先の企業を誤って顧客と捉えてはならないということだ。典型的な消費者（例：技術に詳しい若い親）であれ、特定の職業人（例：工場監督者）であれ、顧客は必ず人でなければならない。

開発するものが社内イノベーションである場合、顧客は同じ会社で働く者ということになる。ここで、エア・リキードのガスカートリッジ事業における顧客離れ予測の問題を考えてみよう。第1段階でこのビジネス上の問題を検証するため、エア・リキードのチームは、日常業務でソリューションを使用することになるマーケティング担当者に話を聞かなければならない。

プラットフォーム・ビジネスモデルを採用するイノベーションの場合は、異なる顧客のニーズに合わせたサービスをそれぞれ提供することになる。運転手と乗客をつなぐウーバーのプラットフォームや、サードパーティ販売者と顧客をつなぐアマゾンマーケットプレイスがよい例だ。ウーバーにとって、正しく機能する運転手向けアプリを作ることは、満足度の高い乗客向けアプリを作ることと同じくらい重要なのだ。多面的なビジネスモデルにおいては、それぞれのタイプの顧客に対して、そのイノベーションの有効性を検証しなければならない。

Ｂ２Ｂのイノベーションは通常、複数の顧客に対しても有用である。たとえば、開発するものが企業向けＳａａＳソリューションである場合、クライアント企業内に存在するステークホルダーが顧客であり、成功するためには個々のニーズに応えなければならない。ステークホルダーとは、新しいＳａａＳサービスのユーザー、イントラネットの承認を担うＩＴ担当者、サブスクリプション規約に同意する調達責任者、予算支出を承認する財務担当者などだ。

問題の検証では、すべての顧客が重要な存在だ。ターゲットとなる顧客を見極めたら、それぞれの声に耳を傾け、満たされていないニーズを検証しなければならない。

第1段階：MVPは使用しない

検証の4つの段階で使用するMVPは、それぞれ異なる。問題の検証である第1段階では、実はMVPをいっさい使わないのがベストである。その理由は、この段階では、提案するソリューションではなく、顧客の問題を把握することだけに集中すべきだからだ。

MVPではなく、詳細な観察インタビューを通して顧客から情報を得よう。観察インタビューは問題インタビューとも呼ばれ、リーンスタートアップにおいては顧客を見つけるための出発点だ。デザイン思考では、顧客の経験や考えを把握するために、早い段階で行われるエスノグラフィック調査［訳注：特定の集団、文化、コミュニティを詳細かつ体系的に調査する手法。集団の日常生活を直接観察し、参加することで、その集団の信念、価値観、行動、社会力学を理解しようとするものである］や定性調査がこれにあたる。呼び方はさておき、その目的は、顧客自身から直接ストーリー、言葉、経験を引き出すことで、顧客のニーズと動機を理解することである。

問題インタビューで最も重要なことは、これは会話であってセールストークではないことだ。そのため、自分が提案したいソリューションについて話すのは絶対に控えなければならない。そうではなく、相手の言葉に耳を傾け、観察に集中することが重要だ。ここで、問題インタビューに役立つ主なヒントを紹介しよう。

- **自由回答形式の質問をする**：狙いは顧客の話を引き出すことであるため、けっして「はい」か「いいえ」で答えられる質問をしてはならない。
- **黙って聞く**：こちらの言葉は最小限にし、顧客に詳しく説明してもらう時間を与え、しっかりと耳を傾ける。
- **状況に応じたインタビューと観察を行う**：可能であれば、顧客の自宅や職場で話を聞き、問題の発生箇所や発生状況を確認する。
- **感情に注目する**：顧客の最も大きなペインポイントやニーズに焦点を当てることが狙いであるため、感情的な反応を引き起こしている要因を聞き逃さないようにする。
- **具体的な情報を探る**：「いつ、どこで、どのように、なぜ」形式の質問を投げかけ、話を深掘りする。その問題に対して現在どのように対処しているのか、それはどの程度うまくいっているのか、あるいはうまくいっていないのかを顧客に尋ねる。
- **ソリューションの話はしない**：これはセールストークではない。アイデアの売り込みは避けよう。提案したいソリューションについては、いずれ話せばよい。

第1段階：指標と学習

問題の検証に用いる指標は、検証の4つの段階のなかでは最もシンプルである。なぜなら、この段階の検証は定量的なものではなく、ほとんどが定性的なものだからだ。ただし、チームメンバーが目指すべき目標設定を行い、重要な数字を達成するよう追い込むことは必要だろう。ここでの最も重要な指標は、どれだけ多くの顧客と話したかだ。複数の顧客セグメントを特定する際には、それぞれのセグメントに対して行ったインタビューの回数を忘れずに記録する。顧客の自宅や職場への訪問回数、インタビューメモのページ数、顧客の発言をそのまま記録したテキスト、インタビュー動画など、インタビューの深さを示す尺度も把握しておく。さらに、インタビューしたなかで高い関心を持つ顧客、その問題に大きな関心を示し、アーリーアダプターになる可能性のある顧客の数を追跡しておくことも重要だ。

●ゴールド・スタンダード

問題の検証において、学習のゴールド・スタンダード（すなわち、最良の成果）は、「リードユーザー」を数人見つけることである。リードユーザーとは、単にあなたのソリューションに対して高い関心を持っているだけでなく、自分自身で編み出したアイデアやプロトタイプをあなたに見せ、それと似たようなものを作ってくれれば購入するという意思を示すユーザーである。「リードユーザー」という言葉はエリック・フォン・ヒッペル［訳注：アメリカの経済学者、MITスローン経営大学院教授。分散型オープンイノベーションの性質と経済学を専門とする。メーカーではなくエンドユーザーが大量のイノベーションに責任を負うという、ユーザーイノベーションの概念を開発した仕事で最もよく知られている］による造語であり、彼は、最高のイノベーションの多くは、高いモチベーションに突き動かされた顧客の熱心な努力を観察することから生まれることを、最初に指摘した人物だ［12］。

●典型的な学び

問題の検証の段階で、顧客や問題の定義づけがまったく見当違いであることに気づくのはよくあることだ。ターゲットとしている顧客は、あなたが想像していたのとは少し違った問題に直面しているかもしれないし、あなたが注目している問題は、別の顧客にとって重要なものかもしれない。これに早く気づけば気づくほど、イノベーションをより迅速に反復させ、成功へとつながる最良の機会を見いだせるだろう。

第1段階：脅威

問題インタビューに参加する顧客を集めて問題の検証を開始するときには、次のような危険信号（計画している新規事業が望ましいスタートを切れないことを示す一般的なサイン）がないかどうかを確認する。

- **問題が見つからない**：解決しようとしている差し迫った顧客の問題を特定できない（つまり「問題を探しているソリューション」となってしまっている）。
- **問題の重要度が低い**：顧客はその問題については認識しているものの、解決を急いでいるわけではない（ドーフ曰く、それが顧客にとって「トップ5の問題」でない限り、そのソリューションに関する事業は成り立たない）。

- **現状に満足している**：顧客は、すでに存在する別のソリューションに満足している。そのソリューションは完璧ではないかもしれないが、顧客にとっては十分なものである。

問題の検証の段階において、カギとなる競争上の脅威のひとつは顧客の惰性である。あなたが特定した問題に対して、顧客は自身の行動を変えるほどの関心を抱いているだろうか？　多くの場合、答えはノーだ。だからこそ、既存の代替手段について調べることが重要なのだ。もし顧客が現在の対処法（つまり、現状で何とかやっている状態）に十分満足しているのであれば、新製品がどれだけ完成度が高くても失敗に終わるだろう。

第2段階：ソリューションの検証

あなたが解決しようとしている問題について、現実社会において早急に対処したい顧客層と検証を開始できたら、検証の第2段階である「ソリューションの検証」に取り掛かる準備が整ったことになる。第2段階で答えを出すべき重要な質問は、「顧客はわれわれが提案するソリューションに価値を見いだすか？」である。つまり、顧客がそのイノベーションのアイデアを理解しているか、提供しようと考えている機能やメリットに興味を抱いているか、そのソリューションを利用するための意欲や心構えがあるか、をテストするということだ。

この段階では、価値提案を定義して検証しなければならない。「顧客のどの問題を軽減し、どのような便益を提供するか?」「顧客のどのような側面をサポートできるのか?」といったことについてだ。計画している価値要素をそれぞれリストアップし、それが顧客にとって本当に重要であるかどうかを検証する必要がある。

ソリューションの設計、つまり顧客への便益の提供方法(対面式かセルフサービスか/没入型体験かシンプルな体験か/1年間のトレーニング・プログラムかオンラインリソースのライブラリ提供か)についても検証していく。同時にこのプロセスは、機能ロードマップの立案と検証でもある。「どの機能でローンチすべきで、顧客にとって次に重要度が高い機能はどれか?」といったことを検証していく。

この段階では、顧客の需要も、測定し数値化していく。「その製品を本当に必要としている顧客はどれだけいるのか?」「どれほど必要としているのか、どのような機能なら購入したいと思うのか?」といった点だ。新しいイノベーションに対する顧客の需要を証明できた場合、一般的にこれを「プロダクト・マーケット・フィット」と呼ぶ[13]。

第2段階:MVP

第2段階である「ソリューションの検証」では、例示MVPが大活躍する。本章の前半で説明したように、例示MVPは提案するソリューションの機能、便益、設計を例示するものであり、顧客にこうした便益を提供するものではない。例示MVPは、きわめて初歩的なもの(手描きのスケッチ)であることもあれば、比較的手の込んだもの（シミュレーション・データを使ったさまざまなインタラクティブ画面を示した、計画中のデジタルサービスのワイヤーフレーム）であることもある。

エア・リキードのオリヴィエ・ドゥラブロワは、例示MVP（エア・リキードではこれを概念実証（proof of concept）と呼ぶ）のシンプルさと、それが同社でどのように扱われているのかについて、「MVPは、モックアップや簡易的な画面など、とてもシンプルなものでかまいません。エンドユーザーがその価値を理解し、使ってくれるかどうかを知ることができればいいのです」と話す。時間とリソースを必要最小限にとどめることについては、「翌日には捨ててもいいような、とても安価なものを作ります。必要なのは、それが価値を生み出すかどうかを検証することだけです」と強調する。このようなデザインやユーザーエクスペリエンスの検証はオンライン環境で行うこともできるが、顧客がどのようにMVPを扱うのか、どのような質問が出るのか、また、どのような機能に需要があり、どのような機能が不要なのかを見極めるには、対面テストのほうが向いていることが多い。

顧客の需要は行動データで検証するのが一番だ。購入の意思があるかどうかを尋ねてはいけない。そうではなく、「購入ボタン」を設け、誰が言葉通りにお金を出すのか観察するのだ。計画しているイノベーションのメリットや特徴を、さまざまなターゲット層に向けた広告で宣伝することで、誰がクリックし、どの記述に反応したかを測定するといいだろう。この種のテストは、検索エンジンやSNSのような低コストの広告を使えばすぐに実施できる。有料商品の場合は、対象者がクレジットカード番号を入力して予約注文するかどうかを確認できればいいだろう（クラウドファンディング・サービス企業のキックスターターは、まだ製造されていない新製品に対して消費者から事前にお金を集めるというアイデアがベースとなっており、このアイデアは、新製品に対する市場の需要を評価する方法として機能している)。ユーザーから料金を徴収しないケース(広告ベースの製品や従業員向けの社内イノベーションなど)の場合は、製品やサービスのリリース時に通知を受け取るためのアカウントを作成したり、メールアドレスを登録したりする顧客の数を測定するとよいだろう。

顧客と頻繁にやり取りをしながらこのようなシンプルなMVPを迅速に構築することは、旧来のエンジニアリング文化を持つ企業にとっては一大改革である。先のドゥラブロワは、「このようなアプローチは、われわれの業界のDNAとして持っていませんでした。これまでは製品が機能していると200%確信して初めて、顧客に提供していました。われわれのマインドセットは、いま急速に変化しています」と説明する。イノベーションプロセスの初期段階で学習を加速させたいのであれば、こうした過去の習慣から抜け出すことが不可欠である。

第2段階:指標と学習

効果的なソリューションの検証には、指標がきわめて重要となる。この段階では、提供しようとしている便益と、構築しようとしている機能の重要度を測定する必要がある。つまり、「どの顧客にとって、どの便益が最も重要か?」と「製品ロードマップのなかでどのような機能を重視しているのか?」という点だ。さらに、第2段階では、顧客の需要を測定する指標が不可欠となる。イノベーションによっては、オンライン登録、アプリのダウンロード、製品トライアル、顧客からの購入注文、あるいは前払金なども測定の対象となるだろう。覚えておいてほしいのは、まだ実際に機能するソリューションを顧客に提供する段階ではないということだ（これは第3段階となる）。それでも提供予定のソリューションを十分に説明できれば、そのイノベーションの購入や利用に意欲的な顧客から、具体的に求められているものを測定できるはずだ。

最後に、顧客の言うことを鵜呑みにしてはいけない。顧客の発言内容がどれほど信用できるかを測る最適な方法は、その顧客がどの程度、（アルベルト・サヴォイアが提唱する）「身をもって関与しているか」に注目することだ［14］。顧客が自身の時間や労力、お金を費やせば費やすほど、発言の信用度も上がる。これが、メールアドレスの登録よりも前払金のほうが、顧客の需要を示すサインとして優れている理由だ。

●ゴールド・スタンダード

ソリューションの検証のゴールド・スタンダードは、近々発売予定の製品に対して前払金を支払うことである。このことは、テスラが「モデル3」を製造する1年以上前に、顧客からそれぞれ1000ドルの前払金を集めた事例に見て取れる［15］。B2Bのイノベーションの場合、これに相当するのは、顧客がサイン入りの発注書（必要な納品仕様と、納期通りに納品した場合の合意価格を明記したもの）を提出することだ。

●典型的な学び

この段階でよくあるのが、当初計画していた機能やメリットの多くが、顧客にとって実はそれほど重要でないことが判明し、一方で、もともと重視していなかった別の機能が、実はそのイノベーションの検討に不可欠であると気づくことだ。重要なのは、実用的な製品の制作に取り掛かる前のいまの時点で気づくことである。そうすれば、顧客の実際のニーズやその理由を事前に検証しないまま実用的なプロトタイプを作成し、多大な時間とリソースを無駄に費やしてしまう事態を免れることができる。

第2段階：脅威

例示MVPを使用し、提案するソリューションへの顧客の関心を検証するときには、次のような危険信号（プロダクト・マーケット・フィットに達していないことを示す一般的なサイン）がないかどうかを確認しよう。

- **差し迫った需要が見つからない**：ソリューションに対して社交辞令的な関心しか示さない（例：「とても興味深いですね。発売の際はご連絡ください」）。以下のような登録や使用、購入に関する発言がない（例：「完成までどの程度かかりそうですか？」「ぜひ、最初の試行提供に参加させてください」）。
- **目玉となる機能がない**：価値提案のテストにより、顧客の需要を喚起するほどの機能や便益がひとつもないことが判明する。その便益の多くは顧客にとってよさそうに見えるが、行動変容を促すほどの魅力はない。
- **既存ソリューションに対する優位性がない**：計画しているソリューションについて説明しても、顧客は、市場には同様のソリューションがあると指摘し、あなたのソリューションにあえて乗り換えたいと思うような魅力を感じていない。

ソリューションの検証の段階において、主要な競争上の脅威は既存のソ・リ・ュ・ー・シ・ョ・ンである。具体的なソリューションを提案するやいなや、顧客はすでに市場に出回っている既存のソリューションと比べるだろう（顧客にとっては、その比較が妥当であるかどうかなど関係ない）。だからこそ、「顧客はどの既存のソリューションと比較しているか？」「われわれのソリューションには、顧客の心に残るような差異や優位性はあるだろうか？」といった点を必ず検証しなければならない。これを怠ると負け戦を強いられ、高い代償を払うことになるだろう。

第3段階：製品の検証

スタートアップ企業の文化では、プロダクト・マーケット・フィット（第2段階の目標）を達成することがきわめて重要となる。実際、数多くの企業のイノベーション担当チームは、顧客の強い需要がある価値提案を特定したら、その新規事業をマーケティング部門や営業部門、サプライチェーン部門に移管することで、製品を構築して市場で拡大できると考えている。しかし、イノベーション担当チームの仕事はまだ半分しか終わっていない。見込みのある顧客層が、計画しているソリューションに価値を見いだし、それを試したがっていることが確認できたら、検証の第3段階である「製品の検証」を開始する準備ができたことになる。

この段階で答えを出すべき重要な質問は、「顧客に使ってもらえるソリューションを提供できるか？」

である。ここでは、次の2つのことを同時にテストしていく。まず、顧客が現実社会で、つまり日々の仕事や生活のなかで、そのイノベーションをどのように使用するか（オフィスのテスト環境では得られない情報）。もうひとつは、イノベーションの本質的な価値を顧客に提供するにあたり、あなたのビジネスがすべきこと（必要な作業やリソース、重要なパートナーなど）についてだ。

使用と提供

第3段階では、「顧客がそのソリューションを使用するのはどのようなユースケース（状況）か？」という、使用についての検証を行う。それぞれのユースケースでは、カスタマージャーニーはどこから始まり、どこで終わるのだろうか？　顧客が製品をどのように使うかは、実際に製品を顧客の手に届けてみなければわからない。

通信企業ボーダフォンとその子会社のサファリコム（ケニア）に勤めていたスージー・ロニーは、新しい携帯電話アプリ「M-Pesa」を開発したチームの一員であった。このアプリを使えば、サファリコム回線のモバイルアカウントを所有している人なら誰でも、少額決済のやり取りができる。サファリコムの計画は、M-Pesaがケニア経済のマイクロファイナンス分野を支えるツールとなり、銀行口座を持たない事業者が少額ローンを返済しやすくなるというものであった。ところが、M-Pesaが顧客に提供されると、M-Pesaはさまざまな用途に使われ始めるようになった。たとえば、企業経営者たちは、出張前に現金をデジタル・ウォレットに預け、目的地に着いたら引き出すというように、出張中の防犯対策のために利用し、都会で働く人びとは、M-Pesaを遠い村に住む家族への仕送りのために使用していた。なかには、お金がなく立ち往生していた夫に、帰りのバス代をM-Pesaで送金したという事例もある。このように多様な使い方がされるにつれて、世界初のモバイル・ウォレットであるM-Pesaは急速な普及を見せ、ケニア経済を席巻するまでになった。諸外国を見ると、汚職撲滅（ある政府は、警察官の給与をオンラインで支払うことにより、全員が給与を全額受け取れるようにした）や、グレーマーケットでの取引を公式経済に取り込むためにM-Pesaが利用されている例もある［16］。イノベーションが本当に斬新であるなら、アーリーアダプターがその製品の実際の使用方法を教えてくれるだろう。だからこそ、できるだけ早く機能MVPをアーリーアダプターに提供し、そのイノベーションの真の潜在能力と、本当に必要とされている機能を知ることが重要なのだ。

第3段階のもうひとつの主要な検証領域は、どのようにソリューションを顧客に提供するかということだ。たとえば、必要となる資産やスキル、力を入れるべき事業活動、外部パートナーに任せるべき事項の検証などだ。また、技術の実現可能性や、リスク、規制、セキュリティに関する要件を満たすための能力も検証しなければならない。この種の運用上の疑問は、現実社会で最低でも数人の顧客に価値提案を提供してみることでしか解明できない。

たとえば、レストランチェーンのパネラ［訳注：ベーカリーを中心とした、カフェ、ファストカジュアルレストランのアメリカのチェーン。アメリカとカナダに2000店舗以上を展開する。本社はミズーリ州サンセットヒルズ］は、注文を受け付ける新しいデジタルサービス（店内キオスク、モバイルアプリ、配達ドライバーなど）をまとめて開発したとき、数百ある店舗すべてに一気に導入したわけではない。マサチューセッツ州ブレーンツリーの1店舗で数カ月間、この最新デジタル注文体験のテストが繰り返された。その結果、この最新デジタル機能は顧客には好評だったが、調理ミスを引き起こしたり顧客の行列につながったりするなど、運用上の問題が浮上した。その後、こうした問題は解決され、新たな顧客体験が大規模に展開された結果、このデジタルサービスは最終的には大成功を収めるに至った［17］。

顧客の使い方と製品の提供は、しばしば密接に絡み合っている。製品を顧客に提供する手段を決定する前に、顧客がその製品を利用する意思があるかどうかを必ず確認することが重要だ。マスターカードのクリス・リードは、財務関連のデジタルソリューションを設計する際に、顧客の意欲がいかに重要であるかについて次のように説明する。「製品を設計する前、または設計をスクラムチーム［訳注：アジャイル開発のプラクティスであるスクラムにおいて、機能横断型かつ自己管理型の基本単位の推進チーム］に移管する前でも、あなたは『これは既存のアプリと連携できるようにしなければならない』というかもしれません。では、シンプルなＡＰＩ（アプリケーション・プログラミング・インターフェース）で提供するのでしょうか？ それとも、より労力を要するＳＤＫ（ソフトウェア開発キット）を使って統合するのでしょうか？」。この2つの技術的な方向性のどちらを選ぶかが明確であったとしても、もし顧客があなたの優先するモデルを使いたがらないのなら、その方向に進む意味はない。リード曰く、「そのことをしっかりと考えていないのなら、いくら素晴らしい製品であったとしても、成功しない可能性のほうが高いのです」。

最後に、どのようなイノベーションであれ、長期的な成功を収めるには、ある種の「競合に対する堀」を作り、他社が同じことをして成功するのを防がなければならない。製品の検証の一環として、このイノベーションを展開するうえで力となる、ほかの企業に対する独自の優位性を持っているかどうかを確認する必要がある。

第3段階：MVP

製品の検証の段階では、例示MVPの用途は限られている。たとえば、顧客に製品のさまざまな使用例を提示して、最もふさわしいテストを見極めるといった使い方ぐらいだ。

第3段階では、ほとんどすべての情報は機能MVPから得ることになる。顧客の実際の仕事や生活のなかで、本質的な価値提案を提供するのが機能MVPだ。初期段階の機能MVPは、必要最低限の機能だけを持つように設計しなければならない（機能MVPの目的は、完成品を提供することではなく、学習であることを覚えておこう！）。まず、このMVPを使って、イノベーションが本当に顧客の生活に価値を生み出すかどうかを判断する。次に、顧客がそれをどのように使用しているのかを把握する（いつ、どこで使うのか？　使われている機能と、そうでない機能はどれか？　ユーザーインターフェイスはわかりやすいか、それともわかりにくいか？）。そして、MVPで得られる情報から、このイノベーションを本格展開するために何をすべきかを特定する（サプライチェーン、コンプライアンス、顧客サービスなど、取り組むべき課題は何か？）。

スピードと迅速な学習を優先するため、最初の機能MVPは、ひとつの限られたユースケースでしか機能しないものになるかもしれない。ときには、機能性をある程度省略したり、顧客に見えないところの処理は手作業で行ったりすることもあるだろう（これを「オズの魔法使い」MVPと呼んでいる人もいる。エリック・リース［訳注：アメリカの起業家、ブロガー、リーンスタートアップ運動に関する『リーン・スタートアップ』（日経BP社）、および現代の起業家経営に関する『スタートアップ・ウェイ』（日経BP社）の著者」は「コンシェルジュ」MVPとも呼んでいる［18］）。また、少数のユーザーが現実社会で試せるような限定的なリリースとなる可能性が高い（おそらく一部の従業員に提供するケースが多いだろう）。念頭に置くべきは、学習のスピードが最優先事項であるということだ。LinkedIn創業者のリード・ホフマンは、「製品の最初のバージョンが恥をかかないようなものだとしたら、それはリリースが遅すぎるということです」と述べている［19］。

製品の検証が進むにつれて、間に合わせの粗削りな機能MVPから、拡張性の高い製品やサービスへと進化していくだろう。MVPの反復の過程で、ユーザーからの要望にもとづいて機能を追加していく。そうすることで、そのMVPは、より多くのユースケースに対応できるようになるだろう。その結果、バックエンドが強化され、オートメーションやセキュリティのレベルも上がる。データ量が増えることで、より多くの顧客にサービスを提供できるようにもなるはずだ。この反復的なプロセスは、限定的なリリース（招待制や地域限定テスト）から一般公開までの道のりにおいて、製品の検証の指針となるだろう。

第3段階：指標と学習

製品の検証において、最も重要な指標の多くは、顧客による製品の導入と利用に関連するものだ。ここでは、イノベーションを一度試したことのある顧客の数だけでなく、その後の行動についても測定する必要がある。「それを使い続けているか？」「使用頻度はどの程度か？」「使用する場所や時間帯は？」「最も人気のある機能は何か？」「周囲にも勧めているか？」などについてだ。

追跡すべき重要な指標のひとつは、時間の経過に伴う総ユーザー数の伸びである。それと同じくらい重要なのは、特定の顧客コホート（同じ時期に同じ機能を使い始める小グループの顧客）を追跡し、リピート利用（粘着性）、満足度、紹介度や推奨度（ネットプロモータースコア（Net Promoter Score）［訳注：顧客ロイヤリティ（商品やサービスに対する信頼・愛着）を測る指標］など）も測定することだ。さまざまな顧客セグメントを測定し、各セグメントの違いに注目することも重要である。たとえば、ある業種の企業は、ほかの業種の企業よりもあなたの製品を頻繁に使用しているだろうか？　このような知見は、製品を展開するうえで不可欠となる。

顧客の利用度に加え、自社の製品展開や運用に関連する指標を追跡することも大切だ。「製品やサービスには、どれだけのエラーがあるか？」「ターゲットとする顧客に対して製品をどれだけ確実にスケジュール通りに届けることができるか？」「さまざまな顧客やシーンに対して、どれだけ迅速かつ正確に展開しているか？」「製品を展開するうえで、どの程度の成長率を維持できるか？」といったことについてだ。こうしたポイントはすべて、運用を改善し、現在の製品を拡大展開していけるかどうかを検証するうえで、きわめて重要である。

●ゴールド・スタンダード

製品の検証におけるゴールド・スタンダードは、顧客がその製品を導入し、使い続け、口コミでほかの顧客を惹きつけることで、顧客の数が指数関数的に増加することである。同時に、顧客から得られるデータとフィードバックは、どのユースケースが最も有望で、どの機能が最も重要であるかを判断するための明確な情報となる。企業運営の頑健性や拡張性の高さも必要だ。

●典型的な学び

この段階でよくあるのが、意図した方法とは異なる形で製品が使用されているのに気づくことだ。イノベーションにまつわる技術的な不確実性が予想より大きい、もしくは小さいこと、展開までの期間が思ったより長い、もしくは短いこと、あるいは、自社でやるつもりだった業務で外注したほうがよいもの（あるいはその逆）といったことがわかるかもしれない。こうした学習により、現実社会で新規事業を大規模に展開する際に、はるかに有利な立場に立つことができるだろう。

第3段階：脅威

機能MVPを用いて顧客の使用状況や製品・サービスの提供について検証するときには、次のような危険信号がないかどうかを確認する。

• **関心は示しているものの、利用には至らない**：理屈のうえではそのイノベーションを気に入るかもしれないが、リリースされても利用することはない。あるいは、初期の試用は顧客に好評であっても、リピート利用が少なかったり、顧客離れが加速したりする。

• **実現が難しすぎる**：顧客が利用するソリューションの実現方法が見つからない。現在の技術では対応できないのかもしれない。必要なスキルや資産、流通パートナー企業が不足していたり、規制をクリアできなかったりする可能性もある。

●**実現が簡単すぎる**：ソリューション自体はうまく機能するが、競合他社が同等かよりよいものを簡単に実現できる。

製品の検証の段階では、そのイノベーションが人気を博すと、他社が発売する模倣品が主な競争上の脅威となる。他社に製品を模倣された場合、他社よりも優れた、あるいはより安価に製品を実現できる独自の優位性（独占的なパートナー、独自のデータや知的財産、ネットワーク効果）を持っているだろうか？　模倣は最も誠実な賛辞（オスカー・ワイルド）かもしれないが、ビジネスにおいては、多くの先行者を潰してしまう可能性がある。

第4段階：事業の検証

顧客によるソリューションの使い方と、その実現方法について検証を開始したら、次は検証の第4段階である「事業の検証」に進む段だ。この最終段階において答えを出すべき重要な質問は、「このイノベーションから十分な価値を引き出せるか？」である。新規事業を成功させるためには、顧客だけでなく、あなたの事業にも価値を提供しなければならない。つまり、プロダクト・マーケット・フィットや顧客による使用だけでなく、企業にとってのROIも実証する必要があるということだ。

この点については、歴史上の事例からヒントが得られるかもしれない。おそらく、イノベーションといえば誰を差し置いてもトーマス・エジソンであり、彼の最もよく知られている発明といえば電球だろう。しかし、白熱電球自体を発明したのは、イギリスの化学者ハンフリー・デービーなどだ。エジソンの貢献は、その技術的なブレークスルーだけでなく、家庭照明において電気を主流にするための経済モデルのあくなき探求にもあった。当時、灯油ランプから電気照明に切り替えてもらうためには、一般の消費者が納得するような経済性と価格設定が大前提であった。妥当な経済革新がなければ、技術革新は人びとの生活にとって何の意味もなさない。

エジソンが認識していた経済的なハードルのひとつは、発電所から家庭への送電に使われる銅の価格が高いことだった。しかし実験を通じて、電流を高い電圧で流せば、必要な銅の量を減らせることを発見した。だがその電圧だと、高い抵抗に耐えられるようフィラメントの設計がなされていないと、すべての電球を焼き切ってしまう。これは電球のエンジニアの考え（高抵抗のフィラメントはエネルギーを浪費する）とは相反するものだったが、送電コストを下げ、最終的には顧客が導入したくなるまで価格を引き下げるうえでは重要なことだった。歴史家のトーマス・ヒューズはエジソンのノートを調査し、科学的な実験と同じくらい経済的な実験に関するメモが多いことを発見している［20］。

イノベーションを成功させるためには、エジソンのように、製品や価値提案と同じくらい、経済モデルのテストと完成に注力する必要があることを理解しなければならない。第4段階である事業の検証では、新たな成長事業について、次の質問に対する答えをテストし、その結果から情報を収集していく作業となる。

- **イノベーションからどのように価値を獲得するのか?**：価値は新たな収益からもたらされるかもしれないし、コスト削減や運用リスクの低減からもたらされるかもしれない。イノベーションのなかには、たとえばデータや顧客との関係といった非金銭的な価値を生み出し、それを別の場所で収益化するものもある。非営利団体の場合、その価値は、団体のミッションに対するインパクトという観点から測定されることがある。
- **顧客生涯価値（CLV）は何か?**：イノベーションはたいていの場合、顧客獲得、顧客維持の向上、あるいはユーザー1人あたりの平均収益の拡大によって価値を生み出す。このなかで、あなたのイノベーションが影響するのはどれだろうか?
- **イノベーションの費用構造はどのようなものか?**：費用には、マーケティング、オペレーション、外部パートナーに関わるもののほか、イノベーションの競争力を維持するための継続的な研究開発（R&D）に関わるものが含まれることもある。また、どの費用が変動費でどれが固定費なのか（固定費とは、サービスを提供する顧客が10人でも1万人でも変わらないような費用を指す）、成長した場合にどれほどの規模の経済を実現できる可能性があるのかといった点を理解することも重要となる。
- **利益への道のりはどのようなものか?**：イノベーションの目標は常に純粋な価値の創造であるべきだ。そのためには、価値獲得がいつ費用を上回るかの計算式が必要だ。イノベーションが確実に利益を生むものであっても、その利益が生まれるタイミングや、最大利益について把握しておく必要がある。利益率と市場規模から考えて、そのイノベーションは100万ドルの事業機会なのか、それとも10億ドルの事業機会なのか?　この答えによって、イノベーションをどこまで追求するかが決まるかもしれない。

イノベーションの経済性を検証するときには、誤った経済性を利用してその有望性を過大評価しないように注意しなければならない。大企業のなかのイノベーションの場合、自社の営業チームに依頼して製品を既存顧客に宣伝したり、そのほかのリレーションを活用したりして、新規事業の初期成長を加速させることができるかもしれない。しかし、このような社内サポートは無限には拡大できず、社会サポートに頼りすぎると当該イノベーションの真の経済性を覆い隠してしまう可能性がある。有望なアイデアをすべて自力で推進しなければならないのであれば経済的に実現不可能だと知ってあとで愕然とするよりは、新規事業のあらゆる側面について、予算のなかで実現に要する費用を早い段階で把握しておくほうがよい。

事業の検証について、もうひとつ注意しておくべき点がある。この第4段階から始めるように指示されているという経営幹部に会うのはよくあることだ。つまり、解決しようとしている問題、サービス対象の顧客、計画しているソリューション、提供予定の製品をそれぞれ検証する前に、新規事業のROIについてのビジネスケースを構築しようとするのだ。前段の3段階の検証を行わずに構築されたビジネスケースは、ただの夢物語だといわざるをえない。第4段階では、見せかけのデータを報告するようなことはけっしてあってはならない！　もし現在の官僚的な本社組織が、イノベーションに投資するにあたりビジネスケースを要求するのであれば、その資金を当てにしてはならない。そのかわりに、「市場調査」の名目で少額の予算を要求するとよいだろう（市場調査からROIを期待する人は誰もいないので）。この資金で検証の初期段階をスタートさせ、構築しようとしている製品の妥当性がある程度検証できたら、事業の検証（そしてより大きな予算の要求）に再度進めばよい。

第4段階：MVP

事業の検証の段階では、データ収集に例示MVPを使用しても、その効果は限定的だ。顧客にさまざまな製品やサービスを提示することで、購買意欲の把握はできるだろう。さまざまなマーケティング・チャネルで「ドライテスト」（まだ存在しない製品を、さまざまなメディアに掲載する広告で宣伝すること）を行うことで、顧客獲得コストを見積もることもできるかもしれない。

しかし第4段階においては、ほとんどすべてを機能MVPから学び取ることになる。ここでの機能MVPは、実際の生活のなかで、顧客に対して本質的な価値提案を提供するイノベーションを具現化したものだ。機能MVPは、実際の運用コスト、そして収益化への道筋を知るきっかけとなる唯一の方法だ。顧客が支払うであろう価格を調査することで、収益を予測できると思うかもしれないが、顧客に価値を提供してみなければ、本当の価格帯を知ることはできない。製品を試したあとで、顧客から値下げを要求されるかもしれない。信じられないかもしれないが、もっと高くても買うという声が上がる可能性さえある！（実際、最初の顧客に価格が高くても事業継続してほしいと切望される起業家をこれまでに見てきた）機能MVPがあれば、どのくらいの顧客が製品を返品したり、返金を求めたりするのか、そして、数量割引を提供することで収益を伸ばすことができるのかどうかも知ることができる。

実際には、事業の検証には、さまざまな財務要素のテストが必要となる。たとえばマーケティング費用を検証するだけでも、広告チャネル、コンバージョン率〔訳注：ディスプレイ広告やそのほかのデジタルアセットがクリックされたあとのユーザーのアクションの割合〕、解約率、口コミといったテストだ。こうした要素について、初期のMVPから得られる情報は部分的なものだけだ。たとえばDiapers.comの最初のMVPは、平均的な顧客が1週間にどれくらいおむつを郵送で購入するかを測定したものだが、このデータは収益を見積もる際の要素のひとつにすぎなかった。ネットフリックスの郵便局を利用したテストでは、1枚のディスクを顧客1人に発送するコストを計測したが、発送コストは、顧客が月にDVDを何回返送するかによっても変化する。

事業の検証が進むにつれて、特定の財務要素（週間収益、出荷コストなど）のテストから、全体の収益性についてのより広範なテストへとシフトしていかなければならない。たとえば、パネラが顧客の注文体験をデジタルで再設計した事例では、デジタルイノベーションによるコスト、収益、顧客行動における膨大な変化にもとづいて、店舗利益への全体的な影響を検証したことがこのシフトにあたる。機能MVPの完成度が高まれば、検証対象の経済データも豊富になっていくだろう。

第4段階：指標と学習

事業の検証では、注目すべき指標はすべて財務関連のものとなる。こうした指標としては、収入（価格帯、総売上、売上成長など）、コスト（変動費と固定費）、純利益などが挙げられる。カギとなる財務指標は、それぞれのビジネスモデルにより異なる。たとえば、小売業の場合は、1平方フィートあたりの売上高などが重要な指標となり、サブスクリプション・ビジネスでは、ユーザー1人あたりの平均売上高（ARPU）とCLVが重視される。リスク低減が価値源泉となる新規事業では、保険引受や再保険コストが重要な財務指標となるだろう。企業内の従業員向けにサービス提供するイノベーションの場合、最も単純な財務指標は、同じ成果に対して外部ベンダーに支払うと仮定した際の金額や、現在実際に支払っている金額との比較だ。

非営利団体は、財務モデルの開発にあまり長けていないことが多いが、新しいイノベーションへの投資を検証することは、ほかの組織と同じく重要である。ゲイツ財団は、グローバル・ヘルスへの広範な投資の効果を比較する指標として、障害調整生存年数（DALYs: Disability-Adjusted Life Years）を用いている。非営利団体は、あらゆるイノベーションについて、「既存の手段で同等の成果（命を救う、子供を教育するなど）を得るためには、どれほどのコストになるのか?」「このイノベーションは、より少ないリソースで同等の成果を生み出すのか?」という点を検討しなければならない。すべてのイノベーションについて、それがリソースの最も効果的な使い方であるかどうかを評価する必要があるということだ。

●ゴールド・スタンダード

事業の検証におけるゴールド・スタンダードは、ファーストユーザーから価値を獲得すること、つまり利益を上げることであり、初めから自己資金でプロジェクトを回すことである。ベンチャーキャピタルの力を借りずに新規事業を成長させることを、スタートアップの世界では「ブートストラップ」と呼ぶ。

●特徴を押さえた学習

この段階での検証でよくあるのが、コスト、収益、利益率がすべて想像していたものとは異なることに気づくことだ。たとえば、ターゲットとしていた顧客が、実はビジネスを構築するうえで最も収益性の高い顧客層ではないことが明らかとなるかもしれない（収益性が高いのは別の顧客層かもしれない）。新しい収益を生むプロジェクトとして始めたものが、実は顧客を維持したりコストを削減したりするためのプロジェクトとして進めたほうがよいと気づくこともあるだろう。現実の問題に対する優れたソリューションは、たいていどこかで事業に価値をもたらすものだが、それは必ずしも最初に考えていた場所であるとは限らないということだ！　こうしたことを早く知れば知るほど、イノベーションを収益化するための方向性や、その先にある事業機会の規模の把握だけでなく、別のイノベーションのアイデアにシフトすべきかどうかの判断も迅速に行うことができるだろう。

第4段階：脅威

新規事業の事業価値を検証するうえで機能ＭＶＰを用いるときには、次のような危険信号がないかどうかを確認しよう。

- **価値獲得がない**：顧客はその製品やサービスを気に入っているが、それに対してお金を払うつもりはなく、企業もほかに収益を上げる方法が見つからない。
- **利益への道のりが見つからない**：ある程度の価値は獲得しているが、コストが高すぎるため、規模を拡大しても損益分岐点に達するレベルまでコストを削減できない。
- **報酬が小さすぎる**：ある程度の利益率があっても、イノベーションがもたらす最大利益に、実は継続的に注力するほどの価値がないことに気づくかもしれない。ある大企業のイノベーション担当責任者は、「私が経営陣に提案してしまう最悪のものは、1000万ドル程度の収入しか生み出さないアイデアだ」と語っている。

事業の検証の段階において、主要な競争上の脅威は別の投資機会である。すべての新規事業には機会費用がつきものであり、それを追求することで何かを犠牲にしている。多くの企業では、CFOは内部収益率（IRR）を計算し、安全な投資（たとえば、負債の返済やインフラへの投資）に資金を投入することで得られる財務リターンを反映させる。イノベーションを提案されたCFOは、「素晴らしい。しかし君のROIは私のIRRを上回るだろうか？」と典型的な返事をするだろう。第4段階では、あなたも同じことを問う必要がある。たとえ新規事業が規模を拡大したとしても、会社のリソースをもっと有効に投資できる場所はないだろうか？

概括：指標と競争

検証の4つの段階を巡る旅を終えるにあたり、各段階で使用する指標と直面する競争上の脅威をまとめながら学んだことを振り返ってみよう。表5－3は、検証の4つの段階における重要な定量的指標をまとめたものである。顧客インタビューやMVPから得られる知見の多くが定性的なものであることは事実だ（顧客からの質問、顧客が提起する問題、顧客の反応の感情など）。一方、定量的な指標は、最も重要な視点を数多く明らかにし、新規事業の検証を担当するチームの進捗状況を測定するうえでも有用である。

表5－4は、検証の4つの段階において対処すべき主な競争上の脅威をリスト化したものである。各段階で、それぞれ異なる主要な脅威に対処する必要があり、各段階で異なる競争上の質問が浮かび上がる。検証によって4つの質問すべてに明確に「はい」という回答が得られた場合にのみ、そのイノベーションを大規模に展開できる。

「ロジャースの成長ナビゲーター」ツール

準備が整ったところで、ここからは次のツール「ロジャースの成長ナビゲーター」を見ていこう。イ

表5-3　検証の各段階の定量的指標

検証の段階	指標の種類	指標の例
①問題の検証	顧客インタビューの指標	•インタビュー数 •インタビューした顧客（各ユーザー層） •訪問回数 •記録された会話の時間 •発言のスクリプト •特定したアーリーアダプター
②ソリューションの検証	顧客需要の指標	•顧客の導入率／コンバージョン率 •オンライン登録数 •製品パイロット試験への参加希望 •製品の試用／ダウンロード •顧客からの前払金／注文書
③製品の検証	利用と運用の指標	•総ユーザー数 •ユーザー数の伸び •ユーザー満足度 •リピート利用／粘着性 •顧客紹介率 •ネットプロモータースコア •運用の正確性 •運用の停止時間 •展開スピード
④事業の検証	財務の指標	•価格帯 •総売上 •顧客獲得コスト •顧客維持率 •サービスコスト（限界費用と固定費用） •利益率／ROI •ARPU •顧客生涯価値（CLV） •総利益と総損失

ノベーション担当チームとの長年にわたる共同作業を通じて、彼らが最も混乱している部分、すなわち、ビジネス実験の順序と体系化に対処するため、私はこのナビゲーターを編み出した。ロジャースの成長ナビゲーターは、検証の4つの段階（図5－3参照）を通じて、進捗を視覚的にマッピングできるようにすることで、この混乱に終止符を打つものである。

このナビゲーターは、破壊的な新製品であれ、顧客体験の再設計であれ、事業運営の最適化計画であれ、あらゆる種類の成長事業の指針となるように設計されている。もちろん、大企業でもスタートアップ企業でも同様に効果を発揮し、ホワイトボードのスケッチから世界規模での運用に至るまで、イノベーションの全ライフサイクルに適用できる。

ロジャースの成長ナビゲーターが取り込む要素は、「現在のビジネスの仮定」「これまでの実

表5-4　検証の4つの段階における競合分析

検証の段階	主要な競合	競争上の重要な質問
①問題の検証	顧客の惰性	この問題に対して、顧客は自身の行動を変えるほどの関心を抱いているだろうか？
②ソリューションの検証	既存のソリューション	われわれのソリューションには、同等のソリューションよりも魅力的な優位性はあるだろうか？
③製品の検証	模倣品	他社に製品を模倣された場合、自社の製品を展開するうえでの独自の優位性はあるだろうか？
④事業の検証	そのほかの投資機会	もしこのイノベーションが成功した場合、ほかの既知の投資機会よりもよい収益が得られるだろうか？

図5-3　ロジャースの成長ナビゲーター

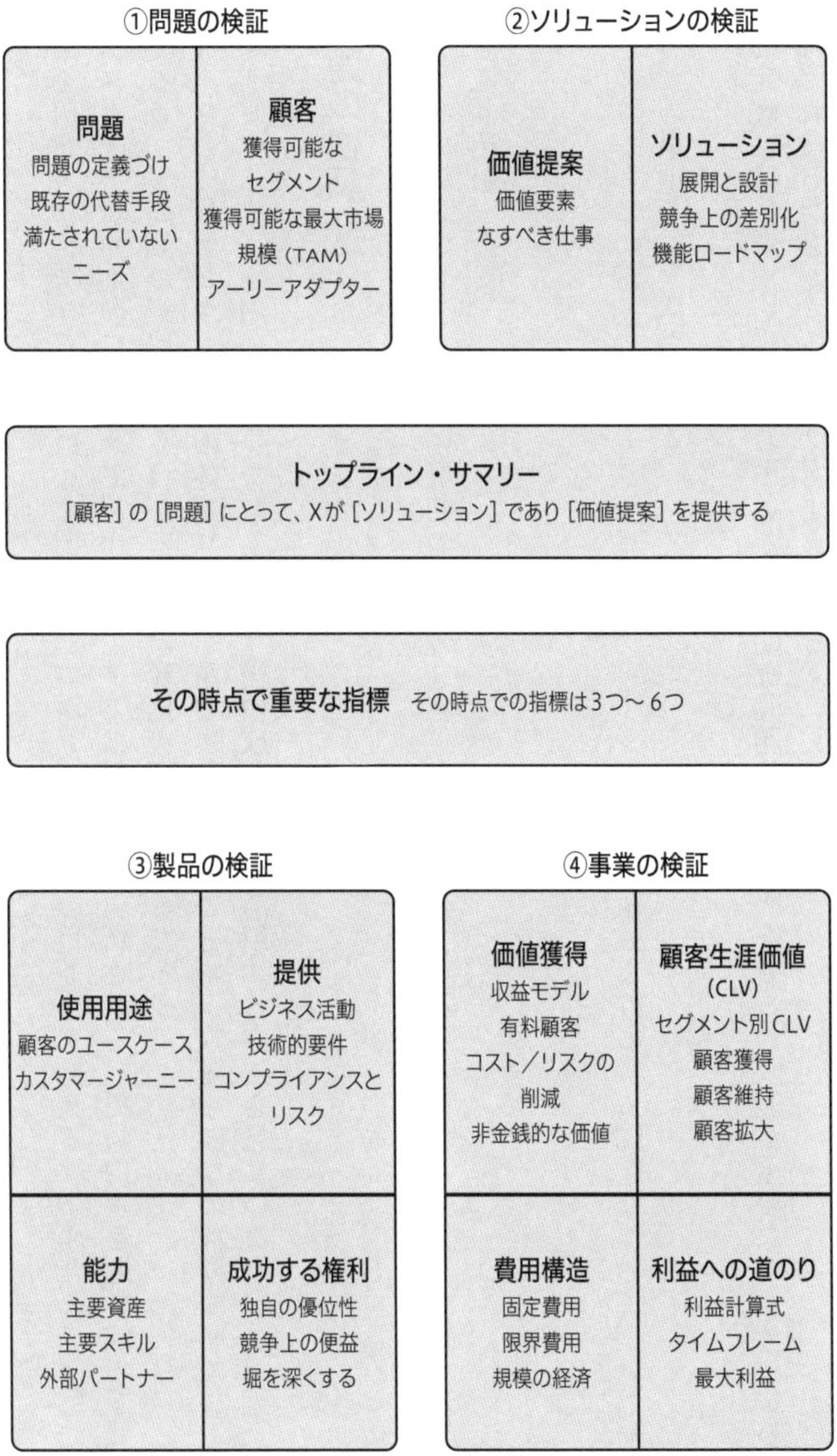
①問題の検証
問題
問題の定義づけ
既存の代替手段
満たされていない
ニーズ
顧客
獲得可能な
セグメント
獲得可能な最大市場
規模（TAM）
アーリーアダプター
②ソリューションの検証
価値提案
価値要素
なすべき仕事
ソリューション
展開と設計
競争上の差別化
機能ロードマップ
トップライン・サマリー
［顧客］の［問題］にとって、Xが［ソリューション］であり［価値提案］を提供する
その時点で重要な指標　その時点での指標は3つ～6つ
③製品の検証
使用用途
顧客のユースケース
カスタマージャーニー
提供
ビジネス活動
技術的要件
コンプライアンスと
リスク
能力
主要資産
主要スキル
外部パートナー
成功する権利
独自の優位性
競争上の便益
堀を深くする
④事業の検証
価値獲得
収益モデル
有料顧客
コスト／リスクの
削減
非金銭的な価値
顧客生涯価値
（CLV）
セグメント別CLV
顧客獲得
顧客維持
顧客拡大
費用構造
固定費用
限界費用
規模の経済
利益への道のり
利益計算式
タイムフレーム
最大利益

験的学習」「次にテストして把握すべきこと」の3つだ。これらすべてをひとつの図にまとめることで、新規事業を俯瞰・共有できるようにし、チームとスポンサー双方の足並みを揃えるツールとして使用できる。テストと学習の進展に合わせて、ナビゲーターは何度でも更新される。更新内容を週単位で記録しておくことで、時間の経過に伴う自身の思考の変化を把握できるだろう。

ロジャースの成長ナビゲーターの各ブロックを簡単に確認することで、検証の4つの段階すべてについてこのナビゲーターを用いて知見を取り込み今後の成長事業に活用する方法を見ていこう。

①問題の検証

ロジャースの成長ナビゲーターの最初の2つのブロックでは、第1段階の「問題の検証」で得た仮説と知見を取り込む。

●問題

ナビゲーターのこの最初のブロックでは、イノベーションが解決しようとする問題について、以下を含むすべての事項を取り込んでいく。

- **問題の定義づけ**：解決しようとしている具体的な問題は何か？　なぜこの問題が重要なのか？　この問題はどれほど急を要するのか？（誰かの「トップ5」に入る問題か？）

- **既存の代替手段**：この問題に対処するために、どのような代替手段が使用されているか？　あなたがいままでに類を見ないソリューションになると考えていても、顧客が現在、その問題に対して（その問題を軽減するだけであっても）何らかのアプローチを取っていることは明らかである。その代替的なアプローチとはどのようなものか？
- **満たされていないニーズ**：このような代替手段の欠点は何か？　ターゲット顧客に存在する、いまだ解決されていないニーズは何か？

●顧客

このブロックでは、あなたが解決しようとしている問題に直面している顧客の情報を取り込んでいく。まず、イノベーションを異なる方法や理由で利用する可能性のある顧客を、特定のセグメントに分類することから始めよう。

- **獲得可能なセグメント**：この問題を抱えているさまざまなセグメントの顧客はどのような人たちか？　個別にリーチできる、あるいは個別に対応できる、特定のグループに注目する。消費者については、デモグラフィック（人口統計的属性）、サイコグラフィック（心理的属性）、テクノグラフィック（技術的属性）の観点から各セグメントを記述し、企業顧客については、組織の種類と、あなたのイノベーションを使用・導入する決定を下す人物の役割を記述する。
- **獲得可能な最大市場規模（TAM）**：各セグメントの獲得可能な最大市場規模はどの程度か？　つまり

現在、あなたの記述に合致する人の数、もしくは企業の数はどのくらいなのか。さらに魅力的な製品やサービスを作れば、この状況はどのように変化するだろうか？

- **アーリーアダプター**：成功を収めるイノベーションはすべて、非常に高い意欲を持った一握りの顧客が最初に導入する。あなたのアーリーアダプターは誰か？　あなたが解決しようとしている問題は、ほかの顧客よりもアーリーアダプターにとってなぜ重要か？　アーリーアダプターは、なぜ初期のソリューションやＭＶＰをあえて試してみようと思うのか？

②ソリューションの検証

ロジャースの成長ナビゲーターの次の２つのブロックでは、第２段階である「ソリューションの検証」で得た仮説と知見を取り込む。

●価値提案

このブロックでは、顧客に提供する価値を定義する。製品の特徴に触れることは避け、顧客の視点から新規事業について以下のメリットを記述することが重要だ。

- **価値要素**：顧客に提供する便益をすべてリスト化する。便益をできる限り多く盛り込み、常に顧客の視点で記述する。まずそのイノベーションによって解決される顧客の現在のペインポイントを考え、次に、それがどのように顧客の喜びとなり、体験を向上させるのかについて、その方法をリスト化する（価値要素の概念については、『DX戦略立案書』で詳述している）。

• **なすべき仕事**：この概念はクレイトン・クリステンセンとマイケル・レイナーの著作に由来する〔21〕。これは、イノベーションによって顧客が何をできるようになるのか、何を達成できるようになるのかを問うことによって、そのメリットを記述するものだ。顧客にとって本当に重要なことを「仕事」として表現する。

●ソリューション

このブロックでは、価値提案を顧客に届けるために用いる製品やサービスを決定する。このタイミングで、顧客体験の記述から、以下のような製品やその機能の記述に切り替えていく。

• **展開と設計**：価値提案の便益をどのように顧客に届けるか？　製品の場合、その外観や機能性はどのようなものか？　サービスやプロセスのイノベーションである場合、それはいつ、どこで、どのように展開されるのか？

• **競争上の差別化**：顧客はこのイノベーションをどのような既存ソリューションと比較するだろうか？　顧客が競合他社ではなくあなたのソリューションを選んだり、利用中の競合他社から乗り換えたりするには、どのような差異が動機となるのか？　顧客は競合他社に「囲い込まれて」いるのか、それとも簡単に乗り換えさせることができるのか？

- **機能ロードマップ**：これまで何か機能を構築したことがあるとすれば、それはどのようなものか？　次に追加すべき機能とその順序は？　切り捨てることができる既存機能はどれか？　計画されている機能で、実装を遅らせることができるものはどれか？

トップライン・サマリー

このブロックの目的は、新規事業の本質を一文で表現することだ。これは、潜在的なスポンサーや投資家にアイデアを短時間で売り込むときに用いる事業紹介資料のようなものだと考えるとよいだろう。

優れたトップライン・サマリーは、ナビゲーターの最初の4ブロックにおける最も重要な要素が、一文にしっかりとまとめられている。新規事業という旅を始めるにあたり、トップライン・サマリーはそのビジョンを示すものだ。検証を進めながらトップライン・サマリーを修正することで、第1段階と第2段階で得た最も重要な知見を取り込んでいく。トップライン・サマリーの作成には、以下のテンプレートを使用するといいだろう。

- 〔問題〕を持つ
- 〔顧客〕に対して、
- 〔イノベーションの名称〕は
- 〔価値提案〕を提供する、

● 〔ソリューション〕である

たとえば、ウォルマート・インホームのサービスのトップライン・サマリーは次のようになる。

● 〔問題〕手頃な価格の食料品に加え、時間の節約と利便性を求める
● 〔顧客〕買い物客に対して、
● 〔イノベーションの名称〕ウォルマート・インホームは、
● 〔価値提案〕手頃な価格の生鮮食料品のオンライン注文が可能で、安心で信頼できるウォルマートの担当者が、自宅の冷蔵庫や戸棚まで直接届ける、
● 〔ソリューション〕年間会員プログラムである。

トップライン・サマリーを書くときは、その新規事業に詳しくない人たちに検証してもらうようにしよう。専門用語を使ってはならない。作成したトップライン・サマリーの内容が、一般的な顧客にとってわかりやすいものであるかどうか検討しよう（可能な場合は、顧客に読んでもらい明瞭かどうか確認するとよい）。

現時点での重要な指標

このブロックでは、事業開発の段階におけるイノベーションにとって最も重要な主要指標を、３つか

ら6つ特定する。その際、検証の4つの段階すべてを考慮に入れながら、ナビゲーターの各ブロックに関わる指標を検討する。遅行指標と先行指標も考慮に入れる。「身をもって関与する」要素を含んだ顧客指標に注力する。そして覚えておくべきは、これらの最も重要な指標は常に進化し続けていくことだ。いつ、いまこのタイミングで、新規事業にとって何が重要であるかを見極めよう。

③製品の検証

ロジャースの成長ナビゲーターの次の4つのブロックでは、第3段階である「製品の検証」で得た仮説と知見を取り込む。

●使用用途

このブロックでは、イノベーションを顧客がどのように使うかについての情報を収集する。

- **顧客のユースケース**：顧客はこのイノベーションをどのような状況で使用しているだろうか？　できる限り多くのユースケースをリストアップし、それぞれの背景と、なぜ顧客がそのような使い方をしているかを記述する。
- **カスタマージャーニー**：それぞれのユースケースでは、顧客は実際にどのようにイノベーションを利用しているのだろうか？　いつ、どこで、どのようにイノベーションを利用しているかなど、典型的な顧客体験の一連のステップを記述する。どのような機能が使われており、その理由は何か？

●**提供**

このブロックでは、新規事業を支えるうえで必要なバックエンド業務についての情報を収集する。

- **ビジネス活動**：各ユースケースにおいて、イノベーションを顧客に提供するために企業がすべきこととは何だろうか？　反復的な活動や、新規事業を成功させるためにとくに力を入れるべき活動に注目しよう。
- **技術的要件**：イノベーションが確実かつ効果的に力を発揮するには、どのような技術基準を満たす必要があるのか？　ほかにどのような技術と組み合わせなければならないか？　どのような相互運用性の基準を満たす必要があるか？　このような要件にソリューションがどのように適合するか？
- **コンプライアンスとリスク**：イノベーションが遵守すべき法的要件とは？　コンプライアンスやリスク管理について、どのような社内規定を満たさなければならないのか？　ソリューションがこれらすべてを満たすようにするには、どうすればよいか？

●**能力**

このブロックでは、ソリューションの提供に必要な能力、自社を支えるパートナー、そしてパートナーが果たす役割について定義する。自分の組織だけでイノベーションが実現できるケースはまれであることを忘れてはならない。

- **主要資産**：インフラ、不動産、製造資材など、どのような有形資産が必要なのか？　知的財産、データ、ソフトウェアコード、ブランドの評判など、どのような無形資産が必要なのか？
- **主要スキル**：このイノベーションを実現し、それを強みとするためには、どのようなスキルが必要なのか？
- **外部パートナー**：このイノベーションを実現するためには、どのようなパートナーと組む必要があるのか？　パートナーは、自社のためにどのような重要な活動を行うのか？　自社のかわりに、どのような資産やスキルを提供してくれるのか？

●成功する権利

新規事業が長期的な成功を収めるためには、ある種の障壁、競合に対する堀を作り、競合他社が模倣して同等もしくはよりよい製品・サービスを提供することを防がなければならない。

- **独自の優位性**：このイノベーションを実現するために、どのような独自のスキル、資産、人脈といった優位性を有しているか？　独自の優位性の議論については、第3章を読み返していただきたい。
- **競争上の便益**：他社よりも優れたイノベーションを展開するうえで、こうした優位性は具体的にどのように役立つか？　たとえば、コストの削減、既存顧客の囲い込み、独自の優れた顧客体験の提供などで力を発揮するだろうか？

- **堀を深くする**：将来を見据えて、競合他社に対する堀を考える。将来的に、独自の優位性をどのように強化していくのか？　あるいは、現在競合他社が持っていない領域に対する堀を作るためには、どのような投資ができるだろうか？

④事業の検証

ロジャースの成長ナビゲーターの最後の4つのブロックでは、第4段階である「事業の検証」で得た仮説と知見を取り込む。

●価値獲得

ここでは、あらゆる収益源や収益以外の価値源泉を含め、自社がこのイノベーションから獲得する価値を定義していく。

- **収益モデル**：このイノベーションに対して、顧客から料金を徴収するのか？　もしそうなら、徴収方法は？　選択肢としては、販売、ライセンス、レンタル、成果報酬型などがある。顧客が支払ってもよいと考える価格はいくらであり、その価格にどのようにして影響を与えることができるか？　価格設定は固定にするのか、変動にするのか、あるいはフリーミアムモデル（無料版と有料版を組み合わせたモデル）を採用するのか？

- **有料顧客**：支払うのは誰か？　ユーザーか、あるいはユーザーが所属する組織か？　マルチサイドのビジネスモデルの場合、どの顧客層が支払うのか？　イノベーションが拡大すれば、別の顧客層（主要顧客にリーチしようとする広告主など）も収益源となりうるだろうか？
- **コスト／リスクの削減**：そのイノベーションは事業のコスト削減につながるだろうか？　事業にとっての重大なリスクを軽減してくれるだろうか？　もしそうなら、その財務的価値を数値化できるだろうか？
- **非金銭的な価値**：たとえばデータや新たな人脈など、別のかたちの価値を獲得できるだろうか？　こうした資産をどのように収益化するか？　サードパーティから購入する場合、いくら支払うか？　もしイノベーションが非営利の使命に価値をもたらす場合、その価値はどのように測定できるだろうか？　別の方法でこのイノベーションと同等の効果を達成する場合、そのコストはいくらだろうか？

CLV

このブロックでは、イノベーションのＣＬＶ（顧客１人あたりに期待できる利益総額の指標）を定義していく。ＣＬＶは、顧客の平均売上高、利益率、利用期間（すなわち解約までの期間）にもとづいて計算される。ＣＬＶを最大化するには、顧客価値についての次の４つの側面に注目しよう。

- **セグメント別CLV**：顧客セグメントごとにCLVはどのように異なるのか？　どの顧客セグメントの生涯価値が最も高く、それはなぜなのか？　攻め入らないほうがよい価値の低い顧客セグメントはどこか？
- **顧客獲得**：顧客獲得費用（CAC：Cost to Acquire Customers）はいくらか？　どうすればCACを低減できるか？　CACが目標とするCLVより低いとわかったら、次により多くの顧客を獲得するために、どのくらいのペースでいくら支出できるだろうか？
- **顧客維持**：現在の解約率はどのくらいか？　何が個々の顧客の解約を誘発したり、解約に影響を与えたりしているのか？　何によってそれを予測できるか？　どうすれば顧客を長く維持できるか？　そのためのコストはどの程度か？
- **顧客拡大**：たとえば、プランをアップグレードさせる、購入頻度を上げる、追加商品を販売する、新規顧客への紹介を促すなど、顧客1人あたりの収益または利益率、あるいはその両方を拡大するにはどうすればよいか？

●費用構造

このブロックでは、必要な費用をすべて把握していく。こうした費用としては、顧客を獲得し維持するためのコスト（ナビゲーターの「CLV」のブロックを参照）、ソリューションを展開するためのコスト（「展開」と「能力」のブロックを参照）、継続的なイノベーションのコスト（「価値提案」「ソリューション」「成功する権利」のブロックを参照）などが挙げられる。費用構造を理解するため、コストを以下の3つのタイプに分類してみよう。

- **固定費用**：顧客数にかかわらず、ほぼ変動しないコストはどれか？
- **限界費用**：顧客数に比例して変動するコストはどれか？　限界費用とは、各新規顧客にかかる（獲得から展開までの）追加コストと考えるとよいだろう。
- **規模の経済**：変動費でありながら、規模が拡大するにつれて顧客1人あたりのコストが小さくなるものはどれか？

●利益への道のり

このブロックでは、コストと収入を合わせてイノベーションの純粋価値を予測し、追求するに値するかどうかを判断していく。

- **利益計算式**：費用構造と価値獲得を組み合わせて、新規事業の規模が拡大した場合の純損失や純利益の計算式を作成する。どの時点で損益分岐点に達するか？　この新規事業が最大規模まで展開された場合、利益率はどの程度になるか？（費用、収益、規模の相互作用は、事業部門ごとの経済性として記述される）
- **タイムフレーム**：この新規事業で目指している純粋投資回収が得られるのはいつか？　短期的な収入増やコスト削減を目指す取組みとなるか？　それとも成長を見据えた長期的な投資か？
- **最大利益**：現実的に獲得可能な市場シェアはどの程度か？　もし成功した場合、どの程度の総利益を獲得できるか？　その事業機会は、このイノベーションを追求し続けるに値するくらい大きいものだろうか？

ナビゲーターの使用に関するヒント

スタート時点では、ロジャースの成長ナビゲーターの各ブロックに記載されているのは、新規事業の仮説と仮定のみである（第三者の検証データを見つけることがあるかもしれないが、それは仮説のひとつにすぎず、自身の新規事業と合致しているかどうかを知るには現実社会でテストするしかない）。すべての知見は顧客から直接得るものであることを忘れてはならない。

使用にあたり、最初はナビゲーターの上の6ブロックだけを埋めるようにチームにアドバイスしている。第1段階と第2段階の検証を進め、問題、顧客、価値提案、ソリューションについて知見を得たら、ナビゲーターの下の8ブロックについても仮説を書き始めることができる。

その後、チームと一緒にテストし、学んでいくうちに、ナビゲーターに書いた未検証の仮説を、現実社会で学んだ検証済みの事実に段階的に置き換えていく。その際、仮説と事実を区別するために色分けをする（仮説を赤、検証された事実を緑で書くとよいだろう）。その次に検証対象となる仮説には、3つ目の色（たとえば青）を選ぶ。このように色分けすることで、チームが進捗状況を視覚的に理解しやすくなる。

ナビゲーターの更新内容について週単位で記録しておくと、時間の経過に伴う自身の思考の変化を把握できる。ブロックの詳細を掘り下げる補足資料（カスタマージャーニーの詳細マップやセグメントごとのCLV計算など）を追加してもよい。しかし、ナビゲーター自体は、ビジネスモデルに対する現時点の理解と、次にテストして学ぶべきことの双方について、一目で把握できる一覧表として引き続き使用する。

場合によっては、プラットフォーム・ビジネスモデル（複数の異なる顧客タイプ間で価値交換を促進するビジネスモデル）を利用する新規事業もあるだろう[22]。その場合は、顧客タイプごとに個別の成長ナビゲーターを作成しなければならない。たとえばウーバーの場合は、運転手用と乗客用のナビゲーターがひとつずつ必要となり、それぞれのナビゲーターで、顧客の問題、顧客への価値提案、カスタマージャーニーなどを定義する。ブロックによっては、ナビゲーター間で共通しているものもあるかもしれないが、異なる顧客タイプのビジネスモデルをそれぞれ検証することはきわめて重要である。プラットフォーム・ビジネスモデル・マップ（『DX戦略立案書』に記載のツール）を使用し、顧客間やビジネスを通じた価値交換について分析することも推奨する。

検証に終わりはない

イノベーション、成長事業、新規事業にとって、評価のプロセスに終わりはない。スタートアップ企業の経営についてボブ・ドーフは、「検証は、事業が成功して数百万ドルで売却するか、失敗して残った備品を二束三文で投げ売りして撤退するまで続く！」と語っている。これまで見てきたように、検証の4つの段階には順序があるが、それぞれの段階は反復的に繰り返される。問題、ソリューション、製品、事業のどの段階も、けっして「完了」することはない。

成功を収めた新規事業は、第1〜第3段階だけでなく、第4段階でも検証を進めている。すべての段階に戻って内容を見直し、再び検証するという作業を続けなければならないのだ。その理由は何だろうか？　たとえば、市場に投入している製品は顧客に使用されており、売れ続けているのに、なぜ問題やソリューションの検証を続ける必要があるのだろうか？　イノベーションが前の段階に戻って反復しなければならない理由はたくさんあるが、ここでは最も一般的なものを紹介しよう。

- **機能の展開**：現在の顧客があなたの製品を積極的に使用しているとする（第3段階）。この時点で、（第2段階で検証した）機能ロードマップに記述した次の機能を開発する準備が整ったといえる。だが何を開発するにしても、その前に必ず顧客のところに戻って再検証しよう。顧客は現在そのソリューションを実際に日常的に使用しているが、次も同様の機能を求めているだろうか？
- **予期せぬ事業上の問題**：成長が鈍化している？　解約率が増加している？　利益率が縮小し始めている？　成長中の新規事業が直面する問題が何であれ、根本的な原因を特定し、それに対処する最善の方法は、顧客のところに戻り、第1段階から継続的に学習して検証することだ。
- **運用と展開の拡大**：新規事業が成功を収め、利益を上げている場合（第4段階）、運用を拡大して、新たな市場や新しい顧客開拓に踏み込みたいと考えるだろう。そのためには、さまざまな方法で製品のバックエンドを再構築する必要があるかもしれない。たとえば、自動化の促進と人手での監視作業の削減、情報源の拡張による収集データの増加、規模・信頼性・処理速度の面での向上を伴ったより堅牢なITアーキテクチャーの構築、量的拡張可能な多様な販売・マーケティング・チャネルの活用、（すべてを自社で行うのではなく）外部パートナーの活用、新規事業の拡大に伴い悪意ある行為者が増えることに対するセキュリティ強化、（とくに参入市場に新しい規制が存在する場合の）コンプライアンス強化などが挙げられる。こうした変更の際はひとつひとつ第3段階の検証が必要であり、堅牢で拡張性の高い製品の展開において最も効果的な方法を、テストを通じて把握する必要がある。

- **予期せぬ環境の変化**：競合他社が市場に参入してきたり、製品や価格設定を変更したりするたびに、自社の製品やサービスが顧客の目から見て差別化要素が維持されているかどうか再検証する必要がある（第2段階）。顧客のニーズが変化することもある。新型コロナウイルス感染症の世界的流行が発生したところ、私の元教え子はブラジルの大手銀行イタウ・ウニバンコのデジタル営業部門で責任者を務めていた。外出規制により、顧客の銀行取引ニーズが一夜にして変化し、イタウ・ウニバンコのモバイルアプリも迅速な再設計の必要に迫られた。つまり、第1〜第3段階に戻って、顧客の新たな問題、それを解決するための機能、それを実現するための最適な製品設計の再検証が必要となったのだ。
- **新しい市場、新しい顧客**：どのような新規事業でも成長するにつれて、さまざまな顧客にサービスを提供するようになっていく。ジェフリー・ムーア〔訳注：キャズム理論創始者として知られるマーケティングの世界的権威〕は自身の著書『キャズム』で、新規事業がアーリーアダプターからより多様な顧客層へと拡大するときに、大きな変化が起こることが多いと説明している〔23〕。新しい市場や地域に進出すると、顧客層が変わることもあるだろう。成功を収めているチームは、それぞれ異なる顧客セグメントを理解しながら、検証の4つの段階を継続的に繰り返すことを重視している。あらゆる顧客セグメントについて、顧客の問題、顧客にとって最適なソリューション、顧客の利用シーンと提供におけるニーズ、顧客にふさわしい価格設定と価値提供、それぞれについて理解を深めることが重要である。
- **理想的な顧客を見つける**：ひとたびイノベーションがプロダクト・マーケット・フィットを達成し、

顧客導入が進むと、問題を抱え、自社製品を買ってくれるだろう顧客にただモノを売るだけでは不十分になる。むしろ、反復可能かつ拡大可能で、収益性の高い成長をもたらす顧客が誰であるかを検証し、知見を得ることに力を入れなければならない。「事業拡大につながる適切な顧客に注力しているだろうか？」とどのビジネスリーダーも常に自問している。その好例を、以下の「オプティマイズリーによる新規顧客の再検証」で紹介しよう。

オプティマイズリーによる新規顧客の再検証

スタートアップ企業であるオプティマイズリーが創立8年目を迎え、次の成長フェーズに進む準備が整ったとき、新CEOとして就任したのがジェイ・ラーソンだった。オプティマイズリーは、データドリブンな実験に特化した企業向けツールを提供するために設立された。具体的には、ウェブサイトやコミュニケーションツールにおける機能、デザイン、価格設定、パーソナライゼーションをテストするツールだ。

SaaSのスタートアップ企業として創業した当初、オプティマイズリーにとって成長が何よりも重要であり、すべての顧客が優良顧客であった。ラーソンが着任するころには、5000社以上のビジネス顧客を抱え、その顧客層は地域の小規模事業者（ラーソン曰く「小枝で作った家（Joe's House of Wicker）」）から、ナイキ、ベスト・バイ、『ウォール・ストリート・ジャーナル』紙といった世界的ブランドにまで及んでいた。しかし、ラーソンはすぐに、すべての顧客が自社にとって等しい存在ではないこと、そしてオプティマイズリーが次の成長フェーズに到達するためには、適切な顧客に照準を合わせる必要があることに気がついた。

そこで、ラーソン率いるチームは、オプティマイズリーのツールから最も価値を得ている顧客はどの企業なのかを把握することに集中した。その結果、顧客とのインタラクションが多く（より多くのデータを提供している）、オンライン販売やサブスクリプションのようなビジネスモデルを持ち、実験を通して収益に測定可能な変化をもたらしている企業であることが判明した。さらに分析を進めた結果、こうした顧客はすでに年間5万ドル以上をオプティマイズリーに支払っていることが明らかとなった。そして、支出額が少ない企業は、オプティマイズリーから得られる利益も少なく、顧客維持率（SaaS企業にとって重要な指標）もかなり低かった。

この結果を受けて、ラーソンはターゲット市場の変更を決意した。「小枝で作った家」への販売は打ち切るとチームに告げ、すべての新規販売に5万ドルの下限を設けた。小規模事業者に対しては、オプティマイズリーの利用額を増やすか、別の製品に乗り換えるかの選択を迫り、最も価値の高い顧客プロファイルに該当する企業への販売に軸足をシフトさせていった。

オプティマイズリーは、最も高い価値を生み出す顧客に狙いを定め、こうした企業の特定のニーズを満たすよう、製品やサービスを再設計した。その後、クライアントが自社のソフトウェアコードで実験を実施でき、ウェブサイトやコミュニケーションツール以外の運用も統合できるフルスタックの新製品を発表した。さらに、ラーソンのチームは顧客インタビューを通じて、顧客の成功を阻む最大の障壁は、実験ツールの欠如ではなく、データドリブンな企業文化を構築することの難しさであることを突き止めた。企業は実験の価値は認識していたが、意思決定における旧態依然とした方法を変える必要があった。このニーズに対処するため、オプティマイズリーは、ビジネス顧客がより効果的な実験を行えるよう、コンサルティングサービスに力を入れた「カスタマーサクセス部門」を新設した。

こうした変化は、オプティマイズリーの顧客に大きな影響を与えることとなった。たとえばナイキの場合、自社のIT部門を通さずにウェブサイトをテストしたいというマーケティング部門の希望がきっかけで、オプティマイズリーのクライアントとなっている。以降、ナイキはオプティマイズリーのフルスタック・ソリューションを使用し、ウェブサイトだけでなく、Nike Run Clubのようなアプリやサービスでも実験するようになった。オプティマイズリーのカスタマーサクセス・チームと協力することで、自社のサイロ化された部門間の壁を取り払い、またチームを集結してオンライン販売を見直し、個々の顧客の購買フローについても調査した。さらにオプティマイズリーを使って、自社の販売パートナーをも実験し、それぞれの販売パートナーから得られるROIの測定結果をもとに、ナイキへの貢献度を高めるよう求めたのである。

ラーソンは、オプティマイズリーの価格設定と収益モデルも再検証すると決断した。顧客のパフォーマンスデータを調査する過程で、財務的な不一致を発見していたのだ。ウォール・ストリート・ジャーナル紙のような優良顧客は、オプティマイズリーを利用することで年間5000万ドル以上の売上増を記録しているが、手数料はその1％にも満たなかった。これを受けて、オプティマイズリーは、場合によってはクライアントの収益増加額の一部を料金に上乗せするという価格設定に変えることで、結果的に収益は大幅に増加した。

最も重要な顧客に焦点を絞り、ビジネスモデルを再検証するという決断の結果は劇的なものであり、新規顧客の平均取引高を4万ドルから20万ドルに増加させ、同時に、最も価値が低く、離脱率が最も高い顧客も排除できたのだ。結果、将来にわたって持続的な成長を実現できる大企業のクライアントをベースに、オプティマイズリーは市場における自社の地位向上に成功したのである。

すべてのステークホルダーを対象とした検証

新規事業やビジネスを成長させ続けるには、すべてのステークホルダーを検証し、顧客としてそれぞれのニーズが満たされるようにしなければならない。相互依存の強い世界では、適切なパートナーと協力ができて初めて、イノベーションを成功させることができる。

エジソンが市場向けの電気照明ビジネスを準備していたとき、職場や家庭で電球を使用する人びとだけを意識していたわけではない。電球、メーター、送電線、配電所、発電機といったエコシステム全体と、それらを支える人びとや組織も念頭に置いていた。そのためエジソンは、業界パートナーと電流の技術基準について連携し、投資家の関心を引くために、最初の試行実験をウォール街の近くで行っている。さらに自身の名声と評判を利用して規制当局に働きかけ、ランプ職人組合の抵抗にも打ち勝った

[24]。

新規事業の規模を拡大するときには、ロジャースの成長ナビゲーターに記述する外部パートナーだけでなく、成功に欠かせない最も重要な味方にも注目しよう。上流のサプライヤーや下流のビジネスパートナー、技術基準やデータ提供事業者、さらには政策立案者やそのほか影響力を持つ人びとも含める必要がある。消費者向け健康食品のスタートアップ企業を経営している私の教え子は、自社製品のエンドユーザーを対象とした検証や問題解決と同様、大規模小売店を展開するパートナーの主要な問題を検証し解決することも重要であることに気がついた。

もし自身の新規事業が組織内の抵抗に直面しているのなら、検証の4つの段階を社内で実施してみるとよいだろう。コンプライアンス、営業、CDOなど、社内のあらゆるステークホルダーを顧客として扱い、その後、彼らを対象に、「彼らは誰なのか？（役職と役割）」「彼らの問題は何か？（新規事業を支持しない根本的な原因）」「あなたのソリューションは何か？（彼らの懸念にどのように対処すれば、同意してもらえるか）」という検証を行う。もうおわかりだろう。社外の顧客と同じ要領で、社内のステークホルダーにインタビューするのだ。この作業は第3段階と第4段階の検証でとくに重要である。なぜなら、イノベーションをどのように展開して利益を上げるかをテストするものだからだ。次のことは常に心に留めておいてほしい。「検証とは、イノベーションの段階のことではない。検証こそがイノベーションなのだ」

ボトムアップ型の実験

イノベーションに対するこのアプローチを定着させるには、自身の役割に対する多くのリーダーたちの認識を変える必要がある。イノベーションは、もはや一部の有識者が「壮大なアイデア」を思いついたり、それを承認したりするものではない。そうではなく、多くの人びとがたくさんのアイデアを出し合い、反復可能なプロセスを用いて、どれがどのように機能するかをテストし、知見を得ることこそがイノベーションなのだ。有能なリーダーなら、アイデアを出すことは簡単だが、検証は一筋縄ではいかないことを知っている。

実験に応じて、意思決定のアプローチも変えていかなければならない。多くの組織では、意思決定は年功序列と経験にもとづいて行われている。シリコンバレーでは、これを「HiPPO（高給取り幹部の意見）」による意思決定と呼ぶ。実験文化を育むためには、リーダーは自らの意見にもとづいて決定を下すのではなく、関係者に実験を指示し、適切なデータを収集するよう要請すべきである。オプティマイズリーのカスタマーサクセス担当部門長のジェニファー・ルースは、「もし経営幹部たちが、直感だけで自分たち以上に知っている人は世界中ほかにいないと信じているようであれば、実験が成功することはないでしょう」と語ってくれた。

リーダーは、実験文化を浸透させるよう努力しなければならない。それは、賭けに出て効率的なリスクを取るように、多くのことを学ぶために多少の出費は惜しまないように、周囲の人びとの背中を押すことだ。だからこそ、ウォルマートのジェットブラックやロボット床掃除機のような「効率的な失敗」も歓迎すべきである。『DX戦略立案書』のなかで、効率的な失敗のための次の4つのテスト、「重要なことを学ぶことができたか?」「その学びを活かして戦略を変更したか?」「学んだことを組織内で共有したか?」「できる限り早く、安く失敗したか?」を紹介した。リーダーは、この4つのテストを満たした失敗はむしろ歓迎しなければならない。

有能なリーダーは、チームに正しい考え方を浸透させようと努力しており、実験の主要原則である、「議論するのではなく、検証する」「科学者のように考える」「迅速な市場参入で素早く学習する」「最小限のコストで多くを学ぶ」「テストは数カ月ではなく数分単位で行う」「すべての知見は顧客から得る」「問題にコミットし、ソリューションには柔軟に対応する」を常に伝え、実践している。

戦略同様、実験も組織のあらゆるレベルで行う必要がある。あるチームは「戦略を担当」し、別のチームは「イノベーションを担当」するというやり方ではない。第4章で学んだように、戦略はカスケードアップする。各チームがその上のチームの問題/機会ステートメントをサポートする形で、自分たちの戦略的問題/機会ステートメントに磨きをかけるのだ。各チームは、自身の戦略にもとづいて新規事業のアイデアを練り、それを市場で反復的に検証しなければならない。

ここまで紹介したツール(「例示MVP」「機能MVP」「段階に応じた指標」「検証の4つの段階」「ロジャースの成長ナビゲーター」)は、すべて組織のあらゆるレベルで機能するように設計されている。検証のプロセスでも、まったく新しい事業を立ち上げる場合でも、既存製品を刷新する場合でも、社内プロセスを更新する場合でも、すべてにおいて有用だ。実験と継続的学習は、製品開発だけでなく、マーケティング、営業、人事、リスク管理、サプライチェーンなど、あらゆる部署で実施すべきである。もちろん、これを実践している組織は限られている。イノベーションはたいていの場合、通常のビジネスルールが適用されない特別な「イノベーション島」で専門チームが対応している。第6章で取り上げるように、ボトムアップ型の実験には、全社的な成長管理とはまったく異なるアプローチが必要となる。

＊　＊　＊

どんなに革新的なビジネスであっても、DXのスタート時点では、どのデジタル製品、サービス、ビジネスモデルが現実社会で成功し、顧客に価値を提供し、そこから価値を獲得できるかを知ることはできない。実験を怠れば、経営陣が「デジタル化」を最大限に推し進めても、CNN＋のように、上層部から押し付けられたアイデアを推進した結果、3億ドルもの損失を出すというような高くつく失敗に終わることは目に見えている。DXロードマップのステップ3では、新規事業を検証することによって、どのアイデアがどのようにうまくいくのかを見極め、高くつく失敗という運命を回避する方法を見てきた。特定のビジネス上の疑問について、答えを導き出すよう設計された反復的なMVPで仮定をテストする方法、そして「検証の4つの段階」を用いることで、新規事業をアイデアスケッチから大規模なビジネスへと成長させる方法についても学んだ。

自社デジタル新規事業に対して実験プロセスをスタートさせたら、DXロードマップの次のステップである「組織全体でこのプロセスをスケールアップして繰り返す」準備が整ったということだ。そこでは大きな課題に立ち向かうことになる。どの新規事業に資金を投入すべきか？　中止のタイミングは誰が決めるのか？　新規事業のスタート時に免除されるべき社内ルールは？　事業が成功した場合はどのように中核事業部門に移管されるのか？　既存の組織構造に合わないデジタル新規事業はどうすべきか？

事業全体で実験のプロセスを拡大するには、さまざまな戦略的機会を狙った新規事業のポートフォリオ全体において、リソースと人材を管理する明確なアプローチが必要になる。不確実性の低いものから高いものまで、コアビジネスとそれ以外の領域でデジタルイノベーションに対応できるガバナンスモデルも必要となるだろう。第6章では、デジタル変革が事業のあらゆる側面に拡がるよう、規模拡大を管理する方法を見ていこう。

第6章

ステップ4——規模拡大を管理する〔ガバナンス〕

バネッサ・コレラがシティバンクのチーフ・イノベーション・オフィサー（最高革新責任者）に任命されたとき、彼女の使命は、新グループ「シティベンチャーズ（Citi Ventures）」を立ち上げ、20万人の従業員を擁するシティバンクというグローバル企業全体でイノベーションを推進することであった。しかし、コレラにとって、伝統的な銀行が新技術や消費者ニーズの変化、新興のフィンテック企業に殺到するベンチャーキャピタルなどが引き起こす猛烈な変化のスピードに後れを取らないようにするという挑戦は、きわめて難しいものに感じられた。

そこで、コレラのチームは他部門と連携して、シティバンクの将来的な成長にとって最も重要な問題／機会ステートメントをまとめることから始めた。そのテーマは、サイバーセキュリティから分散型決済、変化する社会情勢に合わせた銀行商品の導入に至るまで多岐にわたった。しかし、コレラが直面していた本質的な問いは、「このような大企業全体で、どのように戦略的優先順位を追求すべきか？」「スタートアップ企業のように迅速に動きながら、巨大な既存企業のなかで規模を拡大し、インパクトを創出するには、どのような構造とガバナンスが最適か？」「新規事業は既存事業部門内で管理すべきか？それとも事業部門とは独立したラボで管理すべきか？　もしくはスタートアップ企業に投資することで、完全に社外に出すべきか？」というものであった。

当初から、中核事業そのものを無視して進めないことが、きわめて重要であると考えていたコレラは、「独立した部門でイノベーションを進め、それを中核事業へ移管する時代は終わったのです」と語る。そのためシティベンチャーズは、事業部門でイノベーションプロセスが深く浸透するよう、またクライアントと日々接し、働いている銀行員が関与するものとなるよう、事業部門ときわめて密接に連携することを目指した。

最初のステップとして、シティバンクの既存事業部門を対象としたイノベーション・アクセラレーター「D10X」を設立した。その狙いは、シティバンクの中核事業と関連する急進的かつ変革的なイノベーションを推進することにあった。D10Xアクセラレーターは、グローバル・コンシューマー・バンクおよびインスティテューショナル・クライアント・グループにひとつずつ置かれた。「シティのような企業の従業員も、クライアントにより優れたサービスを提供するための素晴らしいアイデアを持っています」とコレラは説明する[1]。そのアイデアをインパクトのあるイノベーションに変えるには、反復可能なプロセスとルールさえあればよいのだ。

そのプロセスは、ベンチャーキャピタルに投資を求めるスタートアップ企業のように、簡潔なプレゼンテーションから始まる。シティバンクでは、インターンから上級副社長まで、あらゆる階層の従業員が、「グロースボード」と呼ばれる意思決定者のグループを前に、イノベーションのアイデアをプレゼンする機会が設けられている。有望と判断されたアイデアはD10Xプログラムにエントリーされ、少額の初期資金も付与されるという仕組みだ。従業員は少人数の多機能型チームに割り当てられ、招聘された起業家たちから指導を受けながら、ごく短期間でクライアントと一緒にアイデアを検証し、それが実際の市場ニーズに応えるものであるかどうかを学んでいく。製品を作ることよりも、まずは顧客の問題を検証することを重視しているのだ。この短期間の作業が終わると、チームはグロースボードにデータを示し、そのデータが実際に新しい事業機会を示しているとチームが考える場合は、再度プレゼンを行って、追加の資金と時間を要請する。このプレゼンセッションは「取引の日（Deal Days）」と呼ばれ、定期的に開催されている。チームは、何度もグローボードに対してプレゼンを行うことになる。これは独立したスタートアップ企業が、ビジネスケースを証明して投資家から複数回にわたり資金を調達するプロセスと似たものだ。

D10Xプログラムでは、常に100組の社内スタートアップチームがさまざまなステージで取り組んでいる。たとえば、消費者向け銀行業務のチームは、家計管理、口座管理、個人ローンを変革する新しい顧客体験の検討に取り組んでいる。一方、機関投資家向け銀行業務のD10Xプロジェクトには、ナスダックと提携した「CitiConnect for Blockchain」〔訳注：シティの既存の決済ツールをブロックチェーンインフラとリンクさせることを目的としたサービス〕や、投資家向け委任投票仮想プラットフォーム「Proxymity」〔訳注：委任状による議決権行使や株主開示などのプロセスを合理化するデジタル投資家向けコミュニケーション・プラットフォーム〕などがあり、とくに後者は大きな成功を収め、独立した公開企業としてスピンアウトした。

シティのデジタルイノベーションを推進するアプローチは、D10Xだけではない。シティバンクには「シティベンチャーズスタジオ（Citi Ventures Studio）」と呼ばれる部門が存在する。中核事業以外の分野、つまり従業員が普段なら目を向けないような領域でのイノベーションを追求するための部門だ。シティベンチャーズスタジオは、ベテラン起業家のヴァラ・ヴァキリにより設立された。ヴァキリはリーンスタートアップとデザイン思考のアイデアをシティバンクにも取り入れるため、コレラが採用した人物である。シティベンチャーズスタジオが最初に手掛けた新規事業のひとつが、労働市場データを活用した無料のオンラインツール「Worthi」だ。Worthiのパーソナライズされたキャリア開発ツールを使用することで、ユーザーは新しい仕事を探したり、給与を見積もったり、市場のニーズに合ったスキルを身につけたりできる。もうひとつの新規事業は「シティビルダー（City Builder）」だ。シティビルダーは、投資家や（シティバンクなどの）ファンド・ウェルスマネージャーと、経済再生のための投資を求める都市を結びつけることで、アメリカのオポチュニティゾーンへの投資をサポートするデータドリブンなプラットフォームである。

シティベンチャーズにはシティバンクの従業員以外にも目を向けたプログラムがあり、イノベーションの火付け役となっている。たとえば「Citi University Partnerships in Innovation and Discovery（ＣＵＰＩＤ）」では、主要大学の学生たちがハッカソンを通じて、シティバンクのイノベーション活動に参画している。「シティベンチャーインベスティング（Citi Venture Investing）」は、スタートアップのエコシステムを直接の投資対象とすることで、プロダクト・マーケット・フィットを達成し、シティバンクの注力分野（決済、不正利用検知、機械学習、顧客体験など）で事業を展開する初期段階のフィンテック企業に資金提供している。投資先には、後にナスダック市場にＩＰＯしたDocuSign［訳注：カリフォルニア州サンフランシスコに本社を置くアメリカの企業で、企業が電子契約書を管理することを可能にし、さまざまなデバイスで電子署名を行うeSignatureを提供している］や、ペイパルに40億ドルで売却したHoney［訳注：ｅコマースサイトのオンラインクーポンを集約し、自動的に適用するブラウザ拡張機能の開発で知られている。現在は、ペイパルの子会社］など、大成功を収めたフィンテック企業が並ぶ。

シティベンチャーズでは幅広いアプローチが用いられているが、コレラはチームの使命について、「イノベーションを実行するのは私たちではありません」という。むしろ、イノベーションを企業のいたるところで起こすイネーブラーなのである。シティベンチャーズのメンバーは１００人足らずだが、その影響力は広範囲に及ぶ。D10X、シティベンチャーズスタジオ、CUPIDなどのプログラムには、シティバンクの何千人もの従業員が参加している一方、各事業部門の幹部らもグロースボードに積極的に参加し、イノベーションへの新しいアプローチを管理している。シティベンチャーズの使命は、単に新規事業を立ち上げることではなく、企業全体のイノベーション文化とその実践方法を変えることにある。

ガバナンスが重要である理由

迅速で反復的な、顧客中心のイノベーションは大企業でも可能だが、旧来的な働き方に固執しているのであれば実現は見込めない。革新的な新規事業には革新的なガバナンスが必要となる。

たとえば、世界的な化学企業であるBASFがブラジルのサンパウロに設立したオノノ研究所は、パートナー企業やスタートアップとの迅速な提携により、BASFのイノベーションを加速させることを目的としていた。ところが、オノノ研究所の責任者であるアントニオ・ラセルダは、全社のクラウドインフラを保護するために策定されたデータポリシーに従う必要があると指示された。ラセルダ曰く、それでは新しいスタートアップと迅速かつ機敏に提携することは不可能だ。そこで、オノノ研究所の設立に先立ち、ラセルダは自身の人脈や影響力を駆使して例外措置を設けた。オノノ担当チーム向けに、「サンドボックス」と呼ばれる独立したデータ領域を設定してもらい、新しいパートナーとAPIを共有する特別許可を得たのだ。ラセルダの場合、ガバナンスを変更することでオノノ研究所の設立を後押しできたが、DXは、上層部による場当たり的な決定やビジネスルールの例外に依存していては成功できない。DXには、規模拡大と反復が可能な新しい経営手法が必要だ。

DXのステップ4では、規模拡大にあたっての管理にまつわる課題に取り組んでいく。ステップ3のタスクは、ひとつのデジタル新規事業を評価、導入、成長させることであったが、ここでの目標は、ひとつの新規事業だけでなく、さまざまな戦略的優先順位を持つ複数の新規事業のポートフォリオを成長させることだ。ステップ4では、企業全体で成長を管理することに焦点を当てる。

イノベーションを実現させる反復可能なプロセスを設計することは、既存ビジネスの成長にとって不可欠だが、その道のりは想像を絶するほど険しい。私が出会ってきた有能な経営者たちもみな、企業革新という苦闘のなかで傷を負っている。新規事業にゴーサインを出せるのは、1人のエグゼクティブスポンサーに限られている組織があまりにも多く、そのような場合、新規事業がいったん動き出しても、旧来のサイロ化されたチームによって管理されるため、なかなか進まない。リソース配分にも時間がかかり、有望なプロジェクトであっても、次の承認まで数週間から数カ月待たされる始末だ。影響力の強い幹部が各プロジェクトを支持しているため、たとえ成功の見込みが小さかったとしても、誰もそのプロジェクトを止めることができない。一方で、企業はリスクを回避しようとするあまり、短期間でROIを得られるような、中核事業をちまちまと改善する取組みだけに資金を投じるようになってしまう。このようなやり方ではけっしてDXの成功にはたどり着かない。そうではなく、必要なのは、不確実性を受け入れ、中核事業を超えた成長を後押しするガバナンスだ。表6－1は、DXロードマップのステップ4における成功と失敗の主な兆候を示したものである。

シティバンクやBASFなど、成長を目指すあらゆる企業にとっての課題は、異なる事業部門や部署において、複数の新規事業を同時並行的に進めることだ。こうした新規事業は、中核事業の内部やその外側、リスクの低いものから不確実性の高いものまで多岐にわたるだろう。新規事業が成功するためには、それぞれに合った適切なガバナンスモデルが必要だ。つまり、シティバンクが社内のアクセラレーター、社外への出資、大学とのパートナーシップ、イノベーション・スタジオを組み合わせたように、異なる成長機会を管理するには、ひとつの組織構成だけに依存するのではなく、複数の構成を組み合わせる必要がある。

組織構成におけるガバナンスルールはそれぞれ慎重に設計し、複数の問題に対応できるよう

表6-1　何が問題か——ステップ4：ガバナンス

失敗の兆候：ガバナンス	成功の兆候：ガバナンス
• 上級幹部が個人的に認めなければ、新しいイノベーションは起きない。	• イノベーションのためのリソースとガバナンスを提供する仕組みが確立されている。
• 新規事業はなかなか進まず、従来型のチームが機能別サイロ内で主導している。	• 新規事業は迅速に進められ、高度に独立した多機能型チームが主導している。
• 年間予算サイクルにより、新規事業へのリソース配分が遅くなる。	• 反復的な資金提供を通じて、迅速にリソース配分が行われる。
• イノベーションは少数の大型プロジェクトに限定されており、開始後中止するのが難しい。	• 安定したイノベーションパイプラインがあり、効率的な事業停止によりリソースを解放している。
• 中核事業内の、低リスクのイノベーションのみが支援を受ける。	• ガバナンスモデルは、不確実性の高い新規事業も低い新規事業も、中核事業の内外を問わず、支援している。

にしなければならない。まずは「監督」だ。「新しいプロジェクトを承認するのは誰か?」「誰に報告するのか?」「事業停止を決定するのは誰か?」。次に「投資」。「新規事業間でリソースをどのように配分し、『リンゴとオレンジの比較』（まったく別なものなので単純比較することはできない意味。たとえば、長期成長投資と重要なインフラプロジェクトが資金提供において競合するような状況）を避けるにはどうすればよいか?」「毎年の予算編成に縛られることなく、反復的に資金を確保する方法とは?」。同様に重要なのが「人材」である。「有能な経営幹部を中核事業部門から引き抜き、まだ利益の出ていない新規事業に配置する権限は誰にあるのか?」「適切な多機能型のスキルを備えたチームの形成方法とは?」。ガバナンスには「指標」も含める必要がある。「新規事業の進捗状況はどのように測定するのか?」「計画対象期間や不確実性のレベルが異なる新規事業をどのように評価するのか?」。「コンプライアンス」の管理という重要な面もある。「安全性、規制、リスク、既存技術との統合も考慮しながら、新規事業を迅速に進めるにはどうすればよいか?」。こうした問題をすべて、DXロードマップのステップ4で取り上げながら、ガバナンスの成功に必要な要素とツールも紹介する。

本章の内容

本章では、企業全体でデジタルイノベーションを推進するためのガバナンスモデルについて、その設計方法を見ていく。また、規模拡大を管理するために不可欠な次の6つの要素を探る。

- **チームとボード**：イノベーションを加速させ、新規事業のポートフォリオにリソースを配分するにあたり、チームとボードを協力させる方法［訳注：ここでのボードは「役員会」「委員会」など、意思決定を行う会議の場を総称して示すこととする］。
- **ゴーサイン**：最小限の審議と最小限の投資で新規事業を承認、スタートさせる方法。
- **反復的な投資**：不確実性のレベルに応じて投資を調整し、リソースを必要な場所に迅速に割り当て、最適なタイミングでプロジェクトを加速させる方法。
- **効率的な事業停止**：新規事業の進捗状況を体系的に管理し、イノベーションを効率的に停止してリソースを確保する方法。
- **3つの成長経路**：不確実性のレベルが異なる新規事業や、中核事業と近い、あるいは離れている新規事業を管理する方法。
- **イノベーション基盤**：異なるタイプの新規事業に対して、リソースのプールや状況に応じたガバナンスを提供する各種基盤（ラボ、ハッカソン、ベンチャーファンドなど）を組み立てる方法。

これら6つの要素をそれぞれ検証したあと、イノベーション基盤やボード、チームのルール策定に役立つ戦略的プランニングツール「企業内イノベーションスタック」を紹介する。最後に、規模拡大を実現するうえで、すべてのチームとリーダーの役割を再定義するボトムアップ型アプローチが必要である理由について探る。

○チームとボード

反復的で実験主導のイノベーションを組織内で大規模に展開するためには、異なる2つのグループの人材が必要となる。1つ目のグループはイノベーションチームであり、顧客との対話、反復的なMVPの作成、実験によるビジネスモデルの検証、成功した新規事業の市場投入を担当する。2つ目のグループはスポンサー、つまりイノベーションボードであり、新規プロジェクトの承認、資金配分、チームの進捗状況の監督を行う。規模拡大を管理するためには、チームとボードの役割を理解するだけでなく、双方がうまく廻るための管理プロセスを理解することが重要である。

イノベーションチーム

シリコンバレーには、「リーダーの関心は人員数に表れる」という言い習わしがある。あるベテランのプロダクトマネージャーの説明によると、グーグルやメタのような大手テック企業は、新しいアイデアに投資するだけの十分な資金力はあるものの、最も価値あるリソースは「優秀な人材」であると考えている。つまり、優れた人材こそがチームにとって最も重要なのだ。アマゾンの場合、ジェフ・ベゾスが既存事業から優秀な人材を引き抜いて新規事業に参加させることは、ベゾスが新規事業にどれだけ本気で取り組んでいるかを示す最も明確なサインだった。

新規事業に取り組むチームが、第5章で紹介した反復的実験の考え方や方法論に精通している必要があることはいうまでもない。しかし、非常に有能な人材や、リーンスタートアップ、アジャイル、デザイン思考、プロダクトマネジメントのベストプラクティスだけでは、成功を望むことはできない。

企業内で働くすべてのチームにとって、そのチームを管理するルールは自身の役割を果たすうえできわめて重要である。少人数の多機能チームは、アジャイルとプロダクトマネジメントの実践において中核をなすものであり、読者の多くはこの概念を熟知していることだろう。しかしチームの規模やメンバーの資質は、チームを成功に導く要素の一部にすぎない。アマゾンやグーグルのようなデジタルネイティブ企業、そしてシティバンクやウォルマートのようなDXに成功している企業のイノベーションの研究から、チームのガバナンスに不可欠な5つの柱を特定した。優れたイノベーションチームの要素は、以下の通りである。

- **少人数**：マーガレット・ミードの有名な言葉に、「思慮深く、献身的な市民の小さなグループが世界を変えることができることをけっして疑ってはならない。実際、そうしたグループだけが世界を変えてきた」〔2〕がある。同じ考えを持つシティバンクのヴァキリは、「少人数のチームでも、適切な資質が揃えば、非常に高い生産性を発揮できるはずです」と語る。では、なぜチームは小規模であるべきなのか？　J・リチャード・ハックマンらの研究によると、小規模チームのほうが、調整やコミュニケーション、意思決定がはるかに迅速であることがわかっている〔3〕。そしてご存じのように、イノベーションにはスピードが不可欠だ。少人数チームは、スクラムのようなアジャイル手法の基礎となるもので、短期間のスプリントをスピーディーに繰り返すことが求められる。このスプリントでは、各チームは新しいコードを作成したらテストして情報を収集し、優先順位を調整しなければならない。アマゾンの場合、イノベーションチームは「ピザ2枚チーム」と呼ばれている。これは、ピザ2枚でメンバー全員のお腹を満たせるくらいにチームは小規模（最大8人）でなければならないという方針に由来する。伝統的な企業では、このような小規模チームの考え方に反対する声も聞こえる。経営幹部らは、プロジェクトが非常に重要であるため、これを進めるには多数のステークホルダーの関与が不可欠であると主張する。しかし、「ピザ2枚」の規模を超えるチームが急速なイノベーションに成功した例を私は目にしたことがない。

●**多機能**：優れたイノベーションチームは、サイロ化された部署（マーケティング部門、技術部門、設計部門など）を横断する多様なメンバーで構成されている。つまり、業務を遂行するために必要なスキルすべてを、そのチームだけで満たせるようなメンバー構成にしなくてはならない。これにより、すべてがチーム内で完結するため、スピーディーにプロジェクトを進めることができる。多機能型チームなら、プロジェクトの次のステップに進む際に、他部門からの報告書やデータ、サポートを待つことなく、完全に独立して行動できるはずだ。チーム内の役割分担がどうあるべきかは組織によって異なるだろう。たとえば、プロクター・アンド・ギャンブル（P&G）の一般的なチーム構成は、マーケティング、消費者インサイト、設計、研究開発となっている。ウォルマートでは通常、製品チームのメンバー9人のうち、6人はソフトウェア開発者が占める。スタートアップ企業では、チームは最初から多機能であるのが普通だが、大企業の場合、多機能型チームを形成するとなると、従来の機能別組織から大きく転換しなければならないケースがほとんどだ。

●**専任（シングルスレッド）**：最高のイノベーションチームは、メンバー全員がチームの仕事にフルタイムで専念している。これは標準的なアジャイルチームのスタイルであり、ＩＤＥＯのような成功しているデザイン企業も、各チームメンバーは一度にひとつの新規事業だけに専念するという作業スタイルを採用している。「シングルスレッド（専任）」という言葉の発祥はアマゾンであり、コンピュータサイエンス用語からの比喩である（一度にプログラムの一部分だけを実行するアプリケーションのこと）。少なくとも、イノベーションチームのリーダーは必ず専任でなければならず、新規事業チームとほかのプロジェクトを掛け持ちすべきではない。チームの指揮はすべてリーダーの責任のもとで行われる。スタートアップ企業では、リーダーが専任であることは基本中の基本だ（資金が確保されてメンバーに給与を支払えるようになった段階で、チーム全体も専任化する）。しかし、ほとんどの大企業の場合、各マネージャーは複数のプロジェクトに関与しているため、専任的なリーダーシップ体制を導入することは困難である。

●**自律**：イノベーションチームは、チームの方針にもとづき働くことができるよう、明確な意思決定権を有すべきである。製品デザインであれ、次のテスト予定であれ、ターゲット顧客の決定であれ、チームは外部の承認なしに、自分たちの裁量で仕事を進められるようにする必要がある。自律性とは、サードパーティと契約することが禁じられていないということでもある。あるイノベーションチームは、「私たちは社内のＩＴシェアードサービスとはまったく連携していません。私たちは意図的に自社のエコシステムの外にいるのです」と語っている。いかなるスタートアップ企業でも完全な自律性が求められており、投資家は経営者のように運営に関与せず、取締役会のメンバーも日々の業務には介入しない。しかし、トップダウン型経営に固執する大企業の場合、チームに自律性を持たせるには根本的な転換が必要となるだろう。

● **説明責任（アカウンタビリティ）**：すべてのイノベーションチームは、その仕事の結果について説明責任を負わなければならない。これこそが、成果の達成方法について完全な自律性を維持できる理由なのだ。チームの説明責任は、次の2つの要素にもとづいている。1つ目は、成功の定義を明確にすることであり、これは納品物ではなく成果によって定義される。その定義には、具体的な定量指標と定性的な原則の両方を含めるべきであり、その定義はチームの作業が始まる前に上層部と合意しておく必要がある。2つ目の要件は透明性だ。チームの成果は、いつでもチーム内外の誰に対しても可視化されていなければならない。テストの実行、MVPの作成、追跡対象の指標はすべて、社内の誰に対しても公開されている必要がある。たとえば、ウォルマート・ラボは透明性の高いツールを導入しており、各製品チームのメンバー、作業内容、作成されたすべてのコードが表示されるようになっている。スタートアップ企業では、説明責任と透明性は避けて通れない要件だ（たとえば、新規顧客獲得のマーケティングキャンペーンが失敗した場合、その情報はすぐに全員の知るところとなる）。ここが、一般的な企業の慣例とは大きく異なる。大企業の場合、説明責任の所在は曖昧で、成果と同じくらい社内政治に左右されることが多い。

表6－2は、これら5つの柱をまとめたもので、デジタル以前の時代における旧来型チーム運営とは

対照的であることが示されている。旧来型チームは、多人数で構成され、チーム内で機能ごとにサイロ化され、兼任体制のなかでマイクロマネジメントされ、さまざまな社内政治を抱えているのに対し、優れたイノベーションチームは、少人数で構成され、多機能的で、専任体制であり、自律的で、説明責任を負っている。この2つのチーム間の格差は、人材ではなくガバナンスの違いによるものだ。イノベーションチームと、旧来型の機能別組織とでは、その役割が異なる。旧来型チームの場合、その目的は、特定の成果物に焦点を当てたプロジェクト（例：「顧客データベースを新しいクラウドサービス・プロバイダーに移行」）を実行したり、継続的な業務（例：「東南アジア市場でマーケティングを実施」）を遂行したりすることにある。対照的に、イノベーションチームの目的は、新たな成長事業を追求したり、主要顧客やステークホルダーが抱える持続的な問題に対してイノベーションを生み出したりすることである。つまりチームのあるべき姿とは、そのチームが果たすべき役割にもとづいて形作られるのだ。

グロースボード

イノベーションの規模拡大において重要なもうひとつのグループは、資金を配分し、チームの業務を監督する管理責任者である。デジタルの取組みを拡大しようとしている経営幹部に、私が最初に投げかける質問として、「あなたの組織では誰がイノベーションのスポンサーになっていますか？」というものがある。最も一般的な回答は、新規事業は単一のスポンサーによって承認されるというものだ。つまり、1人または複数の経営幹部がこの役割を担い、戦略的に重要かつ有望と判断した新規事業に対し、

表6-2　イノベーションチームと旧来型機能別チームにおける5つの柱の比較

イノベーションチーム	新たな成長事業の追求や、持続的な問題に対するイノベーションの創造	**旧来型機能別チーム**	暫定的なプロジェクトの実行や、継続的な業務の遂行
少人数	• 10人未満のチーム構成 • スピーディーなコミュニケーションと業務処理	**多人数**	• さまざまなレベルのチームメンバーが多数関与 • 伝達不足が頻発
多機能	• さまざまな部門出身のメンバー • チームに必要なスキルをすべて充足	**サイロ化**	• 単一の部門のメンバー • 業務はほかのメンバーのスキルに依存
専任	• リーダーは100%チームに専念 • チームメンバーがほかのタスクを任されることは稀、または皆無	**兼任**	• 全員がパートタイムでチームに関与し、ほかのプロジェクトも掛け持ち
自律	• 資金獲得の各段階に達するまでの間、意思決定はすべてチームに一任	**マイクロマネジメント**	• 重要な決定にはすべて承認が必要（多くの関係者が却下できる）
説明責任	• 明確な成功の定義 • 透明性のある指標 • チームが全責任を負担	**社内政治**	• 納品物は明確だが、成功するかどうかは議論の余地がある • 指標へのアクセスが制限されている • 理論的には多くの人が責任を負うが、実際には誰も責任を負わない

組織内での影響力を駆使してこのプロジェクトを支持する。単一スポンサーモデルの問題は、基本的に場当たり的で、個人の直感や判断にもとづいて決定が下される点だ。スポンサーが個人的に気に入っているプロジェクトが手厚く継続されるリスクもある。いったんスポンサーがプロジェクトに関与すると、市場の検証による見込みがどうであろうと、そのプロジェクトから手を引くのは難しくなるからだ。

企業のイノベーションを支えるにあたり、最も効果的なモデルが「ボード」だ。ボードモデルでは、グループが一堂に会して審議し、さまざまなイノベーションの新規事業の中から支援するものを決定する。これは、スタートアップ企業のプレゼンに耳を傾けるベンチャーキャピタル投資家のグループや、数十チームの中から数組の勝者を選ぶハッカソンの審査員とよく似ている。ひとつのボードが同時に複数のイノベーションチームを支援することもある（対照的に、単一スポンサーモデルでは通常、「1人の経営幹部が1チームを支援する」ため、その支援から手を引くことはきわめて困難だ）。ボードモデルは、その多様性や機動性、公平性により、イノベーションを管理するうえで本質的に優れた反復可能なプロセスであるといえる。

企業のイノベーションボードは、グロースボードと呼ばれることも多い。これは、2014年にゼネラル・エレクトリック（GE）のスティーブン・リグオリが考案した造語であり、社内イノベーションに対する資金配分を監督する少人数のグループを指す。当時リグオリのアドバイザーだったエリック・リースがこの言葉を広め、シティバンクやプロクター・アンド・ギャンブル（P&G）などでも使用されるようになった[4]。「ベンチャーボード」や「グロースカウンシル」といった名称で呼ばれることもあるが、その呼び名にかかわらず、企業のイノベーションボードには、次の4つの重要な役割がある。

- **新規事業のゴーサイン**：ボードは、ゴーサインを出す新規事業を選択してその事業に対して初期投資を行い、成功の定義も定めなければならない。この初期投資は、外部スタートアップに対する出資であったり、社内のチームがアイデアの検証に使用するシード資金であったりする。社内のチームを承認する場合、ボードは予算に加え、人員などのリソースも割り当てなければならない。
- **反復的な投資**：新規事業への投資は、部署や事業部門への資金提供とはまったく異なり、データにもとづいて反復的に行われなければならない。ボードの2つ目の役割は、各チームの進捗状況を定期的に確認し、そのチームに次のリソースを割り当てるか、それともプロジェクトを停止させてチームメンバーをほかの優先課題に再配置するかを決定することだ。
- **戦略的ガイダンス**：各資金提供サイクルの間に、ボードは各チームと定期的に会合を持ち、それぞれの新規事業の進捗状況を確認する。チームが反復的なテストを行いながら情報を収集し、イノベーションの次のステップを検討する段階にきたら、ボードは戦略的なアドバイスを提供する必要がある。
- **仲介と援助**：ボードは、新規事業チームと会社の他部門の間に入って仲介役となり、社内の他部門にチームを紹介したり、連携させたりして、必要に応じて組織間の障壁を取り除かなければならない。

グロースボードの成功には、適切な人材を確保することが不可欠だ。ある経営者は、「ＭＢＡを持っている人ばかり集めてもだめです。必要なのは、ベンチャーキャピタルや起業家のような思考を持つ人材なのです」と語っている。さまざまな企業のグロースボードを見てきた私の見解として、最も効果的なボードを立ち上げるためには、以下の構成を検討するとよいだろう。

●**少人数**：効果的なボードは少人数（8人以下）、成功しているチームが実践する「ピザ2枚」ルールに従った人員構成とすべきである。
●**異端的**：イノベーションを支援するためには、ボードは企業内の常識とされる考え方に疑問を投げかけ、長期的な視点を持つことを推奨し、業界の外からもアイデアを取り入れる姿勢が必要だ。最も効果的なボードのメンバー構成は、異なる部署や事業部門出身の社内ステークホルダーに加え、少なくとも1人は外部の視点を持つ者を擁していることだ。起業経験やベンチャーキャピタルでの勤務経験があるメンバーは大きな強みとなる。
●**高い能力**：チームはボードからの多大な支援を必要としているため、市場の知識や各分野の専門知識、組織内で影響力を持つメンバーの存在が不可欠だ。ボードがチームの強力な支援者となるには、会社のなかで実質的な影響力を持たなければならない。
●**積極的な関与**：ボードは頻繁に会合を持つことで、反復的なフィードバックと資金提供をしっかりと行う必要がある。会合の周期は6〜8週間に1回が望ましく、最低でも四半期ごとの開催は絶対行うべきだ。ボードメンバーは、対面かリモートかにかかわらず、会合の開催中だけでなく、各会合の間も積極的に関わっていなければならない。会合の大原則は「出席しなければ投票できない」である。

ボードメンバーの役職や経験値を適切に評価することも重要となる。少なくとも一部のボードメンバーは、組織内で実質的な影響力を持つに足るシニアレベルでなければならないが、多忙により会合に時間を割くことができないような高い役職にいる者は避けるべきだ。イノベーションを監督するベンチャーボードに、全社の経営幹部を指名しようとする企業があるが、こうした経営幹部は、新規事業にゴーサインを出したいという気持ちはあるものの、各チームの進捗状況を把握し、アドバイスを与えるだけの時間的余裕がないことが多い。なかには、マーケット感覚が疎くなってしまっており、自身より下の役職にいる人よりも、チームの仕事ぶりを適切に判断できない経営幹部もいる。

監督対象のチームとボードが効果的に協働するためには、決定権を明確にすることがきわめて重要となる。チームとボードの役割は、独立したスタートアップ企業と、それに出資するベンチャーキャピタルの投資家の役割に似ている。それぞれの権限は、以下のように明確に定義されている必要がある。

- **チームの決定権**：イノベーションチームは、スタートアップ企業のように、資金獲得の各段階に達するまでの間、自律的に、つまり自由に新規事業をコントロールできる。すなわち、ボードは時に情報提供やアドバイスをすることがあるかもしれないが、どのような顧客をターゲットに、どのようなMVPを作成して、どのようなテストを実施するかについては、チームが決定権を握っているのだ。
- **ボードの決定権**：イノベーションボードは、ベンチャーキャピタルの投資家のように、新規事業ポートフォリオ内の各チームに対する資金提供における全権を掌握している。ボードはチームと対話を持ち、オープンで活発な議論を通じて決定を行うべきだが、最終的な決定権はボード側にある。CEOなどのほかの上級幹部は、新規事業についてアドバイスや意見を提供することはできるが、ボードによる投資の決定に対して投票したり、覆したりすることはできない。

ボードモデルはいくつかの理由で単一スポンサーモデルよりも優れている。チームにとってのメリットは、ボードが紹介する複数の指南役や支持者が、異なる視点や技術的な専門知識、社内外の人脈を提供してくれることであり、こうした利点は単一のスポンサーモデルでは得られない。会社にとってのメリットは、ボードが、個人的な信念やプライドではなく、結果（すなわち、新規事業が市場でどのように検証され、どのような成果を上げるか）にもとづいてリソースを配分する仕組みになっていることだ。単一スポンサーモデルが基本的に場当たり的に、個人的な嗜好や社内政治に左右されがちなのに対し、ボードは反復可能で、合理的かつ戦略的なスポンサーシップモデルであるといえる。

ゴーサイン

ボードがチームと最初に協力する重要なプロセスは、新規事業が検証フェーズに進むことを承認する「ゴーサイン」である。新規事業がボードに承認された場合、ボードが最初のリソース（一般的には時間、資金、人材など）を割り当てていく。ゴーサインが出たあとのベストプラクティスは、各チームへの初期投資を最小限に抑えつつ、承認される検証対象のアイデア数を最大化することである。

このプロセスで重要なのは、提案されたアイデアの中から「ベスト」なものを選ぼうとする衝動に駆られないようにすることである。そもそも、どのアイデアが成功するのか、それを知るすべはない。それを知ることのできる方法は検証しかない（だからこそ、推測などしてはいけない！）。次に、うまくいく新規事業は、当初のアイデアは不完全かもしれないが、テスト、フィードバック、反復学習を経て進化したアイデアから生まれることが多い。シティバンクのコレラは、「とくに大企業の人達は、アイデアを『よい』『悪い』のカテゴリーで考えがちです。しかしよいアイデアは、往々にして悪いアイデアのなかに隠れているのです」と指摘する。どのアイデアがうまくいくかを推測するのではなく、問題の定義づけ、戦略的適合性、チームのマインドセットにもとづいてアイデアを評価するとよいだろう。シティバンクのグロースボードがD10Xの第1ラウンドのプレゼンを評価する際、解決すべき問題や、その問題に対する独自の視点やインサイトがあるかどうかに加え、情熱を持ちつつも、アイデアが将来成功するかどうかまったくわからないという前提に立てているかどうかを重視する。

ここで目標とすべきことは、第1ラウンドでは、できるだけ多くの有望なアイデア（すなわち、よく練られた戦略的なアイデアで、適切なチームにより展開されるもの）に投資することだ。なかには、階級や役職に縛られないオープンドア・アプローチ〔訳注：リーダーやマネージャーがチームメンバーに対して、いつでも、どんなことでも相談や意見を述べることができるように、オープンなコミュニケーションを促すアプローチ〕を用いて、社員のアイデアにゴーサインを出している企業もある。グーグルの有名な「20％タイム」ポリシーでは、エンジニアは勤務時間の20％を使い、自分が興味を持ったアイデアに自由に取り組み、初期の探索を通じて新規事業につながるかどうかを見極めることができる。アドビでは、イノベーションのアイデアを持つ従業員なら誰でも「Kickbox」と呼ばれるプログラムを申請でき、これにはアイデアの初期テスト資金として１０００ドル相当のクレジットカードがセットになっている。Kickboxには、５ステップのプロセスについてのガイドが含まれており、経営幹部へのプレゼンを決める前に、そのアイデアを自分で検証できるようになっている。このプログラムの唯一の条件は、テストで得られた結果を社内に共有することだ[5]。

多くのイノベーションのアイデアにゴーサインを出すためのカギは、迅速かつ安価で、効果的な検証プロセスを構築することである。そのためには、顧客の意見を取り入れることで、その新規事業が真の問題に焦点を当てているかどうかを迅速にテストしなければならない（第1段階の「問題の検証」）。たとえばシティバンクでは、新規事業は2～3日間のワークショップから始まることが多く、そこでは従業員が戦略的問題／機会ステートメントを作成し、実際の顧客と一緒に迅速かつ反復的に自身のイノベーションのアイデアを構想することができる。シティバンクはこのアプローチを採用することで、D10Xのようなプログラムで、何百もの新規事業のアイデアをテストできるようになった。初期の検証のスピードを上げ、コストを下げれば、成長につながるアイデアをより多くテストし、追求する余裕が生まれる。

新規事業は、最小限の議論と可能な限り少ない投資でスタートしたほうがよい。しかし、その初期投資はすべて学習のため、すなわち、製品開発ではなくビジネスモデルの仮説を検証するために使われなければならない。こうした初期のテストで有望な結果が出れば（たいていの場合はそうではない）、次の段階に進むことができる。何度も学習と検証を繰り返したあとで（あるいは、戦略を調整し、検証により成功の兆しが見えたら）、初めて大規模な投資を行うべきである。

反復的な投資

イノベーションを管理するための次の重要なプロセスは反復的な投資、すなわち、「ゴーサイン」が出た成長事業にボードがリソースを配分するプロセスだ。反復的な投資は、きわめてアジャイルかつ市場の検証に即応できるものでなければならない。反復的な投資がいかに企業内で一定の規模で機能するかを知るためには、不確実性のもとでの投資、学習の役割、反復的な投資と従来の予算編成との違い、それぞれに注目する必要がある。

不確実性、正味現在価値、オプション価値

市場の需要、技術の成熟度、パートナーの意欲、規制当局の承認など、どのような新規事業もある程度の不確実性を抱えてスタートする。反復的な投資を正しく行うためには、その不確実性が次の2種類の価値をどのように形成するかを理解しなければならない。正味現在価値（NPV）とは、時間の経過に伴う投資に対する財務リターンの価値である。一方、オプション価値とは、将来の行動を取る権利から生じる価値をいう。どちらの価値も、イノベーションへの投資には不可欠だ（次の「オプション価値の解説」を参照）。

オプション価値の解説

リタ・マクグラスは、オプション価値を「将来の意思決定の権利であって、義務ではない」

と定義する[a]。戦略的オプションへの投資、あるいは「リアルオプション」とは、多くの情報が得られたら、将来にわたって戦略的決定を行う機会が生まれる投資を指す。

オプションの価値が最初に生まれたのは金融市場であり、投資家は将来の特定の日に合意された価格で資産を売買する権利を購入できる。こうした合意は非常に価値のあるものだが、既存の意味の価値とは異なる。投資家に直接的なリターンをもたらすことはなく、かわりに条件がよいと判断された場合に、将来売買できる選択肢を提供することで価値を創出する。

より身近なものでいえば、航空券だろう。多くの航空会社は、同じフライトの同じ座席を2つの異なる運賃で販売しており、それぞれ「エコノミー」と「エコノミーフレックス」と呼ばれることが多い。唯一の違いは、後者の運賃には、キャンセルと払い戻しのオプションが含まれている点だ。フレックス運賃は、座席、機内食、手荷物許容量はすべて同じであるにもかかわらず、料金が高くなる。利用者は、この純粋なオプション価値、すなわち、何らかの理由で飛行機に搭乗しない場合に価値が生じるオプションに対して追加料金を支払っているのだ。当然のことながら、そのオプションの価格（運賃間の差額）は、フライトまでの日数が長ければ長いほど高くなり、フライトまでの日数が短くなるにつれて、オプション価値（そして、利用者が計画を変更する可能性）が低くなるため、差額も小さくなる。

もうひとつの例はポーカーゲームだ。各プレイヤーは最初に数枚のカードを受け取ったら、アンティと呼ばれる最初のベットをする。アンティをして初めて、残りのカードを受け取り、さらにベットしたり、ポット（賭金）を獲得したりするチャンスを得られる。最初のアンティは純粋なオプション価値であり、プレイヤーは、完全な手札を持っている状態で、あとで再びベットできるよう、アンティというオプションに対価を支払っているのだ。そして、現在価値、つまり儲けるチャンスがあるのはベットの最終ラウンドのみとなる。

シリコンバレーのスタートアップ企業を支援するベンチャーキャピタル・ファンドでは、オプション価値と現在価値の組み合わせがきわめて重要だ。どのベンチャーキャピタルにとっても、スタートアップ企業への初期段階の投資は、ほとんどがオプション価値とみなされ、スタートアップが実行可能なビジネスモデルを持っていることが判明した場合、そこで投資を行うことで、あとでさらに投資を行う権利を得る。ベンチャーキャピタルが投資先企業を現在価値の指標（スタートアップ企業の収益、顧客獲得コスト、営業利益率など）で判断し始めるのは、投資ラウンドの後半になってからである。

a　リタ・マクグラスは、不確実性の高い状況下でのイノベーションにおけるオプション価値の重要性について、非常に洞察に富んだ見識を示している。詳細は以下を参照のこと。Rita Gunther McGrath, "Falling Forward: Real Options Reasoning and Entrepreneurial Failure," *Academy of Management Review*, 24, no. 1 (January 1999): 13–30.Also, Rita McGrath, "A New Approach to Innovation Investment," *Harvard Business Review*, March 25, 2008, https://hbr.org/2008/03/a-new-approach-to-innovation-i.

イノベーションのなかには、不確実性が低い状態でスタートするものもある。たとえば、現行の事業における既存の問題を解決するために既知のソリューションを使用する場合は、成功を測るための明確な基準や指標がすでに存在する。不確実性の低い投資は、正味現在価値（通常はＲＯＩ）の観点から判断するのがベストだ。これは、日常業務に投資する場合と同じ理論である。あるプロジェクトに5万ドルが必要な場合、その金額を別の事業に投資したときよりも高い価値が得られる見込みがある場合のみ、そのプロジェクトは承認されるべきだ。従来の予算編成は、すべて現在価値にもとづいており、予測可能な財務結果を前提としている。

しかし、投資すべき新規事業の多くは、高い不確実性のもとでスタートするものであり、問題の定義が曖昧で、指標もはっきりせず、基準もよくわからない状態から出発することもある。なかには、新しいパートナーとの提携や、新規顧客の確保が必要になる場合もあるだろう。このようなケースでは、結果を予測することは不可能だ。不確実性の高いイノベーションでは、現在価値にもとづく財務管理は事実上不可能である。不確実性のもとでの投資にも意味がある。しかし、それはオプション価値への投資として捉える場合に限られる。グローースボードがイノベーションチームに初期資金を提供する場合、それはＲＯＩのための投資ではない。市場でのテストで有望であることが示された場合に、さらなる投資の権利を保持しながら学習するための投資である。初期投資の目的は、重要な仮説（例：「実際の顧客にとって真の問題なのか？」）を検証し、そのデータを速やかにボードに報告することだ。この過程を経ることで、ボードメンバーは、戦略的オプションを行使してその新規事業をさらに進めるかどうかを決定できる。つまり、将来に何らかの行動を取る選択肢を持つことこそが、オプション価値の本質なのだ。

オプション価値と現在価値の不確実性との関係性を視覚化するため、「イノベーションの不確実性曲線」と呼ばれるモデルを考案した（図6－1参照）。横軸は新規事業の不確実性のレベルを示している。同じ企業内でも、さまざまなイノベーションが多かれ少なかれ不確実な状態でスタートする。たとえば、テストされていない技術を不安定な市場に投入するという新しいデジタル・ビジネスモデルは、不確実性が最大となる左端からスタートする。逆に、一般的に有名な技術を用いて現在の事業運営を最適化するイノベーションは、不確実性がはるかに少ない右端からスタートすることになる。

縦軸は、新規事業にふさわしい投資規模を示している。曲線は、新規事業への投資と新規事業の不確実性との関係性を示しており、曲線を左から右にたどっていくと、上向きにカーブしていることがわかる。新規事業の不確実性が最大である最も左端にある場合、企業は純粋にオプション価値に投資していることになり、投資

図6-1　イノベーションの不確実性曲線

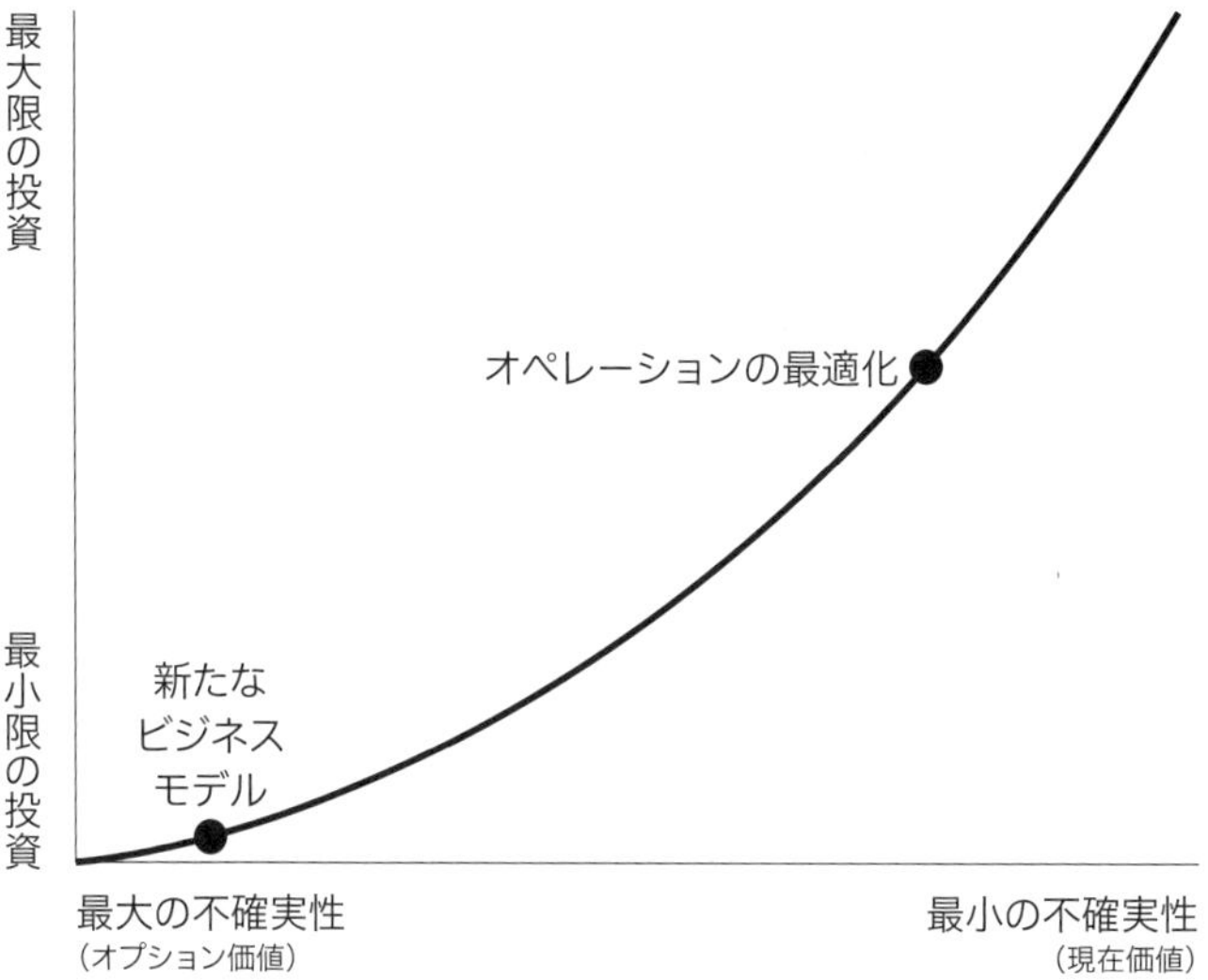

規模は非常に小さくなるはずだ。一方、新規事業の不確実性が最小である最も右端にある場合、企業は完全に現在価値に投資していることになり、投資規模はかなり大きくなる可能性がある。

学習が投資につながるメカニズム

検証のポイントは、実験による学習を通じて不確実性が減ることにより、不確実性の固定化を解消できる点にある。図6－2は、斬新なイノベーションは通常、大きな不確実性を伴う「壮大なアイデア」として始まることを示している（アマゾンのファイアフォンが最初に考案されたときのブレインストーミング・セッションを振り返るとよいだろう）。検証の役割は、顧客インタビュー、顧客に見せるワイヤーフレーム、反復的なプロトタイプやMVPといった反復実験によって、その不確実性を減らすことである。こうしたテストが適切

図6-2　学習とイノベーションの不確実性曲線

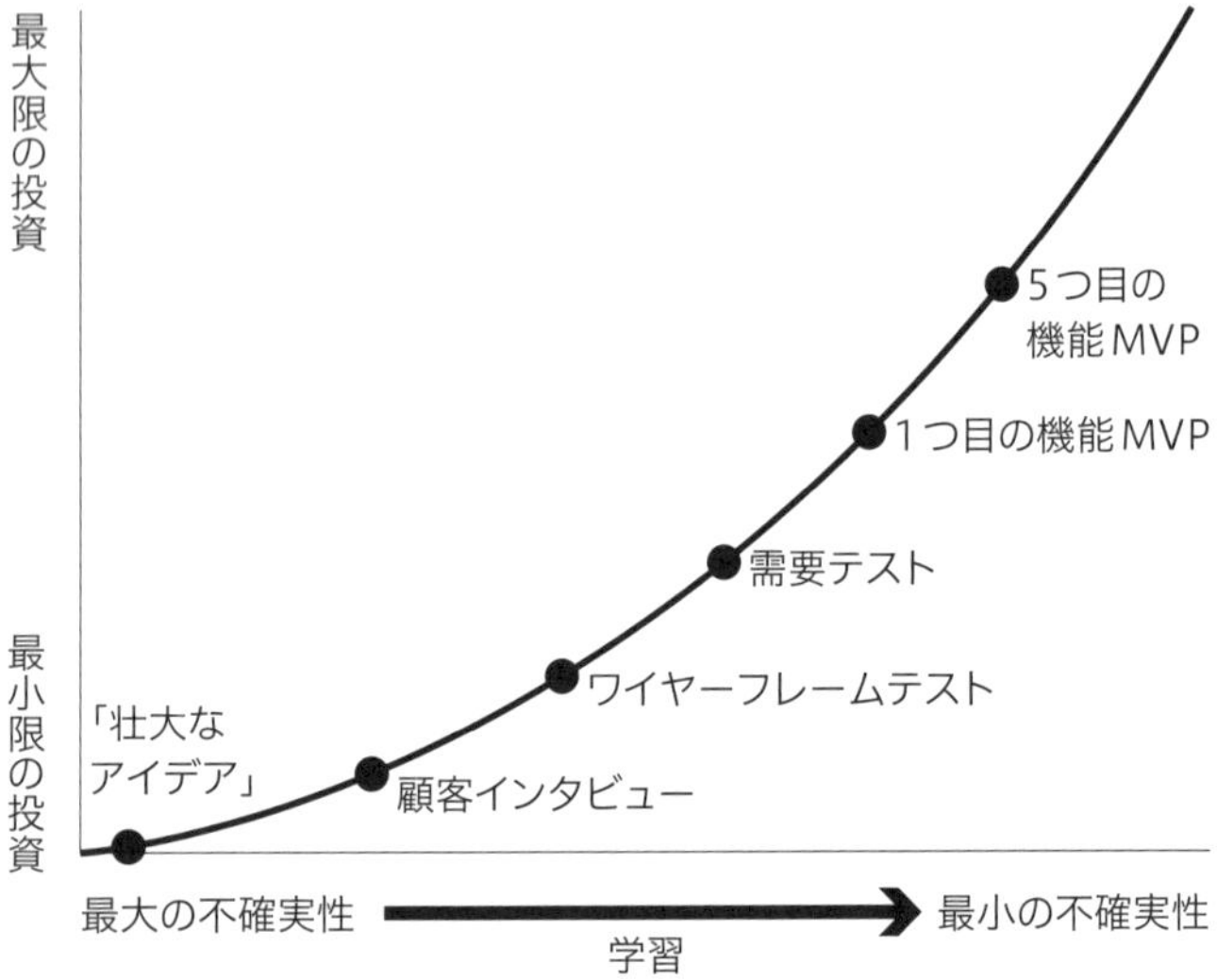

に設計されていれば、新しい知見をもたらし、計画しているイノベーションの重要な側面を実証したり、否定したりできるだろう。図6－2の下部に、右向きの学習の矢印がある。これは検証された学習によってのみ、新規事業の高い不確実性を低くできることを示している。

　次に、図6－3の不確実性曲線を、図の左側から見てみよう。最初の資金提供ラウンドに参加するスタートアップは、そのビジネスがきわめて不確実であり、拠出された資金は最大のリスクにさらされるため、ベンチャーキャピタルの投資家にはごく少額の初期投資しか求めない。同様に、不確実な新規事業に取り組む企業チームに対しても、最初のラウンドではごくわずかな運営予算、限られた時間、限られた人員だけを認めたほうがよいだろう。たとえば、シティバンクのD10Xの場合、最初の検証にはわずか2000ドルしか付与されない。チームがこう

図6-3　投資とイノベーションの不確実性曲線

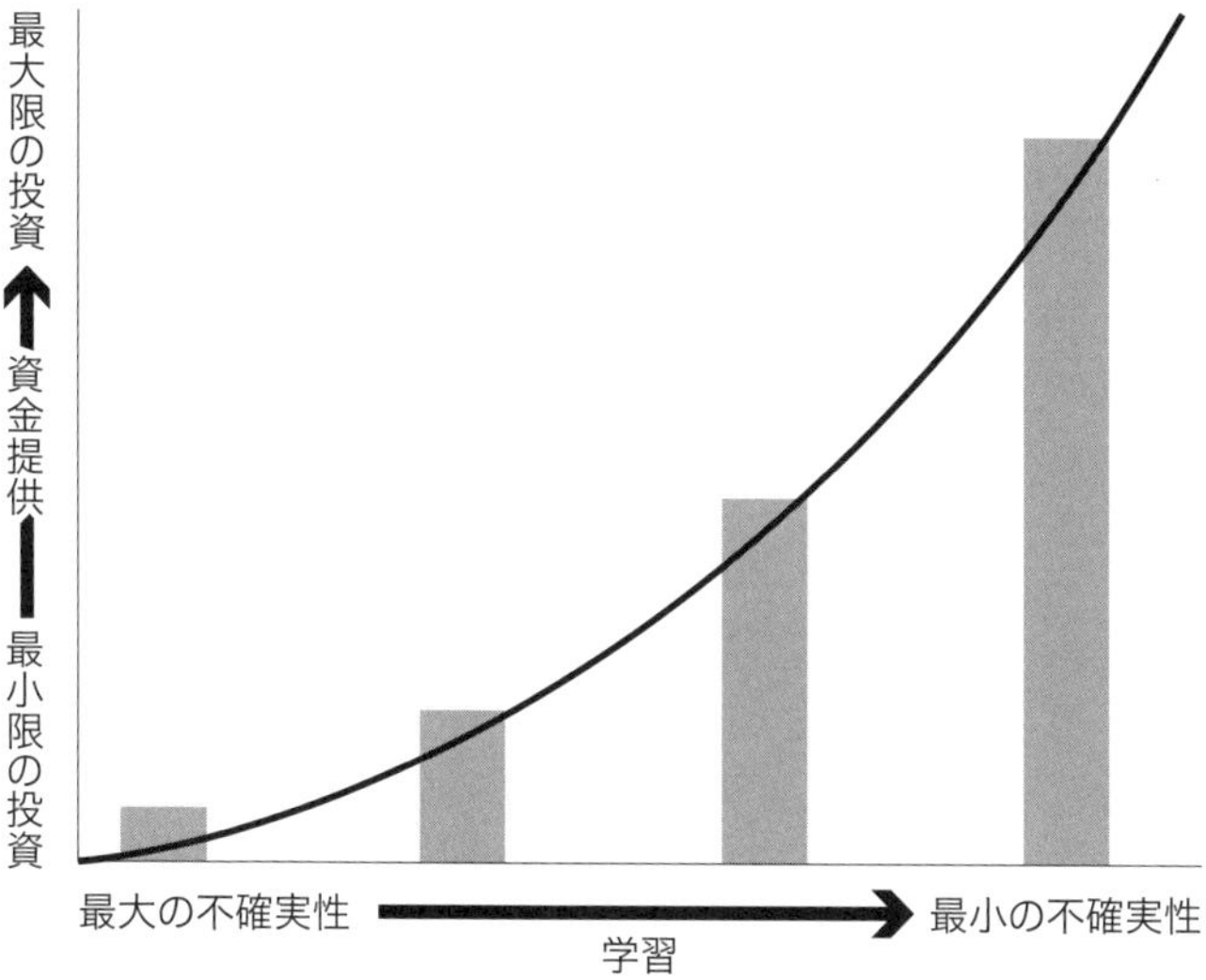

したリソースを効果的に学習に投資すれば、新規事業の不確実性を減らすことができるため、図6－3においては右に向かってシフトすることになる。新規事業の価値は、純粋なオプション価値から現在価値へとシフトすることから、資金提供ラウンドの規模も、そのカーブに応じて大きくしていかなければならない。成功しているスタートアップでは、ベンチャーキャピタルからの資金提供のラウンドごとに資金の規模が大幅に増える理由がこれである。スタートアップのビジネスモデルが検証されると、その失敗のリスクが下がるため、投資の規模は指数関数的に増加する。

企業経営者たちと話していると、イノベーション予算の承認を得るのに苦労している話をよく耳にする。それに対しては、より少ない金額を要求してみるよういつもアドバイスしている。そのうえで初期の実験で得た知見にもとづき、利益が出る可能性があるかどうかを検証するのだ。検証の結果が良好であれば、当初希望していた予算を要求できるようになるだろう。

イノベーションの不確実性曲線から、イノベーションの管理について次の2つの最終的な洞察を得ることができる。

①不確実性の高い新規事業の場合、時間ではなく、検証にもとづくマイルストーンを設定しなければならない：なぜなら、イノベーションの不確実性曲線には時間という概念はないからだ。従来の計画重視の経営手法では、時間が最も重要な要素であり、どのガントチャートやプロジェクト管理ツールでも、横軸に時間が表記されている。しかし、不確実性のもとで新規事業を管理する場合、時間という恣意的なマイルストーンは忘れ、かわりに検証というマイルストーンに従って管理するという大きな

思考の転換が必要である。

②急速な変化と不確実性の時代において、学習のスピードは組織にとって最大の競争優位性となる：実験のプロセスをマスターすることで、企業は検証、テスト、学習を大幅に迅速化できるだろう。競合他社よりも迅速に学ぶことで、同じビジネス戦略をより少ない不確実性のもとで追求することが可能となり、リスクが少なく成功確率が高い状態で、より早くリソースを投入できる。デジタルの時代では、最も早く学んだ者が常に勝利を手にするのだ。

反復的な投資の実践

成長事業に対する反復的な投資は、ベンチャーキャピタルがスタートアップ企業に対して行う出資のアプローチにもとづいている。シティバンクの反復的な投資について、コレラは次のように説明する。「ベンチャーキャピタルと同じように、（シティバンクの）従業員はアイデアのテストと市場の検証を経て、よい結果が出れば、グロースボードに再度プレゼンして追加資金を要求するのです」[6]。この反復的プロセスは、表6－3に示すように、伝統的大企業における旧来型予算編成とはまったく異なる。旧来型資金提供と反復的資金提供プロセスの主な違いをそれぞれ簡単に見てみよう。

- **ゆっくり大きく始める vs. 素早く小さく始める**：伝統的企業の予算編成では、新規プロジェクトには（プロジェクトに対するコミットメントを示すために）多額の初期予算が与えられるが、それは長いビジネスケース分析のあとである。このアプローチの問題は、不確実な新規事業の可能性を第三者のデータやモデリングに依存して（見当違いな）評価をしようとする点だ。反復的な投資の場合は、正反対のアプローチとなる。ビジネスチャンスが明確に定義されており、企業の戦略に合致しているかどうかの簡単な評価にもとづいて、新規事業にわずかな額の初期資金が提供される。

- **長い予算編成サイクルvs.短い資金提供サイクル**：次の違いは頻度だ。従来の企業の予算編成では、プロジェクトや部門は、何カ月もかかる複雑なプロセスを経て、毎年資金を調達する。そのため、有望な新規事業が、4週間のテストに必要なリソースを得るのに1年以上も待たされることさえある。新規事業の反復的資金提供は、1カ月から3カ月の短いサイクルで行われ、チームには30日から90日

表6-3　旧来型資金提供と反復的な投資の比較

旧来型資金提供	新規事業の反復的資金提供
ゆっくり大きく始める	素早く小さく始める
長い予算編成サイクル	短い資金提供サイクル
幹部の意見にもとづく決定	検証にもとづく決定
漸進的成長	指数関数的成長

分のリソースが支給される。追加資金が必要な場合は、グロースボードに再度プレゼンしなければならない。

- **幹部の意見にもとづく決定vs.検証にもとづく決定**：3つ目の違いは資金提供の決定方法である。従来的な予算編成では、決定は上級幹部の意見にもとづいて行われるが、個人的な信念（個人のお気に入りプロジェクト）やチームメンバーの説得力に影響されることがある。そうではなく、資金提供の各ラウンドは、すべて新規事業の検証データにもとづいて決定されなければならない。第5章で見たように、主要な指標は検証が進むにつれて変化する。そのため、資金提供ラウンドのたびに、ボードは次回の審査に必要なデータについてチームと合意しなければならない。ロジャースの成長ナビゲーターは、これまでのチームの取組みや学び、ボードから引き続き資金を得るためにチームが次に確認すべき事項について、ボードとチームが議論を交わすうえでの指針となる。
- **漸進的成長vs.指数関数的成長**：この2つの資金提供プロセスでは、資金提供の変化率が大きく異なる。多くの組織では、次のサイクルでの基本的な予算措置は、前回予算の漸増であることが多い（例：「前年予算にプラス3%」）。一方、反復的な投資により検証が成功し、新規事業が継続することになれば、各ラウンドの投資規模は指数関数的に拡大するだろう。人員数を増やしたり、プロジェクトに従事する従業員をパートタイムからフルタイムに転換したりすることで、人的資源が増えることも考えられる。

反復的資金提供プロセスには高い柔軟性が求められる。ボードは、市場で成功している新規事業に対して素早く投資を増やす体制を整えていなければならない。テストの結果がきわめて良好であった場合、チームが次回の資金提供審査についてボードと早めに打ち合わせし、ペースを早めるよう要請することも考えられる。ボードの柔軟性を高めるためには、前もって（たとえば1年間）資金を供給するリソースプールが必要だ。そうすることで、ボードはプロジェクトのポートフォリオにリソースを効果的に配分できる。そのポートフォリオのなかでは、同じタイプのイノベーションだけで資金を競い合うようにしなければならない。たとえば、ある事業部門内の高リスクのイノベーションだけ、あるいは中核事業の外側のイノベーションだけ、といった具合だ（こうしたリソースプールの例は、本章の後半で紹介する）。まずはポートフォリオに投資し、次に新規事業に資金を提供するという流れとなる。

ある時点で、新規事業が規模を拡大するにつれて、その資金源となる予算の種類や、投資決定者を替える必要が出てくるかもしれない。複雑な物理的製品（モノ）を扱う業界では、チームが例示MVPを用いたテストから、より費用のかかる機能MVPを用いたテストに移行する際に、予算が跳ね上がるのが一般的だ。たとえば、エア・リキードでも、チームがワイヤーフレームの構築から、実データを使った産業製品の構築に移行するたびに、予算の増加が見られた。「当初の予算は高額でなくてもかまいません。10万ドル台の低い予算範囲であっても、十分な価値があります」。このように話すのは、エア・リキード・カンパニー傘下のAirgasでマーケティング担当副社長を務めるオリヴィエ・ドゥラブロワだ。エア・リキードの場合、資金源は当初のCDOが管理する経費性予算から、イノベーションボードが配分を担う投資性予算に切り替わる。

企業内で成功を収めた大規模な新規事業は、いずれイノベーションボードという資金源から独立することになる。成功している新規事業が次のレベルに達するために数年後に1億ドルの資金注入を必要とする場合、この決定はおそらく経営会議の承認が必要となるだろう。同様に、スタートアップ企業に対して持っている少数株を完全買収に変更するといった決定についても、上層部がその判断に関与するかもしれない。

効率的な事業停止

もちろん、すべての審査が資金提供を続けるという結果に終わるわけではない。企業のイノベーションにまつわる典型的な問題のひとつは、新しいプロジェクトの始め方は知っていても、終わらせ方を知らないことだ。イノベーションが成果を上げるためには、失敗したプロジェクトや、戦略との整合性が不十分なプロジェクトから撤退する体制が整っていなければならない。ニューヨーク・タイムズの国際本部長を務めるスティーブン・ダンバー＝ジョンソンは、「新しいことを始めるのは簡単です。本当に難しいのはやめることなのです」と語る。

新規事業を効率的に、つまり体系的かつ定期的に停止することは、グロースボードの重要な仕事である。ボードが会合を開いて反復的な投資審査を行う際に必ず考慮すべきは、「この新規事業に引き続き投資するか、それとも停止するか」だ。いずれの判断を下すにしても、その決定はデータにもとづいたものでなければならない。表6－4は検証の各段階における、新規事業にとっての深刻な問題を示す一般的なテスト結果である。表に記載のいずれかの結果が出た場合、そのイノベーション・プロジェクトをピボット（根本的な軌道修正）するか、それとも停止してリソースを解放するかを見極める明確なサインとなる。

事業停止を実行するうえでの障壁を乗り越える

伝統的企業においては、その企業文化が、イノベーション・プロジェクトを停止させるうえでの最大の障壁となっていることが多い。往々にして、失敗を認めることに対して抵抗感を抱いたり、どのような失敗に対しても、リスクが大きすぎたという非合理的な感覚を持ってしまったりする。シティバンクのコレラは、「大企業のほとんどの人は、失敗といえば、経済的な影響や顧客に悪い結果をもたらすもの、あるいは組織の安全性や健全性を損なうものを連想するのです」と指摘する。しかし、新しいアイデアのテストで失敗しても、適切に管理されれば、まったく危険なことではなく、むしろイノベーションを追求しないリスクのほうがはるかに高い。「アイデアやプロトタイプをテストしているときに、顧客がこれは自分たちの問題を解決するものではないので購入しないといったとしても、私たちが失うのは、アイデアをまとめるためにかけた時間と労力だけです」とコレラは説明する[7]。

対照的に、チームが新規事業を迅速かつ効率的に停止しなければ、きわめて実質的なコストが企業にのしかかる。事業停止のための規律がなければ、イノベーションの方向性が不明瞭になり、リソースも分散して希薄になってしまい、新たな実験を行うための余裕が失われてしまう。そうなると、成功していないが、それでも停止されずにリソースを消費し続ける新規事業、いわゆる「ゾンビプロジェクト」

表6-4　検証の各段階における新規事業を停止すべきサイン

検証の段階	ピボット／停止を判断するための一般的なサイン
①問題の検証	• **問題が存在しない**：解決しようとしている顧客の問題を特定できない（つまり、「問題を探しているソリューション」となってしまっている）。 • **優先度が低い**：顧客はその問題を認識しているが、トップ5に入る問題ではない。 • **すでに問題が解決されている**：顧客は、その問題に対処できる既存の代替策に満足している。
②ソリューションの検証	• **差し迫った需要が見つからない**：ソリューションに対して社交辞令的な言葉（例：「とてもいいですね」）はあるが、登録、使用、購入に関する問いかけはない。 • **目玉となる機能がない**：提示するメリットに、顧客の行動変容を促すような魅力的なものがひとつもない。 • **競争優位性がない**：顧客には、既存ソリューションから新ソリューションにあえて乗り換えようと思う理由がない。
③製品の検証	• **利用度が低い**：顧客は提供されたソリューションを利用しないか、最初のトライアル後に利用をやめる。 • **実現が難しすぎる**：顧客が利用するソリューションを提供するための明確な道筋がない（例：対応できる技術が存在しない、規制障壁がある、必要な知的財産を持っていない）。 • **実現が簡単すぎる**：ソリューション自体は機能しているが、競合他社が簡単に同等もしくはそれ以上のものを実現できる。
④事業の検証	• **価値獲得がない**：顧客はその製品やサービスを気に入るものの、それに対してお金を払う意思がなく、企業としてもほかに収益を上げる方法が見つからない。 • **利益への道のりが見つからない**：価値は獲得しているが、コストが高すぎるため、規模を拡大しても損益分岐点に達するレベルまでコストを削減できない。 • **報酬が小さすぎる**：収益を最大化できたとしても、組織にとって継続的に注力するほどの規模がない。

に手を焼くことになる。これについて、アクセル・シュプリンガー・メディアグループのある幹部は、「無数の小規模なプロジェクトがいつまでも続いてしまうと、新しいことに挑戦する能力が制限されてしまいます。ゾンビプロジェクトの人材や資金は、ほかのプロジェクトに廻さなければなりません」と指摘する[8]。たとえばジョンソン・エンド・ジョンソン（J&J）は、既存のポートフォリオを評価し、現時点の全社戦略に整合しなくなったプロジェクトを停止することで、まったく新しいイノベーションに資金を供給することができた[9]。

プロジェクトの停止は、そのような決定を日常的なプロセスの一部にすることで初めて容易になる。イノベーションボードに資金提供を定期的に審査する体制が整っていれば、大きな違いが生まれるだろう。GEの石油・ガス部門では、ボードが設置される前はプロジェクトが停止されることはほとんどなかったが、ボードが設立されると、最初の90日間で既存プロジェクトの20%があっさりと停止された。さらに、ボードとチームが戦略との整合性を重視するようになり、結果、新規事業の50%が60日以内に停止されるようになった[10]。メディア大手のシブステッドでは、開発パイプラインに「新しいものを入れる」ときは常に「何かを取り除く」ようにしている。あるプロジェクトが見直しの対象となったとき、「どうしてこの新規事業を停止すべきでないのか？」と自問することで、自らに高いハードルを課すことが重要である。

どのような組織においても、効率的な事業停止を実現するためには、次の5つの実践が不可欠である。

①生存率を考慮したパイプラインを計画する：多くの企業のイノベーション・プログラムでは、世に出

ていない新しいアイデアが実際の顧客の感触を確認したあとに最初の資金提供の審査を受けると、生存率が50％あるいは30％と低くなるのが一般的だ。しかし、その後のラウンドでは、生存率は上昇することが多い。検証の各段階における生存率を把握しておくことで、将来のパイプラインを計画することができる。たとえば、グロースボードが1年以内に3〜4件の新規事業を市場投入する目標がある場合、成功確率を高めるためには、初期段階で十分な種を蒔いておく必要がある。ワシントン・ポスト紙のある幹部は、ジェフ・ベゾスによる買収後の考え方の変化について、次のように語っている。「買収される前は、非常に慎重な社風でした。年にひとつの大きな新商品を開発するというだけでも、必ず成功させなければならなかったため、最もリスクが低い方法を取る傾向があったのです。これか

図6-4　イノベーション・ハッカソン・プログラムのパイプライン例

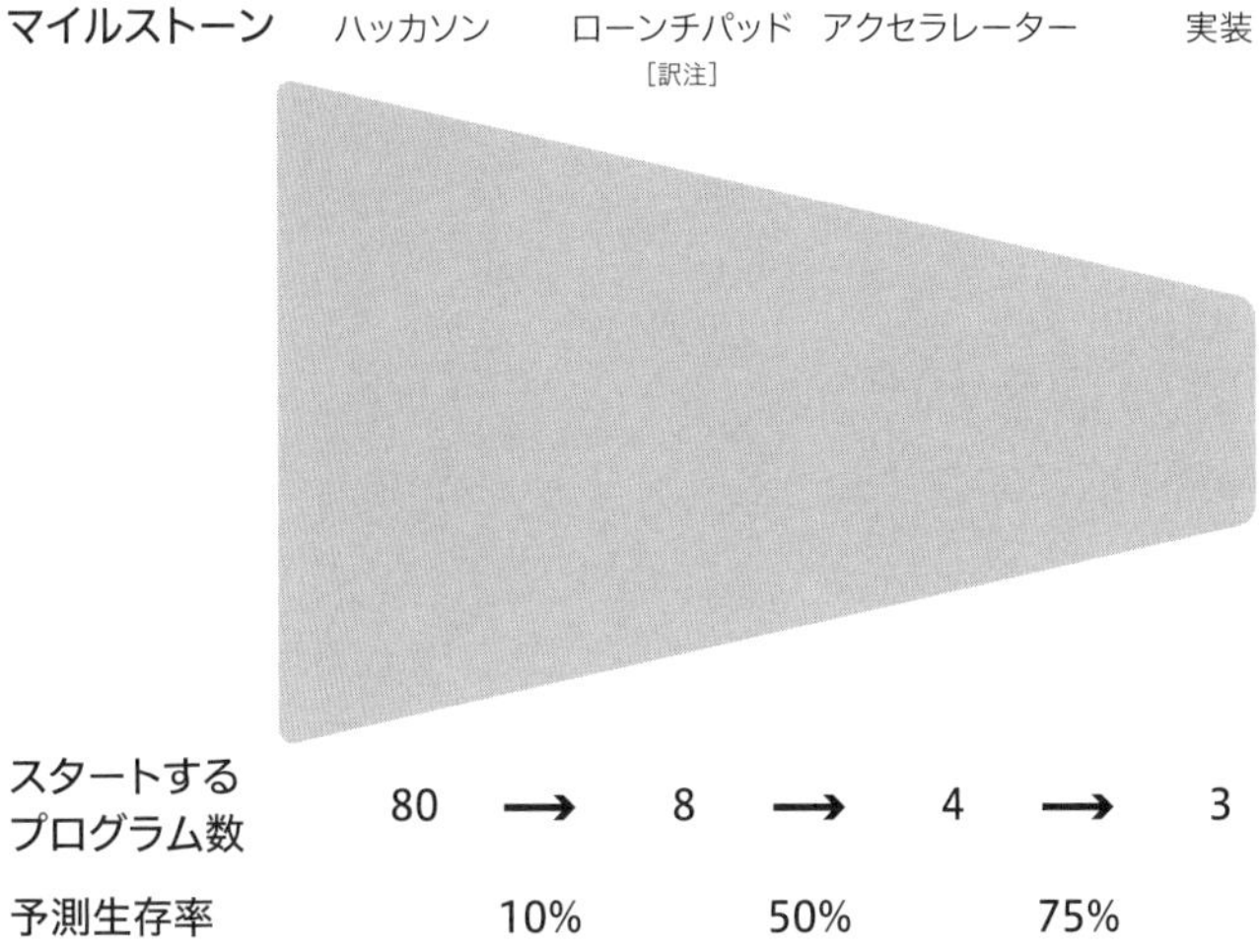

［訳注：ビジネスモデルの仮説を立て、検証しながら事業を立ち上げていくためのプログラム］

らは多くの商品を開発し、その大半は成功しないでしょうが、『すべきでないこと』をいくつも学ぶことになるでしょう。これこそが、リスクを恐れない姿勢なのです」[11]。図6－4はこのアプローチを図示したもので、一般的なハッカソンのパイプライン計画と各マイルストーンの生存率を示している。パイプライン計画は、検証のマイルストーン（問題の検証、ソリューションの検証、製品の検証、事業の検証）を示すこともできる。

②**バックログを活用して迅速に配置転換する**：イノベーションボードは、各自のベンチャーバックログを管理しなければならない。ベンチャーバックログとは、承認ずみだがまだ着手していない新規事業のアイデアをランクづけした一覧表だ。このバックログを審査プロセスに用いることで、より容易に事業を停止できる。事業停止のポイントは、単に失敗したアイデアを潰すことではなく、チームとそのリソースを、バックログ内のより有望なアイデアに割り振ることでもある。プロジェクトを停止したら、すぐにメンバーを次のアイデアに配置するのだ。たいていの場合、次に行うべきことは、同じ問題に対する別のソリューションに取り組んでもらうことだろう。

③**事業停止から価値を引き出す**：プロジェクトの停止を決定する際には、財務的価値、オプション価値、戦略的学習など、可能な限り多くの価値を引き出すことが重要だ。場合によっては、その新規事業を投資家や他社に売却できるかもしれない。たとえばウォルマートは、自社のストリーミング動画サービス「Vudu」の戦略的整合性が低くなったため、これをスピンアウトさせ、メディア大手のコムキャストに売却した。新規事業が有望であっても、規模拡大の段階にないと判断された場合は停止されることもある。将来のオプションに対するヘッジとして、投資額を縮小することで、新規事業を存続

させる場合もある。たとえば、グーグルは、消費者向け製品の「グーグルグラス」が失敗したあとも打ち切りはせず、このプロジェクトを企業向けデバイス（工場現場での用途に特化したもの）に縮小し、その分野でひっそりと拡張現実（AR）技術の開発を続けていた［12］。ときには完全な事業停止が唯一の合理的な選択肢となるが、そこから得られる重要な価値は、実験から得られた知見だ。アマゾンは、不調であった「アマゾン・オークション」と「zShops」［訳注：個人や企業が、オンライン店舗をアマゾンのサイト上に開設できるサービス。加盟店はアマゾンのサイト上に最大3000の商品を掲載できた］を打ち切ったが、その教訓をその後のアマゾンマーケットプレイスの立ち上げに活かし、大成功を収めている。

④教訓を広く共有する：事業停止から得た教訓を共有することは、効率的な失敗の重要な原則のひとつだが、最も実践が難しいものでもある。たいていの企業は、うまくいかなかったプロジェクトから目をそらしたがるものだ。ニューヨーク・タイムズが2014年に発表した報告書では、「プロジェクトを停止する場合、その決定はひそかに行われ、その運営に携わった人びとの評判を守るため、ほとんど議論されることはなかった。その結果、教訓は忘れ去られ、関与していた者はよりリスクを避けるようになる」と説明されている［13］。この消極的な姿勢を正すことが、ニューヨーク・タイムズにとって不可欠であり、失敗に終わった「Times Select」プロジェクトから得た教訓が、後にビジネスモデルの転換という道を開いたのだ。失敗した新規事業で得た教訓を共有することは、より大きく、より分権化された組織では、さらに重要になる。たとえば、国際自動車連盟（FIA）のドイツ支部が運営するイノベーションラボでは、ある年の1年間で10件のプロジェクトのうち8件が失敗に終わった。では、最大の成果は何だったのか？　それは、こうした失敗事例をそれぞれの市場で同じ課題に

挑戦している世界中のＦＩＡ加盟組織と共有できたことであった。

⑤人とプロジェクトは分けて考える：これは、失敗を受け入れ、失敗から学ぶ企業文化を築くうえでの最後の重要な要素である。結果に対するチームの責任感を高めるためには、しっかりとした評価プロセスが必要だ。しかし失敗したプロジェクトを、そのプロジェクトに取り組んだ個人の実績と結びつけないように注意すべきである。このチームメンバーが、次のプロジェクトでは大きな成功を収めるかもしれないからだ。たとえばグーグルのスーザン・ウォシッキーは、1年で「Google Answers」［訳注：調べにくい情報に関する質問を入力すると、グーグル公認のリサーチのスペシャリスト「リサーチャー」がその情報を検索し、回答してくれるサービス］と「Google AdSense」［訳注：オンラインコンテンツから収益を得ることができるサイト運営者向けのサービス。コンテンツや訪問者にもとづいて、関連する広告がサイトに表示される。広告は、商品やサービスを宣伝する広告主によって作成され、費用が支払われる］という2つのイノベーション・プロジェクトの立ち上げに貢献した。どちらのプロジェクトも大きなリスクに直面し、前者は失敗と判断されて停止に至ったが、その教訓は以降のグーグル製品に活かされている。後者のGoogle AdSenseは、グーグル史上最も収益性の高い製品のひとつとなった[14]。イノベーションに取り組む人びとを励ますことで、次のアイデアにつなげることが大切だ！

新規事業のパイプラインを管理するには、各段階での失敗率を追跡するとよいだろう。一方、結果を改善したいと思うのであれば、失敗の質を測定することが重要になる。事業停止から6カ月が経ったら、効率的な失敗に関する4部構成のテスト、「できる限り早く安く失敗できたか?」「教訓を得られたか?」「その教訓を戦略に活かせたか?」「教訓を関係者と共有できたか?」という問いをもとに内容を振り返る。最も効果的なイノベーションのポイントは、失敗を追跡し、前述の基準に照らして評価することで、最も価値ある失敗を把握して(場合によっては報奨も与え)、失敗を活かす方法を周囲に示すことだ。

事業停止が正しく行われていれば、チームメンバーは自ら進んで関与するようになるだろう。検証を通じて学習することを重視しているチームは、自分たちの新規事業を停止するようボードに提案することも多々あり、その際は「われわれが得た知見はこれで、いますぐ事業停止すべき理由はこうである」と明確に伝える。たとえばGEオイル&ガスでも、ボード体制がスタートするとこのような光景が見られるようになった。同様に、シティバンクの従業員も、D10Xのボードに対し、「私たちが現実社会で顧客と実際に取り組んだ結果、不本意ですがこのプロジェクトは停止すべきです。実際、このプロジェクトはクライアントに必要とされていません」と伝えることがある[15]。こうした従業員たちなら、すぐに別の新規事業のアイデアを持ってボードに戻ってくるだろう。次こそが、ブレークスルーにつながるアイデアかもしれない。

3つの成長経路

多くのリーダーは、不確実性が低く、中核事業と密接に連携しているイノベーションに、安全と感じて傾倒する傾向がある。しかし、そのような狭隘な視点では、デジタル時代における最大の成長機会を多く逃してしまうだろう。DXで成功するためには、どのような事業であれ、さまざまなレベルの不確実性を持ち、中核事業からの距離もそれぞれ異なるイノベーションを管理できなければならない。つまり、第2章で見たような不確実性と近似性という2つの課題を克服するということだ。この2つの課題を併せて考えると、成長に向かう3つの異なる経路が見えてくるが、それぞれの道には、豊富なチャンスと経営上の課題が存在する（図6－5参照）。

定義された3つの経路

3つの経路において、新規事業が規模拡大していけるようガバナンスを適応させるために、それぞれの成長経路を詳しく見ていこう。その概要を図6－6に示す。

図6-5　不確実性、近似性、3つの成長経路

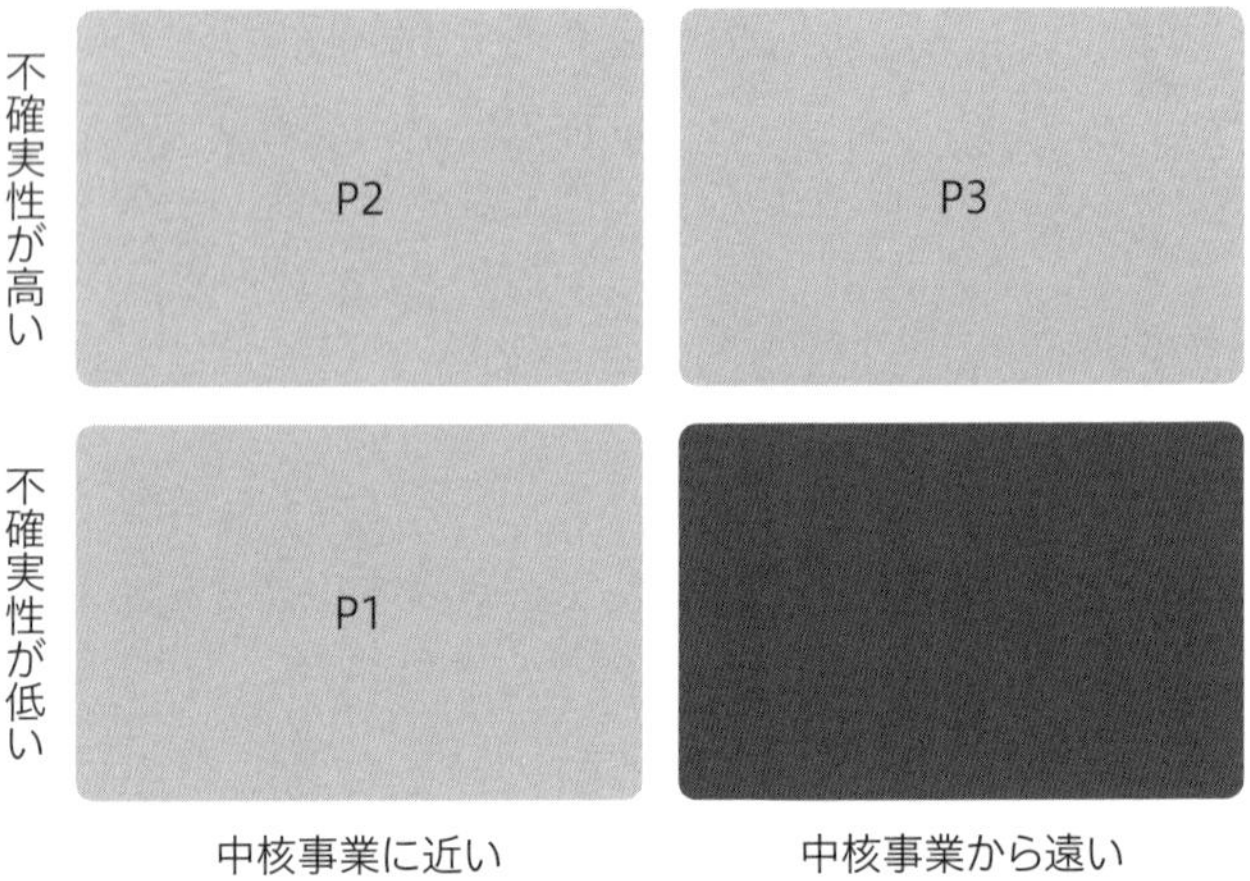

（注）「中核事業から遠い」＋「不確実性が低い」の第4象限は存在しない。なぜなら、中核事業から遠いイノベーションは、実行に大きな不確実性を伴うからである。

●第1経路の新規事業

第1経路（Path 1／P1）の新規事業とは、中核事業におけるイノベーション、既存の事業部門や事業部の問題を改善したり解決したりするものだ。P1型新規事業は不確実性が低いため、既存の事業部門や担当（マーケティング、人事、財務など）で効果的に管理できる。

　P1型新規事業は、既知の問題に対応するもので、その効果を評価するための指標も合意に至りやすく、確立された技術的ソリューションを活用すればよいケースが多い。これらのイノベーションが自社やパートナーが持つスキルやツールで実行可能なことは明らかである。こうしたわかりやすいイノベーションは、既知の問題を解決したり、競合他社に追いつく手助けをしたりするだけだとしても、多くの目に見える価値をビジネスにもたらすことができる。

　P1型新規事業は、シリコンバレーで称賛を浴びるような指数関数的イノベーションや、破壊的イノベーションをもたらすわけではないが、成熟したビジネスの健全な成長には不可欠な要素である。もちろん、P1はグーグル、ア

図6-6　3つの成長経路

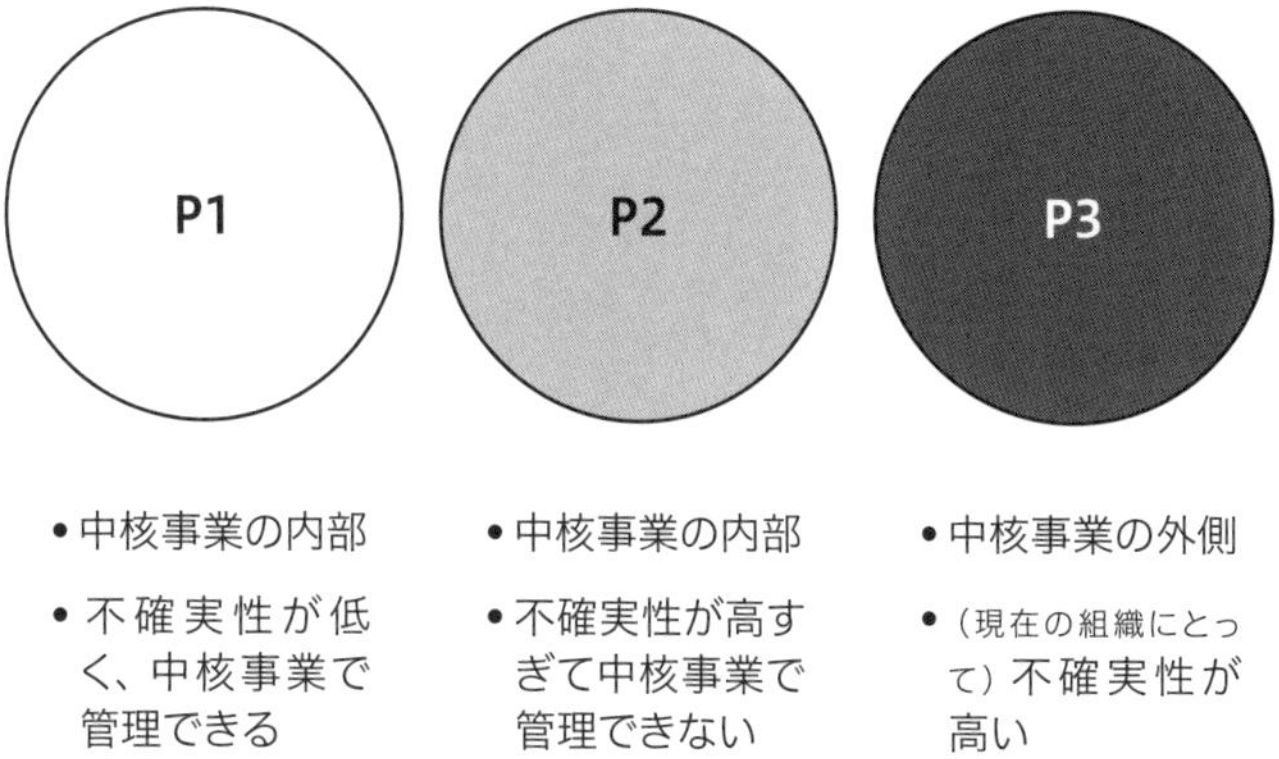

マゾン、アリババといったデジタル界の巨大企業にとっても重要である。

●第2経路の新規事業

第2経路（Path 2／P2）の新規事業も中核事業に関連するイノベーションだが、事業部門だけで効果的に管理するには不確実性が高すぎるものを指す。P2型イノベーションは、現在の事業に対して、顧客体験、価値提案、もしくは提供モデルの変更を伴うかもしれない。開発すべきもの、顧客がそれを導入するか否か、財務リターンの創出方法、あるいはそのイノベーションを実現する方法さえ、はっきりしないことが多い。

P2型新規事業は、急速に変化する環境のなかで、既存事業の継続的な成長にとって不可欠だ。P2型新規事業はすべて、中核事業と直接関係する問題や機会に取り組んでいる。しかしどの新規事業も、顧客が導入し、事業の利益が上がるソリューションを生み出すまでには、絶え間ない検証、プロトタイプの作成、そして新しい発見が必要とされる。

●第3経路の新規事業

第3経路（Path 3／P3）の新規事業とは、現在の中核事業には適合しないイノベーションの機会であり、主として、新しい顧客を対象としたり、新しい収益モデルを採用したり、既存のビジネスとは異なるコスト構造を有していたりするものである。

P3型新規事業は中核事業と競合し、それに取って代わったり、カニバリゼーションを引き起こしたりするなど、直接的な脅威をもたらすこともある。あるいは、まったく新しい業界で、異なる顧客を対象としたビジネスチャンスを生み出すかもしれない。P3型新規事業は、通常業務とは適合しないため、経営に大きな不確実性と困難をもたらす。しかし、P3型イノベーションを無視することはできない。デジタル時代に真に成功を収めているビジネスはすべて、製品や顧客基盤、業界などの狭い定義にとらわれず、P3型新規事業を追求してきた。

典型的なP3型イノベーションであるアマゾンウェブサービス（AWS）の事例を思い出してほしい。AWSがスタートした当初、アマゾンは純粋な消費者向け小売ビジネスを提供していた。しかし、新しいB2Bクラウドコンピューティング・サービスであるAWSは、顧客タイプも収益モデルも販売プロセスもまったく異なる完全に別のビジネスモデルであった。それがやがて、アマゾン全体で最大の利益を生み出すサービスにまで成長したのだ。

表6－5は、さまざまな業種で活動する企業について、3つの成長経路それぞれの新規事業例を示している。

それぞれの経路の課題

これまで見てきたように、どの企業も、この3つの経路を通じて成長する可能性を秘めている。同時に、それぞれの経路が、効果的な管理やガバナンスにおける独自の課題を抱えている。

業界	**P1型新規事業**：中核事業の内部+不確実性が低い	**P2型新規事業**：中核事業の内部+不確実性が高い	**P3型新規事業**：中核事業の外側+不確実性が高い
自動車メーカー	• 工場でAIを活用し、製造上の欠陥をより早く、安価に検出。	• ドライバーのための新しい予測安全対策（デジタル・アイトラッキングなど）を導入。 • 車載データをオーナーのアプリに接続し、二酸化炭素排出量を追跡。	• 自動車、スクーター、自転車の都市型ライドシェアのネットワークを構築。
実店舗型小売業	• 新店舗の立地選定に予測分析を活用。 • ロボットを活用して店内の商品棚をスキャンし、在庫を記録。	• オンライン予約による店頭受取りサービスの提供。 • ロイヤリティ特典と店舗支払いにおけるモバイルアプリ体験を構築。	• 商品ブランド、キュレーター、サービス提供者が参加できるオンライン・マーケットプレイスを構築。
通信	• AIを市場セグメンテーションに活用し、適切なタイミングで最適なオファーを顧客に提供。	• ブロードバンドや電話サービスを利用している小規模事業者の顧客にサイバーセキュリティ・ツールを提供。	• 実家に住む高齢の両親を見守るための、家庭用IoTやウェアラブルデバイスサービスを提供。 • 自社の電話サービスを利用しているか否かにかかわらず、消費者にモバイル決済プラットフォームを提供。

表6-5　各種業界におけるP1、P2、P3型新規事業の例

業界	**P1型新規事業**：中核事業の内部+不確実性が低い	**P2型新規事業**：中核事業の内部+不確実性が高い	**P3型新規事業**：中核事業の外側+不確実性が高い
新聞	• トラックルート最適化ソフトウェアを使用して、紙媒体新聞の配達コストを削減。	• モバイルアプリを通じて、ユーザーへの通知やお薦め情報をパーソナライズ。 • 複雑な話題に対する読者の関心を高める記事制作ができるよう、編集者にデータやインタラクティブな要素を使う研修の実施。	• ニュース以外の単体購読（クロスワードや料理アプリなど）を提供。 • ラジオやストリーミング動画サービスにウィークリーニュースをライセンスで提供。 • 有料のオンラインコースやライブイベントを開催。
銀行（リテール領域）	• 最新データを使用して顧客離れを予測し、プロモーションを最適化して顧客ロイヤリティを維持。	• 支店、ATM、ウェブサイト、モバイルアプリを連携させたオムニチャネルの顧客体験を実現。	• データ、目標、資金を管理・共有する価値提案で、新世代の顧客をターゲットにしたモバイル専用アプリを開発。
保険	• リスク予測のための「引受・売出し」モデルに新しいデータソースを利用。	• 保険金請求と申請経過確認のためのモバイルアプリを開発。 • 小規模事業者のためのオンラインコミュニティを設立。	• 独立代理店を通さずに販売される、契約者直販の保険を販売。
ファッションブランド	• 有料広告を、より多くのデジタルプラットフォームとのメディアミックスにシフト。 • ウェブサイトで商品を表示するための3Dツールを追加。	• 既存および新規の小売パートナーとともに、オンライン販売の流通を拡大。 • アップルやアンドロイドOSと提携し、高級スマートウォッチをデザイン&ブランディング。	• アプリを介して消費者に直接販売する新しいブランドを立ち上げ。 • ギフトボックスの定期購入サービスを開始。

●P1の課題

Ｐ１型イノベーションは、不確実性や近似性の課題に直面していないため、ある意味で最も容易な経路である。しかし、Ｐ１の管理にはよく知られた罠が２つある。最初の罠は、Ｐ１、中核事業と合致した不確実性の低いイノベーションのみを追求してしまうことだ。このアプローチは安心感があり、リスクが低いと感じるかもしれないが、企業にとって数多くの大きな成長機会を逃してしまうことになる。

もうひとつの過ちはその逆で、Ｐ１型イノベーションを軽視し、壮大なアイデアのイノベーションにのみ集中してしまうことだ。企業は、デジタルパイプラインにおいて、Ｐ１型イノベーション（戦略によって導かれ、最終的な収益に貢献する漸進的なイノベーション）を安定的に維持しなければならない。イノベーションを事業部門の手から引き離そうとする人には要注意だ。こうした人びとは、成熟した企業にはイノベーションは不可能であり、かわりに、イノベーションは素早く動ける型破りなチームに任せるべきだという、スカンクワークス理論を唱えるかもしれない。しかし、これは完全に間違っている。ある世界的な金融サービス企業のイノベーションラボ責任者は、次のように語る。「私たちはイノベーションを所有しているわけではありません。私たちには組織全体に提供できるイノベーション資産があります。しかし革新的な企業になりたいのであれば、イノベーションを所有するラボという場所があるかのように装ってはならないのです」

●P2の課題

Ｐ２型は不確実性がより高いため、本質的に難しい。多くの企業は、中核事業のなかでＰ２型新規事業を追求しようとするが、こうした事業部門には反復的実験に必要なスキルが欠けていることが多い。その結果、仮説の数が増えすぎてしまい、あらゆる問題に対して「明快な」ソリューションを模索し、それを急いで構築しようとする。

一方、P2型イノベーションを中核事業から切り離し、イノベーションのエキスパートが管理できるようにしようとしている企業もある。このような企業では、中核事業は、デジタルイノベーション・チームにプロジェクト一覧表を提供するよう指示される。その後、このチームが独自にソリューションを開発し、それが完成したら中核事業に移管するという流れだ。この「出来上がったら壁の向こうに投げる」というやり方は、ほぼ必ずといっていいほど失望のうちに終わる。たとえ外部のチームが素晴らしいソリューションを開発したとしても、そのサービス提供主体となる中核事業に受け入れられ、実装されるのには困難を伴う。その結果、一種の拒絶反応が起こり、失敗に終わってしまう。

P2型イノベーションのそのほかのガバナンス上の課題は、資金提供に関するものである。中核事業には、不確実性のもとでイノベーションを起こすために不可欠な、反復的な予算編成のプロセスがほとんどない。さらに、もし中核事業がP2型新規事業に対する費用を負担するよう求められた場合、こうした事業への十分な投資を差し控えるだろう。なぜなら（中核事業が四半期ごとの業績を評価されるのに対して）P2型新規事業はリスクが高く、短期的には投資回収が難しいからだ。かといって、もし中核事業がP2型新規事業に対して何の負担も求められないとしたら、中核事業は自身の部門で成果を上げることを目的としたイノベーションに対して、「本気で取り組む」動機がない。これでは、新規事業は支持がほとんど得られず、結果的に採用されなくなってしまう。

●P3の課題

Ｐ３型新規事業が直面する最初の課題は、既存の組織構造のどこにも適合しないことだ。既存のどの事業部門にも支持母体がなく、新規事業をバックアップする主体が欠けている。このような場合、こうしたイノベーションは支持や支援を集めるのに苦労することになるだろう。もし、組織が現在の顧客や現行ビジネスの指標のみに注力している場合、それとは異なる市場に対応するＰ３の機会は無視されるか、完全に見過ごされてしまう。

もし会社の中枢部がＰ３型新規事業を支持することになったとしても、その取組みは、会社の主要業務とはかけ離れた「気晴らし」として揶揄されることが多いだろう。アマゾンの投資家たちがジェフ・ベゾスに対し、ＡＷＳプロジェクトをやめて小売業に専念するよう叱責したのは有名な話だ。２００６年の『ビジネスウィーク』誌の表紙には、「ベゾスはウェブ技術で人びとのビジネスを動かそうとしているが、ウォール街は彼に小売業に専念してくれることを望んでいる」とのタイトルが躍った[16]。

さらにＰ３型新規事業は、往々にして組織内に反感や反発を生む。中核事業で懸命に働いている人たちは、こうした新しい実績のないアイデアに注目が集まることに不満を抱いており、「おい！　君たちの実験資金を稼いでいるのはわれわれだぞ！」といった声が飛ぶ。Ｐ３型新規事業が中核事業の売上をカニバリゼーションするとみなされ、強い抵抗に直面するケースもある。

それぞれの経路のガバナンス

以上のような課題はあるものの、この3つの経路はいずれも、適切に管理することで大きな成長をもたらすだろう。ただし、それぞれの経路で成功するには、それぞれのガバナンスモデルを適用しなくてはならない。表6－6は、各経路に存在する特定の課題について、それに対応するための管理方法の概要を示している。経路のガバナンスをひとつずつ詳しく見てみよう。

●P1：中核事業の内部

P1型イノベーションは、標準的な部門別（またはマトリクス）チームにより、中核事業の内部で管理しなければならない。たとえば、IT部門、マーケティング部門、地域別の事業部門などで活動する運営チームが運営主体となる。P1型イノベーションは、中核事業でしっかりと確立されている標準的な指標や計画で管理できる。不確実性が低いため、P1型イノベーションは、正味現在価値にもとづく従前の予算編成で資金を調達できる。P1型新規事業の資金は、すべて通常の運営予算内で、中核事業から捻出されるべきである。

●P2：中核事業と連携

P2型イノベーションは、そのイノベーションが貢献する中核事業部門と緊密に連携する専門のイノベーション部門で管理されなければならない。そのためには、最終的にプロジェクトを所有することになる中核事業部門のスポンサーとともに、新規事業の目標を定義することから始める。Airgasのオリヴィエ・ドゥラブロワは、「まず、全員の足並みを揃えなければなりません。そして、中核事業部門に主

表6-6　3つの成長経路のためのガバナンス

ガバナンス	P1：中核事業の内部+不確実性が低い	P2：中核事業の内部+不確実性が高い	P3：中核事業の外側+不確実性が高い
要約	中核事業の内部	中核事業と連携	中核事業の外側
出発点	中核事業の内部	独立した部門で、中核事業と緊密に連携	独立した部門で、中核事業との結びつきは緩い
チーム	標準的な部門別(またはマトリクス)チーム	多機能型イノベーションチーム	多機能型イノベーションチーム
業務	標準的なプランニング	反復的実験	反復的実験
指標	標準的なビジネス指標	段階的な検証の指標	段階的な検証の指標
資金提供方法	標準的な予算編成プロセス	グロースボードの承認による反復的な投資	グロースボードの承認による反復的な投資
資金提供元	資金はすべて中核事業部門から拠出	最初は中核事業部門が一部拠出し、後に中核事業部門が全額拠出	すべて別予算から拠出
着地点	中核事業の内部でスタートし、中核事業の内部で成長	主要な検証マイルストーンのあとに中核事業に移管	中核事業の外側でスタートし、最終的にどこかの部署と統合されるか、新規事業部門となる

導権を握らせ、計画にコミットさせるのです。アイデアを一定の規模に拡大させたいのであれば、最初から中核事業部門と連携しなければなりません」と語る。

初期段階で連携したあと、テストと検証の段階でも、中核事業部門は引き続きイノベーションチームと協力していかなければならない。作業は、反復的実験に熟練したエキスパートとともに、中核事業のメンバーを含む多機能型イノベーションチームによって行われる。資金は、新規事業の不確実性の高さを考慮し、反復的な投資の手法にもとづいてグロースボードが配分する。賛同を得るためにも、P2型イノベーションは、最終的に所掌することになる中核事業部門が財務面で支援しなければならない。初期段階では（中心的なイノベーション予算などから）助成を受けるかもしれないが、スポンサーとなる中核事業部門は最初から「本気で取り組む」必要がある。

不確実性が低減されたあと（一般的には、問題の検証とソリューションの検証のマイルストーンで評価）、その新規事業を継続すべきかどうかを決定する。続行可能と判断された新規事業は、スポンサーとなった中核事業部門に完全移管され、規模を拡大して市場に投入される。この時点で、スポンサー部門が新規事業に対する資金提供の全責任を引き継ぎ、そのプロジェクトから得られる利益をすべて収益として得るという流れだ。

●P3：中核事業の外側

P3型イノベーションは、親会社が独立したスタートアップ企業にシードキャピタルを提供するように（実際にそうしている場合もあるだろう）、中核事業とは別の部門で管理されなければならない。P3型新規事業は、経営陣の支持を受けて設立されるべきだが、中核事業からは可能な限り独立して運営される必要がある。このような仕組みにより、起業家精神を持った人材を惹きつけ、本当に必要であれば、親会社のビジネスと直接競合するチャンスを与えてもよい。ただし、P3型新規事業は親会社から完全に独立させるべきではない。必要な場合は、データへのアクセス、ブランディング、サプライチェーン・パートナー、人材パイプラインのサポートなど、リソースの共有と協力を必須とすべきである。

P3型イノベーションは、P2型イノベーションと同様に、高い不確実性に対応できるよう管理されなければならない。つまり、小規模な多機能型チームが、反復的実験を通じて、市場で得た知見を迅速に検証して適応させていくのだ。もちろん、専任のグロースボードによる反復的な投資も伴う。P3型プロジェクトは、既存の事業部門の運営予算からではなく、すべて親会社が資金を提供すべきである。そして最終的にP3型新規事業が成功した場合、経営陣が、このプロジェクトを既存の事業部門と統合するか、それとも独立した新たな部門を設立するかを決定する。

●着地点を計画する

どのような経路であれ、成功している新規事業はすべて最終的には中核事業に組み込まれる。つまり、P1は中核事業の内部でスタートし、P2は中核事業に移管され、P3は中核事業の新しい事業部門となる。この最終的な着地点については、早めの計画が肝となる。BSHホーム・アプライアンスのマリオ・ピーパーは、「ビジネスモデルだけでなく、着地点についても考えておく必要があり、一緒に働くことになるだろう組織のキーパーソンとは事前に連携しておくべきです」と指摘する。

●3つの経路すべてが必要である理由

デジタル時代における長期的な成長には、3つの成長経路をすべて管理することが不可欠だ。誤って2つの経路だけでイノベーションを管理しようとしている企業が多い（次の「デュアル・トランスフォーメーションはなぜ失敗するのか」を参照）。しかし、この3つの各経路に対する個別のガバナンスモデルがあって初めて企業は真に継続的な変革を実現できる。

デュアル・トランスフォーメーションはなぜ失敗するのか

2つの経路に沿って改革を進めようとしている企業を、これまで数多く見てきた。このアプローチは、「チャンピオン／チャレンジャー」「戦艦／スピードボート」、（銀行分野では）「銀行の運営／銀行の変革」など、さまざまな名称で呼ばれている。いずれの場合も、1つ目の用語は中核事業を指し、2つ目の用語は中核事業の外側の分野をターゲットにした独立部門を指す。船にたとえると、戦艦は既存の中核事業であり、デジタルの方向へゆっくりとしか舵を切ることしかできない。一方、スピードボートは小さなチームであり、中核事業に縛られることなくデジタルの機会を求めて迅速に動くことができる。

ジェームズ・G・マーチは、中核事業の活用と、中核事業の外側の機会の模索との間に存在する緊張関係について、初期の研究を行った[a]。その後、マーチのアイデアは、チャールズ・A・オライリーとマイケル・L・タッシュマンが著した『両利きの経営』によって発展することとなる［b］。オライリーとタッシュマンの研究では、重要な問題（私が近似性の課題と呼ぶもの）が特定されているが、そのなかで提示されている2部構成のソリューションでは不十分だ。

実際、この2つの経路に沿って改革を進めるアプローチが頓挫した事例を、目の当たりにしてきた。多くの企業において、中核事業部門は動きが遅いことの言い訳を与えられ、組織や文化を変えられないまま停滞する。一方、独立したチームは多くのアイデアを生み出すが、そのアイデアを真にインパクトをもたらす規模にまで拡大するのに苦労する。こうしたチームは、次第に中核事業から乖離してしまい、経営陣からの支持も失っていく。

これには理由がある。この2つの経路に沿って改革を進めるアプローチがうまく実行されたとしても、それは単にP1（戦艦）とP3（スピードボート）のイノベーションを管理するモデルでしかない。しかしほとんどの企業にとっては、最も価値ある成長はP2に存在する。現実として、デジタル成長はP2、中核事業や顧客に関連しつつも不確実性が高い新規事業からもたらされる場合がほとんどなのだ。にもかかわらず、2つの経路に沿ったアプローチを採用する組織では、こうした新規事業はP1かP3のどちらかとして管理されてしまう。どちらの場合もトラブルのもとだ。

P2型イノベーションをP1型イノベーションとして扱うと、中核事業に移管した場合に機能しなくなる。なぜなら、不確実性のあるビジネスチャンスを、あたかも十分に練られた日常的なビジネスプロジェクトのように扱ってしまうからだ。つまり、既存の部門内で運営されるため、従来のプロジェクト管理やビジネスケース分析、予算編成にもとづいて管理されてしまうということだ。最良の状況でも、こうしたP2型イノベーションは資金不足に陥り（収益性についての明確な証拠が示せないため）、結局は放置されて機能しなくなる。最悪の場合、デジタルプロジェクトが承認されて過剰な資金が投入されたあと、当初の計画が不確かな仮定にもとづいていたことが判明すると、その代償は大きく、ばつの悪い結果に終わる。

P2型イノベーションをP3型イノベーションとして扱うと、そのまま放置されて機能不全に陥ってしまう。なぜなら、既存ビジネスと密接な関係にある最新イノベーションを、独立したスタートアップのように扱ってしまうからだ。つまり、中核事業から切り離されて活動する独立チームに丸投げされてしまうということだ。このようなチームは、有望なビジネスアイデアを生み出すことが多いが、中核事業と統合しなければならないときに、そのアイデアは必然的に失敗する。その原因が、不満（例：「自分たちが開発したものではない」シンドローム）であれ、ビジネスニーズを理解していないこと（例：「顧客ニーズはあるだろうが、財務的に破綻してしまうだろう」）であれ、あるいは何らかの不一致（例：「これは当社の製品ロードマップと一致しない」）であれ、その結末は同じだ。その結果、会社の目標に対して、有意義な影響を与えるようなイノベーションが育たなくなってしまう。

a　James G. March, “Exploration and Exploitation in Organizational Learning,” *Organization Science* 2, no. 1, Special Issue: Papers in Honor of (and by) James G. March (1991): 71–87.

b　Charles A. O’Reilly and Michael Tushman. *Lead and Disrupt: How to Solve the Innovator’s Dilemma*

(Stanford, CA: Stanford Business Books, 2021).

アイデアの創造ではなくガバナンス

この3つの経路を大企業の経営幹部らに紹介すると、見当違いな熱意が湧き上がり、「3つの経路を踏み台にして新しいアイデアを生み出すべきでしょうか？」「経営者は新規事業をP1、P2、P3の順に構想すべきということですか？」といった質問を投げかけられることが多々ある。答えはノーだ。3つの成長経路はイノベーション・ガバナンスのためのモデルであって、イノベーションのアイデアを生み出すためのものではない。

第4章で見たように、アイデアの創出は戦略的なプロセスだ。新規事業が最大限に真の価値を生み出せるようにするには、まず顧客とビジネスに目を向け、それぞれにとって最も重要な問題と機会を特定することから始めなければならない。まずは、第4章の戦略ツールを用いてイノベーションのアイデアを探し、追求する新規事業が決まったら、3つの成長経路を使う。そうして初めて、新規事業に最も適したガバナンスモデルを特定できるようになる。

イノベーション基盤

アイデアをスケールアップさせるためのリソースやガバナンスがないまま、イノベーションに着手する組織があまりにも多い。こうした組織は新しいプロジェクトを承認したり、ハッカソンを開催したりするが、そのアイデアを具体化するための支援体制が欠如している。イノベーションを規模拡大して成長を促すためには、企業はチームとボードを連携させ、成功に必要なリソースとマネジメントを提供するイノベーション基盤を確立しなければならない。

イノベーション基盤とは、イノベーションのための資金と人材のプールであり、スポンサーとガバナンスのルールが明確化されたものだと、私は定義している。この専用のリソースプールは事前に資金が確保されており、グロースボードが、P2型新規事業やP3型新規事業のポートフォリオに反復的に投資できる。ポートフォリオ内部では、一部の新規事業を停止したり、ほかの新規事業への投資を加速したりすることが柔軟にでき、ボードの監督下にある各チームに、予算や人材要求のために頻繁に作業を中断させる必要もなくなる。

イノベーション基盤は、P2型イノベーションとP3型イノベーションが組織内で具体化される環境である（P1型イノベーションは中核事業の内部で管理されるため、個別のイノベーション基盤は不要だ）。イノベーション基盤にはさまざまな形態があり、その名称はさらに多い。最も一般的なタイプには以下のようなものがある。

- **デジタルアクセラレーター**：「センター・オブ・エクセレンス」や「デジタルファクトリー」とも呼ばれ、こうした組織は企業の中核事業の内部のイノベーションの開発を加速させるために設置される。

- **イノベーションラボ**：「イノベーション・スタジオ」とも呼ばれ、既存の中核事業の外側で新規事業の立ち上げに特化している組織である。チームには自律性が認められているため、可能な限り迅速かつ独自に動くことができる。
- **イノベーションチャレンジ**：「ハッカソン」とも呼ばれ、こうしたコンテストでは、幅広い参加者が共有のデータセットやツールベースを使用してアイデアを競う。チャレンジの参加対象者は、従業員だけでなく、ビジネスパートナー、大学生、一般市民などに開かれていることもある。大勢が参加する初期ラウンドを経て、入賞した数チームが反復的なテストと検証を行うための資金提供を受ける。
- **スタートアップ・インキュベーター**：「スタートアップ・アクセラレーター」とも呼ばれ、会社の戦略に関連した外部のスタートアップと提携し、その成長を目指す。直接投資されることもあるが、活動の中心はコラボレーションとなる。
- **コーポレート・ベンチャーキャピタル**：企業のベンチャーファンドは、複数の外部のスタートアップ企業に出資し、従来のベンチャーキャピタル・ファンドと同じように、長期にわたって投資ポートフォリオを管理し、株式を取得する。
- **合併・買収（M&A）チーム**：M&Aは多くの企業にとってデジタル戦略の重要な要素であり、買収によって新たなデジタル・ビジネスモデルやデジタル人材を獲得できる。

こうした例が示すように、イノベーション基盤は内部的（社内の従業員のみを活用する構造）な場合もあれば、外部的（外部のスタートアップ企業と提携、出資、買収したりする構造）な場合も、内部的な取組みと外部的な支援や提携を組み合わせた構造の場合もある。

ガバナンスと設計が重要

イノベーション基盤を構築するときには、そのガバナンスと設計に十分な注意を払わなければならない。ガバナンス不在のままイノベーションのリソースを提供してしまう行為は、チームの暴走を招く。本社組織から資金援助を受けてイノベーションラボを設立したものの、明確な運営ルールがないと嘆く企業の声をこれまで耳にしてきた。こうした取組みは通常、企業ブランディングにしか役に立たない(例：「さあ、当社にはデジタルイノベーションラボがあります。ぜひお越しください！」)。これでは、ビジネスに真の価値をもたらす新規事業は誕生しない。その結果、中核事業からは早々に不満が湧き上がり、最終的にラボは閉鎖へと追い込まれてしまう。

同様に問題なのは、明確な目的を持ちながら、その設計が目標と一致していないイノベーション基盤である。その悲惨な例のひとつが、2015年にGEが設立したGEデジタルだ。GEデジタルは、産業界の機械に電力を供給するソフトウェア・オペレーティング・システム「Predix」という、まったく新しいビジネスモデルを開発するために設立された部門である。これは典型的なP3型イノベーションのミッションであり、GEがこれまで行ったことがなく、実績もない新しいビジネスモデルだった。本来なら、無駄のない独立した構造、つまり、実験と検証を通じてプロダクト・マーケット・フィットを判断してから成長を目指す、少人数の専門チームを構築すべきであった。ところがGEデジタルは、G

Eの中核事業部門（航空、電力、輸送など）にITサービスを提供するレガシー部門に割り当てられてしまった。このレガシー部門に、ビジネスモデル改革（「Predixを構築せよ！」）という新たな任務が与えられたが、依然として前CEOが率いており、GE社内の顧客に対する従来からの責任も引き続き有していた。そのため、GEデジタルは莫大な人員（初年度で1700人）と莫大な間接費でスタートし、四半期ごとの収益目標のために、新規市場の開拓よりも社内顧客への対応にほぼ全力を注がざるをえなくなった。結果は予想通りであった。GEデジタルは、新たなビジネスモデルであるPredixを構築してGEの将来の成長を牽引するという存在意義において、完全に失敗した[17]。

イノベーション基盤を構築する前に、次の主要な要素について合意を得ることが重要である。

- **任務**：事業部門そのものの領域外にある独立したイノベーション基盤は、その存在理由が明確でなければならない。この理論的根拠には、そのイノベーション基盤が組織全体に提供するメリット、その基盤が追求する戦略的問題と機会を含める必要がある。
- **P2 vs. P3**：P2とP3のどちらを重視した基盤にするかは非常に重要である。その基盤は、中核事業の内部と外側のいずれのイノベーションをサポートするものなのか？　この答えが最初から明確でないと、誰がプロジェクトのスポンサーになるのか、誰が決定権を持つのか、中核事業部門の役割と義務は何か（ある場合）、といった明確なルールを定義することは不可能だ。
- **資金源**：この基盤の資金提供者は誰だろうか？　P3に重点を置くのであれば、その資金源は本社組織でなければならない。しかし、P2を重視するのであれば、その資金を分割する必要がある。つまり、関連する事業部門と本部がそれぞれいくら負担するかを決めなければならない。イノベーション基盤は、年間ベースで事前に資金を確保できるようにすべきであり、そうすることでグロースボードはさまざまな新規事業チームに柔軟にリソースを配分できる。

- **目標と指標**：全員が共通の期待を持てるよう、成功の形をあらかじめ決めておくことはきわめて重要だ。最初に目標について合意しておかないと、相反する期待（例：イノベーションラボは10年先を見据えた投資をしているつもりだが、資金を提供しているボードは1年目に新製品が発売されることを期待している状態）によって、基盤の根底が不安定になってしまう。だからこそ、目標と一致した指標を選定することが大切だ。P2型基盤は、イノベーションが中核事業に移管され、スケールアップされたあとの影響にもとづいて評価されるかもしれない。P3型基盤は、ベンチャーキャピタル・ファンドのように、数年間にわたって収益を生む投資のポートフォリオに対する財務リターンを追跡して結果を測定することがある。

最も重要なことは、最初は小規模で始め、何が最も効果的かを学び、ビジネスニーズが変化するにつれて、それぞれのイノベーション基盤も進化することを念頭に置くことだ。たとえば、フォードのスマート・モビリティ部門（自動車を所有するという概念を超えた新たなビジネスモデルを追求するP3型基盤）は、わずか12人でスタートした。BASFのオノノ研究所は、事業部門のリーダーたちがスタートアップ企業や顧客と提携してイノベーションを起こすことをP2の目的としていたため、あえて2人のフルタイム従業員のみでスタートしている。責任者であるアントニオ・ラセルダが最も望まなかったことは、オノノ研究所が単独でイノベーションのアイデアを追求してしまうことであった。ラセルダは、「フルタイムで働くのは私たち2人だけだったので、何かを進めるには事業部門の関与と支援が不可欠であることは明らかでした」と説明する。

イノベーション基盤のよく練られた2つの事例について、詳しくは「イノベーション基盤の2つの事例」を参照のこと。

イノベーション基盤の2つの事例

次に示すのは、工業生産と金融サービスという、まったく異なる業界の企業における、イノベーション基盤の効率的なガバナンスと設計についての2つの事例である。

●P2の事例：ユナイテッド・テクノロジーズ・コーポレーションのデジタルアクセラレーター

ユナイテッド・テクノロジーズ・コーポレーション（UTC）は、中核事業の4つの事業部門におけるデジタルイノベーションを実現するため、ニューヨークのブルックリンに「デジタルアクセラレーター」と呼ばれるイノベーション基盤を構築した。CIO兼CDOを務めるヴィンス・キャンピシは、UTCが業務の生産性を向上させるために技術を効果的に活用していると認識していたが、工業製品から得られるデータを用いて顧客に付加価値を与え、ユーザーエクスペリエンスを変革する取組みには苦戦していると考えていた。そこで、キャンピシは、かつてUTCの社外イノベーション・コンサルタントであったスティーブ・セラを招き、中核事業のP2型「デジタルイノベーション」をサポートするUTCのデジタルアクセラレーターを設立した。

セラは、その目的からして、中核事業から明示的なスポンサーシップの承認がない限り、デジタルアクセラレーターで新規事業を立ち上げてはならないと考えていた。P2型イノベーション基盤のデジタルアクセラレーターが採用している分割投資モデルは、次の通りだ。予算の20%は企業のシード資金、残りは4つの事業部門から拠出され、事業部門は各自の新規事業を支援する特定の「スタジオ」に資金を提供する。

新規事業チームのメンバーは、デジタルアクセラレーターに所属するフルタイムのイノベーション・エキスパートと、中核事業の担当者から構成されている。キャンピシは次のように説明する。「ある事業部門の責任者がスタッフを連れてデジタルアクセラレーターを訪れたとき、まず『あなたたちの優先順位、事業目標、成果は何ですか?』と質問します」。こうした目標はすぐに問題記述という形で具体化され、迅速な実験のプロセスが始まる。検証により、実際にビジネスチャンスの存在が示されたら、チームはMVPやプロトタイプの制作に素早く取り掛かるのだ。

すべての新規事業は、事業部門への移管計画からスタートする。検証の初期段階はデジタルアクセラレーターで行われるが、プロダクト・マーケット・フィットが確認されたら、そのイノベーションは中核事業に引き渡される。セラは、UTCが擁するプラット・アンド・ホイットニー事業部門において、航空機エンジンの状態を監視するデジタル製品の例を挙げる。UT

Cのデジタルアクセラレーターは、プラット・アンド・ホイットニーと協力して1つ目の機能MVPを完成させ、限定的なテストで実際の顧客に使用してもらった。「このソフトウェアを最初の顧客にリリースし、どのように使用されるのかを観察したのです。このトライアルは数千社ではなく、数十社を対象にしました」とセラは説明する。チームは、ビジネス顧客を3社獲得するまで粘り、次に「何がうまくいって、何がうまくいかないのか、顧客はさらに何を望んでいるのかがわかる」まで観察を続けた。その結果、製品ロードマップを定義することができた。セラによると、その時点で、チームはオーナーシップを中核事業に移す準備が整ったとされ、移管後は、引き続き製品を改良し規模を拡大して、事業の統合に至った。

UTCの場合もそうだが、アクセラレーターにとって、適切な人材はきわめて重要であり、親会社で長い経験を積んだ人材と新人のバランスも大切だ。セラは、「部外者が多ければ多いほど、動きは素早くなります。一方、部内者が多ければ多いほど、統合は早くなります」と語る。UTCのデジタルアクセラレーターは、コネチカット州とノースカロライナ州にある2つの本社を結ぶ飛行ルート上にあることと、優れた人材が集まる市場を開拓するために、ブルックリンに設置されている。

このデジタルアクセラレーターのビジョンは、当初からダイナミックなものであり、イノベーションの種を蒔くだけでなく、中核事業におけるイノベーションの文化を変えることも目的としていた。キャンピシは、「信念を持って私たちとともに躍進を遂げてきた先駆者たちのおかげで、デジタルが顧客の問題解決に有用な手段であると広く認識されるようになったことは、いくら強調しても足りないぐらいです」と語る。UTCのデジタルアクセラレーターは発足以来、同社（後に合併によりレイセオン・テクノロジーズに社名変更）のニーズの変化に適応しながら進化を続けてきた。デジタルアクセラレーターの従業員たちは、以前所属していた事業部門に異動となり、これにより中核事業のイノベーションがさらに進み、一方、デジタルアクセラレーターの焦点は、カスタマーエクスペリエンスの設計からデータドリブンな価値創造へとシフトしていった。

●P3の事例：マスターカードの「スタートパス」

マスターカードのイノベーション基盤のひとつである「スタートパス（Start Path）」は、フィンテック系スタートアップ企業の協力を得て、中核事業の外側の成長機会を模索するために開発された。スタートアップ企業との連携は、デジタルイノベーションを推進しようとする旧来型企業にとって一般的な戦術だが、明確な目的が定まっていなければ、持続的な成長の見込みは低い。マスターカードがスタートパスを開発した目的は明確で、急速に変化するフィンテック業界の状況を把握し、自社の中核事業だけでなく、銀行や加盟店からなる顧客の世界的ネットワークにも資するよう、早期に提携関係を構築することだった。

スタートパスとは、世界各地のフィンテック系スタートアップを対象とした1年間の無償アクセラレーター・プログラムだ。マスターカードは、毎年、スタートパスの応募企業2000社のプレゼンをもとに、最新のトレンドやビジネスチャンスに関する知見を得ている。この情報収集は、スタートパスに採用されたスタートアップ企業40社に対し、市場テストの実施とビジネスモデルの検証という次の段階を支援するなかで、継続的に行われる。

そのため、マスターカードは、スタートパスの対象となるスタートアップ企業がどの成長段階にいるのかを慎重に見極めている。マスターカードの目的は、プロダクト・マーケット・フィットを達成しているビジネスから学習することであるため、アイデアスケッチの段階にいるスタートアップ企業からの応募は受け付けていない。重要なのは、「興味深い技術を構築している実際のビジネス（RABBITs：real actual businesses building interesting tech）」と呼ばれる事業を見つけ出すことだ。

こうしたスタートアップ企業は、資本調達の選択肢を豊富に持っている。そのため、マスターカードは、スタートパスの参加企業すべてに投資するのではなく、マスターカードのネットワーク傘下の銀行や加盟店とのマッチングを通じて、それぞれのスタートアップ企業をつなげることで生まれる商業的な利益を重視しているのだ。このトップクラスの顧客リストを参加企業に提供することで、マスターカードは世界で最も優れたフィンテック系スタートアップ企業の優先的なビジネスパートナーとなることができた。同時に、マスターカードは、世界各地の法人顧客に対し、スタートパスのエコシステムにアクセスできるという付加価値を提供している。

ひとつの企業に複数の基盤

唯一の完璧なイノベーション基盤など存在しないと認識することが重要だ。これまで（デジタルファクトリーであれ、グーグルのムーンショット・ラボであれ）ビジネスのイノベーションに効く魔法の特効薬があると確信している経営者を何人も見てきた。目指すべきは、基盤を選ぶことではなく、複数の基盤を構築し、さまざまな成長機会を追求することである。私が見てきた最も革新的な企業はすべて、中核事業でP1型イノベーションを追求し続ける一方で、複数のイノベーション基盤を用いてP2やP3をサポートしている。表6－7は、複数のイノベーション基盤を組み合わせて、ビジネス全体で成長と変革を推進している企業の例をまとめたものだ。

「企業内イノベーションスタック」ツール

ここからは、次の戦略ツールである「企業内イノベーションスタック」を紹介しよう。このツールの目的は、既存企業内で大規模なイノベーションを管理することである。そのためには、次の3つの異なるレベルで、イノベーションのガバナンスルールを定義しなければならない（図6－7参照）。

企業	P2の基盤	P3の基盤
BSHホーム・アプライアンス	**スプリンター・モデル**：BSH Digitalは、中核事業と密接に連携し、中核事業の資産を活用したデジタルイノベーションをテストして、迅速に規模を拡大した。 **BSHスタートアップ・キッチン**：BSHは、家電業界と連携してビジネス展開を目指すスタートアップ企業（シリーズA・B）と提携。初期段階のパイロットテスト後、BSHはその中核事業の規模を活用して、こうしたパートナーの成長を加速させている。	**カンパニー・ビルダー・モデル**：このモデルはBSHの中核事業の外側にあるビジネスモデルを持つ新規事業の推進に活用されている。その例として、都市居住者向けのIoT接続された洗濯機を使用した、共有ランドリーのデジタルサービス「We Wash」などがある。 **戦略的ベンチャリング**：デジタル新規事業の提案を受けたら、市場調査を実施し、すでにソリューションが存在するかどうかを確認。一致するソリューションが見つかった場合、BSHは買収、投資、提携のいずれかのオプションを検討する。その例として、「Chefling」（パントリー管理AI）や「Kitchen Stories」（レシピアプリ）などがある。 **BSHフューチャー・ホーム・アクセラレーター**：スタートアップ・アクセラレーターとしてTechstarsと提携。その目標は、未来の家庭生活（調理、AIアシスタント、睡眠管理など）に特化したスタートアップのエコシステムを成長させることだ。

表6-7　さまざまな基盤でP2およびP3型イノベーションを管理している企業

企業	P2の基盤	P3の基盤
シティバンク	**D10X**：社内アクセラレーターであるD10Xは、シティバンクの消費者向け事業や機関投資家向け事業の従業員から、新規事業のアイデアを募り、メンターとペアを組んで、中核事業におけるデジタルイノベーションの構築を支援。代表的なプロジェクトに、「Proxymity」や「CitiConnect for Blockchain」などがある。 **CUPID**：ハッカソンプログラムであるCUPIDは、世界各地の主要大学の学生たちが参加し、シティバンク全体で進行中のイノベーション・プロジェクトをサポートする。	**スタジオ**：スタジオラボは、既存事業の外側の領域における、シティバンクの戦略的問題／機会ステートメントに焦点を当てたデジタル新規事業をインキュベートしている。代表的な新規事業に、「Worthi」や「シティビルダー」などがある。 **ベンチャーインベスティング**：ファンドであるベンチャーインベスティングは、プロダクト・マーケット・フィットを達成しており、シティバンクに戦略的価値を提供し、シティバンクのグローバルな取引関係から利益を得ることができる外部のスタートアップ企業に投資。イグジットした企業に、「Honey」や「Docusign」などがある。
エア・リキード	**事業部門向けDigital Fabs**：4つのチームが、エア・リキードの4事業部門におけるDXを加速。新規事業には、大規模工業ラインにおける予知保全データ・プロジェクトなどがある。 **業務機能向けDigital Fabs**：2つのチームが、グローバルな財務機能や人事機能のデジタル化に注力。 **ALIAD**：コーポレート・ベンチャーキャピタル・ファンドであるALIADは、中核事業が顧客として提携するスタートアップ企業に投資。持続可能エネルギー、AI、IoTが中心のポートフォリオで、「Plug Power」や「Avenisense」といったスタートアップが名を連ねる。	**i-Lab**：イノベーションラボであるi-Labは、エネルギー管理、在宅医療、大気汚染削減など、エア・リキードにとっての新領域でデジタル・ビジネスモデルを模索する。 **M&A**：買収を通じて、新たな製品分野（バイオガスなど）へ進出したり、デジタル組織能力（全社的なIoTソリューションを提供するAlizentなど）を獲得したりしてきた。

- **イノベーション基盤**：P2型イノベーションとP3型イノベーションに対するリソースの提供と監督を担う（例：デジタルアクセラレーター、イノベーションラボ、コーポレート・ベンチャーキャピタル・ファンド）。
- **イノベーションボード**：グロースボードとも呼ばれ、さまざまな成長事業のポートフォリオにゴーサインを出し、アドバイスを提供し、反復的な投資を行う。
- **イノベーションチーム**：独立性の高い少人数のグループであり、迅速な実験を通じて、単一の新規事業のアイデア創造、検証、規模拡大に関する業務を担う。

このツールは、3つの異なるレベルのための3つの「憲章」で構成されている（それぞれの基盤、ボード、チームが対象）。各憲章は、イノベーションスタックの特定のレベルについて、作業を開始する前に、ガバナンスとルールを定義するためのものである（図6－8参照）。

①基盤の憲章

企業内イノベーションスタックのステップ1では、各イノベーション基盤の憲章を作成する。この憲章には、その目的と運営の指針となるプロセスを明記する。この憲章は、P2やP3のイノベーション基盤にリソースが配分される前に定義しなければならない。

図6-7　企業内イノベーションスタックの3つのレベル

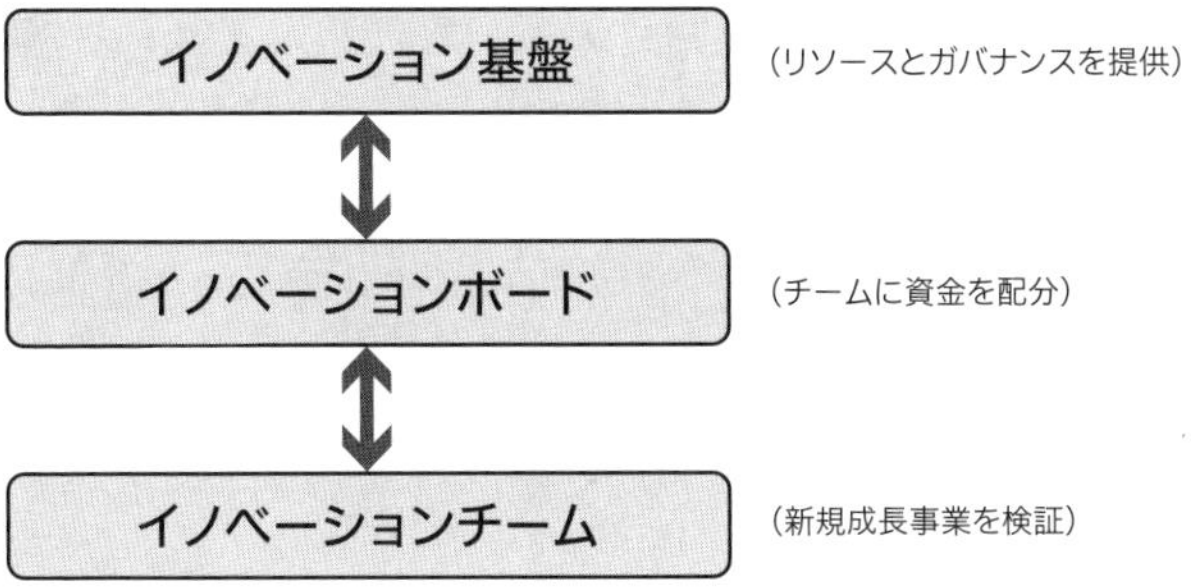

図6-8　企業内イノベーションスタック

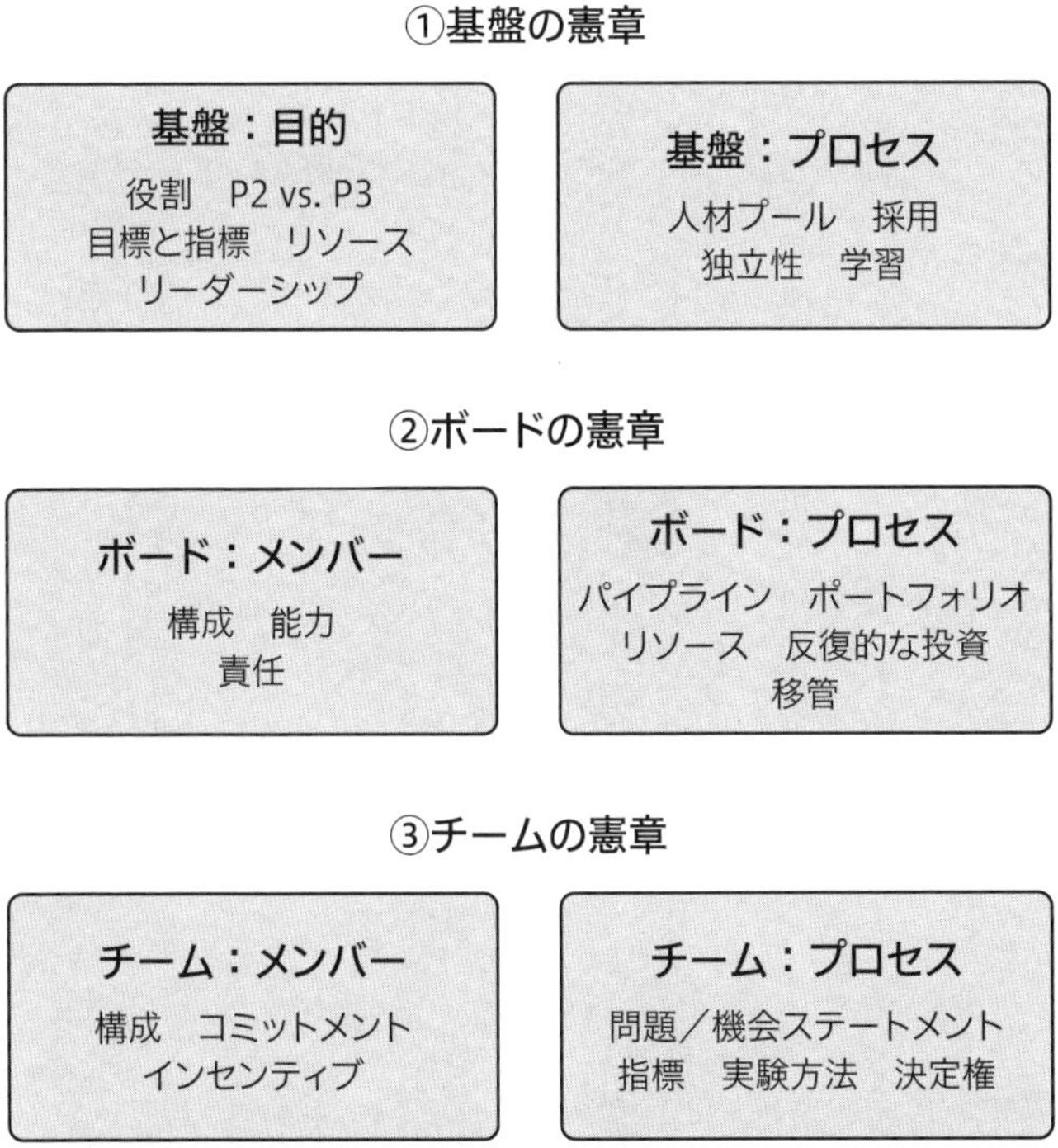

●基盤：目的

- **役割**：なぜこのイノベーション基盤が必要なのか？　組織にどのような便益をもたらし、時間の経過とともに組織にどのような影響を与えるべきか？　どのような戦略的問題／機会ステートメントに取り組みたいか？
- **P2 vs. P3**：この基盤は、Ｐ2（中核事業の内部のイノベーション）とＰ3（中核事業の外側のイノベーション）のどちらに重点を置いているのか？　Ｐ2に重点を置いているのであれば、サポート対象となる中核事業部門や機能部門はどこか？　そのような部門とどのように提携するのか？
- **目標と指標**：このイノベーション基盤の成功をどのように定義するのか？　その時間軸は？　どのような指標で長期的な影響を測定するのか？　どのような指標で当面の進捗を測定するのか？
- **リソース**：Ｐ2の基盤の場合、事業部門からの初期資金の割合はどの程度で、その予算はどのように組まれるのか？　Ｐ3の基盤の場合、中央組織からの資金はどの程度で、その予算はどのように組まれるのか？　組織はほかにどのようなリソース（データや顧客、チャネルパートナーへのアクセスなど）を提供するのか？
- **リーダーシップ**：イノベーション基盤を監督するのは誰か？　誰に報告するのか？

●基盤：プロセス

- **人材プール**：この基盤におけるイノベーションを追求するのは、社内チームか、社外チームか、あるいは両者のコラボレーションか？　どのようなスキルの組み合わせが必要か？（新規事業チームと事務担当の）最低人数は何名か？

- **採用**：スタッフのうち、外部からの採用者と社内からの異動者の割合は？　社内からの異動者は永続的に働くのか、それとも短期間のローテーションで働くのか？　パートナー（コンサルタント、大学など）やM&Aを通じて外部人材を調達するのか？
- **独立性**：どのようなサンドボックス［訳注：企業のユーザーが通常利用する領域から隔離され、保護された空間に構築された仮想環境のこと］を基盤に組み込んで、コンプライアンス（セキュリティ、リスク管理、データアクセス、規制など）を担保するのか？　通常の企業機能から基盤をどのような形（IT機能であれば既存のテクノロジースタック以外を利用する、人事機能であれば異なる採用方法や報酬制度を運用するなど）で独立させるのか？
- **学習**：どのようなメカニズムを用いて（成功と失敗の両方の）知見を得るのか？　その知見をどのように組織全体で共有するのか？　事業停止はどのように評価され、効率的な失敗はどのように称賛されるのか？

②ボードの憲章

企業内イノベーションスタックのステップ2では、各グロースボードの憲章を作成する。この憲章では、ボードが必要とするメンバーと、その業務プロセスを定義する。グロースボードのメンバーが採用されたり、リソースが提供されたりする前に、このイノベーション基盤に関する憲章を作成しなければならない。基盤の規模によって、ひとつ、あるいは複数のボードが必要となる。

●ボード：メンバー

・構成：各ボードは何名のメンバーで構成されるのか？　どのような役職や経験値の組み合わせにするか？　組織内のどの部門からメンバーを集めるか？（P2のボードメンバーは、その新規事業が貢献する対象事業部門を代表する者でなければならない。P3の場合、多様な視点を持てるよう、ボードはさまざまな部門出身のメンバーで構成されるべきだ）　社外からボードメンバーを採用するのか？

・能力：反復的な検証と投資の原則を確実にボードメンバーに理解してもらうにはどうすればよいか？　メンバーに求めるほかのスキルは何か（専門分野の知識、ベンチャーキャピタルや起業家としての経験、社内での影響力など）？

・責任：ボードはどのくらいの頻度で会合を開くか？　定期的な会合が重要であり、4週間から12週間に1回の会合が望ましい。ボードメンバーの主な責任はどのように定義するか？（資金提供の決定後などに）ボードが組織のリーダーに何を報告する必要があるのか？

●ボード：プロセス

・パイプライン：どのようなマイルストーンを用いて新規事業の進捗を定義するか？　それぞれのマイルストーンで、新規事業の何割が脱落すると予想するか？　新規事業が移管され、自力で成長するまでに必要な時間は、ゴーサインからどのくらいか？

・ポートフォリオ：ボードは一度にどれだけの数の新規事業を監督するのか？　パイプラインの最終地点において、どれだけの数の新規事業の成功を望むのか？　途中過程での減少を考えると、スタート時の新規事業の数はいくつであるべきか？　ベンチャーバックログを使用し（事前に新規事業を承認し）、リソースの準備ができたときに新規事業を立ち上げられるようにするか？

●**リソース**：社内チームの場合、どのようなリソースを割り当てるのか（運営予算、人員数、1人あたりの分担時間など）？　社外チームの場合、どのような資金やそのほかのリソースを提供するのか？　スタートアップ企業の場合、どの程度の出資比率を得ようとするか？

●**反復的な投資**：どのような基準を用いて新規事業にゴーサインを出すのか？　一般的な初回の資金提供ラウンドの規模はどのくらいか？　各マイルストーンで、どのような基準で資金提供を継続するかどうかを判断するのか？　各マイルストーンで、資金提供額はどれくらいの速さで増加するか？　どのように事業停止を追跡し、「効率的な失敗」の質を測定するのか？

●**移管**：P2の場合、スポンサーの事業部門に新規事業を引き継ぐタイミングはいつか？　検証の主なマイルストーンはどのようなものか？　P3の場合、成功した新規事業はどのタイミングでボードから独立し、別の部門に移管されて引き続き監督や投資の対象となるか？

③チームの憲章

企業内イノベーションスタックのステップ3では、チームメンバーの役割と個々の業務プロセスを定めた各イノベーションチームの憲章を作成する。どのチームも、業務開始のゴーサインが出る前に、ボードと連携して憲章を作成し、ボードの承認を得なければならない。

●**チーム：メンバー**

・**構成**：チームの規模はどの程度か？　チームが完全に独立して行動するためには、メンバーにはどのようなスキルが必要か？　Ｐ２の基盤では、中核事業の事業部門からチームに加わるメンバーはどのような人か？

・**コミットメント**：チームのリーダーはその新規事業の専任であるか？　ほかのメンバーも専任となるのか？　メンバーが最初からフルタイムでない場合、フルタイムに移行するタイミングはいつか？

・**インセンティブ**：新規事業の成功に対して、チームメンバーはどのような成功報酬（株式や賞与など）が与えられるか？　チームメンバーの組織内における長期的なキャリアパスをどのように確保するか？

●**チーム：プロセス**

・**問題／機会ステートメント**：チームはどのような問題や機会にコミットしているか？　主要なステークホルダーは誰か（顧客か、それとも社内の人物か）？　チームはどのような成果を求めているか？　その成果を達成することで、会社にどのような価値が生まれるのか（例：収益、コスト削減、ほかの価値創出の要素）？　チームの仕事の指針として、どのような信条を掲げるべきか？［18］

・**指標**：どのような指標を用いて成功を測定するのか？　どのようなガードレール指標［訳注：そもそもの前提条件に違反することを防ぐための指標］を用いて、意図しない結果やリスクを回避するのか？　こうした基準を組織全体でどのように透明性をもって共有するのか？

・**実験方法**：チームはどのようにして意思伝達を図るのか（デイリー・スタンドアップ・ミーティング［訳注：チー

ムメンバーが現在取り組んでいる仕事の進捗状況の共有や仕事の障害となっている要素の特定、除去方法についての話し合いを目的とした日々の短い会議のこと］や隔週のスプリントなど）？　チームはどのような成果物を活用するのか（ロジャースの成長ナビゲーター、カンバンボード［訳注：作業の可視化や効率化を目的とした管理ツール］、ユーザーストーリー［訳注：顧客またはエンドユーザーの視点から書かれた、ソフトウェアの機能などに関する簡潔な説明のこと］など）？　機能MVPと例示MVPはいくつ作成する予定か？　チームはどのようなイノベーション手法を活用するのか（リーンスタートアップやスクラムなど）？

- **決定権**：グロースボードやほかの外部関係者の承認を得ずに、チームが決定できることは何か？

優れたイノベーション基盤は、ビジネスニーズの変化に合わせて進化すべきであることを忘れてはならない。ボードやチームは、経験から学び、作業方法を改善する手段を見つけ出すかもしれない。そのため、成功を維持するには、基盤、ボード、チームの3つすべての憲章を折々見直して更新する必要がある。

ボトムアップ型ガバナンス

本章を通じて見てきたガバナンスのモデル、すなわちイノベーションチーム、ボード、基盤は、トップダウン式のマネジメントから、よりボトムアップ型の組織へのシフトを意味する。

「イノベーションチーム」のガバナンスは、ボトムアップ型の意思決定と自律性を支える仕組みとなっている。こうしたチームは少人数で、多機能型のスキルセットも備えているため、独立して行動できる。指標の透明性が高く、成功の定義も明確であるため、各チームは各自の職務に対して決定権を持ち、ほかの関係者の承認も不要だ。その一例が、アマゾンの「ピザ2枚チーム」のガバナンスだ。このチームは、何を達成しようとしているのかについて合意が得られれば、完全に自律して活動できる。長年アマゾンの経営幹部を務めてきたデビッド・グリックによれば、チームの指標は「フィットネス関数（適応度関数）」とも呼ばれ、「最適化しようとしているものを数学的に記述したもの」だという。こうした指標は、メンバーが新しいチームに配属される前に、チームリーダーと経営陣との議論を経て決定される。「ジェフ（・ベゾス）はフィットネス関数をひとつひとつ見直していました」とグリックは当時を振り返る。合意された指標は追跡対象となり、透明性をもって共有され、チームの作業を判断したり、リーダーの責任感を高めたりするために使用される。

「イノベーションボード」のガバナンスは、リーダーシップへのボトムアップ型アプローチを支える仕組みとなっている。デジタルネイティブ企業は、意思決定のプロセスを組織の下位レベルにまで広げることを重視しており、リーダーが部下の日常業務について決定を下すことは滅多にない。意思決定の権限を下位層にまで広げることこそ、グロースボードの役割なのだ。ボードは、イノベーションを追求するチームを細かく管理するのではなく、チームに権限を与えることを目的としており、次の重要な3つの方法でこれを行う。まず、予算や人員、多機能型スキルの適切な組み合わせといったリソースを確保する。次に、指標、決定権、コンプライアンスルールといったプロセスを調整し、チームの作業を妨げるのではなく、サポートする。そして、社内全体でチームを支持し、社外のステークホルダーにつなげるのだ。

「イノベーション基盤」のガバナンスは、組織のあらゆるレベル、あらゆる部署の人びとを関与させる仕組みとなっている。ハッカソンであれ、シティバンクのD10Xのようなプログラムであれ、このような基盤は、上級副社長から若手の新人まで、あらゆる人びとがプレゼンで提案した成長アイデアを具体化し、加速させられる。一方、マスターカードのスタートパスのような基盤は、外部から知見やアイデアを取り込むことで、ビジネスを新しい方向へと導くことができる。覚えておくべきは、P2型イノベーション基盤は、新製品や商業的イノベーションで事業部門をサポートするだけではないことだ。また、P2型イノベーション基盤により、人事部、マーケティング部、カスタマーサービス部、サプライチェーン部など、サイロ化された部署間の連携を図りながら業務上の問題を解決し、会社の価値を創造することも必要である。

＊　＊　＊

DXが組織に持続的なインパクトをもたらすためには、一部のチームだけが独立してイノベーションを行うような状況は避けなければならない。リソースを配分し、新規事業を管理するための新しいガバナンスモデルが不在のままだと、成長の可能性は常に低くなる。DXロードマップのステップ4では、規模拡大を管理するガバナンスの設計方法について見てきた。チーム、ボード、そして基盤が企業全体で実験の規模を拡大する方法も学んだ。さらに、中核事業の内部や外側で、3つの成長経路を適切に管理し、さまざまな不確実性のある機会を追求するための方法も詳しく探った。そして、効率的に投資し、イノベーションのパイプラインを維持するためには、反復的な投資と効率的な事業停止が不可欠であることも知ることができた。

共有ビジョン、戦略的優先順位、新規事業の検証プロセス、規模拡大を管理するためのガバナンスモデルを手にしたいま、いよいよＤＸロードマップの最後のステップに進み、能力を向上させるときがきた。初めてのデジタル新規事業に取り組むと、組織のなかに足りない能力があることに気づくだろう。たとえば、技術やデータインフラ、従業員の才能やスキルベース、組織の文化や考え方などだ。

ビジネスの将来を見据えて強固な基盤を築くには、デジタル組織能力に投資する必要がある。次の章では、デジタルな未来にとって最も重要な能力を定義する方法、そして、その能力を高め、変革がもたらす成果を手に入れる方法について見ていく。

第 7 章

ステップ 5――
技術、人材、企業文化を育てる〔能力〕

フォルクスワーゲン初の電気自動車「ＩＤ・３」が、ドイツ・ツヴィッカウの組立ラインで製造が開始されたとき、ＣＥＯのヘルベルト・ディースは、ドイツ首相（当時）のアンゲラ・メルケルとともにこの節目を祝った。５年の歳月と５００億ドルの開発費をかけて、ついにドイツの自動車産業がテスラに対する答えを出したのだ。しかし翌年の春、フォルクスワーゲンの上層部は、ＩＤ・３の発売延期を余儀なくされた。ソフトウェアにバグが多く、最先端のヘッドアップディスプレイ［訳注：ドライバーの前方視野に重ね合わせて表示される画面のこと。軍事航空分野において開発され、さまざまな分野で活用され始めている］といったデジタル機能の多くが正常に作動しなかったためだ。秋になってようやく発売されたときには、最初の５万人の顧客は、ソフトウェア・アップデートの準備ができ次第、販売店でアップデートを受けるよう連絡を受けた。このアップデートは遠隔で行われる予定だったが、オペレーティングシステムがハッキングされる可能性があり、安全性に不備があると判断された。ＩＤ・３のリーダーであるトーマス・ウルブリヒは、「ＩＤ・３のコアソフトウェアのアップデートは複雑なプロセスであるため、その過程で常に車両の安全性を確認しなければならない」と説明する[1]。ＩＤ・３の新規展開の事例は、フォルクスワーゲンのデジタル組織能力が、自らが掲げる戦略にまだ対応できていないことを痛感させる出来事だった。

世界最大の自動車メーカーであるフォルクスワーゲン・グループは、ＶＷやアウディからポルシェやランボルギーニに至るまで、ハードウェア・エンジニアリングとデザインにおいて長きにわたってその技術を誇ってきた。しかし、フォルクスワーゲンがガソリン車から電気自動車にシフトし、将来の自律走行車に向けた取組みを進めるにつれ、事業におけるハードウェアとソフトウェアの相対的な重要性は変化している。デジタル時代において、優れた自動車メーカーに必要な能力は従来とは異なるのである。

こうした新しい能力の出発点はデジタル技術だ。従来のガソリン車にもソフトウェアは搭載されていたが、それはヒーターや地図表示、エンターテインメントといった副次的な機能に限られていた。このようなシンプルなアプリケーションは、車載部品に組み込まれた個別のチップにコード化されているため、サプライヤーに外注して、車両の製造過程で容易に組み込むことができた。ところが電気自動車へのシフトに伴い、いまやソフトウェアがカギを握っており、パワートレイン、ブレーキ、バッテリー、ライトなど、車の最も重要なシステムを動かしている。電気自動車に搭載されている何百ものアプリケーションは独立した装置として構築することはできず、統合型オペレーティングシステムに組み込まなければならない。同様に重要なのは、スマートフォンのOSやアプリと同じように、車の寿命が尽きるまでソフトウェアを更新し続けなければならないことだ。フォルクスワーゲンは、「VW.os 2.0」と呼ばれるまったく新しいソフトウェアプラットフォームを構築し、VWからポルシェ、シュコダまですべての自動車ブランドに搭載することを計画している。しかし、そのためには最新技術だけでは不十分だ。

その戦略を推進するには、人材の変革も必要となる。フォルクスワーゲンやグループの自動車メーカーは、長い間、IT関連の業務をベンダーに外注してきた。「この20年間で、自動車産業は開発者よりも、インテグレーターとしての面が強くなりました」。このように話すのは、フォルクスワーゲンの元取締役であるアレクサンダー・ヒッツィンガーだ[2]。このことによりコストを抑えることはできたが、製品に対するコントロールは失うことになった。そこでフォルクスワーゲンは、電気自動車戦略を達成するため、車両ソフトウェアの内製化の割合を、5年間で現在の10%から60%に増やすという計画を定めた［3］。これは、以前はパートナー側にあった専門的な技術知識を自社で確保し、さらにこれまで各部門に分散していた数千人のプログラマーを一元的に管理することを意味する。フォルクスワーゲン・グループ傘下の新会社であるCARIAD［訳注：2020年7月に設立されたフォルクスワーゲンの子会社。電気自動車技術およびコネクテッドカーの開発に焦点を当てている］は、このソフトウェア中央管理部門を率いるため、競合のBMWからディルク・ヒルゲンベルクを引き抜いている。

しかし、フォルクスワーゲンが成功するためには、デジタル技術やデジタル人材以上に、デジタル文化が必要だ。ヒルゲンベルクは、フォルクスワーゲンの最大の課題は内部の人間の考え方にあると見ている。ディースCEOは、「フォルクスワーゲンの関与にかかわらず、自動車業界のグローバルな変革には10年近くかかるだろう」とLinkedInに投稿。CEOとして、上級幹部の独善的な態度に反感をあらわにしている。ディースは、VWに有利な従来の指標で自社を評価するのではなく、バッテリーの航続距離や先進的なコンピューティングなど、VWが大きく後れをとっていた新しい指標に目を向けるよう上級幹部に迫った［4］。さらに、CARIADのソフトウェアチームに必要だったのが、ハイテク企業のようなアジャイルな企業文化だ。VW.os2.0を構築するためには、コンチネンタルのような技術パートナーと協働しなくてはならない。たとえば、Diconium［訳注：デジタルトランスフォーメーションとイーコマースソリューションに特化したドイツの企業。デジタル戦略の策定から実装、運用まで幅広いサービスを提供している］のようなテック企業の買収は、技術人材だけでなく、彼らがもたらす企業文化を手に入れるためでもあった。フォルクスワーゲンがより多くの人材を惹きつけるためには、チームが顧客のニーズに合わせてイノベーションを起こし、継続的に新しいソフトウェアを開発できるような企業文化が必要だ。ディースのいうところの「顧客志向で、迅速かつアジャイルな企業文化」である〔5〕。

フォルクスワーゲンのDXには、技術、人材、企業文化の転換が不可欠だ。しかし、それは簡単なことでもなければ、一夜にして実現するものでもない。半導体メーカーのNVIDIAで自動車担当副社長を務めるダニー・シャピロは、「スイッチをオンにするだけでソフトウェア会社になれるわけではない」と指摘する〔6〕。

能力が重要である理由

アマゾンがまだ書籍や日用品を販売するウェブサイトとして知られていた当初、ジェフ・ベゾスは従業員に対して、「アマゾンは小売業者ではなく、ソフトウェア会社だ」と伝え、「われわれのビジネスは段ボール箱の中身ではない。その段ボール箱を発送するソフトウェアこそがわれわれのビジネスだ」と説明した〔7〕。DXに苦戦している従来型企業では、「われわれは自動車メーカーなのか？　それとも自動車を販売するテック企業なのか？」という質問をよく耳にする。自社をどのように呼ぶかは関係ない。重要なのは、デジタル時代の戦略にとって最も重要な能力を備えているかどうかだ。

どの業界においても、優れた企業に必要な能力は変化している。あらゆるビジネスが独自のDXを追求するなか、明日の勝者と敗者を分ける能力は、最新の技術、最新のスキル、そして企業文化に対する最新の考え方だ。こうした異なる種類の能力が生み出す相互作用は、モジュール型組織のモデルに見て取れる。モジュール型アーキテクチャーは、デジタル時代における主要なＩＴのトレンドである。モジュール型アーキテクチャーを用いたソフトウェアは、マイクロサービスと呼ばれる疎結合の、独立したコード群で構成されている。それぞれが独立したビジネス機能を実行する構成要素として機能するため、システムのほかの部分にリスクを及ぼすことなく更新でき、レジリエンス（堅牢性）とスケーラビリティ（拡張性）という技術的なメリットをもたらす。しかし、モジュール型アーキテクチャーの最大の効果は、組織そのものに影響を与える点だ。モジュール型アーキテクチャーは、ビジネス業務を個々のコンポーネントに分解するため、チームはより高い独立性を持って活動できる。

ウォルマートのような企業は、モジュール型ＩＴシステムに移行することで、独立したチームが迅速にイノベーションを起こし、組織を変革してきた。マーク・Ｊ・グリーベン、ハワード・ユー、ジアルー・シャンの研究により、組織の複雑性を軽減するモジュール型アーキテクチャーの幅広いメリットが示されている［8］。モジュール型組織では、必要なものは各部署間で自主的に調達することになる。その極端な例は、冷蔵庫、洗濯機、テレビなどの家電メーカーであるハイアールだろう。ハイアールはモジュール型ＩＴシステムの利点を活かして、組織全体をそれぞれ10～15人で構成される４０００社のマイクロエンタープライズ（ＭＥ）に再編成した。そのなかには、最終製品を消費者に提供するＭＥもあれば、人材配置、製品設計、製造などの社内業務でほかのＭＥをサポートするＭＥもある。それぞれのＭＥが独立性と自律性を持って運営されており、調整はすべて社内のクラウドをベースとしたプラットフォームで行われている［9］。ハイアールの企業文化は、この新しい組織モデルにも合致しており、ボトムアップ型で、リスクを取り、協力的で、各チームがおのおのの職務に対する明確な当事者意識を持つ。

DXロードマップのステップ5の目的は、技術、人材、企業文化を適切に組み合わせて育てることで、事業のデジタル成長曲線を描けるようサポートすることである。フォルクスワーゲンやハイアール、そしてあらゆる既存事業にとっての課題は、その能力をデジタル戦略の計画と一致させることだ。

DXロードマップの第一歩として、能力を向上させることから始めるとよいだろう。たいていの場合、コンサルタントは、クラウドへの移行、データガバナンスの確立、エンジニアの採用など、まず能力構築に焦点を当てたDX計画を提案する。しかし、能力構築は戦略ではない！　実際のところ、汎用的なデジタル組織というものは存在せず、すべての事業が必要とする能力を構築するための普遍的な設計図なども存在しない。将来のビジョンがある程度明確になり、最初のデジタル新規事業に取り掛かって初めて、最初に構築すべき最も重要な能力が見えてくる。

デジタル組織能力を成長させることは、あらゆる変革の取組みのなかで最も難しく、時間とコストが最もかかる作業となりうるが、そのための投資は不可欠だ。デジタル組織能力が欠如していると、融通の利かないソフトウェア、不完全なデータセット、社内あるいはパートナーとのコミュニケーションが取れないシステムによって、進展が妨げられることになる。加えて、従業員はデジタル新規事業を構築し成長させるうえで必要なスキルがなく、企業文化も柔軟性がなく硬直的で、協調性を欠いてサイロ化し、積極的にリスクを取らない及び腰なものとなり、チームは躊躇してしまう。こうした問題を放置したままでは、新しいデジタルイノベーションを追求してもそのインパクトは限定的なものになるだろう。

それぞれのビジネスに適したデジタル組織能力を構築することは容易ではないが、長期的に真の変化をもたらす唯一の変革の方法である。表7－1は、DXロードマップのステップ5における成功と失敗の主な兆候を示したものである。

本章の内容

本章では、組織独自のデジタルな未来に必要な基盤について、その構築方法を見ていく。そのなかで、デジタル時代に不可欠な次の3つの能力を検証する。

- **技術**：ITインフラ、データ資産、ガバナンスシステムなど。
- **人材**：データサイエンスのような技術的スキルや、デザイン思考のような非技術的スキルなど。
- **企業文化**：企業全体の日々の行動を形成する考え方や規範。

本章は技術とスキルのギャップを特定し、解

表7-1　何が問題か――ステップ5：能力

失敗の兆候：能力	成功の兆候：能力
• 柔軟性のないITシステムにより、サイロ化が助長され、連携を制限している。	• モジュール式ITシステムは、組織全体に統合され、外部パートナーとの提携も容易に行える。
• データは一貫性がなく不完全で、マネージャーがリアルタイムにアクセスできない。	• データは会社全体のマネージャーにとって信頼できる唯一の情報源になっている。
• 中央集権型のITガバナンスが、新規プロジェクトのボトルネックになっている。	• ITガバナンスは監督的な役割を担いつつも、イノベーションは事業部門が推進している。
• 社内にはデジタルスキルが欠如しており、デジタルプロジェクトは外注せざるをえない。	• 社内の従業員がデジタルソリューションを構築し、反復しながら改善することができる。
• トップダウン式の企業文化と官僚主義により従業員が抑えつけられ、不信感や無気力を増殖させている。	• 企業文化とプロセスにより、従業員にボトムアップの変化を推進する権限を与えている。

消する「技術／人材マップ」と、組織の文化を規模に応じて定義、共有、促進する「組織文化醸成マップ」の2つの新しいツールを紹介する。そして最後に、ボトムアップ型の変化と改革において適切な能力が不可欠である理由を探っていく。

○技術

デジタル戦略には適切な技術力が不可欠だが、多くの従来型企業がこの領域で限界にぶつかり足止めされている。たとえば、ソフトウェアの改変に時間がかかる、データにリアルタイムにアクセスできない、サイロ化した組織によって技術もサイロ化している、システム同士あるいは外部システムと連携できない、といったことがその兆候だ。デジタル戦略を推進するときには、CIOと緊密に連携して現在の技術力を評価し、最も重大なギャップを特定することが不可欠である。具体的には、組織が評価すべき主な分野は、「ITインフラ」「データ資産」「技術とデータのガバナンス」の3つだ。

ITインフラ

どのような組織であれ、自身の技術インフラをたえず評価し、将来戦略をサポートするために必要な能力を特定し続けなければならない。これには、クラウドコンピューティングについての意思決定も含まれる。たとえば、事業ニーズを満たすにあたり、パブリック、プライベート、ハイブリッドのどのクラウドモデルを採用するか、それともオンプレミスのソリューションを導入するかといったことだ。これにはほかの事業部門や外部パートナーとつながるための、マイクロサービスやアプリケーション・プログラミング・インターフェース（API）といったシステムアーキテクチャーも含まれる。データの効果的な活用や検索を実現するには、データレイクやデータウェアハウスのようなモデルを活用したデータストレージにデータを保存することがきわめて重要となる。同様に重要なのが、主要なビジネスプロセスを実行するアプリケーションだ。たとえば、小売業なら価格設定や在庫管理、出版社ならコンテンツ編集・管理や定期購読管理がこれに該当し、顧客管理はほぼすべての事業に当てはまるだろう。DXの成功には、特定のニーズに適したITインフラを持つことが不可欠だ。

第3章で取り上げた国立商業銀行（NCB）の事例を思い出してほしい。サウジアラビアでトップのデジタルバンクになるためにNCBが取った戦略は、業界最高水準のモバイルバンキング体験を構築することで、行員の接客業務を廃止し、銀行口座を持たない人びとがいる市場への拡大を推進することだった。この戦略の最大の障害は、160ものシステムが複雑に絡み合って稼働していたNCBのレガシーITシステムだった。当該システムには統合がうまくできていないところが多数あったため、バックオフィスの担当者が常に介在しなければならなかった。そこでNCBは、数年にわたる努力の末、最新のアーキテクチャーでわずか15システムからなる、シームレスなデジタル業務を支えるコアバンキング技術を再構築した。その結果、信頼性の高い、業界最高水準の顧客体験が実現し、NCBのバンキングアプリは国内最大の利用者数を擁するまでになった。顧客による取引の98％以上をデジタル・セルフサービスに移行させたことで、コスト削減と収入増を実現した。

●技術的負債

NCBの事例は、技術的負債の概念を明確に示している。技術的負債とは、最適でない技術によって事業が被る将来のコストのことをいう[10]。この言葉は、ソフトウェアとハードウェアの両方に当てはまり、ウェブページの表示速度を低下させるHTMLコードの不備から、ネットワーク、データ統合、サイバーセキュリティにおけるシステム全体の欠陥まで、さまざまなものがある。技術的負債の原因は、老朽化したシステムのメンテナンスの遅れ、技術標準の変化、初期設計の不備などさまざまだ。「とりあえず先に進めて、あとで修正する」といった意図的な決定に起因することもある。ウォルマートのフィオナ・タンCTOは、同社が新規事業を短期間に市場投入し、成長を最優先する戦略を取る場合、買収した新規事業を既存の技術スタックにあえてすぐに統合しない可能性もあるという。

技術的負債を放置しておくと、その代償は大きい。リソースを消耗するため、IT予算は新たな成長のサポートではなく、メンテナンスに使わざるをえなくなり、結果として、事業チームや組織全体のスピードが低下する。最も重要なことは、フォルクスワーゲンやNCBが経験したように、インフラがイノベーションの妨げになっているときは、常に技術的負債が戦略の足かせとなっていることだ。

よくある過ちのひとつとして、融通の利かないレガシーシステムを維持するため、応急処置や回避策でインフラの問題を解決しようとすることが挙げられる。しかし、利子のついたローンと同じように、放置された技術的負債は、時間とともに増大していく。有力なIT企業は、根本的な問題に応急処置で対処するのではなく、定期的に技術的負債を「返済」し、事業の効率性と迅速性を向上させることを重視する。技術的負債を返済するのは容易ではない。返済のためにリソースが費やされても、新しい製品や機能を生み出すことはない。しかしシステムの再構築は、ＩＴの高速化や、信頼性、安全性、アップデートの柔軟性が増し、ほかのシステムとの統合が容易になるというメリットがある。このプロセスはリファクタリングと呼ばれ、時間と投資が必要であり、その見返りはすぐには得られない。それでも、ＮＣＢがＩＴシステムで経験したように、リファクタリングは将来の成長に不可欠だ。

●モノリシック型IT vs. モジュール型IT

今日のＩＴリファクタリングの主要なもののひとつは、モノリシック型アーキテクチャーからモジュール型アーキテクチャーへのシフトである。従来のモノリシック型アーキテクチャーでは、アプリであれウェブサイトであれ、あるいは銀行のリテール業務全体であれ、ソフトウェアはひとつの統合されたプログラムとして構築される。モノリシック型アーキテクチャーは、たとえばＭＶＰを素早く作る場合などの規模が小さい場合にはうまく機能するが、規模が大きくなるにつれ、次第に融通が利かなくなり、柔軟性が低下する。アプリケーションの一部を変更するためだけに、リスクを冒してシステム全体への影響をテストしなければならず、あらゆるアップデートに時間がかかり、骨の折れる作業となってしまう。１９９０年代や２０００年代に構築された企業向けコンピューティングシステムを、カスタマイズしたり、変化するビジネスニーズに適応させたりするのが難しいとされる理由がこれだ。

一方、モジュール型アーキテクチャーでは、ソフトウェアはマイクロサービスと呼ばれるモジュールの集合として再構築されており、それぞれのソフトウェア・モジュールは、ＡＰＩと呼ばれる自動化されたインターフェースを通じてほかのモジュールと通信する。企業のアーキテクチャー内では、数百から数千のマイクロサービスがこのように相互作用しており、それぞれがひとつのチームによって開発され管理されている。

たとえば、Amazon.comが発足したころのアーキテクチャーはモノリシック型であり、ウェブサイト全体は、統合されたひとつのソフトウェアとして動いていた。ところが、数年の間に急速な拡大を遂げると、このサイトのコードは数百万行に膨れ上がり、その限界が成長に影響を与えていた。ＣＴＯのワーナー・ヴォゲルスは、「動画ストリーミングのような新しい機能や製品を追加しようとするたびに、もともとの取扱商品である書籍の販売専用として設計されたアプリケーションの膨大なコードを編集し、書き直さなければなりませんでした」と説明する[11]。そこで、アマゾンは２００２年から新しいアーキテクチャーへの移行を開始した。伝えられるところでは、ベゾスは社内メモで、今後すべてのチームは、ＡＰＩを通じて互いに、また外部と連携するマイクロサービスの内部でコードを書かなければならない旨を通達した[12]。この移行には数年を要したが、アマゾン ウェブ サービス（ＡＷＳ）の基礎を築き、ほかの事業の先駆的事例となった。

クラウドでホストされるモジュール型アーキテクチャーは、拡張性、安全性、柔軟性が高いという多くのメリットをもたらす。しかし、おそらく最も重要なインパクトは、組織のスピードと柔軟性に対するものだろう。アマゾンの当初のアーキテクチャーでは、あるチームがストアウェブサイトに商品を追加したい場合、ほかの多数のチーム（マーケティング、倉庫管理、ウェブデザインなど）と、会議、電話、メールで調整する必要があった。マイクロサービスなら、チーム間の調整を必要とすることは、すべて自動化されたソフトウェア・インターフェースを通じて実現できる。ヴォゲルスはそのインパクトについて、「より速いスピードで顧客のためになるイノベーションを起こすことに成功し、アマゾンが成長するにつれて、毎年展開する機能の数を、数十から数百万に増やすことができたのです」と語る［13］。

今日では、レガシーなモノリシック型コンピューティングシステムから、クラウド上のモジュール型アーキテクチャーへの移行は、ますます不可欠であるとされている。たとえばネットフリックスは、数年前にウェブサイト全体をアマゾンのクラウドコンピューティング・サービスをホストとするモジュール型アーキテクチャーに移行した［14］。現在では、マイクロソフトやグーグルなども、AWSに対抗すべく、こうしたサービスを提供している。いまやモジュール型コンピューティングは、ウォルマートのような大企業から、独自の技術スタックとAPIを構築したアキュイティ・インシュランスのような中堅企業まで、あらゆる従来型企業で採用されている。

データ資産

DXに不可欠な技術力の2つ目の領域はデータだ。前著『DX戦略立案書』でも論じたが、いまやデータはあらゆるビジネスにとって重要な戦略的資産である。どの組織においても、データ資産にどのように投資し、長期的に成長させるかについての戦略が必要だ。データ資産とは、顧客データ（例：購入や使用などのやり取りを含む、個々の顧客のプロファイルや行動）や、企業の内部業務、人材、資産に関するデータ（例：

サプライチェーンデータ、在庫記録、従業員情報）といったものだ。すべての製品やサービスから得られるデータ、すなわち、基礎となるサービスデータ（例：ナビゲーションアプリの地図データ、証券取引サービスの財務データ）、および製品の使用データ（どの機能が、いつ、どこで、どのように使用されているか）も含まれる。

データを効果的に捕捉し、資産として成長させなければ、どのような組織のDXも失敗するだろう。たとえばニューヨーク・タイムズは、100年以上前にさかのぼるアーカイブ記事などの不可欠なデータを取得できなかったことが、初期のデジタル化への取組みの妨げになっていたと特定した。過去記事における「タグ付け」に不備があったため、チームはこの膨大なデータから簡単にコンテンツを探し出し、活用することができなかったのだ。そのため、ハフィントンポストのようなデジタルネイティブのメディアがニューヨーク・タイムズのコンテンツを再利用すること、政治家の死や映画のリリースといった出来事の際に、同社の過去記事を引用して読者を惹きつけるといった優れた手腕を、ただ見ているしかなかった。さらに、ニューヨーク・タイムズは歴史的写真の販売の自動化に苦戦し、使いやすいレシピデータベースの構築にも何年もの時間を費やした。最終的には、データ資産への積極的な投資を行ったことで、ジャーナリズムの質の向上や、新しい購読者サービスの実現、外部チャネルからのウェブサイト訪問者数の増加など、さまざまなメリットを享受できるようになった。たとえば料理レシピに構造化データ〔訳注：検索エンジンがウェブページの内容を理解しやすくするために記述するデータのこと〕を実装したところ、検索エンジンを介した同社サイトへのトラフィックは52％増加したのである［15］。

デジタル時代には、データはかつてない速さで生成されており、しかもSNS、モバイルデバイス、モノのインターネット（IoT）を構成するセンサー網といったデータソースは増加し続けている。Sa aS（サービスとしてのソフトウェア）のような、新しいビジネスモデルによっても、データが生み出されており、企業は顧客によるデジタル製品の利用状況を長期にわたって直接観察できるようになっている。データ資産を増やすことは、ウェブサイトにクッキーを使用したり、第三者からデータを購入したりすることだけを指すのではない。むしろ、製品やサービスそのものの企画や設計の一部として組み込まれていなければならない。

私がアドバイザーを務めたある世界的なエネルギー企業は、電力使用量のデータを電力メーターレベルでしか収集していなかった。しかしながら、本当に必要なのは各顧客の具体的な使用データであることを認識し、現在は業務の見直しを図っている。ナイキの場合、実店舗を通じて製品を販売するブランドから、消費者に直接販売するオムニチャネルブランドへとシフトするにつれ、データがその成功の中心的要素となった。アプリの設計から、最新のサブスクリプション・ビジネスモデル、実店舗との提携に至るまでのあらゆる段階で、ナイキは、顧客、製品、ビジネスについてのデータをどのように収集し、展開するのがベストであるのかを検討している。

技術とデータのガバナンス

DXに不可欠な技術力の3つ目の領域は、データ資産と技術資産のガバナンスシステムだ。ガバナンスシステムは、社内のステークホルダー（さまざまな事業部門や機能部門）だけでなく、社外のステークホルダー（顧客、規制当局、ビジネスパートナーなど）のニーズにも対応するものでなければならない。データセットのルールを定義するにしても、技術インフラを定義するにしても、ガバナンスモデルは次のような重要な課題に対応できるよう構築する必要がある。

- **アクセス**：誰が、どのような条件で、どのような権限と制約で、何にアクセスするのか。
- **統合**：データやソフトウェアが、技術システムや組織のサイロを超えてどのようにつながるのか。
- **品質**：データやソフトウェアといった資産の完全性がどのように評価され、継続的に改善されているのか。
- **セキュリティ**：社内外の悪意ある行為者やそのほかのリスクから、資産をどのように守るのか。

私の元教え子であるヤナ・ウォーカーは、ブリストル マイヤーズ スクイブでこうしたガバナンスモデルの設計を率いていた。このモデルの目的は、製造、品質管理、薬事申請という3つの異なる部門のデータを統合することであった。このプロジェクトには、各部門のデータの統合、データの調整と標準化、データの品質確保（古くなった不完全なデータセットの修復が中心）という技術的な目標が定められていた。一方で、適切なステークホルダーへのアクセスと透明性の提供、データセキュリティの担保、データサーバが設置されている各国の規制遵守といった組織的な目標もあった。このことから、最終的にこのガバナンスシステムは、2つの機能によって実装された。まずデータ管理については、自動化システムが構築され、60以上のビジネスルールに従ってほとんどの問題に対処できるようになった。そして各部門の代表者からなるデータガバナンス協議会が設立され、ビジネスルールでは取り扱われない、データの矛盾や問題に対処することになった。

ガバナンスシステムがあれば、ＤＸに不可欠なデータ共有や連携を実現できる。ソニーグループのある幹部は、異なる部門間の顧客データをリンクさせることで、ソニーがいかに強力な市場インサイトを獲得し、より優れた予測モデルを構築したかを説明してくれた。しかしデータ統合は、効果的なデータガバナンスがあって初めて実現できる。ソニーの全データを統合することが、たとえばソニー・ピクチャーズがソニーのPlayStation Networkの全個人顧客データを使って、ユーザーに次の映画公開の宣伝メールを送りつけることであれば、けっして許されなかっただろう。データ共有の前に、アクセス、品質、セキュリティについてのルールの設定が不可欠なのだ。

ガバナンスのもうひとつの重要な機能は、大きな組織が意思決定を行うための共通のデータセットを確立できるようにすることであり、これは一般的に「唯一の信頼できる情報源」と呼ばれる。たとえば、ウォルマートの主要なデジタル投資のひとつは、顧客のデータを一元化し、その情報一式を社内のマネージャーに提供できるようにすることだ。共通のＫＰＩは、戦略にもとづいて組織を調整するうえで驚くほど効果的だが、それには全員が共有データについて共通の理解を持っていることが条件となる。社内のステークホルダーがその共有データの信頼性に疑問を持っていると、自分たちが独自に保有するデータを使用するか、あるいは別の情報源からデータを収集し始めるだろう。信頼性の高い共有データが、組織の連携には不可欠である。

ガバナンスのもうひとつの重要な側面は、主要な資産や能力をどの程度集中管理するかだ。すべてのプロジェクトが遠く離れた本社の中央ＩＴ部門を経由しなければならないような、過度に中央集権的なモデルを採用している組織をこれまで、数多く目にしてきた。しかし、そうした組織のイノベーションは、硬直化という結果に終わる。強力なガバナンスを保持したいという欲求はあるだろうが、イノベーションは顧客に最も近い事業部門に推進させるべきであり、このバランスを取ることが重要だ。私が見てきた最も優れたガバナンスモデルは、そのバランスをうまく両立させている。たとえば、データは複数の場所に保存されるが、ビジネス全体で同期されている。新しい技術領域（機械学習など）も、一時的に中央部門に置かれるかもしれないが、その後は事業部門に展開される。そしてソフトウェアアプリケーションは、事業部門がローカル単位で引き続き管理することになるが、組織全体で再利用できるアプリケーションにより資金を投じる傾向がある。

自社開発か購入か

DXの技術について、最もよくある質問に次のようなものがある。「必要な能力（最新のマイクロサービス・アーキテクチャーなど）を技術チームで構築すべきか、それとも技術購入やライセンス、SaaSを通じて外部のパートナーから調達すべきか？」。この2つの選択肢は、一般的に「自社開発か購入か」と呼ばれる[16]。

ここ数十年の流れは、「購入」の傾向が強かった。企業はパートナーに技術を外注し、従業員は業界に特化した業務に集中するという構造だ。ほとんどの企業では、技術はコアコンピタンスの範疇外との位置づけでコストセンターとして扱われ、ＩＴ部門はベンダー管理部門へとシフトした。デジタル時代となり、技術力があらゆる事業戦略の中核であるという大きな考え方の変化が見られるようになった。フォルクスワーゲンでは、テスラなどのデジタルネイティブのライバルと競争するなかで、ソフトウェアの90％を外注するアプローチの限界が露呈した。Twilioの共同設立者であるジェフ・ローソンは、既存企業の選択を「自社開発か廃業か」と再定義している[17]。言い換えれば、必要不可欠な技術を自ら構築する能力を開発しない限り、どのような企業も長期的には生き残れないということだ。

「自社開発」戦略には独自のメリットが複数ある。自社開発なら、コントロールの幅が広くなり、ビジネス特有のニーズに合わせてソリューションをカスタマイズすることが可能だ。ペプシコの戦略・変革最高責任者であるアシーナ・カニョーラは、購入した最高のソフトウェアでさえ、あまりにも汎用的で、ビジネスに特化したデータやペプシコの事業目標との整合が十分ではないと考えていた。そこで、自社開発戦略を取り、ダラスとバルセロナにデジタルハブを設立して、より多くの能力を社内に確保することとした[18]。自社開発戦略なら、パートナーとの統合力を高めることもできる。アキュイティ・インシュランスのベン・サルツマンＣＥＯは、あらゆるインシュアテック系パートナーと迅速かつシームレスに統合できるよう、基幹系ＩＴシステムとＡＰＩの構築に長年投資しており、これを「Nimbleocity」と呼んでいる。サルツマンはその一例として、「グーグルがアキュイティと提携するようになったのは、競合他社では連携して何かを進めるのに数カ月も要するからです。私たちならどのような技術ベンダーとも2週間で提携できます」と説明する。自社開発戦略のもうひとつのメリットは、企業が技術の知的財産を所有できるところだ。これにより、競争優位性にとって重要な技術から、より大きな利益を生み出すことができる。

一方、「購入」戦略にも魅力的なメリットがある。技術のソリューションがすでに市場に存在する場合、（「車輪の再発明」〔訳注：広く受け入れられ確立されている技術や解決法を再び一から作ること〕を企図するのではなく）その技術を導入することで、企業はより迅速に、より低コストで市場に参入できる。とくにそのソリューションにコミットする前に、試験でその中身を精査できる場合は、購入戦略のほうがリスクは少ないかもしれない。また、たとえばSaaS型ソリューションなら、メンテナンスコストを大幅に削減できる可能性もある。つまり、「自社開発か購入か」の決断にはトレードオフがつきものなのだ。すべてを自社で賄うことはできないし、すべきではない。

したがって、少なくとも一部の技術については、「自社開発」と「購入」の両方の戦略を取ることが理にかなっている。私の友人で、グローバル・サービス企業HCLテクノロジーズのデジタルビジネス部門本部長を務めるアナンド・ビルジェは、競争上の差別化における最も重要な技術は何かを問うことから始めるよう提案している。もし特定の技術によって市場で競争力を持ち、それにより高い価値を獲得できるのなら、マイクロサービス・アーキテクチャーのなかで自社開発すべきだ。一方、技術がビジネスを行ううえでの単なるコストである場合は、従量課金制で使い勝手のよいSaaSベースで購入できるソリューションを模索すべきだろう。ビルジェはこれを「開発可能型技術 vs. 消費可能型技術」と呼んでいる。

最後に、検討中のソリューションにおける技術的な不確実性を評価することを忘れてはならない。そのソリューションは、パブリック・クラウドインフラのようなもので、コストとメリットについて第三者による十分な調査が行われたうえで、市場に広く展開されているものだろうか？　それとも、ソリューション構築にまだ実証されていない技術が必要な、新しい最先端の分野なのだろうか？　技術的な不確実性が高い場合は、「購入前に試す」アプローチを取るべきだ。すなわち（継続的な契約の前に行う）サービス・プロバイダーとの限定的な初期導入、あるいは（買収や自社開発の前に行う）テック系スタートアップ企業とのパイロットプロジェクトなどである。

道のりを段階的に進む

自社開発にしても購入にしても、一朝一夕にできる作業ではない。インフラの技術的負債を返済し、データ資産を構築し、優れたガバナンスモデルを確立することには、すべて時間がかかる。こうした課題は、どれだけ資金があり、リーダーシップのコミットメントがあっても、指をパチンと鳴らして一夜にして解決できるわけではない。しかし気をつけなければならないのは、能力構築の長い道のりを進むにしたがって、組織のニーズや優先順位は時間とともに必ず変化することだ。このような現実を踏まえ、技術力の向上については、段階的に進む道のりとして計画し、そのつど柔軟に対応できるようにしなければならない。組織を列車に見立てると、車両を1両ずつ作り直し、その作業が終わるまで、ほかの車両はパッチやダクトテープで応急処置し、その間にも列車自体は線路を走り続けているイメージだ。

たとえばＮＣＢの場合、リテール・バンキングからコーポレート・バンキングまでの新しい基幹システムの構築に３年、事業を運営しながら移行が完了するまでにさらに２年かかっている。フォルクスワーゲンは、VW.osオペレーティングシステムの開発を５年の期間で計画しており、バージョン１・０

（オープンソースコードと外部ベンダーのソフトウェアを使用した限定リリース）から、バージョン１・１（より多くの車種に導入）、そして最終的なバージョン２・０（高度な機能を備え、全ブランドに展開）へと段階的に移行している[19]。

ブリストル・マイヤーズ・スクイブの場合、ウォーカーのチームは、慎重に段階を踏んでデータガバナンスモデルを構築した。この作業は、ビジネス上の重要な問いに対して、その答えの裏づけとなる十分なデータが存在することを経営陣に示すため、６カ月かけてプロトタイプを作成することから始まった。次のフェーズでは、堅牢なテスト環境が導入され、新システムのビジネスルールについてのロジックがテストされている。最終的な移行は「稼働後」期間のなかで行われ、古いデータプロセスを統合後の新プロセスと並行運用し、数多くのシナリオを検証することで、新システムの堅牢性と信頼性が確認された。すべてのプロセスの完了までには1年以上を要した。その時間は、統合されるシステムの数の多さによるものだ。ウォーカーからのアドバイスはこうだ。「早く始めろ、早く始めろ、早く始めろ！」

道のりの計画を立てるときは、モジュール性を重視することを忘れてはいけない。なぜなら、モジュール性の高い設計なら、ニーズが変化し続けるなかでも、より柔軟で迅速なアップデートに対応できるからだ。

●人材

デジタル戦略にとって、技術が重要であるのと同様に適切な能力を備えた人材を確保することも重要だ。熟練したエンジニアがいなければ、どのような組織も独自のアプリやインフラを構築することはできない。デジタルマーケティングのスキルを持った人材がいなければ、どのような企業もＤ２Ｃ（消費者直販）戦略を追求することは不可能だ。プロダクトマネジメント手法やアジャイル手法のトレーニングが不足していれば、少人数の多機能型チームへの再編は見込めない。そして、データサイエンスやデータアナリティクスのスキルが欠けていては、どのようなビジネスもデータドリブン型の組織にはなれない。

ＤＸを推進するには、人事部門の幹部らと緊密に連携して現在の人材能力を評価し、重大なギャップを特定することが不可欠となる。求めるべきは技術的スキルと非技術的スキルであり、これらのスキルは組織内の各種領域において、さまざまな組み合わせで必要となってくる。人材ギャップを埋めるには、人材の採用・獲得から研修、社員維持、戦略に合致していない者の解任に至るまで、人材のライフサイクル全体を管理しながら、有能な人材の離職を最小限に抑える必要がある。

技術的スキルと非技術的スキル

デジタル時代の新たな戦略では、アプリケーション、プラットフォーム、ネットワークなどに重点を置いたソフトウェアエンジニアリング・スキルといった、技術的スキル領域におけるビジネスの能力向上が求められるようになるだろう。データサイエンスやビジネスアナリティクスのスキル、機械学習やサイバーセキュリティなど、変化の激しい新興分野のスキルも同様に求められる。

ジョンソン・エンド・ジョンソン（Ｊ＆Ｊ）のエンタープライズ・テクノロジー部門人事担当副社長であるジュリアナ・ヌネスは、デジタル人材の責任者を務めている。Ｊ＆Ｊがデジタル時代を見据えて戦略、製品、サービスを急速に転換していくために必要なスキルを確保するのが彼女の仕事だ。ヌネスはＩＢＭと提携し、世界各地にいる従業員の現在の技術的スキルを評価しており、機械学習を用いて従業員のデジタル活動を分析し、ひとりひとりのスキルとその成熟レベルを推測している。Ｊ＆Ｊが強化すべきと考えている技術的スキルは、データサイエンス、サイバーセキュリティ、インテリジェント・オートメーションなどだ。「未来を予測することはできない」としながらもヌネスは、適切なスキルがあれば「その未来に対してより適切に備えることができるはずです」と語る。

ＤＸの取組みを支えるうえで、どのような非技術的スキルが必要になるかも評価しなければならない。非技術的スキルとは一般的に、プロダクトマネジメントや、スクラム、デザイン思考、リーンスタートアップなどのアジャイル手法のトレーニングなどのイノベーションスキルである。デジタルマーケティング、ｅコマース、オンライン販売、チャネルマネジメントなど、新たな市場開拓のスキルが含まれる場合もある。解決する問題によっては、多機能型チームには、コミュニケーションやデザイン（ストーリーテリング、グラフィックデザイン、ユーザーエクスペリエンス［ＵＸ］など）、社会科学（経済学、社会学、心理学、人類学など）など、ほかの分野のスキルも必要となるだろう。

アマゾンは、博士号を持つ経済学者を雇い、社内全体の「ピザ２枚チーム」に所属させることで、統制の取れた実験を最も迅速に行っていることで知られている［20］。世界的な海運企業のＣＭＡ ＣＧＭ［訳注：フランスの海運会社で、世界的に有名なコンテナ輸送業者。１９７８年に設立され、世界中で海上輸送や物流サービスを提供している］でＣＤＯを務めていたイムラン・ハックは、最初の業務のひとつとして、中小海運会社のニーズに応える新しいデジタル製品の設計を任された。ところがＣＭＡ ＣＧＭは過去にこの層の顧客に製品を販売したことがなかったため、営業経験が不足していた。そのため新しい戦略を追求するカギのひとつとして、このまったく異なるターゲットにリーチするためのデジタルマーケティングのスキルを獲得することが先決とされた。

さまざまなレベルと組み合わせ

人材ニーズに対応するためには、大まかなカテゴリーに分類されたスキルの一覧表を作成するだけでは不十分だ。多くのリーダーたちは、DXを進めるために、どれだけのプログラマーを採用するのかを口にする（第1章で、ニューヨーク・タイムズの発行人が「ほかのどの新聞社よりもコードを書けるジャーナリストを多く擁している」と自負していたことを思い出してほしい）。しかしより重要なのは、さまざまな専門分野（ネットワーク・エンジニアリングvs.アプリケーション・プログラミングなど）で、具体的にどのようなプログラマーを必要としているかだ。

ひとつの専門領域内においてさえ、異なるスキルレベルを持つ人材が必要だと認識することも同じぐらい重要である。たとえば、デジタルの取組みを支えるためには50人の専門的なデータサイエンティストが必要かもしれないが、こうしたデータサイエンティストと効果的にコミュニケーションを取ることができるビジネスパーソンも必要なのではないだろうか？　ほかの部署（マーケティング、財務、オペレーションなど）のマネージャーもデータサイエンスの基礎知識を身につけ、こうした専門家と効果的に協働できるようになる必要があるだろう。

大規模な組織では、人材ニーズは事業部門や機能部門によって大きく異なると考えられる。たとえば

J&Jが自社の人材ニーズを分析した際、データサイエンスのように社内全体のチームにとって重要な分野が複数見つかった。一方で、そのほかのスキルは、特定の事業部門でのみ必要とされている（消費者向け事業ではeコマースのスキル、医療機器事業ではロボティクスのスキルなど）ことも判明した。

多くの組織において、技術的スキルと非技術的スキルといったように、異なるスキルの組み合わせが重要だと考えられている。J&Jのヌネスによると、データサイエンスのスキルとヘルスケア分野における深い経験の組み合わせにより価値が生まれる。この2つは別々のチームメンバーが持っていてもよいが、1人でこの2つを有していることが望ましい。メタのようなデジタルネイティブ企業は、「T字型」思考のプロダクトマネージャー、すなわちひとつの領域に精通しながらも、複数の領域にまたがるコラボレーション能力を持つ人材を採用している[21]。

人材ライフサイクル

人材ニーズに対応するには、デジタル時代のスキルを持つ人材を新たに採用するだけでは不十分だ。そうした人材にとって魅力的な将来やキャリアパスを追求できる環境の構築も重要である。たとえばニューヨーク・タイムズの場合、DXに取り掛かり始めたころは、優秀なデジタル人材を採用してもすぐに辞めてしまうケースが多かった。同社のある人物は、「社内を見渡してみると、割のよい仕事はデジタル経験のほとんどない人たちに割り振られていました」と語っている。別の元従業員も、「ひとつのものを作るのに20カ月もかかるとなると、イノベーションのスキルよりも、官僚主義をうまく扱うスキルのほうが必要になります。リーダー職に昇進したいと思っていないのであれば、この組織に長く留まることはリスクが高いのです」と指摘する［22］。つまり、単に適切な人材を見つけ、各部門に配置することだけが課題ではない。適切な能力を開発するということは、人材ライフサイクル（採用、獲得、育成、維持、離職、パートナー）全体を管理するということだ（図7－1参照）。

●採用

新たな人材の採用は、人材ギャップの解消に不可欠である。しかしよく目にする過ちは、敏腕な人物の採用に力を入れること、グーグルやアマゾンから数名のリーダーを迎え入れ、チームをトップダウン式で変えてくれると期待することだ。DXは、一般的に一定数以上の新しい人材が必要となる（マッキンゼーのある分析では、従来の自動車メーカーが業界の変化に対応するためには、ソフトウ

図7-1　人材ライフサイクル

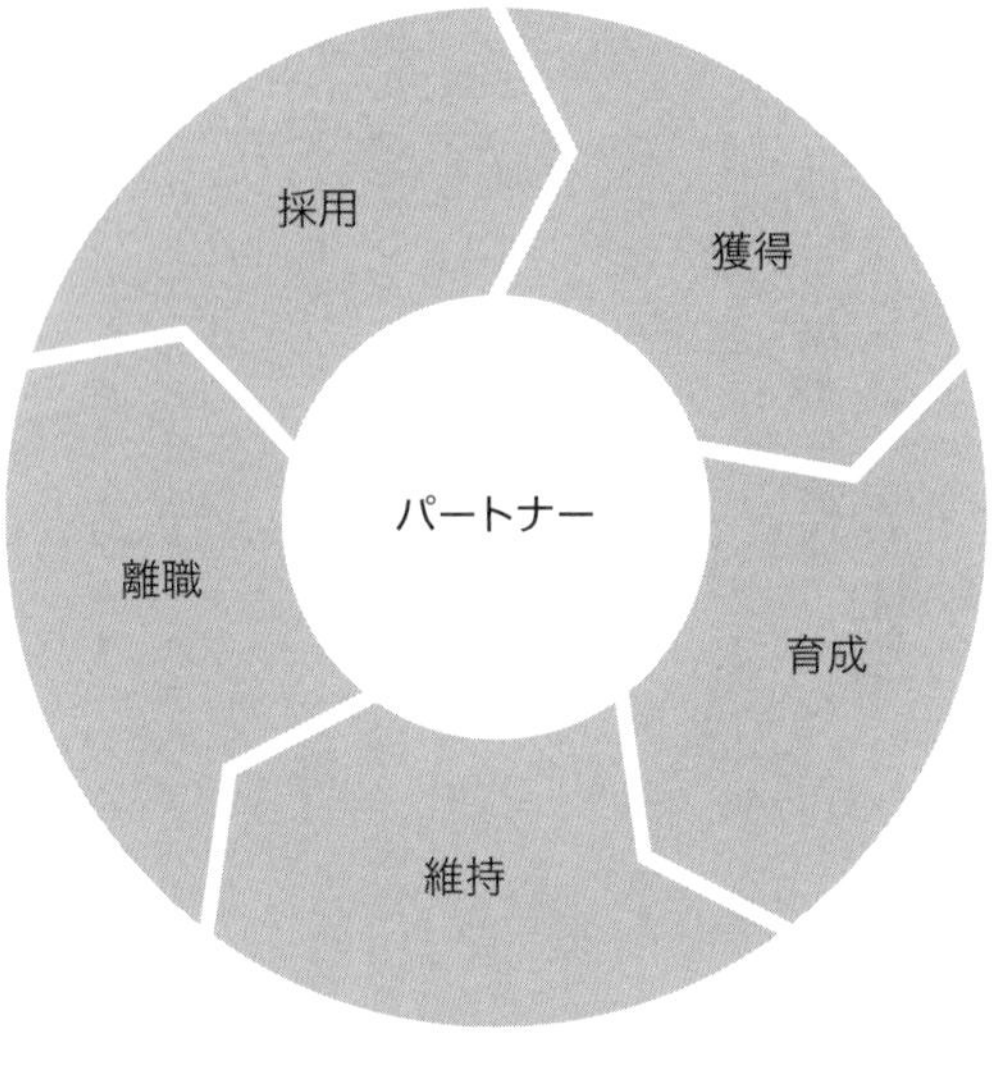

エア人材を300%増やす必要があると見積もっている）[23]。

では、これほど需要の高い熟練したデジタル人材の獲得競争に、どうやって立ち向かえばよいのだろうか？　ひとつのカギは、地理的な視野を広げることだ。シリコンバレーにデジタル事業の本部を置くのではなく、技術系人材に比較的恵まれている別の都市にデジタル事業の拠点を構築してもよいだろう。これにより、その都市での技術系人材の雇用先としてはトップクラスの選択肢となりうる。もうひとつのカギは、他業種からの採用を厭わないことだ。ヌネスはJ&Jについて、「必要なスキルを獲得するためには、従来のヘルスケア企業以外にも目を向ける必要があると認識していました」と語る。現在、J&Jがテック系企業、通信企業、金融サービス企業といった他業界から人材を採用しているのはこのためだ。

●獲得

人材ギャップを埋めるもうひとつの重要な方法は、必要な能力を持った人材を抱えるほかの企業を買収することであり、これは「アクハイヤー（Acquihire）」と呼ばれている。この戦略は、たとえばマクドナルドが、200人の従業員を抱えるAI企業Dynamic Yieldを買収したように、スキルの大転換を加速させるときに効果的だ[24]。このような買収の価値は、多くの場合、収益、顧客基盤、独自技術よりも、その企業の人材にある。

デジタル人材の成長を加速させたい大企業にとっては、小規模な買収を繰り返すよりも、基盤的な企業1社を買収するほうが効果的な場合もある。デジタルスキルとデジタル思考を持つ数百人、あるいは数千人の従業員を取り込むことで、改革を社内全体で幅広く飛躍的に推し進めることができるだろう。基盤的企業の買収が完了しスキルを取り込むことができたら、それ以降は、小規模に獲得したデジタルネイティブ人材をスムーズに統合できるはずだ［25］。

●育成

人材ギャップを埋めるための次のステップは、育成だ。既存の人材の能力を開発し、成長させることが不可欠であり、アップスキリングとリスキリングの観点から考えることが一般的である。アップスキリングとは、従業員が現在の職務ですでに持っているスキルをさらに発展させることをいう（例：長年のマーケティング経験を持つ者が新しいデジタルツールや戦術を学ぶこと）。一方、時代遅れのため不要になりつつある役割に就いている従業員は、リスキリングにより、新しい職務のための基礎的なスキルを身につけることができる（例：仕事がボットに取って代わられたカスタマーサービス担当者が、営業という新しい役割のためにトレーニングを受けること）。リスキリングプログラムは従業員の士気を高めるためには不可欠だが、大きな変化を受け入れるかどうかは、個々の意欲にかかっている。

●維持

組織には、重要な能力を持つ人材に継続的に働いてもらうための戦略も欠かせない。J&Jのヌネスは、「従業員が居続けたくなるような最高の成長経験を生み出すにはどうすればよいのか？　優秀な人材は常に他社に引き抜かれてしまいます。では、どうすれば彼らが継続的に成長実感を得ることができるような体験を作り出すことができるのでしょうか?」と疑問を投げかける。

これについては、ダニエル・ピンクが提唱する従業員の内的モチベーションのモデルがよいだろう。ピンクは、自律性(仕事に対する自己決定の機会)、熟達(仕事を通じて学び成長する機会)、目的(仕事を通じて他者に便益をもたらす機会)という3つの要素を挙げている[26]。この要素ひとつひとつが、従業員の定着には不可欠だ。これについてヌネスは、「人材が活躍できる環境を整える必要があります。やりたいことをやらせてくれない官僚主義のなかに置かれていると感じれば、人は会社を去っていくでしょう」と語る。

●離職

ひとつの企業に永遠に居続ける者はいない。DXの過程で従業員の離職の問題に悩むリーダーたちを、数多く見てきた。ときには、戦略と一致しなくなった経営幹部を退任させる調整事が課題となることもある。あるタイプの従業員に費やしていたリソースを、別のタイプの従業員をより多く雇用するために配分し直さなければならないケースもある。

離職について最初に計画すべきは、自発的な退職、組織としてどれだけの離職率を望むのかである。離職率が高くなりすぎると、費用増につながる。しかし離職率が低くなりすぎると、今度は新しい人材の獲得がしづらくなる。従業員が生涯にわたって会社に居続けたくなるような手厚い待遇、すなわち「金の手錠」をかけるようなことにならないように、注意しなければならない。ヴァージン・メディアO2の人事・変革担当責任者を務めるフィリップ・ウォーランドは、「変革の過程において『現状維持のために仕事をする』姿勢につながるような報酬制度は逆効果です。そうではなく、『勝つために仕事をする』姿勢を促すべきです」と説明する。勤続年数に応じた報酬ではなく、求めている成果に対するインセンティブを提供することが重要だ。次に計画すべきは、非自発的な退職である。これには、特定の従業員の解雇、全社的な早期退職補償の提供（目標達成のために一時解雇と組み合わせる場合もある）、組織再編（事業部門全体は解散するが、そのスタッフは新たな部門のポジションに応募可能）などがある。

おそらく従業員の退職における最も重要な要因は、事業や組織の方向性との不一致だろう。リーダーは、事業として目指す先やその理由、従業員が事業としての目標達成に貢献する方法、そして彼らに求められていることを、しっかりと伝えなければならない。大きな変革を遂げようとしている組織を観察していると、最も離職率が高いのは上級職であり（離職率は70％に達することもある）、こうした離職のほとんどが自発的なものであることがわかる。組織の新たな方向性が明確に打ち出された場合、勤続年数の長い従業員は変化を望まず、早期退職補償などの提案を受け入れることが多いのである。

●パートナー

有能なリーダーは、従業員だけでなく、パートナーのエコシステムも活用して人材を育成する。技術力と同様、人材についても「自社開発か購入か」の基準で判断すべきだ。このような場合は、「数あるニーズのうち、どれを社内で取り組み、どれを社外のパートナーに委託すべきか？」と自問するとよいだろう。

パートナーとの最良な関係は、組織内で欠けているスキルを補うだけでなく、人材のライフサイクルにおける各段階を支えるものでもなければならない。トレーニングもその一部になりうる（優れたパートナーは従業員と協力し、その過程で従業員のスキルを伸ばす）し、これが採用につながることもあるだろう（外部パートナーから正社員として採用）。場合によっては、優れたパートナーがアクハイヤーの対象となるかもしれない。

デジタル時代の優れた組織は、オープンで開放的な構造となっている。内部の従業員と外部パートナーを組み合わせたチームをスムーズに展開しているのも特徴的だ。過去に在籍していた従業員のネットワークを構築し、将来も継続的に協力する機会を追求しており、従業員が組織内外の部門やチームを自由に移動することも奨励している。

○「技術／人材マップ」ツール

次に紹介するツールは、「技術／人材マッ

図7-2　技術／人材マップ

①技術力

評価
将来ニーズ
ギャップ分析
優先順位づけ

ギャップ解消計画
自社開発か購入か
道のりを段階的に進む

②人材の能力

評価
将来ニーズ
ギャップ分析
優先順位づけ

ギャップ解消計画
採用　獲得
育成　維持
離職　パートナー

プ」だ（図7－2参照）。このツールの目的は、デジタル時代に成功するために必要な技術と人材能力の開発について、あらゆる組織をサポートすることである。将来必要となる能力の評価、ギャップの特定、優先順位づけ、ギャップ解消の長期的な戦略の策定において、このツールはリーダーの指針となるだろう。技術／人材マップは企業レベルだけでなく、個々の事業部門や部署に対しても簡単に適用できる。各チームの能力ニーズの評価に使用することも可能だ。適用するレベルにかかわらず、プロセスは同じである。

①技術力

技術／人材マップのステップ1では、企業、事業部門、チームのDXを支えるうえで必要な技術に注目する。このステップは、ＩＴ基盤、セキュリティ、データ統合などのテーマについて専門的な知識を持つＩＴ部門のリーダーや、意思決定、顧客体験、法令遵守などに関するニーズを最もよく理解している事業部門や機能部門のステークホルダーと緊密に連携して進めなければならない。

●評価

進化するデジタル戦略を支えるには、将来の技術ニーズの評価からスタートするとよいだろう。その際、次の要素を重視することが大切だ。

- **技術インフラ**：クラウドコンピューティングへの移行計画はあるか？　どのようなアーキテクチャーやAPIがビジネスの成長を支えるのか？　データはデータレイクとデータウェアハウスのどちらに保存すべきか？　コアビジネスのプロセスを実行するためには、どのようなアプリケーションが必要か？
- **データ資産**：ビジネス戦略を支えるためには、どのようなデータが必要か？　必要な顧客データとは？　必要な業務データとは？　製品が機能するにはどのようなデータが必要で、その製品が収集すべきデータはどのようなものか？
- **技術とデータのガバナンス**：データとITインフラへのアクセスを管理し、そのセキュリティ、品質、統合を担保するには、どのようなシステムが必要か？

次に、ギャップ分析を行い、将来のニーズと現在の技術力を比較する。前述の各分野における最大のギャップを特定し、あわせて既存の能力では不足している部分を明確にする。たとえば、単に「より優れたITインフラが必要」といった表現は避け、「販売チャネルのパートナーとつながる、より強固なAPIが必要」などの表現にすることが大切だ。

次に、それぞれの能力ギャップに優先順位をつける。繰り返しになるが、関係するすべてのステークホルダー（IT部門、事業部門、機能部門）から意見を募るようにしなければならない。各ステークホルダーに1〜5のスコアでギャップを評価してもらうことをお勧めする。1はビジネスの妨げとなる深刻な能力不足を示し、5は若干の小さな改善が必要な領域を示す。この評価を組み合わせることで、将来を見据えて強化すべき技術力の優先順位リストを作成できる。

●ギャップ解消計画

次に必要なのは、技術力のギャップを埋める計画の策定だ。そのためには、次の「自社開発か購入か」のアプローチを検討する必要がある。

- **自社開発**：戦略的な能力、つまり市場でビジネスに独自の優位性をもたらす能力はどれか？ そうした能力を、柔軟なアーキテクチャーと自社で保有する知的財産を用いて自社開発する最良の方法とは何か？
- **購入**：どの能力が日常業務に関するものなのか？ 同業他社と同等のパフォーマンスを出すことを可能にする、かつ購入可能なソリューションはあるか？ 将来的にソリューションをカスタマイズしたり変更したりするための柔軟性はどのように確保するのか？
- **テストファースト**：それぞれのソリューションにはどの程度の技術的不確実性があるのか？ その技術は、明確なパフォーマンス基準にもとづいてしっかりと確立されているか？ そうでない場合、事業全体での採用を決定する前に、限定的な環境でテストするにはどうすればよいか？

道のりを段階的に進むことで、技術的なギャップを埋めるための計画を立てる必要がある。技術力の自社開発や購入には時間がかかり、新たな能力を導入するまでの間も事業は継続しなければならない。

段階的に道のりを進む際、次の点を念頭に置こう。

- **ビジネスインパクト**：自社のビジネスニーズにとって最も急を要する投資は何か？　事業への将来的なコスト面での影響を防ぐためには、いまどのような技術的負債の解決に投資すべきか？
- **反復的なプロセス**：どのようにMVPを利用すれば、解決を目指す事業上の問題や、ステークホルダーがそのソリューションを利用するかどうかを検証することができるか？
- **モジュール開発**：複雑なソリューションを小さく分割することで、動作しているコードの増分を継続的にデプロイ（配置）するというアジャイルの原則に従うことができるか？
- **並行運用**：新旧のシステムが並行稼働する移行期間をどのように計画し、現実世界での堅牢性を担保するのか？

②人材の能力

技術／人材マップのステップ2では、企業、事業部門、チームのDXを支えるうえで必要な人材に注目する。ステップ2は、人事部門のリーダーだけでなく、事業部門や機能部門のリーダーとも緊密に連携して進める必要があり、こうしたリーダーたちは、組織の人材ニーズについてさまざまな見識を持っていることが望ましい。

●評価

まず、ＤＸに最も必要な技術的スキルと非技術的スキルを評価することからスタートする。将来のニーズを評価するには、次の分野も含めて幅広く検討する必要がある。

- **ソフトウェアエンジニアリング**：アプリケーション開発、ネットワーク、インフラ、セキュリティ、ハードウェアなどさまざまな分野に対応。
- **データと分析**：データサイエンス、データ統合、意思決定システム、ビジネスアナリティクスなど。
- **新興技術**：機械学習、ロボティクス、サイバーセキュリティ、オートメーションなど。
- **イノベーションスキル**：プロダクトマネジメント、スクラム、デザイン思考、リーンスタートアップなどの方法論。
- **市場開拓スキル**：オンライン販売、デジタル広告、インフルエンサーマーケティングなど、新規市場への参入をサポートするもの。
- **その他の領域**：多機能型チームのために役立つＵＸ、ストーリーテリング、市場調査、経済学など。

次に、ギャップ分析を行い、将来のニーズと現在の人材を比較する必要がある。人事部門と協力し、定量的データと定性的データの両方を用いて、現在のスキルを定義し、前述の各分野における最大のギャップを特定する。

- **具体的なスキル**：最も不足している特定のスキルは何か？（例：「プログラマー」ではなく特定のプログラム言語の開発者、「データスキル」ではなく「機械学習の専門知識」など）
- **分布**：組織全体で必要とされているスキルは何か？　特定の事業部門や部署でのみ必要とされているスキルは何か？
- **スキルレベル**：特定のスキルにおいて高い専門性を必要としている分野はどこか？　より一般的な見識や基本的な知識を必要としている分野はどこか？

次に、特定した人材ギャップにそれぞれ優先順位をつける。各ステークホルダーに、各自の知見にもとづいて1～5のスコアでギャップを評価してもらう。1はビジネスの妨げとなる深刻な人材不足を示し、5は若干の小さな改善が必要な領域を示す。この評価を組み合わせることで、人材ニーズの優先順位リストを作成し、人事部門と協力して将来の成長につなげる。

●ギャップ解消計画

さらに、このような人材ギャップを埋め、将来の成長を支える計画を立てる必要がある。計画は、人材のライフサイクルの次の6ステップを網羅した内容でなければならない。

- **採用**：新しい人材をどのように採用し、能力ニーズを満たすのか？　どこに注目し（企業、業界、地理的な場所）、どのようにして人材を惹きつけるのか？

- **獲得**：買収は人材ギャップの解消につながるか？　そうである場合、どのような企業をターゲットにするのか？　どのように統合を管理すれば、必要な変化を加速させ、買収した企業の強みを損なわないようにできるのか？
- **育成**：既存の人材の能力を最大限に伸ばすにはどうすればよいか？　どのようなアップスキリングが現在の職務に役立つのか？　リスキリングによって、不要になりつつある部署の有能な人材はどの分野に再配置できるか？
- **維持**：有能な人材の離職を防ぐにはどうすればよいか？　そのような人材は会社でのキャリアパスに魅力を感じているのか？　どうすれば彼らの仕事に自律性、熟達、目的を持たせることができるか？
- **離職**：求める変革のペースにおいては、どの程度の離職率が健全か？　自主退職率は高すぎるのか、それとも低すぎるのか？　インセンティブ体系を見直し、不適切な人材を会社に留めておく「金の手錠」に対処すべきか？　最も必要なリソースと人材の整合性を取るには、買収、一時解雇、組織再編をどのように組み合わせればよいか？
- **パートナー**：チームや組織の枠を超えて人材ニーズを満たすには、どのような方法を取ればよいのか？　どのパートナーが戦略を支えてくれるか？　パートナーと協働し、パートナーから学び、パートナーの人材を雇用し、あるいはパートナーを買収するにはどうすればよいか？　社内外の人材からなる最高のエコシステムをどのように設計し、ビジネスを成功へと導くことができるか？

企業文化

ＤＸを成功させるために必要な能力を開発するには、技術や人材以外にも目を向けなければならない。企業文化を考慮することも重要となる。長期的なＤＸの成功には、適切な企業文化が不可欠だ。世界中の数多くの企業におけるデジタル化の取組みについて研究してきたなかで、企業文化の変革なしに持続的なＤＸを達成することは不可能だと確信している。そして幸運なことに、歴史ある伝統的企業であってもデジタルに適応する企業文化の構築が可能であることを実証した、有能な数多くのリーダーたちを目にしてきた。

アフテンポステンがたどった道のり

私がエスペン・エギル・ハンセンと出会ったとき、彼はスカンジナビアのメディア複合企業のシブステッドで、将来を嘱望される期待の星だった。シブステッドは、ニュースや広告事業をデジタル時代に適応させるために積極的なポートフォリオを展開していた。ハンセンは当時、シブステッドで「VG Nett」と呼ばれるデジタル系スタートアップを率いており、そこで成長性と収益性の高いオンラインビジネスを構築していた。次の挑戦としてハンセンに任されたのが、北欧で最も古く、最も親しまれている報道機関のひとつであるノルウェーの新聞「アフテンポステン」の変革だった。新ＣＥＯ兼編集長として指揮を執ることになったハンセンは、変革の前に立ちはだかる企業文化の大きな壁に直面した。１８６０年創業の歴史を持つ誇り高きアフテンポステンの強い伝統意識を、ハンセンは「この類いまれなる保守的な企業文化は、まるで教会でした」と形容している。このビジネスをデジタル時代に沿った形で変革するには、その企業文化に大きな変化を起こさなければならなかった。アフテンポステンに必要とされていた企業文化は、具体的には次のようなものだ。

- **起業家的**：社内の全員がアイデアを提案するボトムアップ型の思考を持つ。
- **協力的**：「編集部 vs. 事業部」という従来の壁やサイロ化した部署を超え、異なる報道デスク間で連携する。
- **データドリブン型**：上級編集者の判断ではなく、データとテストにもとづいて意思決定を行う。
- **顧客重視**：アフテンポステンの伝統的な紙媒体ではなく、デジタル顧客体験の進化を中心に据える。

ＣＥＯ就任初日、編集部の朝礼に出席したハンセンは、前日の紙面を見ながら、振り返りと教訓について議論していた上級編集者たちの姿を目の当たりにした。これについて、ハンセンは次のように回顧している。「このミーティングは１８６０年以来、多かれ少なかれ同じように行われてきたのだろう。私は黙って聞いていました。そしてミーティングの終わりに、『とても素晴らしかった。しかし、明日からは新しいことに挑戦しよう』と告げたのです」。ハンセンは、創業から１５０年続いた編集者たちの朝礼に終止符を打った。翌日、彼はこれから毎日の始まりに行われる新しいミーティングを紹介するにあたり、編集チームや記者だけでなく、広告営業チーム、購読チーム、技術者、さらには清掃員まで、全員に出席を求めた。そして、その全員が一緒になって、アフテンポステンの前日の業務についてよかった点を率直に議論し、改善のためのアイデアを提供するようにとの指示が出された。

その後も、さまざまな変革が迅速に進められた。たとえば、従来の職種を超えた協力関係を促すため、ハンセンはジャーナリストと技術者で構成される多機能型チームを設立し、読者と協働したり、データドリブンな新しいジャーナリズムの形に挑戦したりするよう指示した。また同社が長期にわたって計画していた社屋の移転の機会を捉え、より協力的な文化の醸成につながるような空間に設計した。移転前の社屋では、従業員は10フロアに分散し、オフィスもフロアの四隅に集中して配置されていた。「40カ所のコーナーオフィスがあったので、まるで社内に40の独自文化があるようでした」とハンセンは語る。新社屋では、全従業員のオフィスを2つの大きなフロアにまとめ、それぞれのフロアの中心にスペースを設けて、朝のミーティングを開く場所としただけでなく、コーヒーメーカーやゴミ箱の唯一の設置場所としても活用した。「これらのアイデアはすべて、組織内のさまざまな人びとの自発的なミーティングを促すことが狙いでした。けっしてシンボリックな取組みというだけではなく、実際に効果もあったのです」とハンセンはいう。

データドリブンな意思決定への移行を推進するため、各部門が設定している指標を全従業員に広く共有することで、透明性の向上を図る新しいモデルも導入した。さらに、顧客のデジタル体験に全従業員の意識を向けるため、ミーティングで検討するニュース記事をモバイル画面のフォーマットで表示するようにルール化したことで、編集者たち（その多くは紙媒体からスタートした人たち）は、多くの読者がどのように記事を読んでいるかを意識するようになった。

ハンセンが6年後に退任するまでの間に、アフテンポステンの事業は根本的な変革を遂げた。「私たちはビジネスモデルを完全に逆転させました。収入の80％を広告に頼っていた構造から、購読料が80％を占めるまでになりました。このような変化に耐えられる企業はそう多くはありません」とハンセンは説明する。しかしそれと同じくらい重要なのは、企業文化も変わったことである。「アフテンポステンは事実上の独占状態だったビジネスから、再び市場競争にさらされるようになりました。従来型の組織からデータドリブン型の組織へと変わったのです」と述べている。古い階層的な考え方が取り払われたことについては、「今日のアフテンポステンで、上層部が何かを決めることはほとんどありません」と語り、DXから得た教訓については、「難しいのは技術を取り入れることではなく、企業文化を変えることなのです」と指摘する。

DXにおける企業文化

企業文化が重要であることは、アフテンポステンのDXに限ったことではない。ニューヨーク・タイムズの場合も、企業文化が初期のデジタル化の取組みにおいてはアキレス腱となっていた。同社の忌まわしい「イノベーション・リポート」の分析によれば、変革を妨げていたのは、ニュース編集室のリスク回避的な考え方、サイロ化をよしとする企業文化、時代遅れの紙媒体主義、変化する読者の習慣よりも古い伝統にもとづいて構造化された業務、失敗から得られた教訓の共有不足であった。そして、ニューヨーク・タイムズの企業文化が変わり始めると、変革は正真正銘の成果を示すようになった。

適切な企業文化を築くことなしに、真のDXを推進することは不可能である。もし事業が財務的な結果だけに振り回され、顧客重視の思考を欠いているなら、解決すべき顧客の問題を見つけることはできないだろう。チームが決断を下すのに、データよりも年長者の役職や経験値に頼ってしまうと、「テストして学ぶ」努力は、単に「確認のためのテスト」になってしまう。もし従業員が失敗を恐れたり、間違いを認めることを躊躇したりする環境なら、イノベーションの反復や方向転換、適応を進めることはできないだろう。

プロセスやガバナンスにおける最大の変革さえも、企業文化の変革が伴わなければ失敗に終わる。大企業にアジャイルソフトウェア開発の導入のコーチングをしているダニエル・ノーティンは、多くのクライアントがアジャイルのメカニズムだけに力を入れたがると指摘する。こうした企業は、すべての適切なプロセス（日々のスクラムミーティング、2週間のスプリント、カンバンボードなど）の採用には余念がない。しかし、アジャイルの本質的な考え方である「反復的であること」「自律的であること」「問題に重点を置くこと」「顧客中心であること」は、けっして伝えられることはなく、また受け入れられることもない。ノーティンはこれを「プロセスは取り入れるが、企業文化は変えない」と評し、これまでのコーチング経験で、このアプローチでうまくいった事例を見たことはないという。

世界中のデジタルネイティブ企業は、成功を目指すうえで企業文化にこだわりを持っている。シリコンバレーにいれば、リーダーが語る多くは、技術よりも企業文化についてだとすぐ気づくだろう。たとえば、マイクロソフトの取締役会がサティア・ナデラをCEOとして選出した理由は、製品をサーバベースからクラウドベースへとシフトさせ、ウィンドウズのみの体制からあらゆるOSと提携できるようにするなど、戦略を劇的に転換するためであった。しかし、CEOへの就任時にナデラが最も力説したことは、マイクロソフトの企業文化を変えるための取組みについてであった。経営変革を率いて1年目に、ナデラは株主に対して「わが社の企業文化を変える能力は、将来の成功を測る優れた指標です」と語っている[27]。

これは、マイクロソフトだけではない。アマゾン、アルファベット、メタ、テスラ、ネットフリックスなど、インターネット時代に台頭したデジタル巨大企業は、すべて企業文化を重視している。各企業は独自の指針を体系化し、その企業文化を実際の日常業務に反映するべく、多大な努力をはらっている。

行動としての企業文化

企業文化とは何だろうか？　この言葉はビジネス界において、頻繁に話題に上るようになっているが、その意味はしばしば曖昧で、定義が難しい。企業文化についての議論は、具体的な行動やビジネスニーズとは関連のない、曖昧で不正確な言葉ばかりになりがちだ。この曖昧さゆえに、私は「文化」という言葉には長年懐疑的だったが、企業文化が変革と成長にとっての強力なテコとなっている組織を研究するうちに考えが変わってきた。こうした組織では、人びとが日常的に行っていることを文化として定義していたのだ。

企業文化の有名な定義のひとつに、サウスウエスト航空の共同設立者兼CEOであるハーブ・ケレハーが提唱した、「企業文化とは、誰も見ていないときに人びとが行うこと」がある[28]。この素晴らしく簡潔な定義は、企業文化とは行動（「人びとが行うこと」）であり、ルールではなく考え方や規範（「誰も見ていないとき」）によって確立されるという2つの考えを捉えている。ある経営幹部は「企業文化とは、われわれが習慣として振舞っている行動である」ともいう。

組織のなかで人びとはどのように交流し、協力しているだろうか？　組織のなかで人びとは何に最も時間を費やしているだろうか？　彼らはどのように意思決定し、ミーティングを運営しているのか？

シリコンバレーのベンチャーキャピタリスト、ベン・ホロウィッツは、『What You Do Is Who You Are』（『Who You Are（フーユーアー） 君の真の言葉と行動こそが困難を生き抜くチームをつくる』日経BP）と題した企業文化についての書籍を執筆し、企業文化とは、日々の習慣、従業員のやり取り、そして仕事の優先順位づけについてのものだとした。ホロウィッツが指摘するように、一般的な企業の経営基本方針には、従業員が日々行うような意思決定の指針は何も示されていない。しかし、こうした日常的な小さな判断が組織を形作り、事業の最終的な成否を決めるのである[29]。

では、どうすれば望ましい企業文化を定義し、その文化を定着させることができるのか？　初期段階にあるスタートアップ企業では、企業文化は創業者とスタート時の従業員によって定義される。組織の成長に伴い、創業者が従業員に対してどのように事業について語り、どのように行動の模範を示すかによって、企業文化が形成されていく。しかし、企業が成長し大きくなり、創業時のCEOがいままでのように毎朝、従業員と直接コミュニケーションを取ることができなくなったらどうなるだろうか？　大規模で複雑な組織においては、どのように企業文化を形成していけばよいのだろうか？

企業文化を強化し、規模を拡大して定着させるには、プロセスを検討しなければならない。ユナイテッド・テクノロジーズ・コーポレーション（UTC）のCDO、ヴィンス・キャンピシは、「大規模な組織では、プロセスが企業文化を成文化します」と私に語った。リーダーがビジョンを語り、組織がその方向に進まないことに不満を表明するとき、私はいつもプロセスについて尋ねる。「評価、報酬、日常業務についてあなたは何を変えようとしているのですか？」と。

すべての指標が短期的な財務実績にもとづいており、顧客が得る価値を考慮していないのであれば、顧客中心の企業文化を構築することは不可能だ。組織が部門別にサイロ化され、パートナーとの2週間の試行テストを調達部門が承認するのに8カ月もかかるようでは、協力的な企業文化は構築できない。プロジェクト停止を理由に従業員を低く評価したり、予測できる結果を出した従業員が高く評価されたりするような報酬やインセンティブ体系では、「起業家的思考」や「リスクテイク」といった姿勢は単に流行に乗ったものと見なされてしまうだろう。企業文化の変革を定着させるには、十分に配慮してプロセスを設計し、変革の支えになれども、妨げにはならないようにしなければならない。

アフテンポステンの組織文化を変革したハンセンのようなリーダーを研究することで、共通のパターンを見いだした。企業文化を形成するリーダーたちは、誰もが次の3つを実践している。

①自分たちが求める企業文化を、期待される理念や行動を明確にして定義する、

②命を吹き込むストーリー、シンボル、行動を用いてその企業文化を伝える。

③適切な行動を支えるプロセスによってその企業文化を実現する。

理念と行動で企業文化を定義する

有能なリーダーは、組織の理念を意識的に作り上げることで、求める文化を定義する。たとえばグーグルには、「イノベーションの柱」[30]と「グーグルが掲げる10の事実」[31]と呼ばれるものがある。テスラには、6つのリーダーシップ理念があり、全新入社員を対象とした研修プログラムに組み込まれている[32]。サウスウエスト航空の場合は、従業員に「サウスウエスト流に生き」「サウスウエスト流に働く」ことを奨励し、その倫理観の構成要素（戦士の精神、召使いの心、楽しいことを愛する姿勢など）を明確に示している[33]。フォード・モーターは、デジタル時代に向けた変貌を遂げるにあたり、「ヒエラルキーよりも知識を尊重する」「問題を解決する」といった「道筋の5つのルール」を定めた。

明確な企業文化の理念とは、組織の全員が日々の行動、交流、意思決定において目指すべき行動を記述したものである。しっかりと練られた理念は、従業員の間で共有される基準となり、共通言語となる。理念は、互いに責任を負うための手段なのだ。私が知る限り最も優れた理念は、アマゾンとネットフリックスが掲げるものだ。

アマゾンは、独自の企業文化を定義した16項目の「リーダーシップ・プリンシプル」が有名である。この理念には、「顧客へのこだわり」「広い視野で考える」「とにかく行動する」などがあり、何年もかけて洗練され、アマゾンの求人サイトにも掲載されている[34]。それぞれの項目には、日常業務における意義についての簡単な説明が一緒に示されている。しかし「リーダーシップ・プリンシプル」は、ただ読んでもらうためのものではない。ビジネスのあらゆる側面についての意思決定が議論される日々のミーティングでも、この理念が参照されているのだ。ある元従業員はこの理念について、「アマゾンの企業文化に深く浸透しており、採用候補者や従業員、チームの評価・報酬を決定する際のレンズとなっています。アマゾンで働く者なら誰もが、その理念を暗記しており、自分の経験を通じてこの理念を実践している例を挙げることができるはずです」と語る[35]。

ネットフリックスの企業文化の考え方は、ＣＥＯのリード・ヘイスティングスが公開した１２４ページのスライド資料で有名になり、オンラインで１００万回以上も閲覧されている。初期のマニフェストには、ネットフリックスが人材を採用し昇進させる際に求める９つの行動特性が記されており、ユーモアを交え、哲学的かつ実践的な内容で、「優秀だが嫌な奴」が許容されない理由や、従業員の給与の計算方法、そして「キーパーテスト」（「他社への転職を考えている直属の部下がいたら、引き止めたいと思うか?」を問うもの）が記載されていた[36]。最新の企業文化の理念についての声明文は４０００字を超え、ネットフリックスの企業文化を定義する理念と、この理念に沿った具体的な行動のストーリーが数多く盛り込まれている。たとえば「フリーダム＆レスポンシビリティ（自由と責任）」の理念は、従業員の創造性を、会社の最小限のルールと監督の実践に結びつけるものであり、次のように説明されている。「概して、間違いを防ごうと努めるより、各社員に自由を与えて迅速に対処させるほうが効果的だと私たちは考えています。（……）長期的に見て脅威となるのはイノベーションを起こせなくなることです。（……）創意に富んだクリエイティブな仕事が妨げられることがないよう、ネットフリックスは注意しています」[37]

企業文化の理念を定義するにあたっては、最も優れた理念に含まれている、次の8つの原則に注目してほしい。

- **共有される**：組織内の全員に周知されている。
- **議論に上る**：日々の議論、討論、業務において参考にされている。
- **行動に落とし込める**：とくに優先順位が競合し何かを妥協しなければならない場合に、意思決定の指針となっている。
- **意味合いが伝わる**：特定の組織にとってどのような意味を持つか、そして実際の行動にどのように落とし込まれるかについて、ある程度具体的に定義されている。
- **弁証法的である**：対立する2つの命題が互いに緊張関係を保ちながら存在し、わずかな矛盾を含んでいるため、固定化された考えではなく、健全な議論を促すことができる。
- **自分事として捉えられる**：出身／居住地、性別、年齢、アイデンティティ、経歴の異なる従業員ひとりひとりの心に響く言葉で記述されている。
- **存在証明的である**：自分が何者であるかを明確にすることを助け、組織としてのアイデンティティ、つまり私たちは何者で、何が私たちらしいのかを植え付ける。
- **本質的である**：顧客、従業員、社会全体の便益のためなど、利益追求を超えた目的のために定義される。

組織が変革の過程にあるとき、その文化は「XからYへのシフト」という言葉で表現することが最も効果的かもしれない。サティア・ナデラがマイクロソフトのCEOに就任したとき、従業員が専門知識を示すことで地位を得ようとする「何でも知っている（Know it all）」（X）の文化から、好奇心と謙虚さを原動力に絶え間ない学習と自己成長を追求する「何でも学ぶ（Learn it all）」（Y）の文化へと組織を変えると述べていた。

ここで、あなたが所属する企業の文化について考えてみよう。現在の企業文化、つまり、従業員の行動様式はどのようなものだろうか？　どのような考えや理念がその行動を導いているのか？　その行動は、デジタルな未来に関する共有ビジョンに沿っているだろうか？　そうでない場合、どのように企業文化を変える必要があるだろうか？

表7-2　DXにおける企業文化の一般的な転換

デジタル以前の企業文化から…	デジタルな企業文化へ
• エキスパート主導から…	・データドリブン型へ
• サイロ化された組織から…	・協力的な組織へ
• 慎重な姿勢から…	・リスクテイクな姿勢へ
• 計画主義から…	・実験主義へ
• トップダウン式から…	・ボトムアップ式へ
• 役員会主導から…	・当事者主導へ
• ソリューション重視から…	・顧客重視へ

表7－2は、企業文化を再編成してＤＸの推進を目指す組織において、最もよく見かける7つの転換を示している。あなたが現在、従来型企業に勤めているのなら、デジタル時代に成功するためには、こうした企業文化をひとつ以上転換させることが不可欠となるだろう。

ストーリー、シンボル、シンボリックアクションで企業文化を伝える

有能なリーダーたちは、自分たちの求める企業文化を定義するだけでなく、その文化の本質や重要性を日頃から伝えている。従業員の心をつかむような方法で伝えることで、その企業文化が時間とともに習慣や行動として浸透するようになる。企業文化を伝えるうえで最も強力なツールは、図でもグラフでも箇条書きでもない。最も効果的なのは、物語やシンボル、シンボリックアクションを通じて伝えることだ。こうしたものこそ、組織における人びとの考え方や行動を形成するための最良のツールである。

●ストーリー

人間の脳はストーリーを処理するように進化してきた。そのため、企業文化の変革を導くうえでストーリーの存在は欠かせない。ノーベル賞受賞者の心理学者ダニエル・カーネマンは、「数字にもとづいて決断を下した者などいない。必要なのはストーリーだ」と指摘している［38］。アリストテレスは、複雑な意味合いや物事のつながりを効果的に伝え、人びとに簡単に長く記憶させるためには、事実や決まりきった指示ではなく、物語が最も効果的であると認識していた。

ストーリーなら、さまざまな形で企業文化を形作ることができる。たとえば、企業文化の理念を会社の指針となる使命に結びつけたり、会社の歴史に根づかせたりすることもある。企業文化の理念の実践を怠ることで起こりうる結末を説明することで、警戒心を高めるきっかけになるかもしれない。あるいは、会社が掲げる企業文化を日頃から実践している、縁の下の力持ちにスポットライトを当てることもあるだろう。

ナデラは、あらゆる方法でストーリーを用いることで、マイクロソフトの企業文化を大きく変えてきた。たとえば、マイクロソフト初の製品であるアルテア向けBASICインタプリターのストーリーを伝えることで、人びとに力を与えるという同社のコミットメントを明確にしている。1970年代、コンピューター愛好家たちの新しいコミュニティの間では、BASICインタプリターは重要なツールであった。これについて「地球上のすべての人とすべての組織がより多くのことを達成できるよう力を与えるという私たちの使命は、まさにマイクロソフトが創設された当初から存在していたものです」とナデラは語っている[39]。今日のマイクロソフトによる取組みのインパクトを明確に打ち出すため、障がいを持つゲーマー向けに設計された「Xboxアダプティブ コントローラー」というニッチ市場向けの製品を、スーパーボウルの広告に起用した。ハッカソンから生まれたこのデバイスは、チームにとって思い入れのあるプロジェクトであり、手の不自由な子供たちが自分1人で開けることができるよう、パッケージのデザインに1年を費やした。スーパーボウルの広告を見たあるエンジニアは、『『マイクロソフトで働いている』ことを、これほど誇りに思ったことはなかった」と語っている[40]。ナデラは、従業員に成長のマインドセットを持つよう促すときには、モバイルと検索の2つの重要な機会に、マイクロソフトが初期段階で適切に行動しなかった失敗を繰り返し伝えている。「常に謙虚に、けっして学習することをやめてはならない」。これがナデラからのメッセージだ。

●シンボルとシンボリックアクション

シンボルを利用することで、組織が目指す企業文化を伝えることもできる。アイデアを説明するモノ、言葉、行動は、その意味合いを伝えるための強力なツールだ。リーダーは、適切なシンボルを選ぶことで、組織が維持しようとしている文化規範を組織の人びとにたえず認識させることができる。

こうしたシンボルは、ときに儀式のような形を取るが、組織全体で繰り返され、共有の経験となることで影響力が生まれる。たとえばアマゾンには、すべてのミーティングで、顧客の席を意味する空席の椅子をひとつ設ける伝統がある。この椅子があることで、議論の最中も全員が顧客の視点を意識するようになり、アマゾンの理念である「顧客へのこだわり」をさらに根づかせることができるというわけだ。ジム・ハケットがCEOを務めていたころのフォード・モーターでは、イノベーション・プロジェクトが中止されるたびに、チームの勇敢な努力を称えてバイキング風の葬儀を執り行っていた。この儀式により、失敗に終わった新規事業も称賛に値するものであり、学習と今後のビジネスに不可欠であるという明確なメッセージを伝えることができた。

慎重に選ばれた言葉は強力なシンボルとなり、使う際にも避ける際にも相応の意味が伴う。たとえばワシントン・ポスト紙の場合、編集長のマーティ・バロンは、「デジタル」という言葉が含まれる職種名は認めないと発表した。バロンとそのチームが事業戦略について話し合うときは、常に「デジタル」

という言葉を口にしていたため、その意図はつかみづらかった。しかし、どの役職名にも「デジタル」の表記を認めないというこの指示は、デジタル技術はいまや全員の仕事であり、特定の部署や新入社員グループの専門分野ではないことを示すものだった［41］。

　視覚や聴覚に訴える物理的なモノもまた、強力なシンボルとなりうる。たとえば、Blinds.comの創業者であるジェイ・スタインフェルドは、従業員にリスクを取り、失敗を恐れずにビジネスを成長させるよう行動してほしいと考えていた。そこで、オフィスに高さ5フィート（約１５２cm）の試験管を設置し、新しい戦術を試して顧客にアプローチするたびに、透明なビー玉を1個そのなかに入れるよう従業員に指示した。テストが成功すれば、色のついたビー玉が追加で投入され、失敗すると透明なビー玉はそのまま残された。スタインフェルドが従業員に実験をさせ続けると、ある明らかなパターンが浮かび上がってきた。色のついたビー玉（成功）１つに対して、はるかに多くの透明なビー玉（挑戦）があったのだ。

「リスクを取り、毎回うまくいくと思わないこと」。これがスタインフェルドからのメッセージだ［42］。

　リーダーの行動も、人目をひき驚かせるもので求めている企業文化を示すものであれば、強力なシンボルとなりうる。エスペン・エギル・ハンセンがアフテンポステンのＣＥＯに就任した初日に、１５０年来の伝統であった編集者ミーティングを中止すると告げたことを思い出してほしい。この行動が意図していたのは、波風を立てることで、歴史あるアフテンポステンに急速に迫りくる変化を従業員に伝えることであった。ウォルト・ディズニーは、ディズニーのテーマパークを歩くたびに自分でゴミを拾っていたことで有名だ［43］。その何気ない行動は、従業員ひとりひとりの行動が顧客体験に影響を与えることの重要性を訴えるうえで、どの言葉よりも説得力があった。フォード・モーターの場合も、失敗したイノベーション・プロジェクトを称えるバイキング風の葬儀を行うときは、ジム・ハケットCEO自ら兜をかぶり衣装を身に着け、その葬儀を取り仕切った。

プロセスで企業文化を実現する

企業文化を定義し、それを組織内の全員に伝えることは非常に重要だが、変化を促すにはまだ十分ではない。有能なリーダーは、従業員の正しい行動を妨げるのではなく、その行動を支えるプロセスを確立し、追い求める企業文化を実現する。これは、組織が成長し複雑になるにつれて、ますます重要になってくる。リーダーは、日常業務で使われているプロセスを常に観察し、「このプロセスは、われわれが目指す企業文化に役立っているのか？　それとも妨げているのか？」と自問しなければならない。

プロセスと企業文化の整合を取るにあたり、「ビッグ3」（インセンティブ、指標、リソース配分）と私が呼ぶ方法で開始するのを推奨したい。1975年、スティーブン・カーは古典的な経営論文「Bを望みながらAを称えることの愚かさについて（On the Folly of Rewarding A, While Hoping for B）」［44］を発表している。この論文は、多くの変革の取組みに対する社内の抵抗について、その最大の原因を明らかにしている。従業員にやめてほしい行動（旧来的な運営モデルの固持、政治的な決定を求めるロビー活動など）に報奨を与え、してほしい行動（効率的なリスクテイク、新たな成長分野の追求など）には罰を与えてしまっているのだ。これは、従業員に求める行動とインセンティブの整合を取ることで、企業文化に劇的なプラスの効果をもたらすことができるということでもある。

企業が業務を定義し、測定し、進めていくときに使用する指標にも、企業文化の変革を反映させるべきである。このことは、事業部門やチームレベルの指標やKPIにも当てはまる。たとえば、従業員により顧客を第一に考えてほしいと思っている場合、従業員が顧客と会話する時間を測定しているだろうか？

同様にリソース配分も、企業文化の変革を推進するうえできわめて重要である。スピードと柔軟性のある企業文化を求めるのであれば、「資金提供は年1回の予算計画時に固定されてしまうのか？　それともっと頻繁に配分されているのか？」と自問するとよいだろう。それと同じくらい重要なのは、人員やシェアードサービス（ITサポート、マーケティングキャンペーン、顧問弁護士など）をどのように配分するかだ。外部リソースの利用を容易にするためのガイドラインを作ることで、ボトルネックを防ぎ、期待するチーム運営を維持することもできる。

ビッグ3（インセンティブ、指標、リソース配分）は企業文化を広めていくうえで不可欠だが、それはスタートにすぎない。ほかに多くのプロセスが企業文化を形成しており、これらもよく見ていく必要がある。たとえば、人材採用や昇進基準、レポートライン、承認プロセス、説明責任、情報伝達やミーティングの運営方法、従業員によるデータや分析ツールへのアクセス、オフィススペースの設計、ハイブリッドワークやリモートワークについてのガイドラインなどだ。こうしたプロセスなどはすべて、組織が求めている企業文化を向上させることもあれば、損なうこともある。企業文化を広範囲にわたり再構築したいのであれば、リーダーは、従業員の一連の行動に影響を与えるあらゆるプロセスを徹底的に見直す必要がある。

成功しているＤＸには、プロセスがいかに企業文化の実現を支えているかを示す多くの実例が存在する。たとえばアフテンポステンは、全員参加型ミーティング、部署横断型チーム、透明性の高いデータ、オフィススペースの再設計によって、より協力的でデータドリブンの企業文化を実現した。

フォード・モーターの場合、企業文化の理念のひとつに「問題を解決する」がある。最高変革責任者のマーシー・クルボーンによると、この理念は、何かがうまくいっていないことを見つけたら、「その問題をほかの誰かに委ねるのではなく、自分自身で解決する」ことを意味している。この理念をフォード・モーターの企業文化に取り入れるためにクルボーンが確立したプロセスのひとつが、「オフィス・アワー」と呼ばれる日次ミーティングで、クルボーンが指名したリーダーたちで構成される部門横断型グループによって開催される。「毎朝行われる1時間のミーティングでは、組織内の誰もが問題を提起できました。私が決めた唯一のルールは、その1時間で問題を解決することです。『法に触れない限り、その問題を解決するためであれば何をしてもかまいません。たとえ個人的には賛成できなくても、私はみなさんの解決策を100％支持します。問題を解決するためであれば何をしてもかまいませんが、前に進める解決策を出さずに放置してはいけません。私は常にみなさんの解決策を支援します』と伝えました。『本当ですか？』と電話がかかってきたこともありました。『本当です、だからどんどん進めてください。みなさんならきっと素晴らしい解決策を見いだしてくれると信じています』と答えました。すると、もちろん彼らは結果を出してくれました！」とクルボーンは振り返る。

プロセスを用いて企業文化を実現する優れた事例は、デジタルネイティブ企業にも見て取れる。たとえば迅速な行動を重視しているテスラでは、ミーティングは可能な限り少ない出席者で行うよう指示が出されている。この方針を根づかせるため、出席者は自身が参加していても付加価値を生まないと判断したら、その時点でミーティングの途中でも退席するというルールを設定した。最初は衝撃的だったが、やがてこの光景はミーティングの通常の運営方法として認識されるようになった[45]。ネットフリックスでは、「フリーダム&レスポンシビリティ（自由と責任）」の企業文化の一部として、契約締結や経費の管理を最小限に抑えており、管理職は関係者の承認を待つことなく自分の裁量で自由に判断できる。このルールは、会社の文書についての透明性にも適用されている。「ほぼすべての文書が、誰でも読んだりコメントしたりできるように完全にオープンな状態になっており、すべてが相互にリンクされている。あらゆる戦略決定、競合他社、製品機能テストに関するメモも、従業員なら誰でも見ることができる」[46]

アマゾンは、独自の企業文化を根づかせるためにプロセスを活用することでとりわけ有名だ。明確に設計された指標を持つ「ピザ2枚チーム」が、いかにして機敏性と説明責任を重要視する文化を推進しているか、ＡＰＩの利用がどのようにビジネス全体の柔軟性を担保しているかは、これまで見てきた通りだ。さらに、アマゾンの「顧客へのこだわり」という企業文化は、毎年株主に報告する指標にも反映されており、この指標は短期的な財務結果よりも、カスタマーグロース、リピートビジネス、ブランドを重視したものとなっている[47]。アマゾンの起業家精神にあふれた企業文化は、イノベーションのアイデアに対する「シングル承認プロセス」によって実現されている。マネージャーが新しいプロジェクトの最初のステップを始めるには、組織図の指揮系統をさかのぼるのではなく、たった1人の上級幹部の承認があればよい[48]。社内のミーティングでパワーポイントによるプレゼンを禁止したのは、最も有名だろう。そのかわり、発表者は全員、提案の詳細と、その提案を肯定・否定する両方のデータをまとめた6ページの説明資料を用意しなければならない。毎回、ミーティングの最初の30分は、全員が静かにそのメモを読んだり、ノートを取ったり、フォローアップの質問を書いたりする時間に当てられている。この6ページのメモがルール化されたのは、まさに意思決定においてより熟慮を重ね、データドリブンなアプローチを取れるようにするためであった。

「組織文化醸成マップ」ツール

最後のツールは「組織文化醸成マップ」だ（図7－3参照）。このツールの目的は、将来の戦略を支え、組織の個性を反映した企業文化を築けるよう企業をサポートすることである。組織文化醸成マップは、必要とする企業文化を定義する、企業文化を人びとに伝える、ビジネスプロセスと整合を取ることでその企業文化を実現する、という3つの不可欠なタスクの実践においてリーダーの指針となるものである。

①企業文化を定義する

組織文化醸成マップのステップ1では、明確な理念とそれにもとづいて求められる行動の観点から、目指す企業文化を定義する（フォード・モーターの理念である「問題を解決する」と、求められる行動である「その問題をほかの誰かに委ねるのではなく、自分自身で解決する」を思い返してほしい）。最大のインパクトをもたらす最も重要な理念に注目しよう。そのなかには長い間守られてきたものもあるだろうが、将来の企業文化に大きな転換をもたらすための新たな理念も必要となる。

●XからYへ

まずは、組織が将来成功するために最も必要とされる、企業文化の転換を定義することから始めよう。これまで私が関わってきたすべての従来型企業では、デジタル時代以前の企業文化をデジタル時代に合わせて進化させる必要があった。このような企業文化の転換を「XからYへ」のように書き出してみよう。サティア・ナデラがマイクロソフトを「何でも知っている」の文化から「何でも学ぶ」の文化へとシフトさせた事例を思い浮かべるとよいだろう。ここで、

図7-3　組織文化醸成マップ

①企業文化を定義する
XからYへ　BでなくAである　理念

②企業文化を伝える
ストーリー　シンボルとシンボリックアクション

③企業文化を実現する
ビッグ3プロセス　そのほかのプロセス

DXにおける企業文化の一般的な転換をまとめた表7－2の一覧を見てほしい。これらの転換のなかに、あなたの組織に関連するものはあるだろうか？　ほとんどの従来型企業ならひとつ以上当てはまるだろう。

●BでなくAである

次に、現在の企業文化のうち、維持・強化したいところを見つける。あなたの企業文化の魅力や強みとなっている要素は何だろうか？　「われわれはBでなくAである」という形で、対照的な文を作ってみよう。たとえば、「われわれは熟考するよりも行動を優先する」といったものだ。これは、採用候補者面接の際に、企業文化への適合性を確認する採用基準だとも考えてほしい。もし「A」であればこの会社で成功する可能性はあるが、「B」であれば、たとえ技術や才能があったとしてもこの会社ではうまくいかないだろう、という要領だ。どの企業にも通じるような一般的な文言は避ける。たとえば、「われわれは怠け者ではなく勤勉である」というような表現だ。あなたの企業にとっては「B」は避けるべき特性かもしれないが、別の企業では「B」を独自の企業文化や人事採用において優先することもありうる。

●理念

これまでに書き出したすべてのポジティブなアイデア（「XからYへ」の「Y」と「BでなくAである」の「A」）を組み合わせて、あなたが目指す理念のリストを作成し、リスト化された理念ひとつひとつに名前をつけていく。簡潔な言葉で、短く印象に残るフレーズ（5〜10字程度）を作ろう。たとえば、「顧客へのこだわり」（アマゾン）、「何でも学ぶ」（マイクロソフト）、「問題を解決する」（フォード・モーター）、「フリーダム&レスポンシビリティ（自由と責任）」（ネットフリックス）を参考にするとよいだろう。次に、それぞれの理念について、あなたのビジネスにおける具体的な取組みを、長めの説明文（原稿用紙1〜2枚程度）で書き足す。業務で人びとに期待する、あるいは期待しない行動は何だろうか？ 優先するべきことは何だろうか？ ここでは、避けたいネガティブな側面（たとえば「XからYへ」の「X」や「BでなくAである」の「B」）を含めてもよい。

次に、前述した企業文化の理念に関する8つの特性に照らし合わせて、自身の理念をテストする。その理念は行動に落とし込めるだろうか？ 組織の全員にとって自分事として捉えられる内容だろうか？ 本質的な価値や動機は含まれているだろうか？ 特性に合わない理念は、修正もしくは削除しなければならない。次に、あなたの企業文化にとって最も重要な理念を選ぶ。もし関連性が高い理念が2つあれば、それらを組み合わせてみる。そして、ショートリスト（5〜10個程度）を作成してみよう。ここでの目標は、組織の情報をすべてこまごまと列挙することではなく、企業文化にインパクトを与える数個の重要なてこに焦点を絞ることだ。

②企業文化を伝える

組織文化醸成マップのステップ2では、理念を単なるスローガンとしてではなく、実践的なものとして伝えることを目指す。企業文化の理念を心に響くストーリー、シンボル、アクションと結びつけることで、従業員がその理念を受け入れ、行動を起こすようになる。フォード・モーター・カンパニーのバイキング風の葬儀や、マイクロソフトの最初の製品にまつわるストーリーを振り返ると、こうした例は、人びとを力づけるという理念を体現したものであることがわかる。

●ストーリー

企業文化の理念に命を吹き込む具体的なストーリーを見つけ出してほしい。ひとつの理念を表しているストーリーもあれば、複数の理念に関連しているものもあるかもしれない。以下の代表的なケースを参考に、さまざまな種類のストーリーを探してみていただきたい。

- **創業のストーリー**：現在目指していることを、創業当時のエピソードと結びつける。
- **使命のストーリー**：自社の業務が周囲に与える影響を通じて、企業文化を表現する。
- **失敗のストーリー**：目指していた企業文化を達成できなかったときのエピソードを用いて、なすべきことを従業員に認識させる。
- **スポットライトのストーリー**：組織内の人びとの日常的な行動を取り上げ、その行動がどのように企業文化を支え、インパクトをもたらしているかを伝える。

●シンボルとシンボリックアクション

企業文化の理念を伝えるシンボルを探し、日々の業務の場で目につくようにしよう。それぞれのシンボルのタイプについて、具体例を見つけてみよう。

- **儀式**：企業文化のある側面を象徴するような、全員で定期的に行っている行動。
- **言葉**：企業文化や考え方のポイントを強調するために、意識的に使ったり避けたりしている言葉や名称。
- **視覚と聴覚**：従業員が日常的に目にするモノや画像、メディアで、企業文化の理念を想起させるもの。
- **シンボリックアクション**：企業文化の理念のひとつを象徴する行動をリーダーが取ることで、従業員に驚きを与えたり人びとの注目を惹きつけたりするもの。

③企業文化を実現する

組織文化醸成マップのステップ3では、目指す企業文化と組織のプロセスを一致させていく。この作業は、現在のプロセスを評価することから始まる。企業文化の理念を支えているプロセスはどれか？逆に、阻害しているプロセスはどれか？　企業文化の大きな変革にはプロセスが重要であることを忘れてはならない。ネットフリックスが掲げるオープンドキュメントのポリシーや、アマゾンがミーティングでパワーポイントの使用を禁止している事例を思い浮かべるとよいだろう。

●ビッグ3プロセス

まずは、次のビッグ3プロセスからスタートし、それぞれがどのように企業文化を形作っているかを考えよう。

- **インセンティブ**：従業員のどのような行動に対して報奨を与えているか？　従業員のどのような行動を評価し、称賛しているか？　どのような場合に罰するのか？　こうしたインセンティブのうち、企業文化の理念と一致するものおよび異なるものは何か？
- **指標**：事業を管理するために使用している指標は何か？　個人およびチームのパフォーマンスを評価するために使用している指標は何か？　これらの指標は、目指す企業文化のどの部分と一致し、どの部分とは乖離しているのか？
- **リソース配分**：資金は、いつ、誰が、どのような基準で、どのように配分するのか？　人員やそのほかの不足している社内リソースはどうするのか？　このようなプロセスは、目指す企業文化を実現するものなのか、それともその障害となるものなのか？

それぞれのプロセスについて、ストップ／キープ／スタート分析を書く。

- **ストップ**：目指す企業文化を妨げている既存のプロセスは何か？　それをどう変えていくのか？
- **キープ**：目指す企業文化を高めている既存のプロセスは何か？　それをどのように広めていくのか？

- **スタート**：目指す企業文化を実現するために、どのような新しいプロセスを加えたらよいか？　それはどのように行うのか？

●そのほかのプロセス

次に、組織内の行動を形作っているそのほかのルールやプロセスについて、より広範に検討する。ここでも、それぞれのルールやプロセスが企業文化の理念をどのように支えているのか、あるいは矛盾しているのかを考えてみよう。この場合、次のような要素を含めなければならない。

- **雇用と昇進**：新しい人材をどのように雇用、獲得するのか？　リーダーに昇格させる人物はどのように選ぶのか？　どのようにしたら、このようなプロセスを通じて、企業文化を弱めるのではなく、むしろ強化できるのか？
- **説明責任と承認**：誰が重要な決定を承認するのか？　意思決定の責任はどこにあるのか？　このことは、従業員やチームが望む企業文化を支えているのか、それとも損なっているのか？　ボトルネックはどこで発生し、どのタイミングでコストが利益を上回るのか？
- **コミュニケーションとミーティング**：どのようなプロセスを用いて日々のコミュニケーションを図るのか？　ミーティングは通常、どのように運営されるのか？　こうしたミーティングには誰が出席し、出席する理由は何か？　これは、目指す企業文化とどのように一致するのか、あるいは一致しないのか？

- **ツールとデータ：**従業員が業務で使用できるツールはどのようなものか？　チーム、部門間でどのようにデータを共有するのか？　従業員が最高のパフォーマンスを発揮し、企業文化の理念に従って行動するうえで必要なものは提供されているか？
- **ワークスペース：**物理的および仮想的環境でのワークスペースの設計はどのようなものか？　従業員は対面、バーチャルの環境のもとでどのように業務を行うのか？　そのために、どのような規定や不文律が定められているのか？　それは、企業文化をどのように実現するのか、あるいは妨げるのか？

いま一度、それぞれのプロセスについて、ストップ／キープ／スタート分析を書いてみよう。企業文化をしっかりと支えるためには、どのようなプロセスをストップ、キープ、スタートする必要があるだろうか？

組織文化醸成マップの使い方

ほかのツールとは異なり、組織文化醸成マップは組織のあらゆるレベル（企業、事業部門、チーム）に同じ方法で適用すべきではない。なぜなら、企業文化の理念は全社で共有されるべきものだからだ。事業部門ごとに異なる企業文化を求めてはならない。したがって、ステップ1（理念を定義する）では、上層部がこのプロセスをリードする必要がある。企業文化のあり方については、あらゆる階層のステークホルダーを可能な限り多く関与させ、それぞれの意見や視点を取り入れなければならない。しかし最終的な理念は、上層部が承認し、社内全体で共有される必要がある。

対照的に、ステップ2（企業文化を伝える）は全員で取り組むものだ。各事業部門、機能部門、チームは、企業文化の理念を伝える物語やシンボルをたえず模索しなければならない。そして、そのストーリーやシンボルを共有することで、ストーリーの各部門が互いに学びあえるようにする。

ステップ3（プロセスを通じて企業文化を実現する）もまた、全員で取り組むものだ。どのレベルにおいても、リーダーはプロセスに目を向け、目指す企業文化にそのプロセスがどれだけ一致しているかを継続的に評価しなければならない。年に一度、社内外のステークホルダーの意見を聞きながら、正式なレビューを行うとよいだろう。その際、顧客やパートナーに、「私たちとのビジネスについての感想は？」「私たちは自ら掲げる企業文化を他者との関わりのなかで、どのように実践していると思いますか？」「私たちはどこを改善すればよいでしょうか？」と尋ねてみよう。企業文化とは、けっして終わることのない旅なのだ！

ボトムアップ型組織に必要な能力

将来のデジタル戦略のためには、新しいデジタル能力に投資し、成長させることが必要だ。しかし、真の変革を実現するためには、よりボトムアップ型の経営を実現する能力に注目し、組織のあらゆるレベルの従業員が変革を推進する環境を構築しなければならない。トップダウンのマスタープランにもとづいて能力を構築するのではなく、現場に権限が与えられた組織を強化する能力を構築することが求められる。

ボトムアップ型組織を実現するには特定の技術に対する能力への投資が必要だ。例としては、APIやマイクロサービスを備えたモジュール型ITアーキテクチャーが挙げられ、単に拡張性・堅牢性があるだけでなく、各チームがより迅速に動き、社外の人と連携できるような柔軟性が高いものでなくてはならない。ほかの例としてはデータ資産が挙げられる。データ資産は多様なソースからの豊富なデータを含んでいることに加え、常に同期が取れていて、組織全体の人びとがアクセスできる必要がある。さらに、ITガバナンスもひとつの例である。ITガバナンスは中央部門からの監視だけでなく、現場組織の各チームがアプリケーションを活用してイノベーションを起こせる自由度を持っていなければいけない。

ボトムアップ型組織を実現するには特定の人材能力の向上も必要だ。取組みの例としては、新しいデジタルスキルを本社組織に溜め込むのではなく、組織全体に根づかせることが挙げられる。ほかの例としては、チームが自立するために必要な多様なスキルを備えた人材を配置し、アジャイル、リーンスタートアップ、デザイン思考などの手法を用いた反復的実験についてチームを訓練することも挙げられる。さらに、業務における自律性を確保し、専門的な技術に依拠し、目的を明確にすることで、最高のデジタル人材を惹きつけ、維持することもひとつの例である。

加えて、ボトムアップ型組織を実現するには適切な企業文化を育むことも必要だ。ボトムアップ型の行動を支持する企業文化の理念や行動（リスクを取る、自律する、責任を持つなど）を定義することが例として挙げられる。ほかの例としては、組織の全員を理念についての議論や討論に巻き込み、あらゆるプロジェクトやミーティングに理念のエッセンスを取り込み、理念にもとづく彼ら自身のストーリーを話すことも挙げられる。さらに、共有ビジョンと戦略にもとづき、従業員がイニシアチブを発揮し、主体的に、各ビジネスプロセスを構築できるようにすることもひとつの例である。

＊　＊　＊

過去の能力に頼っていては、未来にDXが成功することはない。デジタル戦略の野心に見合った能力を持たなければ、変革のための最高のビジョンは、永遠に手の届かない目標のままである。DXロードマップのステップ5では、組織が持続的な成長を実現するうえで必要となる技術、人材、企業文化を発展させる方法について見てきた。適切なITインフラ、データ、そして技術ガバナンスが業務を変革し、人材チームの潜在能力を大規模に引き出すメカニズムについても学んだ。デジタルスキルについては、人材のライフサイクル全体を管理することが求められる理由も考察した。そして、デジタルビジョンに沿った企業文化を構築し、それをすべての人が受け入れ、あらゆるビジネスプロセスで実現することの力を目の当たりにしてきた。

本書の冒頭に、私はDXを成功へと導くための5つのステップ（ビジョン、優先順位、実験、ガバナンス、能力）を挙げた。これまでの3～7章では、DXロードマップによって、こうした重要な要素をひとつひとつ身につけ、独自の成長への道筋を見いだす方法を見てきた。DXロードマップの5つのステップを踏むことで、デジタルな未来を見据えた共有ビジョンの定義、最も重要な戦略的優先順位の選択、迅速な新規事業の検証、中核事業の内部および外側での規模拡大の管理、長期的な成功に不可欠な能力の向上を、実現できるだろう。

本書を通して強調してきたように、DXロードマップは、直線的な過程ではなく、中央集権的な計画にもとづいて所定の終了日に完了するものではない。DXにゴールはない。なぜなら、けっして終わることのない変化の波に対応できる、より適応力のある組織を作ることこそがDXの目標だからだ。そのため、ロードマップのプロセスそのものが反復的である。学んだことにもとづいて、ビジョン、優先順位、実験、ガバナンス、能力を調整しながら進めていくのだ。

真のDXを実現するには、組織のあらゆるレベル、あらゆる部署の関与が不可欠である。ロードマップの各ステップを適切に踏むことで、よりボトムアップ型の組織を構築できるはずだ。ボトムアップ型の組織では、意思決定の権限が組織の下層部にまで広がる一方、インサイトは下から上に向かって伝わり、あらゆるレベルで戦略立案がなされ、イノベーションが起こるだろう。本書の「結論」では、このボトムアップ型組織というテーマに立ち返り、ダイナミックなデジタル時代に求められるリーダーシップの劇的な変化について考察する。

結論

ここまで、DXの道を歩む企業のストーリーを見てきた。これらのストーリーから、3つの真理が明らかになる。

1つ目の真理は、DXは反復的であることだ。DXとは、長い計画策定プロセスに始まるあらかじめ定められたステップを忠実に踏んでいくものではない。成功する変革は小さなことからスタートし、うまくいったものから学び、そのつど適応していく。

2つ目は、DXに終了日はないことだ。DXは、2年や3年で完了するプロジェクトではなく、より柔軟な適応力を持ち、刻々と変化する時代に対応できる組織になるための進化である。

3つ目は、DXはボトムアップで進めなければならないことだ。CEOやCDOが単独で中央集権的に計画して指揮すべきではない。サプライチェーン担当副社長、国別部門の責任者、Eメールマーケティング担当マネージャー、製品チームのリーダーなどが足並みを揃えて進めなければならない。変革を生み出すには、組織のあらゆる部門、あらゆる職種の関与が不可欠である。

最後の点はとくに重要だ。本書を通じて、DXロードマップの各ステップが、ボトムアップ型組織の考え方にもとづいていることを見てきた。共有ビジョンは上意下達でなく、下から上に向かって「カスケード」することで形成されるのだ。戦略的な問題と機会は、組織のあらゆるレベルで定義される。デジタル新規事業はそれぞれの事業部門からスタートし、規模を拡大するためのリソースとガバナンスが与えられる。すべてのチームは、データと技術へのアクセス、迅速に行動するスキル、そして当事者意識と説明責任を共有する企業文化によって、能力を高めることができるのだ。

○トップダウンからボトムアップへ

ボトムアップ型モデルは、20世紀の企業の特徴ともいえるトップダウン型経営モデルからの根本的な転換を図るものである。トップダウン型の経営理論はトレードオフの構造を持っている。つまり指揮と統制を重視するがゆえに、アジリティとスピードを犠牲にしている。このモデルは柔軟性に欠ける設計となっており、プロセスは固定化され、従業員はサイロ化された役割にはめ込まれている。業務については、予測可能で、一貫性があり、規模の効率を図れるように設計されているが、標準化された慣行を変更するには、数多くの部門を巻き込んだ会議を経て承認を得なければならない。多くの企業において、スピードを阻害する最大の要因は、リソースや外部からの制約ではなく、意思決定プロセスそのものである。一貫性のためにスピードを犠牲にすることは、予測可能で変化の遅い事業環境では理にかなっていたかもしれない。しかしデジタル時代においては、変革を迅速に起こすことのできる、これまでとは違うモデルが必要となっている。

今日では、主要な組織が続々とトップダウン型の経営スタイルから脱却している。アメリカ軍は指揮統制による管理で有名であり、実際、20世紀の組織運営理論の多くがアメリカ軍で最初にテストされた。しかし、このようなトップダウン型の意思決定スタイルは、VUCA（Volatility（変動性）、Uncertainty（不確実性）、Complexity（複雑性）、Ambiguity（曖昧性））［訳注：もともとアメリカで使われていた軍事用語。1990年代に冷戦が終結し、核兵器ありきだった戦略が不透明な戦略へと変わったことを表している言葉であったが、2010年代に変化が激しい世界情勢を表す言葉としてビジネスでも利用されるようになった」時代の21世紀の世界では通用しない。スタンリー・マクリスタルの共著書『Team of Teams』（『TEAM OF TEAMS（チーム・オブ・チームズ）』日経BP）で述べられているように、予測不可能な脅威や競合相手によって、アメリカ陸軍はボトムアップ型の意思決定にもとづく新たなモデルへの移行を余儀なくされ、高度に連携しつつも疎結合の少人数チームが意思決定の主体となった［1］。

アマゾン、ネットフリックス、アリババといったデジタルネイティブ企業は、すべてボトムアップ型モデルを採用している。スタートアップから成長したこのような企業は、次の3つの重要な理念を取り入れることで、規模が拡大しても迅速性と柔軟性を実現できた。

第一に、意思決定を一番下のレベルまで広げる。アジャイルソフトウェア開発手法の基本原則のひとつは、自己組織化チームの導入であり、明確に定義された目標を与えられたら、それを達成するための最善策をチーム内で考え出す権限が与えられる。ネットフリックスの企業文化の資料には、「私たちは、経営陣が下す決断の数が多いことではなく、少ないことに誇りを持っている」とあり、さらに「私たちは、社内の各従業員が自ら決断を下すことこそ、最も効果的で革新的な結果を出せると考えている」と記されている［2］。

第二に、情報を組織の上から下、下から上、そして外部から内部へと流す。最も重要な市場知識は組織の末端部にあり、通常、最初に市場の動きに触れるのは組織図の下層部だ。たとえば、インテルの元CEO、アンディ・グローヴによると、顧客の需要がメモリーチップからシフトしていることを、現場のマーケティング担当者と工場監督者はいち早く察知し、すでに対応を始めていた。経営陣がこの事態を認識するのは実に2年もあとであった。グローヴは、「私たちの最も重要な戦略的決断は、市場の動きを正しく理解している現場のマネージャーたちのマーケティングと投資の判断にもとづき行われたのです」と説明する[3]。

第三に、イノベーションや変化をあらゆるレベルで生み出す。デジタルネイティブ企業が採用するモデルでは、ハイレベルな戦略を設定するのは上層部だが、個々の製品のミッション、ビジョン、戦略は各チームに任されている。たとえば、アマゾンで最も収益性の高い事業であるアマゾンウェブサービス（AWS）は、下級エンジニアのベンジャミン・ブラックが6ページのメモに記したアイデアから始まった。ニューヨーク・タイムズのデータドリブンなジャーナリズムへのアプローチは、ジョシュ・カッツというインターン生が、科学論文についての記事を執筆するという課題において、内容をインタラクティブなクイズ形式に変えたことがきっかけだ。アマゾンのジェフ・ベゾスは、「会社上層部に限らず、会社全体に創出の機会を分散させることこそが、強力で高効率なイノベーションを得る唯一の方法である」と語っている[4]。

ボトムアップ型組織に必要なリーダーシップのあり方を再考する

デジタル時代に、統制重視からスピードと自律性重視への転換が求められるのであれば、旧来のリーダーシップモデルも変わらなければならない。かつては、リーダーが最高決定権者だった。しかし、デジタル時代のリーダーに求められるのは、自ら下す決断の数をできるだけ減らすことだ。どのリーダーも、ある程度の決断を迫られるのは当然のことだが、それは、本当にそのレベルのリーダーシップが必要な最も難易度が高く重要な決断に限られるべきである。

では、リーダーに残された役割とは何だろうか？　私はこれまでの仕事と研究から、成功を収めているボトムアップ型組織のリーダーに必要なタスクは、「定義する」「伝える」「支える」の3つであることを導き出した。これまでDXロードマップ全体を通して、ビジョン、優先順位、実験、ガバナンス、能力、企業文化において、こうしたリーダーシップの役割を実例を交えながら見てきた。次のページの表に示すように、これらが合わさることで、デジタル時代における新たなリーダーシップのモデルが形作られていくのである。

定義する

リーダーの1つ目のタスクは、組織がどこを目指しているのか、なぜそうするのかというビジョンを定義することだ。ビジョンとは、企業が達成したい目的や北極星インパクトの記述、主要な機会や解決すべき問題を盛り込んだ戦略の記述、あるいは組織が目指す企業文化の記述である。その目的は、人びとの取組みの指針となり、仕事に対する明確な目的意識によって動機づけをすることだ。

有能なリーダーは、自分たちがどこを目指しているのか、なぜそうするのかを明快に表現するが、あえてそこにどのように到達するかは示さない。メンバーが行動するための環境は用意するが、彼らの運営計画を策定することはない。戦略について活発に議論こそするものの、メンバーを信頼し、適切な戦術の選択と実行を任せる。シブステッドのエスペン・エギル・ハンセンは次のように語っている。「私が『連携せよ』と言うと、メンバーが『リーダーの言う通りにしろ』の意味に受け止めてしまうようではいけない。リーダーがやってはならないことは、細部にまで踏み込み、イノベーションや学習のスピードを妨げる行為です」

組織のビジョンを定義する際、リーダーは作家のような役割を担う。まず組織内外の多くのインプット情報から学び取ることから始める。そのためには現場に立ち、顧客、パートナー、そしてあらゆる階層の従業員の声に耳を傾ける必要がある。スティーブ・ジョブズが、顧客か

表　デジタル時代のリーダーの3つのタスクと3つの役割

リーダーのタスク	リーダーの役割
組織の方向性とその理由についてのビジョンを定義する	作家としてのリーダー
言葉、ストーリー、シンボル、アクションでビジョンを伝える	教師としてのリーダー
そのビジョンを実現するために人びとを支える	奉仕者としてのリーダー

ら直接学ぶために、steve@apple.com 宛てのメールに目を通し返信していたことは有名な話だ。リーダーは、こうした視点や知見を総合的に勘案し、その内容を単純化する。そして共通のテーマや核心的な要点を抽出して、人びとの行動の指針となる将来のビジョンを定義するのだ。

伝える

リーダーの2つ目のタスクは、組織内外のあらゆるステークホルダーにビジョンを伝えることだ。有能なリーダーたちは、自分たちのビジョンが何であり、なぜそれが重要なのかを伝える。あるいはルーシー・キュングが要約しているように、「私たちの問題、私たちが向かう先、なぜそれが必要なのか」を伝えるのである［5］。

リーダーはこうした考えを、慎重に選んだ言葉、ストーリー、シンボルで伝えることで、理解しやすく人びとの記憶に残るような工夫をする。ベゾスは1997年、株主に宛てた最初の手紙のなかで、「Ｄａｙ １（1日目）」という言葉を紹介した。この言葉は、長期的なビジョンや、アマゾンは常に旅の出発地点にいるという考え方を示しており、社内のスローガンになった。ベゾスは20年後にこう書いている。「Ｄａｙ ２は停滞であり、的外れであり、耐え難いほどの痛みを伴う衰退であり、そして死につながる。だから、いつもＤａｙ １なのだ」［6］

リーダーはただ伝えるだけではなく、繰り返し伝え続けなければならない。年次総会の大舞台で従業員にストーリーを語るだけでなく、公の場でも私的な会話でも、あらゆる手段を使って伝える必要がある。同じアイデアやテーマを、何度も、しかも絶え間なく繰り返さなければならない。アキュイティ・インシュランスのCEO、ベン・サルツマンは、SNSへの投稿をはじめ、本社にある円形の会議室で行われる社内ミーティング、全従業員に毎週送られるボイスメール形式の「ゴシップ」音声メッセージなどで、従業員やパートナーとのコミュニケーションを絶え間なく続けている。

伝え方がうまいリーダーは一方的に話すだけでなく、質問し、相手の言葉にも耳を傾ける。「Xをしなければならない!」と宣言するのではなく、「Yを達成するにはどうしたらよいか?」と問いかけるのだ。こうしたリーダーは親しみやすい存在であり、日頃からオフィスの外に出て、顧客、パートナー、そしてあらゆる階層の従業員の意見や考えを拾い集めている。人びとの話に耳を傾けることで、自分の話を聞いてくれたかどうかを確認し、もし聞いていなかったら、その理由を探ったり、どのような障壁があるのかを調べたりするのだ。リーダーたちは、「コミュニケーションにおける唯一かつ最大の問題は、正しく伝えることができたという錯覚である」という格言を覚えている[7]。

リーダーたちは、従業員、顧客、株主とのあらゆる交流が、組織についての信念を伝える機会であると認識している。社会起業家のウェンディ・コップは、「リーダーシップとは教えることである」と述べている[8]。アントワーヌ・ド・サン=テグジュペリの言葉には次のようなものがある。「船を造りたいのなら、人びとを集めて、木材を揃え、作業を配分し、指示を出すのではない。そうではなく、広く果てしない海への憧れを教えるのだ」[9]

支える

リーダーの3つ目のタスクは、人びとがビジョンを実現できるように支えることである。これもまた、指揮統制型リーダーシップとは逆の発想だ。ボトムアップ型組織のリーダーは、自分自身の行動によってではなく、他者の行動を支えることで全体をリードする。

人びとを支えるうえでまず必要なのは、彼らの業務に対する障害を取り除くことだ。シティバンクのヴァラ・ヴァキリは、「たいていの場合、旧来のプロセスや仕事のやり方は非常に単純で、従業員が持っている創造性や生産性を邪魔しているのです」と指摘する。リーダーの仕事とは、報酬から組織構造、指標やKPIに至るまで、自身が承認するすべてのプロセスを、自ら定義して伝えたビジョンと一致させることだ。プロセスをしっかりと考えずに選択したり、過去のものを流用したりしてしまうと、企業文化や戦略、そして従業員が高い目的意識をもって努力したことを棄損してしまうかもしれない。

リーダーに必要なのは、人材採用、要職への最適配置を通じて、従業員の仕事を支えること、従業員に自律的に行動できる能力を与え、業務を改善するツールや技術を提供すること、部下が自ら設定した目標を実現するために必要な能力開発をサポートすること、変革を実現するためにサポートが必要な人びとを組織内でバックアップすることである。

必要なリソースを提供して従業員の力を強化することも、リーダーの仕事だ。これは戦略的優先順位にもとづき、財務資本を配分することからスタートする。つまり、口先だけでなく行動で示さなければならない。新しい取組みにおいて最も重要なリソースである人的資本を配分することも、従業員の力を強化することになる。そしてリーダーが割り当てなければならない最も重要なリソースは、精神的な集中力や注意力である。ニューヨーク・タイムズがデジタルファーストの未来に舵を切った際、重要な取組みのひとつは、経営陣が注力する分野を整理し直すことであった。同紙が長年守ってきた紙媒体は（購読者は最も忠実な顧客層であり、広告事業は減少しているものの利益を上げていたため）存続することになったものの、デジタルファーストのアプローチでニュースが制作され、そのデジタルコンテンツをもとに別チームが日々の紙面を構成するように同社は再編成された。そして数名の経験豊富なマネージャーが、衰退しつつある紙媒体を担当することになった。これにより、ニューヨーク・タイムズのほかの幹部は、オーディオ、動画、有料アプリ、そして最も重要なデジタルニュース購読といった将来の成長分野に全力を注ぐことができるようになった。

リーダーは、注意を払い、リソースを提供し、バックアップし、障害を取り除くことを通じて従業員を支えることで、組織内の人びとのために仕えている。リーダーの３つ目のタスクは、リーダーシップとは従業員のニーズと成長のために奉仕することであるとする、ロバート・Ｋ・グリーンリーフの「サーバントリーダーシップ」の概念に似ている［10］。

３つの役割（作家、教師、奉仕者）を中心にリーダーシップを再考するのは、長年リーダーを務めてきた者にとっては難しいことかもしれない。従来のモデルのもとでキャリアを築いてきたリーダーのなかには、過去の管理モデルによって定義された権力や影響力を手放すことになると感じる者もいるだろう。しかし、ボトムアップ型リーダーシップを深く理解すれば、権力と影響力はこの３つの役割のなかで再定義されているだけであることがわかる。

ＤＸ推進の過程では、投資、雇用、ワークフロー、技術、製品など、無数の新しい決断を迫られ、決定権者として振舞いたいというリーダーの本能を抑えるのは非常に難しいだろう。しかし、古い習慣に逆戻りするのではなく、リーダーはこうした責任を組織内に分散させることに力を注ぐべきだ。最も才能のある人材を見つけて最高レベルの計画立案を任せ、個々の意思決定は、実際に業務を遂行しているスタッフレベルまで押し下げるべきだ。ビジョンを明確に定義し、強力に伝え、従業員がそのビジョンを実現できるように支えることで、リーダーは変革を推進する重要な役割を果たすことができる。

＊　＊　＊

デジタル時代において、変革を避けることはできない。ＤＸは険しい道だが、どのような組織でも実現可能だ。ＤＸロードマップの５つのステップ（共有ビジョンの定義、最も重要な問題の選択、新規事業の検証、新たなガバナンスによる変革の規模拡大、技術・人材・企業文化の育成）に従うことで、どのような組織も成長し、デジタル時代に適応していくことができる。

新たな道を切り開く努力におけるあなたの幸運を祈っている。新たなデジタル事業の推進においては、技術そのもののためではなく、常にその影響と価値創造に焦点を合わせてほしい。そして未来に向けて人材、プロセス、企業文化を変革していくなかで、その旅に終わりはないことも忘れてはならない。変化は常に起き、あなたを待ちかまえている。

●日本におけるDXの取組み事例①

ANAホールディングス株式会社

共有ビジョン――「ワクワクで満たされる世界を」

日本最大級のエアライングループであるANAホールディングス（以下、ANAHD）は、2022年に創業70周年を迎えた。2013年に持ち株会社に移行して以来、「お客様満足と価値創造で世界のリーディングエアライングループを目指す」という経営ビジョンを掲げ、成長戦略を推進している。これからは航空事業だけでなく、同社のアセットを活かしながら新しい領域に挑戦していきたいとの思いから、2023年2月に新経営ビジョンとして、「ワクワクで満たされる世界を」を発表。世界中のグループ社員がイキイキと挑戦を続け、顧客や社会に寄り添いながら新たな価値を提供していくことを定めた。

新経営ビジョン「ワクワクで満たされる世界を」の策定にあたっては、経営陣が国内外の拠点の社員とのタウンミーティングを重ね、意見を吸い上げてきた。さらに同社は、社員・お客様・社会の可能性を広げていくことが、「ワクワクで満たされる世界」につながると考え、何よりもまずは「社員」がワクワクする必要があることを浸透させるため、社員によるプロモーションビデオが制作された。制作にあたっては、社員の日常の姿を映した画像や動画を募集し、出演はもちろんナレーションも社員が担当した。このような取組みを経て、同社は社内に新経営ビジョンを展開している。

　では、同社がどのようにして「ワクワクで満たされる世界を」というビジョンを策定するに至ったのか、デジタルトレンドや同社の持つ強みなどを探りながら、背景を見ていきたい。自社を変革する必要に迫られる業界の重要なデジタルトレンドの具体例として、同社は次の3点を挙げている。

　1点目は、ソーシャルメディアやオンラインサービスなどのデジタルツール活用がスタンダードになっている世代が広がっていることである。そのようなユーザーに対し、よりスムーズな顧客体験をしてもらえるよう、２０２２年に「ANA Smart Travel」というコンセプトを発表した。スマートデバイスを活用し、予約やチェックイン、搭乗、機内サービスに加え、イレギュラー運航時の振替対応などについても、ユーザー自身で対応できるよう、スマートフォンアプリの改修を進めている。

　2点目に、コスト競争力の高い競合の台頭も重要なデジタルトレンドとして捉えている。具体的には、ＬＣＣやオンライン旅行代理店の台頭である。これら競合相手にはない独自性を持つサービスや、アプリケーションの開発を可能にするビジネスモデル、新たなテクノロジーが必要になってくる。ユーザーの嗜好に合わせカスタマイズされた提案が、よりいっそう重要になる。たとえば旅行パッケージに、いままでの品揃え以上のもの、コンサートやレストラン予約など飛行機予約とは別に手配していたものも入れていけば、一連の流れのなかで選んでもらえるようになると考えている。

　3点目に、ＡＩやビッグデータ分析を筆頭とした新たな技術を、重要なデジタルトレンドと認識している。ＡＮＡのあらゆる活動から得られるデータを活用して、パーソナライズされたヒット率の高いネットサービスの検討を進めている。たとえば、航空事業の強みを活かし、ライフソリューションビジネスの展開に力を入れている。飛行機に乗ることで貯めたマイルで、さまざまなライフソリューションを楽しんでもらい、マイルを活用できる経済圏の回遊性を作り出していくものだ。これを可能にするためには、ビジネスパートナーとＡＮＡを結ぶエコシステムを作り出し、そのエコシステム内で獲得したデータの活用を増やすことで、ユーザーへの提案の質や鮮度を循環的に高めていく仕組みが必要となる。それに加えて、リアルな世界にユーザーを誘導するようなメタバースや、移動のあり方のひとつの形としてアバターによる意識・存在感の伝送などの研究や開発も進めている。

これらのデジタルトレンドを踏まえ、昨今のデジタル技術の進化と普及のスピードについていけないと、市場から取り残される危機感を抱いており、最悪、同社の目指す「マイルで生活できる世界」の実現が遠のいてしまうだけでなく、自社を発展させていく主体的な立場ではなく、他社を発展させる従属的な立場になる可能性も危惧している。今後の航空事業は、Ａ地点からＢ地点に移動させるサービスだけではなく、旅行の一連の流れを網羅することが求められる。さらにＧＸ（グリーン・トランスフォーメーション）の動きも活発となり、二酸化炭素の排出量がフライトを選ぶうえでの基準となることもあるなど、航空事業を取り巻く市場は大きく変化している。

これら変化と競争の激しいデジタル時代においても、全世界に位置するＡＮＡグループの社員は、好きだったり誇りに思えたりするものに対して、改善し貢献したいという強い思いがある。これらに取り組む人材と人材のネットワークこそが強みと捉え、この強みを活かし、同社が顧客の生活や社会に与えたいインパクトを、ＡＮＡグループの経営ビジョンのサブメッセージに記載している。「移動をもっと楽しいものにできないか、モノの運び方を新しくできないか、心躍る日常を届けられないか、どこまでも地球にやさしくなれないか。これまで以上の空の体験とともに、驚きと感動を創りたい」。DXに成功した先に、このように各方面からワクワクを届ける場を提供することが、同社のインパクトだとしている。

中核事業である航空事業を活用しながら、中核事業以外の非航空事業の成長を目指すことで、個々のサービスが、「グループ横断における、デジタルとデータ活用によるビジネス変革の加速」と「DX基盤の充実による、お客様への新たな価値提供と生産性向上」などの効果を発揮すると考えている。こうした効果を通じ、グループ全体として、ユーザーに選んでもらえる価値のある企業となっていくことを目指すとする。このように、デジタルトレンドや自社の強みを再認識し、自社の提供価値を定めていくなかで、このビジョンが策定されたのである。

優先順位――コロナ禍を通じて、顧客体験の価値向上に社員一丸で取り組む

ANAはお客様満足と価値創造を実現するためDXを推進してきたが、その道のりは平坦ではなかった。デジタルがITの一要素であるという時代からデジタルを中心とする時代に移り変わるなか、同社はデジタルを活用してビジネスそのものを変革する仕組みへと根本的に変わっていくことが急務であると認識している。並行して、航空事業ならではの社員の働き方改善と顧客体験の価値向上が問題だとも認識している。航空運送事業の特性上、働く場所や気候、時間帯などが異なる社員同士がワンチームとならないと、カスタマージャーニーが成り立たない。たとえば、北海道の新千歳空港から沖縄の那覇空

港へ飛行機が飛ぶにしても、新千歳空港のスタッフと客室のスタッフの連携が重要である。沖縄と北海道では気候も大きく異なるため、それぞれへの対応が求められるなか、どのように調整していくかが問題となる。

飛行機利用の顧客体験そのものも、変化している過渡期にある。たとえば昨今、高齢者や子供のスマートフォンの使用が増えてきているため、5年前に作ったサービスに固執していると、お客様満足度は上がらないだろう。常にアップデートして、ユーザーのストレスを軽減していく必要があるのだ。

検証――人を移動させるだけではなく、バーチャルも含めた移動体験の変革に挑戦

ＡＮＡグループは、アバター事業においても積極的な試みを進めている。アバターロボットのインフラを構築することで、既存の移動手段の課題を解決する未来の移動サービスの開発を手掛けているＡＮＡ ＨＤ初のスタートアップavatarin株式会社である。生身の人間を移動させるのではなく、あらゆるロボットやモビリティに、人の意識、技能、存在感を伝送するサービスの普及に取り組んでいる。さらには、独自開発の通信プロトコルや遠隔ＡＩモジュールなどを通じて、遠隔操作の高速化や遠隔操作からのＡＩ化にも挑戦している。またＡＮＡがスポンサーとなって、アバター開発のコンテスト「ANA AVATAR XPRIZE」を開催し、世界中のエンジニアや研究機関、企業などとのつながりを広げ、アバターへの関心の強さを世界へアピールしている。

同様に、移動体験の変革をスピード感のある動きで仮説検証を行っている事例として、同社は次のよ

うな工夫をしている。ユーザーの行動をトリガーに、あらゆるタッチポイントで個々人のニーズに対応するOne-to-Oneサービスを提供する仕組みを開発し、ユーザーの声をもとにアジャイルに施策に反映している。たとえば、搭乗時間の45分前までに保安検査場を通過した乗客に対して、搭乗口近くの売店（ＡＮＡ ＦＥＳＴＡ）で使えるクーポンを送付し、早期の通過を促す実証実験を実施した（現在はすでに終了）。この取組みでは、どのタイミングで、どのような手段で、いくらのクーポンを提供するかを、試行錯誤を重ねながら検証してきた。結果として、早く来る乗客が15％増えたと同時に、航空機の定時運航への貢献や売店の売上増加にもつながり、なにより顧客体験の価値向上につなげることができた。

ガバナンス——横断的組織によるＤＸ推進「デジタル・デザイン・ラボ」

これらの変革を現実のものとするため、イノベーション戦略を掲げるとともに、推進組織体制も随時更新している。従来型のＩＴ推進室から、業務プロセス改革室、デジタル変革室と役割を変遷していくことで、従業員価値向上と顧客価値創造の両輪で全社的なＤＸを推進してきた。

さらに、変革を加速させるために、冒頭にも触れたように、同社のアセットを活かしながら、航空事業を軸として新しい領域に挑戦をしていく思いを踏まえ、２０２２年4月、ＡＮＡ ＨＤは組織を横断的に把握してＤＸを推進するグループ経営戦略室内に、ＤＸ戦略機能を新設。また、新規事業開発を推進する組織として「デジタル・デザイン・ラボ」が置かれている。ＡＮＡ ＨＤ内とＡＮＡ内にそれぞれＤＸ推進を行う組織を設置することで、組織横断による同社のアセットを活かしたＤＸと、ボトムアップによる社員からのアイデアを活用したＤＸを共存させている。

ＤＸ推進するうえで、新規事業の開発プロセスにも工夫を凝らしている。たとえば、ＡＮＡグループ社員提案制度「ダ・ビンチ・キャンプ」と、イノベーション創出のため新しいことに挑戦し続ける「治外法権的」な部署「デジタル・デザイン・ラボ」との連携推進である。「ダ・ビンチ・キャンプ」は、全社員を対象に事業アイデアを募集し、アイデアをより洗練させるために会社が企画者を半年間サポートしたうえで、経営層に提案をする機会を設けている。選考に通過した事業は、企画者が「デジタル・デザイン・ラボ」に異動し、本格的な事業化に向けて検討が進められる。

能力――デジタルリテラシー向上を狙ったワークショップの積極的な開催

同社の２０２３～25年度ＩＴ投資額は、２０２０～22年度の１・５倍となる見込みであり、将来の成長に必要な技術に対して積極的に投資している。具体的な投資内容のひとつに、国内線旅客サービスシステムと国際線旅客サービスシステムの統合がある。１９８８年以降、座席販売管理、航空券の予約／発券、空港での搭乗手続きなどを支える「国内線旅客サービスシステム」と「国際線旅客サービスシステム」を別々に運用してきたが、２０２５年度から26年度にかけて、スペインのAmadeus社が提供するプラットフォームに統合すると発表。基幹システムを外部サービス化することで、レガシーシステムから脱却した格好だ。ひとつに統合されたシステムを軸に、新たな戦略領域へのさらなる集中投資を見定めている。

ＤＸ推進にあたっては、コロナ感染期のニューノーマルな生活を通じて、社員の危機意識が広がったと同時に、新たなことを学ぶ必要性や、変革する必要性を強く感じるマインドセットが社員のなかで浸透したことを、機会と捉えている。実際に、客室乗務員がプログラミングを学んだり、空港現場の社員がこれまでは情報システム部門に頼っていたような改善策を自分たちで形にしたりしている。

このように、同社の課題をデジタルで解決していくにあたり、社内におけるデジタル人材の拡大と、デジタル人材以外も含めた全社的なデジタルリテラシーの向上を推進していく必要性を指摘している。これらを推進していくことで、アナログによる作業に課題を感じる気づき、そして実際にデジタル化を進めていく発想力が増大するとしている。つまりＤＸ成功のカギは内製化にあるとし、デジタル人材の育成に力を入れているのである。デジタル人材の育成においては、全社員が身近なツールを使いこなしデジタルリテラシーを向上させることで、各部門とＤＸ部門が共創関係のもとに、ワンチームでＤＸを推進することを目標としている。

これら取組みが全階層を対象としている背景には、開発スタイルが変化していることが挙げられる。これまでの開発スタイルは、人の業務のシステムへの置き換えが中心であり、業務部門が要件をまとめ開発部門に発注する、一方通行のフローだった。しかし、現在のＶＵＣＡ時代において世の中の変化にスピーディーに追従するには、従来のような開発スタイルでは困難という危機感があった。業務部門を含む全社員の知見を融合させ、ともに変革を進めていくため、全階層を対象としたワークショップも積極的に開催している。このような共創型のプロセスを導入することで、未知の業務を具現化し、ユーザーや社員の行動変容へとつなげ、新たな顧客体験、従業員体験への価値提供をデジタルで実現しようとしている。

企業文化としては、ANAの井上慎一社長自らがアジャイルにチャレンジすることの重要性を説いている。チャレンジにより気づきを得ることが大切だと考えており、ワークショップなどを通じて、気づきの重要性を全社員に伝えている。具体的な施策としては、ANAデジタル変革室が中心になって、「ミツバチ」や「ダンゴムシ」といったユニークな名前を付けたワークショップを数多く実施しており、一般社員やグランドスタッフ、CA、整備士はもちろん、経営層も参加している。これら全階層の社員が、ワークショップに対して堅苦しいイメージを持たず、親近感を持って参加するうえでユニークな名前も一役買っている。ほかにも、世界中の社員がオンラインで参加可能な、DXとイノベーション、カイゼンをテーマとした「デジ×カイ」を開催し、それぞれのデジタルを通じた改善の取組みを共有している。

●日本におけるＤＸの取組み事例②

株式会社ＴＢＳホールディングス

共有ビジョン――「最高の〝時〟で、明日《あす》の世界をつくる。」

ＴＢＳホールディングスは、「メディアグループ」から「コンテンツグループ」へと変革を遂げようとしている。地上波放送以外の多様なメディアやネットフリックスなど大手プラットフォーマーにもコンテンツを提供していることはもちろん、ニュース情報アプリの全面的なリニューアルや、２０２８年稼働を目指す赤坂エンタテインメント・シティ計画が進められるなど、施策が目白押しだ。経営的には、２０３０年までに放送事業外収入を、全体の60%までに引き上げる目標を掲げている。これらの動きは、ＴＢＳグループの経営計画として打ち出された「ＶＩＳＩＯＮ ２０３０」と呼応するものである。

「ＶＩＳＩＯＮ ２０３０」とは、ＴＢＳのブランドプロミス「最高の〝時〟で、明日《あす》の世界をつくる。」を達成するためのロードマップである。ブランドプロミス策定の背景として、メディアを取り巻くデジタルトレンドが大きく変化したことが強く影響している。近年のメディアは、テレビに限らず、ユーチューブなどのインターネット上での動画配信をはじめとしたさまざまなサービスが誕生し、それぞれが視聴者の可処分時間を奪いあう構図となっている。従来の放送局同士の競争と比較すると、圧倒的にライバルが増えたいま、「われわれは何のために存在するのか？」を改めて見直すため、ブランドプロミスを策定することになった。策定にあたっては、ＴＢＳブランディング委員会を発足し、そこで、中堅から若手を中心に構成された「ブランドコミュニケーション戦略会議」を1年間で約40回開催。社内アンケートも数回実施し、社員の意見を吸い上げてきた。ブランドプロミスの策定後は、社内イベントのクイズ大会を通じてブランドに関するクイズを用意したり、スマホの待ち受け画像を社員に提供したりするなどの取組みを経て、社内に徐々に展開してきた。

さらに、前述の通り、新たなサービスの登場により、人びとの生活様式や行動様式が大きく変化している点にも注意を払っている。昔は家族揃ってテレビを見るのは当たり前の光景だったが、いまは個別にスマホに向かってそれぞれの時間を過ごしている。このような例を代表とする行動様式の変化の兆候を見逃さず、自社のコンテンツをフィットさせていく必要があると認識している。これらに適応できず、ほかのサービスに流れてしまった顧客を取り戻せなくなることが、最大のリスクや脅威と捉えている。

優先順位――映像プラットフォーマーに対抗する「ＥＤＧＥ戦略」

一方、新たなサービスを生んでいる映像プラットフォーマーと比較すると、同社は大きく2つの強みを持っている。1つ目は、いまでも数千万単位のＭＡＵ（月間アクティブユーザー）を安定的に獲得している、最大の広告媒体である地上波放送の免許を持っていることであり、これは外資系や途中から参入した企業には簡単に獲得できない参入障壁である。2つ目は、報道における取材力や日本にローカライズしたコンテンツ制作力である。ネットフリックスは有料コンテンツであり、ユーチューブはコンテンツにバラつきがあるなか、良質なコンテンツを無料で、時間と場所に限らず提供できるようになることは、同社が変革に成功した場合の最大のインパクトだと考えている。仮に、外資系に日本の市場が席巻されてしまったら、日本人が接点を持つ情報はほとんどがエンタメになってしまったり、政治経済社会に対する日本人の知る権利が脅かされてしまう可能性があることも、もうひとつの大きな想定インパクトとして危機感を持っている。

「コンテンツグループ」への変革を目指すなかで、同社はＥＤＧＥ戦略を打ち出した。「ＥＤＧＥ」は、エクスパンド（Ｅ、拡張）、デジタル（Ｄ）、グローバル（Ｇ）、エクスペリエンス（Ｅ：体験型サービス）の頭文字をとったものだ。ひとつのコンテンツが顧客の生涯のなかでどれだけの「時」を占有できたか、それによってさまざまな事業領域を横断して生み出される利益の総計を、「コンテンツＬＴＶ（ライフタイムバリュー＝顧客生涯価値）」と定義し、ＥＤＧＥ戦略を通じ、複合的にユーザーが回遊し、デジタル×フィジカルでコンテンツＬＴＶを最大化していくことを目指している。

検証――顧客にコンテンツを直接届けるさまざまな取組みに挑戦

具体的なデジタル変革として、同社がどのような事業に挑戦しているかを見ていきたい。同社の強みであるコンテンツ力を活用して、配信サービスを世界に打ち出していくことこそが、ＤＸにおける最大の機会と捉えている。配信サービスの無料コンテンツにおいても、顧客が必要としている情報を、よりタイムリーにより良質なものを届けるため、顧客情報の収集に力を入れている。「TBS ID」は、TBSグループが提供する各種サービスをひとつのIDで利用することができる会員サービスであり、これまでサービスごとに行っていた会員登録の作業が不要になり、登録情報の一括管理も行えるようになっている。

「TBS ID」に加えて、EDGE戦略のなかの「グローバル」の取組みとして、TBSが出資して設立したグローバル市場に向けたコンテンツの企画開発や製作を行うTHE SEVENが、2022年11月にネットフリックスと戦略的パートナーシップ契約を締結した。TBSはTHE SEVENに対して、300億の製作予算を用意しており、「地上波放送」ではなく、「動画配信プラットフォーム向け」の製作に特化している。THE SEVENのクリエイターたちが取り組んだネットフリックス作品『幽☆遊☆白書』は、ネットフリックス週間グローバルTOP10（非英語シリーズ）において初登場1位でスタートし、世界92の国・地域で今日のシリーズTOP10入りの快挙を果たしている。

情報をタイムリーに届けることを進めていくなかで、成果を上げ、今後も規模拡大を目指している事業のひとつが「TVer」である。2022年4月に、民放5局が揃って、広告付きの民放公式テレビ配信サービスをスタートした。人気ドラマやバラエティ、アニメなどの見逃し配信のほか、過去の番組の配信、リアルタイム配信やライブ配信を完全無料で視聴できる。2023年8月時点で3000万MUB（月間ユニークブラウザ数）を突破している。特筆すべきは、以前は視聴率を競いあうライバルだった他局と共同でサービスを構築したことである。ひとつの局のコンテンツしか見られないサービスでは、ユーザーにとっての魅力が低く、結果として、ネットフリックスやユーチューブに負けてしまう。TVerによってテレビのＤＸ化がドラスティックに進展し、ユーザーに魅力的な価値を提供できるエコシステムが構築されたのである。

ほかにも同社が推進しているデジタルに関する取組みに触れたい。制作現場の工夫や改善を通じた「小さなＤＸ」の積み重ねにより、社内にＤＸを根づかせている点が、最大の特徴である。たとえば、リモート出演ツール「ＴＢＳ ＢＥＬＬ」の自社開発がある。コロナ禍で出演者や視聴者が1カ所に集まれなかったため、ビデオ会議システムの活用を決めた。しかし既存のビデオ会議システムはテレビ制作には向いていなかった。そこで自社のコンテンツ制作に合ったビデオ会議ツールを自社で開発したのである。

スマホ向けサービスにも積極的に取り組んでいる。報道局とメディア企画室などが主導し、既存のニュースサイトに、ＪＮＮ 28局がカバーする全国各地のニュースや天気・防災情報を強化し、「TBS NEWS DIG Powered by JNN」として２０２２年春に全面刷新した。２０２２年7月以降、月間ＰＶ数は継続して1億を突破、２０２３年8月には2・5億ＰＶを超えている。

この全面刷新にあたっては、災害報道という分野を自社の強みと認識し、その強みを活かして、ウェブ／モバイルに最適な形で防災情報をユーザーに届けたいという強い思いが背景にあった。そのため、本サイトの刷新や運用においては、ユーザー目線に立つことを重要視してきた。具体的には、記事のＰＶ数を筆頭にサムネイルやタイトルなど数々のデータを可視化することで、成功事例やノウハウを担当局内で共有している。これにより、現場の担当者である記者が、どうすれば1人でも多くのユーザーに届けることができるのかを考えるようになったことで、爆発的なＰＶ数の伸びにつながっている。

ガバナンス——DXを加速させるためのグループ横断での組織改革

これらのDXの取組みをさらに加速するために、同社は大胆な組織改革を推し進めている。IP技術の発達により、放送系と情報システム系の技術領域の境界が曖昧になっていることから、2023年7月に、主に放送系コンテンツ制作を担当していた「メディアテクノロジー局」と、主にシステム開発を担当していた「ICT局」を統合することで、両者の特徴を掛け合わせ、より力強い組織を目指している。さらに、統合により誕生した「新メディアテクノロジー局」の下に、「イノベーション推進部」を新設した。イノベーション推進部は、主にグループ全体のDX推進を担っているが、新設した背景には、24時間365日、タイムテーブルを途切らせることが許されない番組制作を行ううえでの慢性的な人材不足という喫緊の課題があった。業務のデジタル化による作業の効率化などを推進し、人材不足解消の一手を担う部署として新設されたのである。従来から、チャレンジや失敗を後押しする文化が同社の特徴であったが、組織横断の部署を新設することで、人材不足という課題の解決のみならず、このような文化がさらに社内に浸透していくことも、期待されている。

能力——ボトムアップと外部からの人材との融合により、変革の文化をさらに浸透

制作現場で積極的に改善や工夫がなされるようになったきっかけは、2017年にさかのぼる。当時

のＴＢＳホールディングス武田信二社長（現会長）の旗振りで、全社アンケート「今、ＴＢＳは何をすべきか」が実施され、社員の提案を通じて、業務のデジタル環境整備やクラウド化が行われて、デジタル基盤が構築されてきた。

これらデジタルに関する取組みを支える人材についても見ていくと、デジタル化の中核となる人材としては、同社がデジタル化を推進していくうえで関わる外注先のエンジニアと対話できるデジタルを理解した人材を採用する必要があると認識している。採用においては、中途採用枠の拡大や、ほかの日本企業と比較しても高い給与設定に加え、フリーアドレス制やリモートワークを推進することで、ベンチャー企業やＩＴ企業から中途入社した人材も溶け込みやすい環境を整えている。

●特別対談

日本企業のDXロードマップ実現に向けて

コロンビア・ビジネススクール教授　デビッド・ロジャース
NTTデータ経営研究所／クニエ代表取締役社長　山口重樹

本書の内容を日本の事業環境に適用するにはどうすべきか？　DXロードマップの5つのステップの理解を深めることを目的に、NTTデータのフレームワークとの比較も交えながら対談した。

山口　本書がほかの多くのデジタル関連書と違うのは、「どのデジタル戦略を取るべきか」ではなく、「デジタル戦略を成功させるために何をすべきか」という着眼点です。DXの70％は失敗するといわれています。「DXの失敗を避けるにはどうしたらよいか」、多くの経営者が抱くこの悩みに対し、本書ほど明確に答えてくれる本はこれまでなかったといえます。

企業を取り巻く環境変化とDXの潮流

山口　ロジャース教授の前著『DX戦略立案書』には、デジタル戦略の立て方と、その背景となる考え方が書かれていました。一方本書では、デジタル戦略の実行方法やビジネスとして成長させる方法が主題となっています。本題に入る前に、本書を出版された背景についておうかがいできますか。

ロジャース　前著を書いてから、状況は大きく変わりました。英語版が出版されたのが7年前、書き始めたのはもちろんその前ですから、ざっと10年前ですね。いくつかの大きな変化がありました。

　1つ目は、DXの必要性をすべての企業が理解するようになったことです。前著を書き始めたころは、一部の業界や企業しか変革の必要性を理解していませんでした。しかしいままでは、すべての企業が認識しています。もちろん新型コロナウイルスは、要因のひとつとして、あらゆる企業に影響を与えました。たとえば顧客への商品の届け方にしても、以前は小売店経由だ

ガバナンスについて意見を交わすデビッド・ロジャース（右）と山口重樹

ったものが、いまでは誰もがオンラインデリバリーを選択肢として考えざるをえなくなりました。ソフトウェア企業であっても、社員の働き方や組織の運用の仕方を変えなくてはなりません。いまではすべての企業が、変革の必要性を認識しているのです。

そして2つ目は、起きているのは単一の大きな変革だけではないということです。かつて私は、企業のCEOの方々からこう尋ねられました。「DXの完了まで何年かかりますか?」「予算はいかほどでしょう?」。私は答えたものです、「完了日などありません。このプロセスに終わりはないのです」と。DXは終わりのないジャーニーです。古くはインターネットやeコマースにはじまり、5Gや機械学習、そしていまでは生成AIなど、新しい変化が起こり続けています。ですから、ひとつの大きな変化への対応ではなく、次々に起こる波に適応できる組織になることが重要なのです。

私が本書を書くことになった本当の理由をお伝えしましょう。前著では、「デジタル時代にどのように戦略やビジネスを再構築するか」「ビジネススクールで長年教えられてきた戦略ツールからいかに脱却するか」に焦点を当てていました。でも、そのあとでわかったのは、それらを実行できる企業でさえ、伝統的企業の変革は非常に難しいと考えていることでした。どの企業も私のところに来ては、「CEOの私が会社を変えようといっているのに、うちの組織では、みな動きが遅いのです。何が問題なのでしょう?」と繰り返すのです。

そこで私は、DXにおける最大の障壁をつかむための調査を開始しました。なぜDXの70%は失敗し、30%は成功するのでしょう? そこから導かれたのが、本書で述べたDXロードマップや5つのステップなのです。

山口　70％が失敗するといわれるなか、ＤＸを成功させるにはどうすればよいか。その要旨を、本書の５つのステップに分けて掘り下げていきましょう。

ステップ１――共有ビジョンを定義する〈ビジョン〉

山口　まずステップ１「ビジョン」について、要点をご説明いただけますか。

ロジャース　ＤＸロードマップの最初のステップとして、組織内の全員が理解できるような共有ビジョンが必要です。真の変革を推進するためには、組織のすべての部署が同じ方向を向いて進むことが非常に重要です。「これから何をするのか」「何を変えるのか」について話す前に、「なぜ変わろうとしているのか」を全員が理解していなければならないのです。ビジョンの実現に向け、全社員とステークホルダーを１つにまとめるには、不可欠な要素が４つあることがわかりました。

デビッド・ロジャース

１つ目の要素は「未来の風景」です。あなたを取り巻く業界や競合他社、顧客、テクノロジーなど、事業環境が将来的にどのように変化していくのかについて、共通の理解が必要ということです。

２つ目の要素は「成功する権利」。これは他社に対するあなたの会社の独自性を説明するものです。これは、「予測する未来においてどんな役割を果たしたいのか」「なぜあなたの組織がその役割を果たせるのか」を理解するために不可欠なものです。

残りの2つはまさにモチベーションに関わることで、3つ目の要素は「北極星インパクト」です。「DXによって何を目指すのか」「顧客や世界のためにどんな価値を生み出せるのか」を示すものです。あなたの会社の従業員がモチベーションを大きく高める力になるでしょう。心理学者はこれを「内発的動機づけ」と呼んでいます。自分のやっている仕事の価値を信じることであり、「パーパス」と呼ばれることもあります。

4つ目の要素、「ビジネス理論」もきわめて重要です。これは心理学者が「外発的動機づけ」と呼ぶもので、金銭報酬のようなものです。企業としては、DXにリソースを投入することでどのような経済的見返りがあるかを知る必要があります。すぐには無理で時間がかかるかもしれない。しかし、将来的に企業として価値を回収できない取組みに、多くのリソースを投入することはできません。企業が価値を高めるための要素としては、顧客体験、オペレーショナルエクセレンス、新たなビジネスモデルが選択肢となるでしょう。

以上が、共通ビジョンに必要な4つの要素です。

山口　ここで、関連するNTTデータのフレームワーク、「フォーサイト・デザイン・メソッド」を紹介させていただきたいと思います。将来の環境変化だけでなく、企業のパーパス・ミッション・バリューや、現在の顧客から評価されているその企業の強みまで考慮に入れている点が特徴です。デジタル技術がいかに私たちのビジネスを変えるかを探るための「デジタル・バイ・デフォルト」理論も、独自の特徴といえるでしょう。

図　フォーサイト・デザイン・メソッド　全体像

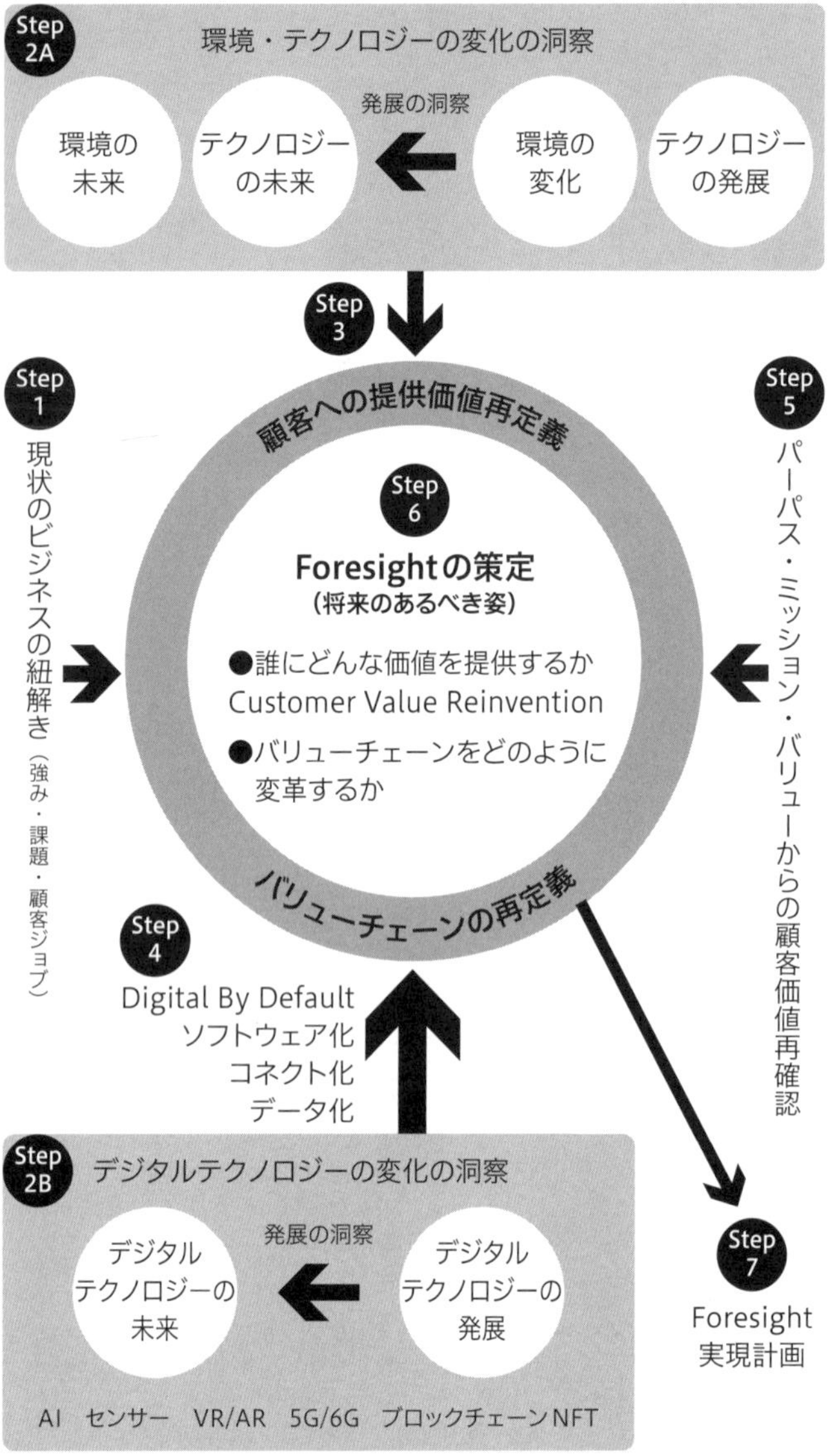
Step 2A
環境・テクノロジーの変化の洞察
発展の洞察
環境の未来
テクノロジーの未来
環境の変化
テクノロジーの発展
Step 3
Step 1
現状のビジネスの紐解き（強み・課題・顧客ジョブ）
顧客への提供価値再定義
Step 6
Foresightの策定
（将来のあるべき姿）
●誰にどんな価値を提供するか
Customer Value Reinvention
●バリューチェーンをどのように変革するか
バリューチェーンの再定義
Step 5
パーパス・ミッション・バリューからの顧客価値再確認
Step 4
Digital By Default
ソフトウェア化
コネクト化
データ化
Step 2B
デジタルテクノロジーの変化の洞察
発展の洞察
デジタルテクノロジーの未来
デジタルテクノロジーの発展
AI　センサー　VR/AR　5G/6G　ブロックチェーン NFT
Step 7
Foresight
実現計画

（出所）NTTデータ経営研究所作成

ロジャース教授が説明された先ほどの4つの要素と比較すると、「未来の風景」はステップ2Aの「環境・テクノロジーの変化の洞察」に、「成功する権利」はステップ1の「現状のビジネスの紐解き」に、そして「北極星インパクト」はステップ5の「パーパス・ミッション・バリューからの顧客価値再確認」に相当します。私はこれら3つの点に、とくに共感を覚えました。

「ビジネス理論」については、価値を高める要素に着目することが利益につながるという因果関係を捉えていると理解しました。この視点は、私たちのフレームワークには含まれておらず、深く感銘を受けました。とても大事な要素だと思います。

ステップ2――最も重要な問題を選択する（優先順位）

山口　それでは、ステップ2「優先順位」に移りましょう。まずこのステップの要旨をご説明いただけますか。

ロジャース　このステップのポイントは、企業がひとたび未来像を描き始めると、デジタル技術やサービスについての数多くのアイデアが急速に生まれ始めることです。ここでの最大の課題は、焦点を絞ること。つまり「新しいデジタル戦略を用いて革新したい、最も重要な分野はどこか」を決めることです。私は、イノベーションと戦略についての多くの理論から、解決策を探す前に解決すべき問題を定義することの重要性を学びました。その結果、解決しようとする「問題」と、成長のために追求できる「機会」の両方に目を向けることが有益だとわかりました。

ここでのポイントは、真に重要な問題を探すこと、自社のビジネス上の強みに密接に関係した問題を探すことです。もうひとつ重要なこととして、どんな事業においても、企業のレベルだけでなく事業すべてのレベルにおいて、優先順位を決める必要があることです。企業全体の優先事項を決め、各事業部門の優先順位を決め、さらに社内のチーム単位でも優先事項を決めなければなりません。

本書では、「問題／機会マトリクス」という、解決できる可能性のある問題が何かを考えるために役立つツールを紹介しています。このツールを活用する際には、「顧客の問題」（顧客が困っていること）だけでなく、「事業の問題」も含める必要があります。「自社の運営で足かせになっているもの、成長を妨げているものは何か」「解決できる問題は何か」ということです。そして機会、「どんな機会なら顧客の期待を上回

図　問題／機会マトリクス

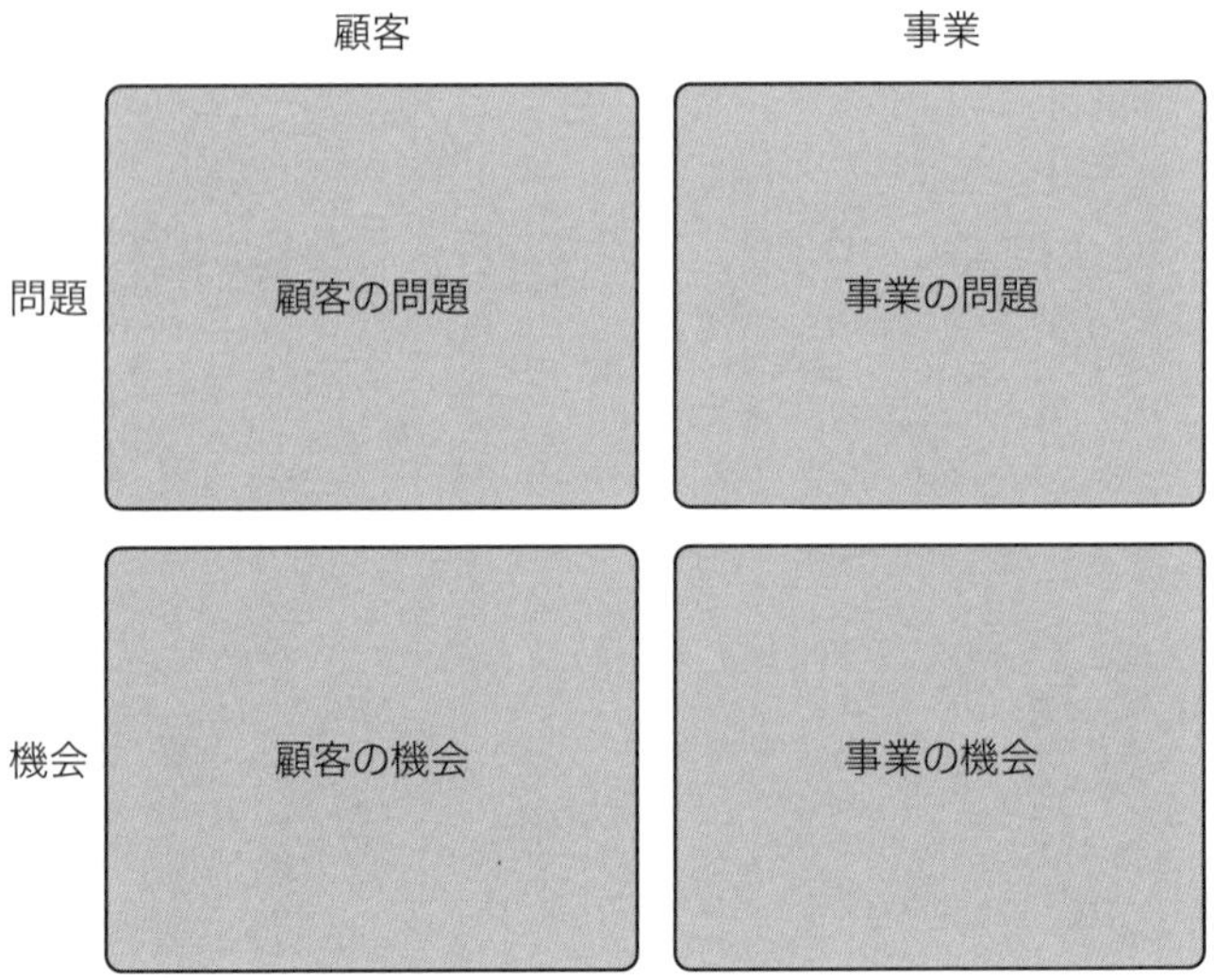

るような経験を提供できるか」「どんな機会なら企業が新しい方向に成長できるか」。これらの4つの象眼に目を向けることで、組織内のどの部門であっても、デジタル投資すべき最も重要な問題と機会を特定し、成長につなげることができるのです。

山口　ステップ2に関連する私たちのフレームワークをご紹介したいと思います。「フォーサイト・デザイン・メソッド」の一部として、私たちは「アウトカム・ベース・サービス」という方法論を策定しました。これは企業が提供すべき新たなサービスを特定するための方法論であり、トップダウンとボトムアップ両方のアプローチで真の顧客課題を解決するためのものです。

道しるべとなる北極星がなければ、さまざまなサービスも、誤った戦略につながりかねません。本書で述べられている「北極星インパク

図　アウトカム・ベース・サービス全体像

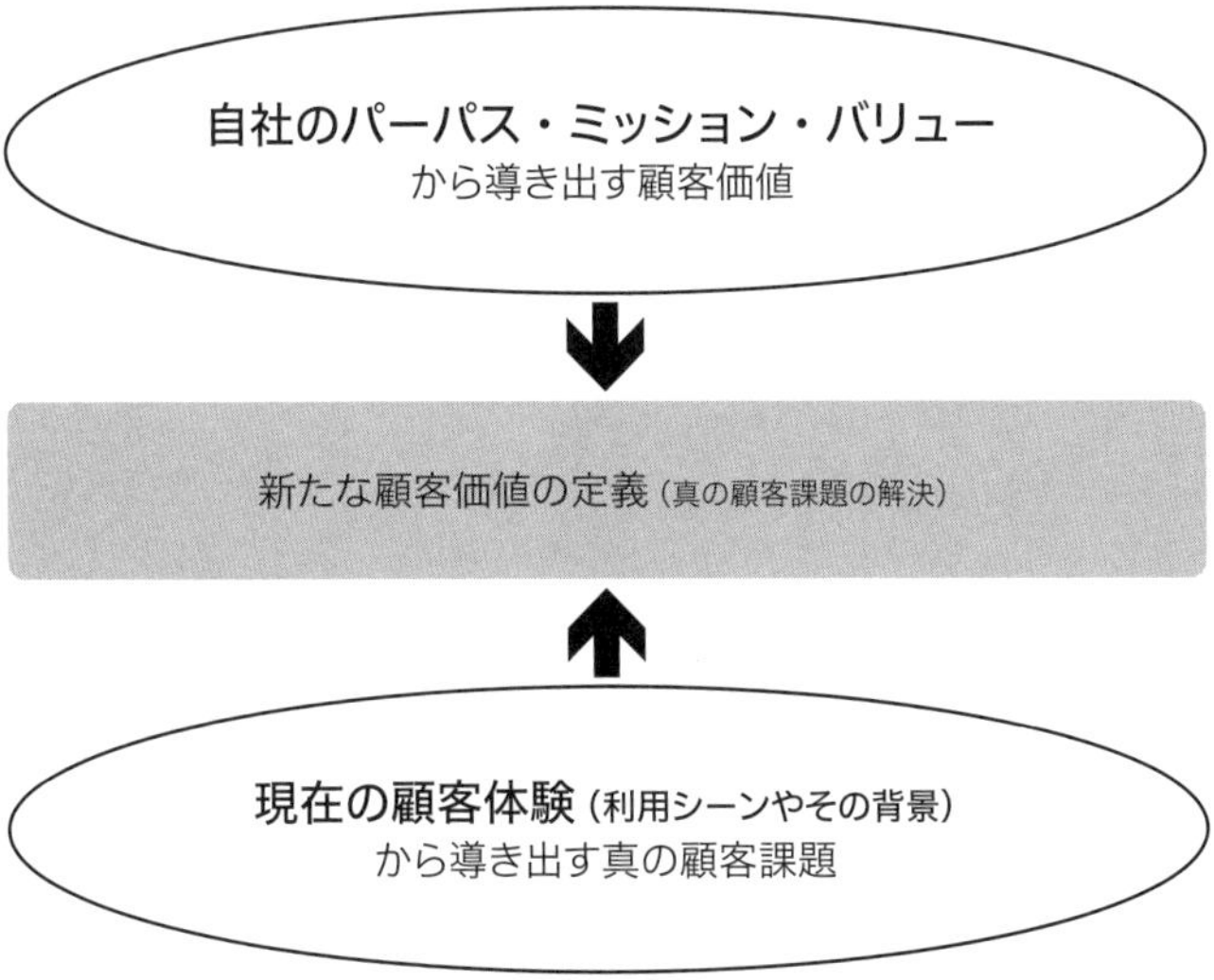

（出所）NTTデータ経営研究所作成

ト」は私たちのトップダウンのアプローチに近いコンセプトだと捉えており、非常に共感しています。

本書では、機会の特定には4つの点が重要であることも説明しています。「顧客体験」「成功する権利のある市場」「ビジネスへの応用が明確な能力」「ストレッチ目標」です。とくに、顧客体験がビジネス機会を生むという関係性には、共感を覚えました。

ステップ3——新規事業を検証する〔実験〕

山口　次のステップ3「実験」では、進行中のDXの評価方法と、失敗を防ぐためにどこで軌道修正すべきかがまとめられています。私はこのステップこそが、本書をほかのDX関連書とは一線を画したものにしていると思います。

ロジャース　DXに実験は欠かせません、デジタル時代には、途方もない不確実性が伴うからです。世界は変化し、私たちは未曽有の技術を使い、新しい体験を生み出そうとしています。それなのに多くの企業は、こうした新しいことであっても、非常に計画的なアプローチを実施しようとしています。長年経営してきた事業領域で何十年にもわたるデータがあればうまくいくかもしれませんが、不確実性が高すぎる場合には意味をなさないのではないでしょうか。

そして多くの企業は、次の2つのどちらかに陥ります。自信過剰になって、「しっかり計画すれば大丈夫だ。大量のリソースを投入して開始しよう」。このようにして伝統的企業はデジタルサービスで多額の失敗をしています。あるいは、反対のやり方を選ぶ。「これは非常に不確実性が高い。市場のニーズも、技術がうまくいくかもわからないので、容易には成功できない」「ほかの誰かがイノベーションを起こすのを待って、それを手本にしよう」と。どちらも成功しません。本当に成功するためには、不確実性のなかで改革を行わなければなりません。だからこそ、実験というプロセスが必要なのです。

なぜイノベーションに実験が重要なのかを説明する理論がこの20年間に数多く登場しています。しかし、こうした発想をスタートアップ企業以外に広げるためのモデルは存在しませんでした。迅速なテストや学習というプロセスを、大きな組織でも再現するにはどうしたらよいのでしょうか？　私が本書のロードマップのなかでとくに追求したいのは、あらゆる企業で、あらゆるイノベーションに使えるプロセスです。どんな新しいイノベーションであっても、仮説に対する検証が必要です。検証のプロセスは4段階に分けられ、それぞれの段階で異なる質問に答えなければなりません。

第1段階の「問題の検証」で答えるべき問いは、「実際の顧客の真の問題に焦点を当てているか？」です。多くの改革は、この疑問をないがしろにしたために失敗しています。そんなことは当然だと考え、とにかく着手する。多くの労力を注ぎながら、その技術や商品で何の問題を解決すべきかがわかっていない。あるいは問題が把握できても、本当に問題を抱えている顧客が見つけられない。その結果、必要とされていないものを開発する羽目になるのです。

第2段階は「ソリューションの検証」です。顧客と話を重ね、本当の問題が特定できたら、実現可能なソリューションを考え始めます。ただし、きちんと動作する商品を作り始める前に、「このソリューションに顧客は価値を感じるのか？」を検証する必要があります。そしてそのために、まず非常に簡易なMVPを作るのです。そうすると顧客から質問が出始めます。それによって、何が役に立つのか、顧客が好きなものや嫌いなもの、本当に関心があるのは何なのかがわかるようになります。

そこから第３段階の「製品の検証」に入ります。ここでは、「実際に機能するソリューションを提供できるのか？」が答えるべき問いになります。多くの場合、企業はプロダクト・マーケット・フィットを達成します。思いついた製品のアイデアに対し、顧客は購入や契約の意向を示すのです。それなのに、何がうまくいかないのでしょう？ 複数のケースが考えられます。たとえば、納品できないとか、思ったほど技術がうまくいかないとか、規制当局の承認が得られないこともあるでしょう。ソリューションを提供できたとしても、顧客は１、２回使っただけで使わなくなるかもしれません。ソリューションがどのくらい顧客の問題の解決になっているか、この段階に来るまでわからないのです。この段階こそ、実際に機能するＭＶＰを活用すべきタイミングなのです。

第４段階の「事業の検証」も欠かせません。企業は、このイノベーションから十分な価値を得なければなりません。「顧客に代価を請求すべきか」「いくら払ってもらうか」「どの顧客がより多く払うのか」「市場全体の規模は」「これを実現させた場合、どれだけの価値を回収できるのか」。実験というプロセスを用いることで、これらの問いに関して非常に素早く、安価に学ぶことができるのです。２年もの時間と多額の予算をかけて新製品を開発し、失敗する企業があります。私ならそのかわりに、「小さいチームと少しの予算で６カ月の猶予をください」といいます。そうすれば、おそらく４つの問いのすべてに答えられるでしょう。そしてすべてがイエスとなった時点で初めて、本当に大きな投資を始めるべきです。

重要なのは、この４つの段階が重なり合っていることで、１つやって終わりではありません。顧客とその課題について、学び続けなければならないのです。顧客がソリューションにどんな機能を求めているのか、どんな形式で提供すべきかを学んでから、最初の大まかな製品の開発に取り掛かります。そのあとも、顧客がどのように使うかを見て、顧客が次に求めるものを学び、それが実際にどのように使われるかを評価し続けるのです。製品を進化させるにつれて、事業の検証も変化していきます。4つの質問は互いに重なり合っているので、すべてについて同時進行的にテストし、学習し続けることが重要です。

山口　私たちのアウトカム・ベース・サービスの方法論では、カスタマージャーニーを洗練させるプロセスも含まれています。具体的なサービス仮説にもとづいて顧客と議論し、仮説検証を繰り返すことで、実現可能なサービスを磨き上げるだけでなく、具体的なジョブに焦点を当てて顧客のフィードバックを取り入れることができます。本書では、仮説検証の反復と、検証における顧客からのフィードバックの重要性が強調されており、これは私たちのフレームワークと共通します。ただし、検証を4つの段階に分ける検証は、私たちにとっても新しい考え方でした。

日本の読者により明確にポイントを伝えるため、以下のことをおうかがいします。1つ目の質問です。私には、多くの企業がよい製品を作ることに注力する一方で、顧客の問題をないがしろにしているように見えます。ロジャースさんはどうお考えですか？

ロジャース　非常によくあることだと思います。「どんな問題を解決するか」を考えずに、ただ製品開発を急ぐ企業が多いのです。最もありがちな間違いであり、それを防ぐために、私は4つの段階をこの順番で考えることにしたのです。イノベーションが得意で成功している企業は、問題把握から始めています。最初にどんな問題を解決するのかを明確にすること、ほかのことはすべてそのあとでなければなりません。

山口　顧客の問題を見つけることがＤＸの出発点ですね。顧客が抱える問題の特定を誤れば、ＤＸはけっして成功しません。では、２つ目の質問として、顧客の問題を把握するにはどうしたらよいでしょうか？

ロジャース　唯一の方法は、顧客と話すことです。問題検証においては、顧客と密接に時間をかけて話をすることが大事です。対象が消費者なら、彼らと一緒の時間を過ごして観察することや、日常生活のなかで話をすることから始めます。もし企業やビジネス顧客が相手なら、工場や営業現場、職場などで、時間をかけて実情を把握します。そして「何が難しいのか」「何が改善できるのか」「なぜあることを特定のやり方で行っているのか」「変えたいと思うことは何か」などと尋ねるのです。

山口重樹

顧客自身の言葉で話してもらわなければなりません。それができるのは顧客だけです。よい顧客の問題は、感情の動きを伴います。話し始めると、気持ちが昂ったり、興奮したりするかもしれません。そうしたときに、本当に困っているのだなとわかるのです。

ステップ4――規模拡大を管理する〔ガバナンス〕

山口　それでは、ステップ４「ガバナンス」に移りましょう。私たちは、デジタル技術を活用することで、顧客情報の収集や内部プロセス、実験といったコストを削減でき、結果として、デジタルビジネスに適した、顧客中心でフラットな経営アプローチが実現できると考えています。そのためには、伝統的な事業とは異なるスタイルの経営が必要です。

　ＤＸを成功に導くために、経営者は既存組織をアジャイルな組織にうまくつなげる必要があります。本書でも、ＤＸの成功のために、さまざまな不確実性と中核事業との間の距離を前提としてイノベーションを推進する必要があると述べられています。この概念は、不確実性の低い中核事業と、不確実性の高い新規事業の両方をどうマネジメントするかという「両利きの経営」としてしばしば語られています。そのなかでもとくに、本書でも指摘されている「不確実性は高いが中核事業から離れすぎていない、中核事業の強みを活かした新規事業をどのように管理するか」が重要です。この点について詳しく解説していただけないでしょうか。

ロジャース　まったく同感です。伝統的企業にとって、従来と異なる機会や成長、イノベーションを実現するためには、「ガバナンスにおける柔軟性」が欠かせません。つまり、異なる経営モデルや仕組みを持つことです。私の経験や調査でわかったのは、「両利きモデル」は伝統的なモデルに改良を加えたものだということです。伝統的なモデルとは、旧来型の階層的なモデルということです。「両利きモデル」では、「中核事業とは異なる、不確実性も高い新しいことをやったらどうなるのだろう」と考えます。そうした場合、独立した部署にして、規則も別にしなければなりません。おっしゃる通り、よりフラットな組織で、よりアジャイルなやり方です。

しかし、これでは両極の中間に位置するものが欠けてしまいます。「3つの成長経路」を用いて説明しましょう。第1経路（P1）は伝統的な中核事業としての成長機会であり、不確実性は低いため、伝統的な経営アプローチが適用できます。第3経路（P3）は中核事業から遠いイノベーションで、大きな不確実性がありますが、分離可能であり、別のやり方で運営することができます。アマゾンが南アフリカでアマゾン ウェブ サービス（AWS）を始めたときのように、部署を別にして、どこかほかの場所に配置できるのです。

しかし今日、頻繁に目にするのは、デジタル時代の企業はP1、P3のどちらでもない方法で成長機会を追求する必要があることです。それが、第2経路（P2）です。いま中核事業の内部に成長機会があるとします。中核事業なので、分離はできませんし、地球の反対側で開始するわけにもいきません。でも不確実性は高いというものです。この種の変化には不確定要素が多く、「顧客は何を求めているのか」「適切な体験とは何か」「どの技術を使うべきか」「事業性はどうか」など、たくさんの疑問が出てきます。P2では、機敏なマネジメントと実験のプロセスが必要です。しかし中核事業の内部である以上、中核事業と分けることはできません。チームに対して「どこか離れたところで技術革新を行って、終わったら持ってきなさい」とはいえない。そのかわりとして、P2を選び、中核事業の組織と密に連携して管理する必要があるのです。

3つの経路のそれぞれに、適したガバナンスモデルが必要です。適したモデルで運営してこそ、成功の可能性があります。ここでよく当てはまる原則がいくつかあるので、追加で触れておきましょう。1つ目は、「意思決定は下の人にさせるべき」です。デジタル時代にイノベーションを成功させている企業を見ると、必要な意思決定は組織の下位の人間にさせようとしています。多くの伝統的企業の考え方とは逆ですね。上の人間は、常に「この決定は本当に自分がすべきだろうか」「もっと顧客や市場に近く、事業の知見があり、よりよい意思決定ができる人間がいないだろうか」と自問すべきなのです。

２つ目の原則は、「チームに自律的な権限を与えるべき」です。成長への道には、それぞれ独立性を持たせた機動的なチームを組まなければなりません。こうしたチームは小規模で、多様なスキルを持ちつつ、全員が同一部門の出身者ばかりで固めてはいけません。メンバー全員が同じ顧客の問題やビジネスの問題に集中する必要があり、そして自律していなければなりません。マイルストーンごとにチームの管理はしたとしても、マイルストーンの合間には、チームに大きな裁量を持たせなければならないので

図　不確実性、近似性、3つの成長経路

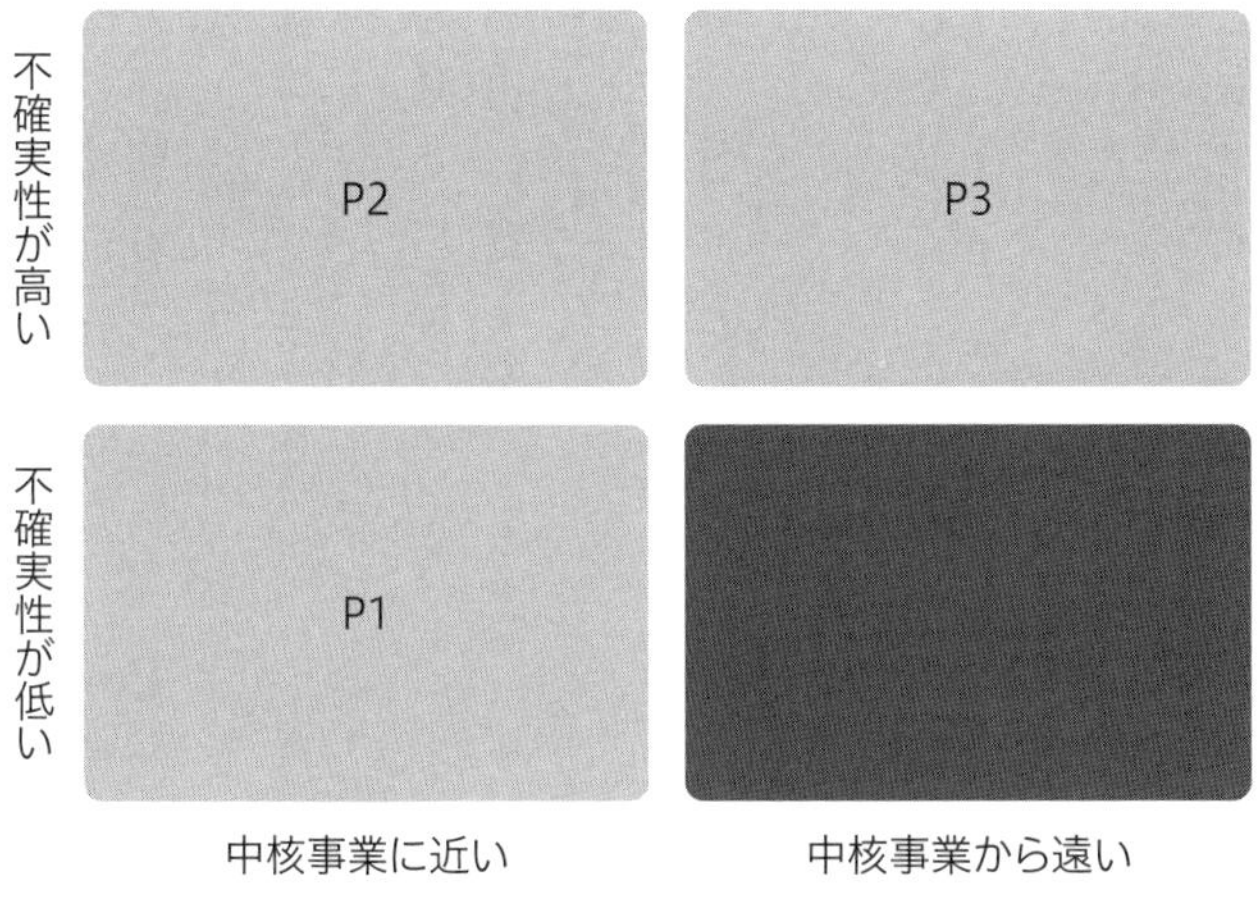

（注）「中核事業から遠い」＋「不確実性が低い」の第４象限は存在しない。なぜなら、中核事業から遠いイノベーションは、実行に大きな不確実性を伴うからである。

す。

3つ目の原則として、「チームには説明責任を持たせるべき」です。それが、チームに裁量を与える前提となります。自律性とは、達成すべき結果とどのように評価するのかについて、前もって合意することです。そうすることで初めて、何に対して責任を持てばよいかがわかるのです。

最後の原則は、「成長事業のポートフォリオをいかに管理するか」です。各チームは、新しい発想やイノベーションが価値を生むかを検証します。それらに対し、「よし、これは進める価値のあるアイデアだ」とゴーサインを出したあと、仕事を評価し、数値を見て、「さらに進めるべきか、やめるべきか」を決めるのです。こうした新規プロジェクトの中止は、迅速に行う必要があります。多くの企業が事業の中止に苦労していますが、試みるアイデアのほとんどはうまくいきません。中止の判断が難しいのなら、スピードダウンしましょう。うまくいきそうなものは加速させ、予算や人員を追加するのです。そうすると、本当にうまくいきそうな数少ないアイデアに対して、迅速に十分なリソースを与えられます。既存企業がその規模を活かして、新しいアイデアをスケールアップすることもできるのです。

これらの原則が、効果的なイノベーション・ガバナンスとして最も重要な要素といえるでしょう。

山口　私は不確実性が高く中核事業から遠い事業は、ベンチャー企業とうまく連携し、必要なときに取り込むのも有効な方法だと思います。それよりも重要で難しいのは、中核事業とシナジーを発揮するような不確実性の高い事業をいかに運営するかです。

本書では、イノベーションの種類により評価基準を変える必要性が示されています。新規事業の性質を理解しないまま、既存事業のやり方を踏襲するだけでは、結果は得られません。事業の性質に応じた

ＫＰＩを設定し、既存事業についてもデータにもとづき評価する必要があると思います。環境の変化が急速に進むなか、過去の経験にとらわれず、データドリブンのマネジメントの必要性が高まっていると考えます。

ステップ５——技術、人材、企業文化を育てる〔能力〕

山口　ステップ５「能力」に移りましょう。私たちは、ＤＸの成功に向けては、事業と技術の両方を理解し、顧客が抱える潜在的な問題を特定し、解決策を価値に変え、事業を成功に導く「リ・インベンション・リーダー」が必要だと考えています。本書では、ＤＸ推進において評価すべき従業員のスキルとして、技術的なスキルと非技術的なスキルの両方を強調しておられますが、私もまったく同感です。

さらに将来の構想を設計し実現するには、「ＨＹＰＥＲ」サイクルと呼んでいる仮説検証アプローチが大事だと考えています。これは仮説（Hypothesis）、計画（Plan）、試行（Experiment）、見直し（Review）から構成されるサイクルで、データから学ぶことで強化され、加速されるものです。本書では、ＤＸにおける企業文化変革の例として、「計画がすべて」という考え方から実験を重視する考え方への移行、経験を重視する考え方から「データドリブン型」への移行などを挙げています。この点にも共感します。

ＤＸを推進する際に求められる人材と企業文化について、お考えを聞かせていただけますか？

ロジャース　ロードマップの最後のステップでは、長期にわたって変革を続けるために必要となる３つの能力をまとめています。１つ目はもちろん「技術」です。とくに、モノリシック型からモジュラー型のテクノロジーアーキテクチャーへの変革が求められます。モジュラー型のアーキテクチャーのおかげで、素早く実験や仮説検証を行い、データを収集することができるのです。

2つ目の、より重要で難しい要素は「人材」です。さまざまな経歴の人材が必要です。「最新の技術スキルを持つ人材をどうやって雇用したらよいか」、そればかり話している企業がいます。「AIに詳しい人材が必要だ」「機械学習の専門家が必要だ」と。こうした人材は確かに必要かもしれませんが、技術と事業両方の知識を兼ね備えたリーダーが必要なのです。大企業以外での経験を持った人として、違う業界で働いたことがある人や、小さい企業で働いた経歴がある人、自分で起業した人もよいかもしれません。こうしたさまざまな経歴の人が集まることで、アジャイル開発やデザイン思考、リーンスタートアップなどの方法論に詳しい人が集ま

図　DXに求められる新しいマネジメント手法HYPER

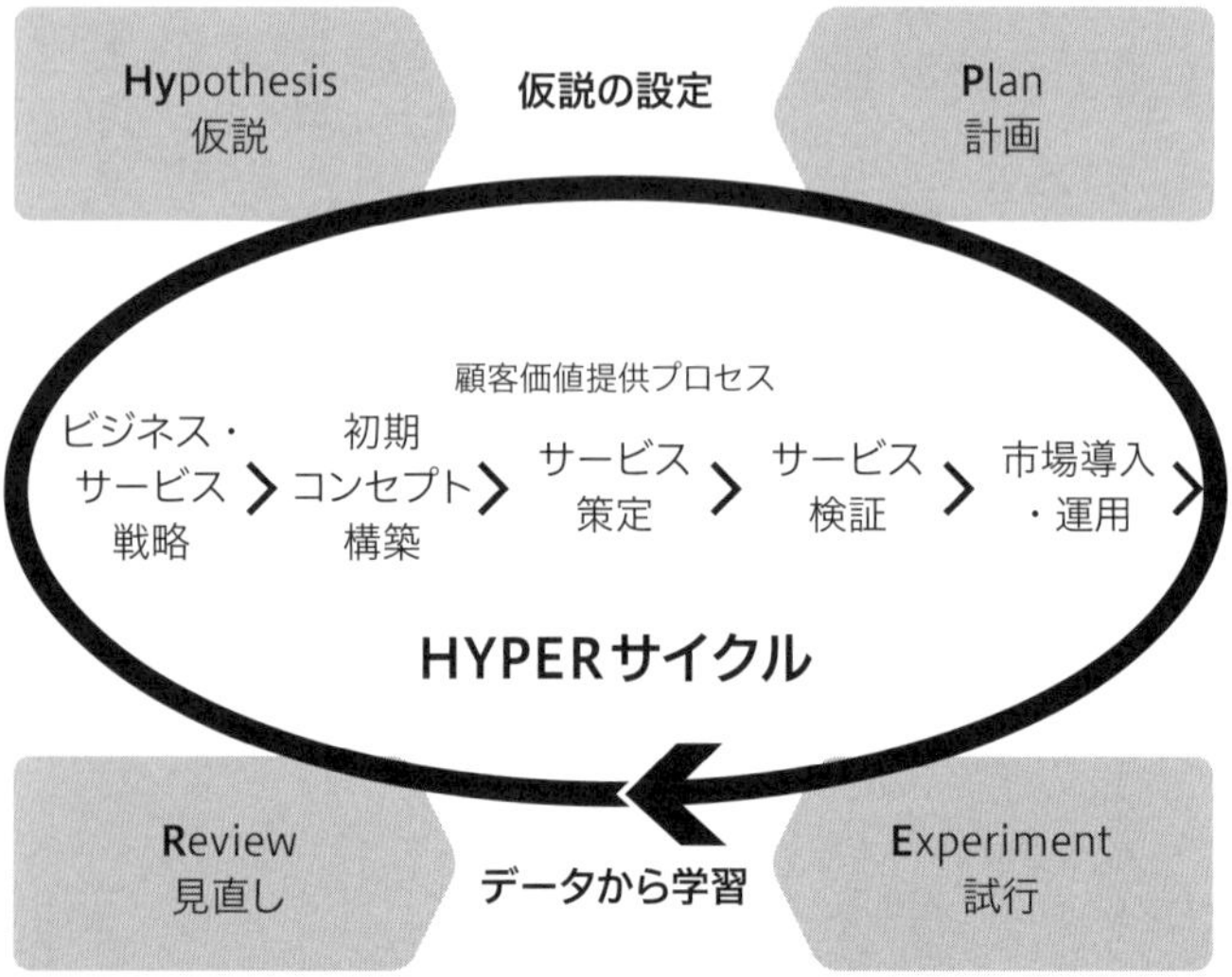

（出所）NTTデータ経営研究所作成

るかもしれません。大企業であれば、人材雇用だけでなく、より小さい事業の買収も選択肢となるでしょう。

一方で、多額の投資をして、たとえばＧＡＦＡから非常に有能な人材を雇用しても、長く居続けてくれないという企業もよく見かけます。人材を維持するためには、誰が、いつ、なぜ辞めるのかを理解する必要があり、これらはすべて関連しあっています。もちろん、必要な人材すべてを社内に置いておくことはできないので、他社と提携する必要もあるでしょう。ですから本書で述べた「人材ライフサイクル」のすべてが重要なのです。

最後に、最も大事な要素は「企業文化」です。従業員がデータにもとづいて意思決定できる文化が必要です。しかし、多くの企業はいまだにデータによる意思決定よりも、経験豊富な人びとや専門家による意思決定に慣れていることが多いのです。サイロ内だけではなく、異なる部門の異なる経歴の人たちとも協力しやすい企業文化が必要です。これまで通り、何でも慎重に計画して進めようとするのではなく、「よい考えがある、不確実性は高いが実験してみよう」という文化です。何でもトップダウンでリーダーが決めるのではなく、組織内のどのレベルの人にも、アイデアがあれば提起できる手段を与えたい。既存事業や企業の歴史よりも、「顧客のニーズは何か」「顧客はどのように変化しているのか」「私たちはいかにその変化をフォローすべきか」と、顧客を重視する文化です。こうした文化的変革が、絶対に必要なのです。

今日最も成功している企業は、指導者が文化の重要性を理解している企業であり、組織内の正しい文化を醸成するために時間を割いている企業です。そしてリーダーが、文化の変革の担い手となる必要があるのです。

山口　ありがとうございます。最後に、日本の読者のみなさんへアドバイスやメッセージをお願いできますか。

ロジャース　デジタル時代に起きている変化は、すべて非常に楽しみなチャンスだと、日本の読者のみなさんには考えていただきたいと思います。どの業界でも、どんな規模の企業でも同じです。

私は何年も前から、「小さい企業やスタートアップ企業だったら新しいことが試せたのに。大企業では本格的なイノベーションは無理だよ」という声を聞いています。そして、それが正しくないことを学びました。確かに、大企業は複雑で歴史も長いので、変わるのは難しいでしょう。でも私は、真剣に変革を推進し、迅速に動き、素晴らしいデジタルサービスやビジネスモデルを導入している多くの企業の幹部と、直接会って仕事をしています。これらの企業は、アジア、ラテンアメリカ、ヨーロッパ、アフリカ、北アメリカなどさまざまな地域にあり、業種も規模も文化もそれぞれ異なっています。

これこそが、世界のあらゆる地域で、あらゆる業界で、ほかの企業の成功例から学べるロードマップです。これらの教訓を心に刻み、自社に適用し、実現させられれば、真のＤＸを通じてビジネスに変化をもたらし、大きな価値創造をもたらすことができます。このことをぜひ知っていただきたいのです。

この対談の内容は、ＮＴＴデータ経営研究所のウェブサイトから参照できる

●訳者あとがき

『The Digital Transformation Roadmap』の日本語化を終えて

デビッド・ロジャース教授にとって前著『The Digital Transformation Playbook』が発刊された2016年からおよそ7年ぶりとなる新著『The Digital Transformation Roadmap』が、2023年に満を持して世に送り出されました。このDXの実践論の集大成を英語版刊行から短期間で日本語でご提供することができ、たいへん光栄と思うとともに、日本の企業のみなさまにわかりやすく、かつDX推進の改善に明日から活用いただけるよう腐心してきました。本書をお読みいただき、読者の方々の明日からの行動変革のきっかけになるとともに、所属部門や組織全体のDX推進の改善にヒントやアイデアを得ていただくことができましたら、私どもとしましても望外の喜びです。

NTTデータ経営研究所およびNTTデータグループは、日本企業、とくに日本経済を牽引してきた伝統的な大企業における、関係部署を巻き込めずにDX推進に苦慮していたり、技術やツールの議論に陥りがちで本質的な企業変革や新規ビジネス開発になかなか結びつかないといった悩みに対し、何かしらのヒントや情報提供ができないかと考え、2023年から、欧米の著名な大学・研究機関で活躍されている第一線のDX研究者と連携し、最新の理論やケースを日本にお届けする取組みを進めています。

これまで、スタンフォード大学ロバート・E・シーゲル講師の『デジタル変革を成功に導く5つの脳力5つの筋力』、IMDモハン・スブラマニアム教授の『デジタル競争戦略』(以上、ダイヤモンド社)、オックスフォード大学ジョナサン・トレバー教授（当時准教授）の『リアライン』（東洋経済新報社）の翻訳を行ってきました。

ＤＸの本質を読み解き、「新たな気づき」を得ていただくことで、日本企業のさらなる成長へのインプットとしていただくことを私どもとしては期待しており、本書の「訳者まえがき」やロジャース教授の「日本語版に寄せて」にもありますように、２０２２年夏頃より、ロジャース教授と議論を重ね、新著を刊行前から拝読し、どのような形で日本のみなさまにお届けするのがよいか議論を重ねてきました。

これまで翻訳してきた書籍とは異なり、本書はロジャース教授が述べている通り、きわめて実践論に特化しており、ＤＸを通して新規ビジネスをどのように企画・推進するのか、それを成功に導くために組織やガバナンスをどのように変革していくのかまでの道しるべ（ロードマップ）がまとめられています。最新のフレームワークやケーススタディも重要ですが、日本人および日本企業は常に実践を重んじていることから、トップダウンだけではなく、ボトムアップないしはカスケードアップでＤＸを推し進めていくべきという彼の主張は、日本の経営者やリーダーのみなさまに共感と納得感を持って受け止めていただくとともに、明日からの行動変革に直結するのではないかと考え、本書の日本語版の刊行を判断しました。

本書の軸をなしているＤＸロードマップの５つのステップの読み取り方は、置かれた立場やＤＸ推進の成熟度によってまちまちかと思います。私自身の個人的な見解としては、最も秀逸なポイントは、「ステップ１――共有ビジョンを定義する（ビジョン）」と「ステップ３――新規事業を検証する（実験）」ではないかと捉えています。日本企業が得意とするボトムアップマネジメントやミドルアップダウンマネジメントを行ううえで、このステップ1とステップ3に取り組むことにより、変革をより積極的かつ全社を巻き込みながら進められるようになるのではないかとの仮説を持っています。

共有ビジョンを定義し、共有するプロセスにおいて、ロジャース教授はさまざまなツールやフレームワークを提案しながら、ビジョンを社長や経営企画部が作成し壁に掲げるものではなく、全社員が自分たちが作り上げたものだと腹落ちするようにいかに持ち込むかについて、実践的に詳述されています。日本企業は元来現場重視の志向が強いので、けっして難しいことではないはずですが、組織のサイロ化、経営層やスタッフ部門と現場部門との乖離がビジョンの共有化を妨げているはずであり、彼の考えを取り込んでいくことで、方向感（「北極星インパクト」）を全社員で合わせていくことができるようになると信じています。

新規事業の検証のステップにおいても、日本企業が学び取るべき点が多々あると感じております。新規事業の推進の是非は、どうしても上級幹部の意向を忖度する傾向にあるとともに、そうして選ばれた少数の新規事業を担当者はなんとしても世の中に出すべく推進する傾向が強いかと思います。本書は、検証すべき指標を明確にし、データをもって次のステージに上げるかどうか判断するとともに、新規事業の仮説を顧客の声を聞きながら柔軟に軌道修正していくべきという、新規事業の検証プロセスの再構築を促しているだけでなく、その背景にあるマインドセットの変革が必要であることも呼びかけている点が重要です。このマインドセットそのものが、ステップ1により形成されるのであり、ステップ1なしにステップ3の検証プロセスのルール化や改善をしただけではけっして円滑に回らないであろうことは、本書を最後まで読んでいただいた読者のみなさまには容易にご理解いただけると思います。

本書は、本編部分はＮＴＴデータ経営研究所の精鋭の中堅コンサルタントも参画して、訳文の精査および日本の読者に理解していただきやすくなるよう、訳注などの検討を進めました。本書の論点やロジャース教授の背景にある思いを引き出し、より生の声としてお伝えするための弊社代表取締役社長山口重樹との対談にあたっては、ＮＴＴデータグループのビジネスコンサルティング会社であるクニエのコンサルタントの方々に主に編集作業に協力いただきました。ロジャース教授の５つのステップを具体的に理解しやすく、自社の取組みに落とし込んでいただくイメージをクリアに持っていただくために、ＡＮＡホールディングス様、ＴＢＳホールディングス様に多大なるご協力をいただき、両社の数年にわたるＤＸの取組みをまとめさせていただきました。この場を借りてお礼申し上げます。また本書を完成に導くために、総合的な見地からの助言、東洋経済新報社との調整・交渉、社内外の関係部署との調整において、ＮＴＴデータ経営研究所代表取締役常務　浦野大、同社グローバルビジネス推進センター　佐々木元也、安井莉恵の多大なる貢献があったことも付記したいと思います。最後に、東洋経済新報社の齋藤宏軌氏には、アメリカの出版社との調整や日本語版刊行にあたってのさまざまなアドバイスをいただきました。お礼を申し上げます。

＊　＊　＊

日本企業の経営者、リーダー層、担当者のみなさまにとって、本書が、今後のＤＸ推進や、それにともなう組織変革推進を加速させ、近い将来、日本企業がＤＸにおいて世界をリードする立場となる一助になることを期待しております。

株式会社ＮＴＴデータ経営研究所
取締役　グローバルビジネス推進センター長
石塚昭浩

自己評価：あなたの組織はDXに対応できるか？

この評価ツールは、絶え間なく変化するデジタル時代に適応し成長しようとする組織の強みと弱みを特定するように設計されている。

●評価の対象者
誰がどのように回答したかわからないようにし、多くのマネージャーや経営幹部が、この評価ツールに記入することを推奨する。

●評価の実施方法
各設問は、対照的な2つの文が提示されている。それぞれを読み、自社の現状を振り返る。1〜7の指標で、自社がどちらに近いかを選ぶ。「1」は左側、「7」は右側の記述と完全に一致していることを表す。

●評価の採点方法
1〜3点：組織内の現在の弱みを反映しており、DX推進において課題となる領域。4〜7点：組織内の強みを示しており、ＤＸ推進を促進する土台となる領域。

従業員の回答を集計する際は、各設問のスコアの平均だけでなく、スコアの幅や各スコアの出現頻度も把握すること。バラつきのある回答（たとえば、1～2点が多い回答と6～7点が多い回答が両方ある）から、最も有意義な洞察が得られるだろう。

●ディスカッションと洞察：

数値回答を集計したレポートを作成後、評価ツールの回答者と会議を開く。第三者のモデレーターにスコアをレビューしてもらい、回答者がなぜそう答えたのかについての議論をリードしてもらうとよいだろう。このガイド付きディスカッションによって、経営陣が意識していないかもしれない、組織が直面する重要な課題が明らかになるはずだ。この評価ツールからの洞察により、ＤＸロードマップの実施に向けた独自の取組みに集中できるだろう。

変革はビジネスニーズと切り離されており、時間の経過とともに支持を失っている。	1234567	変革はビジネスニーズと密接に結びついており、時間の経過とともに支持が広がっている。
実験（ステップ3）		
イノベーションへのアプローチは、少数の優れたアイデアを生み出すことに焦点を当てている。	1234567	イノベーションへのアプローチは、多くのアイデアをテストし、何が最も有効かを学ぶことに焦点を当てている。
重要な意思決定は、ビジネスケース、外部データ、専門家の意見にもとづいて行われている。	1234567	重要な意思決定は、実験と顧客からの学びにもとづいて行われている。
チームはプロジェクト開始後、ソリューションを完成させることにコミットしている。	1234567	プロジェクト内でチームは問題に焦点を当てながらも、ソリューションには柔軟に対応する。
失敗はコストが高くつくと考えられており、リスクを取ることに対して慎重である。	1234567	失敗コストが抑えられており、リスクを取る意識を維持している。
よいアイデアがあっても動きが遅く、ビジネスへの影響は限定的である。	1234567	よいアイデアは急速に拡大し、大きなビジネス価値を生み出す。
ガバナンス（ステップ4）		
上級幹部が個人的に認めなければ、新しいイノベーションは起きない。	1234567	イノベーションのためのリソースとガバナンスを提供する仕組みが確立されている。
新規事業はなかなか進まず、従来型のチームが機能別サイロ内で主導している。	1234567	新規事業は迅速に進められ、高度に独立した多機能型チームが主導している。
年間予算サイクルにより、新規事業へのリソース配分が遅くなる。	1234567	反復的な資金提供を通じて、迅速にリソース配分が行われる。

ビジョン（ステップ1）		
従業員は変化を恐れており、会社の方向性は明確でない。	1234567	従業員は組織のあらゆる階層で会社のデジタル戦略を理解し、推進している。
デジタル投資に対する投資家、CFO、P&L責任者の支持が弱い。	1234567	デジタル投資に対する投資家、CFO、P&L責任者の支持が強い。
デジタル施策は一般的で、他社の模倣が多い。	1234567	デジタル施策は競争優位性のある分野のみ投資している。
一般的なデジタル成熟度指標を取組みの指針としている。	1234567	デジタル化の取組みの事業への影響が明確に定義されており、成果を測定・追跡するための指標がある。
市場に追随し、他社の動きに反応し、新規参入企業の動きに驚かされている。	1234567	市場をリードし、重要なトレンドが到来する前に対応策を決定する。
優先順位（ステップ2）		
DXは明確な方向性を持たないバラバラなプロジェクトの集まりとなっている。	1234567	明確な優先順位により、組織全体を通してDXの方向性が明確である。
デジタル化の取組みは、使用する技術によって定義されている。	1234567	デジタル化の取組みは、解決すべき問題と追求すべき機会によって定義されている。
デジタル化の取組みは、運用、コスト削減、既存事業の最適化だけに焦点を当てている。	1234567	デジタル化の取組みは、既存事業の改善だけでなく、将来の成長にも焦点を当てている。
組織内の少人数がデジタルを推進し、ほかの従業員は従来の働き方に固執している。	1234567	各部門が独自のデジタル新規事業を進めており、試すべきアイデアが豊富にある。

イノベーションは少数の大型プロジェクトに限定されており、開始後中止するのが難しい。	1234567	安定したイノベーションパイプラインがあり、効率的な事業停止によりリソースを解放している。
中核事業内の低リスクなイノベーションのみが支援を受ける。	1234567	ガバナンスモデルは、不確実性の高い新規事業も低い新規事業も、中核事業の内外を問わず、支援している。
能力（ステップ5）		
柔軟性のないITシステムによりサイロ化が助長され、連携を制限している。	1234567	モジュール式ITシステムは組織全体に統合され、外部パートナーとの提携も容易に行える。
データは一貫性がなく不完全で、マネージャーはリアルタイムにアクセスできない。	1234567	データは会社全体のマネージャーにとって信頼できる唯一の情報源になっている。
中央集権型のITガバナンスが、新規プロジェクトのボトルネックになっている。	1234567	ITガバナンスは監督的な役割を担いつつも、イノベーションは事業部門が推進している。
社内にはデジタルスキルが欠如しており、デジタルプロジェクトは外注せざるをえない。	1234567	社内の従業員がデジタルソリューションを構築し、反復しながら改善することができる。
トップダウン式の企業文化と官僚主義により従業員が抑えつけられ、不信感や無気力を増殖させている。	1234567	企業文化とプロセスにより、従業員にボトムアップの変化を推進する権限を与えている。

●DX戦略立案書とDXロードマップの視覚的概要

図A-1　DX戦略立案書の概要

戦略領域	戦略的テーマ	主となる概念
顧客	顧客ネットワークを活用する	•消費者行動ファネルの再構築 •購入までの道筋 •顧客ネットワークにおけるコア行動
競争	製品だけでなくプラットフォームを構築する	•プラットフォームによるビジネスモデル •直接的（間接的）ネットワーク効果 •仲介機能（中抜き） •競争力のある価値連結
データ	データを資産に変える	•データの価値の類型 •ビッグデータの原動力 •データにもとづく意思決定
革新	スピーディーな実験でイノベーションを起こす	•分散型（探索型）実験 •収斂型（検証型）実験 •実用最小限の機能を盛り込んだプロトタイプ •事業規模拡大に向けた道筋
価値	価値提案を時代に適応させる	•市場価値という概念 •衰退市場からの撤退 •価値提案の進化のステップ

図A-2　DXロードマップの概要

DXロードマップのステップ		主となる概念
ビジョン	①共有ビジョンを定義する	•未来の風景 •成功する権利 •北極星インパクト •ビジネス理論
優先順位	②最も重要な問題を選択する	•問題／機会ステートメント •問題／機会マトリクス •新規事業一覧（ベンチャーバックログ）
実験	③新規事業を検証する	•検証の４段階 •ロジャースの成長ナビゲーター •例示MVPと機能MVP
ガバナンス	④規模拡大を管理する	•チームとボード •反復的資金提供プロセス •成長への３つの道 •企業内イノベーションスタック
能力	⑤技術、人材、企業文化を育てる	•技術／人材マップ •モジュール構造 •組織文化醸成マップ

●著者紹介

デビッド・ロジャースはＤＸの世界的第一人者である。コロンビア・ビジネススクールの教授陣の一員であり、これまでの著書は4冊に上る。その画期的な内容でベストセラーとなった『ＤＸ戦略立案書』（白桃書房、２０２１年）は、デジタル変革に関する最初の本であり、このテーマが世間によく知られるきっかけとなった。ロジャースは、ＤＸとは技術ではなく、戦略、リーダーシップ、そして思考にまつわる分野であるとの視点から切り込んだ。同書の続編となる『THE DIGITAL TRANSFORMATION ROADMAP（デジタル・トランスフォーメーション・ロードマップ）』では、ＤＸの成功を阻む最大の障壁に取り組み、あらゆる組織を継続的なＤＸに向けて再構築するための青写真を提示している。

ロジャースは、グーグル、マイクロソフト、シティグループ、Visa、ＨＳＢＣ、ユニリーバ、Ｐ＆Ｇ、メルク、ＧＥ、トヨタ、カルティエ、ペルノ・リカール、中国東方航空、ＮＣバンク・サウジアラビア、アキュイティ・インシュランスといった企業のシニアリーダーと協力し、世界中の企業におけるデジタル時代に向けたビジネス変革を支援してきた。

世界6大陸で定期的に基調講演を行っており、ＣＮＮ、ABC News、ＣＮＢＣ、Channel News Asia、ニューヨーク・タイムズ、フィナンシャル・タイムズ、ウォール・ストリート・ジャーナル、エコノミストなどへの出演および記事の寄稿をしている。

コロンビア・ビジネススクールでは、デジタルビジネス戦略およびデジタル変革指導のエグゼクティブ教育プログラムでディレクターを務めている。ニューヨーク、シリコンバレー、オンラインなどで、2万5000人以上のエグゼクティブを指導してきたロジャースの最近の研究テーマは、新たなビジネスモデル、実験によるイノベーション、成長に向けたガバナンス、DXにおいて変化を阻む障壁などである。

デビッドの新しいツールやコンテンツについては、www.davidrogers.digitalを参照いただきたい。

●訳者紹介

ＮＴＴデータ・コンサルティング・イニシアティブ

ＮＴＴデータグループでコンサルティング業務を行う、株式会社ＮＴＴデータ内の組織、株式会社ＮＴＴデータ経営研究所、株式会社クニエ、株式会社ＮＴＴデータ数理システムの４社の事業連携。フォーサイト起点の社会イノベーションを共通コンセプトとし、政府機関を中心とした公共分野から、金融、小売、製造、サービスなどの幅広い業界に対しコンサルティングを行っている。将来のあるべき姿の研究から、政策提言、コンソーシアム運営、企業の戦略立案、業務改革支援など、さまざまな社会課題や経営課題の解決に向け２５００名を超える各領域のプロフェッショナルが、専門性とノウハウを結集しながらコンサルティングサービスを提供している。編著書に『フォーサイト起点の社会イノベーション』（日本経済新聞出版、２０２４年）がある。

●訳者一覧

山口重樹（やまぐち・しげき）
株式会社NTTデータグループ 顧問、株式会社NTTデータ経営研究所 代表取締役社長、株式会社クニエ 代表取締役社長

NTTデータで企業向け、政府自治体向けシステムの企画・設計・開発およびマネジメントに従事。ペイメントビジネス、中国APACビジネスにも従事する。テクノロジー・データ・デザインを掛け合わせたデジタル変革事業拡大、コンサルティング力の強化などの責任者も務める。著書に『デジタルエコノミーと経営の未来』（共著、東洋経済新報社、2019年）、『信頼とデジタル』（共著、ダイヤモンド社、2020年）、『デジタル変革と学習する組織』（ダイヤモンド社、2021年）がある。

石塚昭浩（いしづか・あきひろ）
株式会社NTTデータ経営研究所 取締役 グローバルビジネス推進センター長

金融・決済領域の事業立ち上げ、事業運営などに長年従事。国内外のM&A、事業再編、組織再構築などのプロジェクトを多数リード。直近では、APAC地域のリテールペイメント事業、DX事業の責任者を経て、コンサルティング事業のグローバル化の推進を行っている。

佐々木元也（ささき・げんや）
株式会社NTTデータ経営研究所 グローバルビジネス推進センター シニアインフォメーションリサーチャー
ＮＴＴデータグループのコンサルティングにおける知見を、広く伝える活動に従事。『フォーサイト起点の社会イノベーション』などの編集作業に携わる。

佐々木俊哉（ささき・としや）
株式会社NTTデータ経営研究所 ビジネストランスフォーメーションユニット シニアコンサルタント
民間企業向け事業戦略策定、サービス開発、組織開発、人事制度策定に関わるプロジェクトに多数従事。その他、民間企業、官公庁向けに技術調査、実証実験の推進支援などにも従事する。

大西　翔（おおにし・しょう）
株式会社NTTデータ経営研究所 ビジネストランスフォーメーションユニット コンサルタント
民間企業向けに新規事業開発支援を行うほか、公共団体向けに最先端テクノロジーの実装支援を行う。サステナブルなデジタル社会形成を目指す国際コンソーシアムの設立にも従事する。

渡部嵩大（わたなべ・たかひろ）
株式会社クニエ NewBizチーム マネージャー
戦略立案から実行まで、企業の新規事業創出を支援している。ＡＩ、自動運転、ドローン、ロボット、サブスクなどの先進領域や新業界への参入、大手企業間の協業、バックキャストによる事業創出など、業界横断で多岐にわたるテーマのプロジェクトを担当。著書に『なぜ9%のサブスクしか成功しないのか』（共著、日経BP、2021年）がある。

小関 藍（おぜき・あい）
株式会社クニエ NewBizチーム コンサルタント

通信インフラ・AI・交通・金融Fintechなどのテーマにおいて、新規事業企画・事業戦略の策定からローンチ後の事業拡大など、一貫した実行支援を担当している。

〈翻訳協力〉

佐々木聡子（ささき・さとこ）
株式会社クニエ 経営管理本部 担当部長

●本書に寄せられた推薦の言葉

「デビッド・ロジャース氏の研究は、アキュイティ・インシュランス社が取り組むＤＸに影響を与え、その効果の実証にも役立った。挑戦的ながらも実用性を重んじる筆者からは、ライバル企業を分析して差をつけるための新しい方法を学ぶことができる。彼の知見やアドバイスの影響力は、いまでもアキュイティ社のデジタルジャーニーにおいて健在だ」

——メリッサ・ウィンター（アキュイティ・インシュランス社長）、ベン・サルツマン（同社ＣＥＯ）

「急速な進化を遂げるデジタルの世界で成功を収めたいリーダーの必読書。ロジャース氏が案内するＤＸの旅に出発し、絶え間ない技術変化のなかで成功を収めるためのツールを手に入れよう」

——サミ・ハサニエ（ＡＡＲＰ最高デジタル責任者）

「ロジャース氏は、戦略と戦術を効果的に組み合わせ、大企業がスマートかつ迅速にデジタル世界へ移行できるよう導いてくれる。実社会の教訓や実践的なツールを網羅した本書は、どんな企業でもスタートアップ企業のように俊敏に動くために不可欠なロードマップだ」

——ボブ・ドーフ（『スタートアップ・マニュアル』の共著者、生涯起業家）

「ＤＸが失敗するのは、たいてい変革を推し進めるリーダーたちが旧体質をよしとする組織的・人的な問題を解決しようとしなかったことに原因がある。名著といえる本書で知識を身につければ、本質をしっかりと理解して変革の世界に足を踏み入れることができるはずだ。きっと、まだ見ぬ未知の世界を旅する道しるべとなるだろう」

——リタ・マグレイス（コロンビア・ビジネススクール教授、『ディスカバリー・ドリブン戦略』著者）

「10年以上にわたるＤＸの結果、われわれが学んだことは、組織の壁を取り払い、人材やプロセス、評価指標のバランスを取れば、ビジネス価値の創出という戦いに勝てることだ。本書では、変革を成功へと導くうえで、その可能性を最大限に高めるためのロジャース氏の鋭い洞察力が光る」

——ディディエ・ボネ（ＩＭＤビジネススクール教授（戦略・デジタル変革）、『デジタル・シフト戦略』『ハッキング・デジタル』の共著者）

「数十年前からＤＸは存在していたが、現在は加速の一途をたどっている。本書が取り上げる継続的変化のアプローチこそが、組織が長年にわたり存続できる唯一の方法である。『デジタル化』か『廃業』かなのだ」

——トーマス・Ｈ・ダベンポート（バブソン大学情報技術・経営学）

Beyond Strategy to Purpose," *Harvard Business Review* 72, no. 6 (November-December 1994):79-88, https://hbr.org/1994/11/beyond-strategy-to-purpose.

4. Jeff Bezos, "2013 Letter to Shareholders," 2014, https://ir.aboutamazon.com/files/doc_financials/annual/2013-Letter-to-Shareholders.pdf.
5. Lucy Kueng, "Why Media Companies Need to Stop Focusing on Content," pre- sentation at the INMA World Conference of Media, Washington, DC, May 17, 2018.
6. Jeff Bezos, "2016 Letter to Amazon Shareholders," 2017, https://ir.aboutamazon.com/files/doc_financials/annual/2016-Letter-to-Shareholders.pdf.
7. この言葉はジョージ・バーナード・ショーの言葉とされているが、証拠はない。最も古いものとして知られているソースはビジネス文書である："The Biggest Problem in Communication Is the Illusion That It Has Taken Place," *Quote Investigator*, November 3, 2018, https://quoteinvestigator.com/2014/08/31/illusion/.
8. Alan Deutschman, *Walk the Walk:The #1 Rule for Real Leaders* (London: Portfolio, 2011), 158.ウェンディ・コップの言葉を言い換えている可能性も考えられる。
9. "Netflix Culture—Seeking Excellence," *Netflix*, accessed June 17, 2023, https://jobs.netflix.com/culture. https://jobs.netflix.com/culture.この引用の出典は完全には明らかになっておらず、言い換えの可能性も考えられる。"Teach Them to Yearn for the Vast and Endless Sea," *Quote Investigator*, August 25, 2015, https://quoteinvestigator.com/2015/08/25/sea/を参照のこと。
10. 最初に定式化されたのは1970年発行の以下のエッセイである。Robert K. Greenleaf, "The Servant as Leader," *Greenleaf Organization* (Cambridge, MA:Center for Applied Studies, 1970). ヘルマン・ヘッセの1932年の小説『東方巡礼』に着想を得ている。グリーンリーフは1977年の著書でその考え方を発展させている。Robert Greenleaf, *Servant Leadership* (Mahwah, NJ:Paulist Press, 1977)を参照のこと。

39. Krzysztof Majdan and Michael Wasowski, "We Sat Down with Microsoft's CEO to Discuss the Past, Present and Future of the Company," *Business Insider*, April 20, 2017, https://www.businessinsider.com/satya-nadella-microsoft-ceo-qa-2017-4. サティア・ナデラは、以下において、同じ話をマイクロソフトの「創造神話」と呼んでいる。Tim O'Reilly, "We Must Find a Grand Purpose for AI," *LinkedIn*, September 11, 2018, https://www.linkedin.com/pulse/conversation-satya-nadella-his-new-book-hit-refresh-tim-o-reilly/.
40. Minda Zetlin, "This Video Is How Microsoft CEO Satya Nadella Introduced Himself to an Audience of 17,000 and It Was Perfect," *Inc.*, March 30, 2019, https://www.inc.com/minda-zetlin/satya-nadella-microsoft-xbox-adaptive-controller-super-bowl-video-disabled-gamers-owen-sirmons.html.
41. Lucy Kueng."Why Media Companies Need to Stop Focusing on Content," presentation at the INMA World Conference of Media, Washington, DC, May 17, 2018.
42. Robin D. Schatz, "How Blinds.com Searched Its Soul—and Found Home Depot," *Inc.*, May 2014, https://www.inc.com/magazine/201405/robin-schatz/how-blinds-com-acquired-by-home-depot.html.
43. Greylock, "Culture Is How You Act When No One Is Looking," *Medium*, June 1, 2017, https://news.greylock.com/culture-is-how-you-act-when-no-one-is-looking-f29d5dd16ecb.
44. Steven Kerr, "On the Folly of Rewarding A, While Hoping for B," *Academy of Management Journal* 18, no. 4 (1975):769-83.1995年、著者によって更新 :Steven Kerr, "On the Folly of Rewarding A, While Hoping for B," *Academy of Management Executive* 9, no. 1 (1995):7-14, https://www.ou.edu/russell/UGcomp/Kerr.pdf.
45. Ryan Felton, "Tesla Switching to 24/7 Shifts to Push for 6,000 Model 3s per Week by June, Elon Musk Says," *Jalopnik*, April 17, 2018, https://jalopnik.com/tesla-switching-to-24-7-shifts-to-push-for-6-000-model-1825335216.
46. "Netflix Culture—Seeking Excellence."
47. Jeffrey P. Bezos, "1997 Letter to Shareholders," 1998, https://s2.q4cdn.com/299287126/files/doc_financials/annual/Shareholderletter97.pdf.
48. 1人の役員のみが承認をするというこのプロセスは、アマゾンの北米消費者担当上級副社長、ダグ・ヘリントンがプリンストン大学のケラー・センターで講演を行った際に紹介された。"Ten Rules of Innovating at Amazon," *Keller Center at Princeton University*, January 18, 2018, https://kellercenter.princeton.edu/stories/ten-rules-innovating-amazonを参照のこと。

結論

1. Stanley A. McChrystal, David Silverman, Tantum Collins, and Chris Fussell, *Team of Teams* (London:Portfolio Penguin, 2015).
2. "Netflix Culture—Seeking Excellence," *Netflix*, accessed January 5, 2023, https://jobs.netflix.com/culture.
3. C. A. Bartlett and S. Ghoshal, "Changing the Role of Top Management:

24. Liad Agmon, "Dynamic Yield Joins the McDonald's Family," *Dynamic Yield*, accessed February 7, 2023, https://www.dynamicyield.com/blog/dynamic-yield-joins-mcdonalds/.
25. マッキンゼーが2,000件のM&A取引を調査したところ、10億ドル以上のデジタル企業の「アンカー買収」からスタートした非デジタル企業は、複数の小規模なデジタル企業買収からスタートした非デジタル企業に比べ、株主への総リターンが5倍高いことがわかった。Aboagye, Mukkavilli, and Schneider, "Four Myths About Building a Software Business."を参照のこと。
26. Daniel Pink, *Drive:The Surprising Truth about What Motivates Us* (New York:Riverhead Books, 2013).
27. Satya Nadella, 2015 Microsoft shareholder meeting, https://www.youtube.com/watch?v=TDYAGKHFIjM.
28. Ann Rhoades, in *Built on Values:Creating an Enviable Culture That Outperforms the Competition* (San Francisco:Jossey-Bass, 2011), 19.企業文化を行動規範の観点から考えているのはケレハーだけではない。リーダーシップ学者のジョン・コッターは、企業文化を「集団の行動規範と、その規範を維持するための根底にある共有価値」と定義している。John Kotter, "The Key to Changing Organizational Culture," *Forbes*, September 27, 2012, https://www.forbes.com/sites/johnkotter/2012/09/27/the-key-to-changing-organizational-culture/を参照のこと。
29. Ben Horowitz, *What You Do Is Who You Are:How to Create Your Business Culture* (New York:HarperBusiness, 2019), 2-3.
30. "Creating a Culture of Innovation," *Google*, accessed April 15, 2020, https://gsuite.google.co.in/intl/en_in/learn-more/creating_a_culture_of_innovation.html.
31. "Ten Things We Know to Be True," *Google*, accessed January 5, 2023, https://about.google/philosophy/.
32. Pauline Meyer, "Tesla Inc.'s Organizational Culture & Its Characteristics (Analysis)," *Panmore Institute*, February 22, 2019, http://panmore.com/tesla-motors-inc-organizational-culture-characteristics-analysis.
33. "Southwest Careers," *Southwest Airline*, accessed April 10, 2020, https://careers.southwestair.com/culture.
34. "Leadership Principles," *Amazon Jobs*, accessed January 5, 2023, https://www.amazon.jobs/content/en/our-workplace/leadership-principles.
35. Samir Lakhani, "Things I Liked About Amazon," *Medium*, August 28, 2017,https://medium.com/@samirlakhani/things-i-liked-about-amazon-4495ef06fbda.
36. Reed Hastings, "Freedom & Responsibility Culture (Version 1)," *Slideshare*, June 30, 2011,https://www.slideshare.net/reed2001/culture-2009.
37. "Netflix Culture—Seeking Excellence," *Netflix*, accessed January 5, 2023, https://jobs.netflix.com/culture.
38. Michael Lewis, "How Two Trailblazing Psychologists Turned the World of Decision Science Upside Down," *Vanity Fair*, November 14, 2016, https://www.vanityfair.com/news/2016/11/decision-science-daniel-kahneman-amos-tversky.

oopsla92.html. スマートシンキングには以下が含まれる。Martin Fowler, "TechnicalDebt," May 21, 2019, https://martinfowler.com/bliki/TechnicalDebt.html.

11. Werner Vogels, "Modern Applications at AWS," *All Things Distributed*, August 28, 2019, https://www.allthingsdistributed.com/2019/08/modern-applications-at-aws.html.
12. ベゾスがアプリケーション・プログラミング・インターフェース（API）の義務づけを宣言した2002年のメモは、伝説として大切にされているが、現存する写しや録音はいっさい存在しない。アマゾン内部関係者のスティーブ・イェッゲが2011年にソーシャルメディアで行った投稿では、「このような内容だった」と元のメモの言い換えを試みたのだが、イェッゲ自身の表現がその後、元のメモそのものとしてほかの人びとによって繰り返されている。イェッゲの投稿は、いまはなきGoogle+に掲載されていたが、いまでは下記にアーカイブされている：Steve Yegge, *Google Plus*, October 11, 2011, https://gist.github.com/chitchcock/1281611.
13. Vogels, "Modern Applications at AWS."
14. 以下のアカウントでは、ネットフリックスの変遷が起こった時期を2009年から2011年としている。shriram- venugopal, "The Story of Netflix and Microservices," *Geeks for Geeks*, May 17, 2020, https://www.geeksforgeeks.org/the-story-of-netflix-and-microservices/.
15. Joshua Benton, "The Leaked New York Times Innovation Report Is One of the Key Documents of This Media Age," *Nieman Lab*, May 15, 2014, https://www.niemanlab.org/2014/05/the-leaked-new-york-times-innovation-report-is-one-of-the-key-documents-of-this-media-age/.
16. 大企業の場合、第三の選択肢は、必要な能力を備えた企業を買収することとなる。そのため「自社開発か購入か、もしくはパートナーか」という選択を耳にすることがある。「購入」は企業の買収、「パートナー」は外部のパートナーからのサービスや部品、技術の購入を意味する。
17. Lawson, *Ask Your Developer*, 4.
18. Angus Loten, "PepsiCo Bottles Tech Collaboration Effort into New Digital Hubs," *Wall Street Journal*, October 28, 2021, https://www.wsj.com/articles/pepsico-bottles-tech-collaboration-effort-into-new-digital-hubs-11635457546.
19. Boston, "How Volkswagen's $50 Billion Plan to Beat Tesla Short-Circuited."
20. Franklin Foer, "Jeff Bezos's Master Plan," *The Atlantic*, November 2019, https://www.theatlantic.com/magazine/archive/2019/11/what-jeff-bezos-wants/598363/.
21. 「T字型」人間という考え方は、1980年代にマッキンゼーがコンサルタントのために提唱したもので、その後、アジャイルソフトウェア開発やIDEOのようなデザイン思考企業でも取り入れられるようになった。
22. Benton, "The Leaked *New York Times Innovation Report* Is One of the Key Documents."
23. Aaron Aboagye, Ani Mukkavilli, and Jeremy Schneider, "Four Myths About Building a Software Business," *McKinsey & Company*, April 30, 2021, https://www.mckinsey.com/capabilities/mckinsey-digital/our-insights/four-myths-about-building-a-software-business.

指すものを思い出させるために、チームが作成するすべてのメモの一番上に掲げるようになった。何度かの月例ミーティングのあと、ベゾスはこう語った。「このチームがテネットを一番上に掲げているのは本当に素晴らしい」。そして技術顧問に向かい、次のように伝えた。「アハメド、みんなにこれをやらせるんだ!」。以降、アマゾンの10万人の従業員は、チームによる意思決定のためのテネットを自分たちで定義しなければならなくなった。グリックは次のように語っている。「恨みつらみのメールもたくさん送られてきました。でもそれと同時に、私自身のテネットリストを送ってくれないかとも頼まれました」

第7章　ステップ5——技術、人材、企業文化を育てる〔能力〕

1. William Boston, "How Volkswagen's $50 Billion Plan to Beat Tesla Short-Circuited," *Wall Street Journal*, January 19, 2021, https://www.wsj.com/articles/how-volkswagens-50-billion-plan-to-beat-tesla-short-circuited-11611073974.
2. Boston, "How Volkswagen's $50 Billion Plan to Beat Tesla Short-Circuited."
3. Henry Man, "Volkswagen to Develop In-House Software for Next-Gen Cars," *CarExpert*, June 22, 2020, https://www.carexpert.com.au/car-news/volkswagen-to-develop-in-house-infotainment-software.
4. Boston, "How Volkswagen's $50 Billion Plan to Beat Tesla Short-Circuited."
5. Herbert Diess, *LinkedIn*, February 2022, https://www.linkedin.com/posts/herbertdiess_i-am-happy-that-lynn-longo-as-our-new-cariad-activity-6898935660502487040-h_zv.
6. Boston, "How Volkswagen's $50 Billion Plan to Beat Tesla Short-Circuited."
7. Jeff Lawson, *Ask Your Developer:How to Harness the Power of Software Developers and Win in the 21st Century* (New York:Harper Business, 2021), 3-4.ローソンは、2004年9月のアマゾン入社後に初めて出席した全員参加の会議で、ベゾスがこのように語ったことを引用している。
8. Mark J. Greeven, Howard Yu, and Jialu Shan, "Why Companies Must Embrace Microservices and Modular Thinking," *MIT Sloan Management Review* (June 28, 2021), https://sloanreview.mit.edu/article/why-companies-must-embrace-microservices-and-modular-thinking.
9. Greeven, Yu, and Shan, "Why Companies Must Embrace Microservices."
10. これは私の技術的負債の定義である。この定義は、「ずさんなコード」をはるかに超えるまでに広がった技術的負債の今日の考えの適用範囲を完全に捉えるのに十分な広がりを持っている。技術的負債の考えの起源は少なくとも1980年にまでさかのぼることができ、メイア・マニー・リーマンは当時、次のように記している。「進化するプログラムは継続的に変更されるため、その複雑さは(……)それを維持または削減する作業が行われない限り、増大する」。Meir Manny Lehman, "Laws of Software Evolution Revisited," in *Software Process Technology:5th European Workshop, EWSPT '96, Nancy, France, October 9-11, 1996:Proceedings* (Berlin:Springer, 1996), 108-124を参照のこと。「負債」という比喩は、後にウォード・カニンガムによって作り出された。"The WyCash Portfolio Management System," March 26, 1992, http://c2.com/doc/

7. Crosman, "Welcome to Open Mic Night at a Citi Fintech Unit."
8. Lucy Kueng, "Going Digital:A Roadmap for Organisational Transformation," *Reuters Institute for the Study of Journalism and University of Oxford*, November 2017, p. 16, https://reutersinstitute.politics.ox.ac.uk/sites/default/files/2017-11/Going%20Digital.pdf.
9. Mark W. Johnson and Josh Suskewicz. *Lead from the Future:How to Turn Visionary Thinking into Breakthrough Growth* (Boston:Harvard Business Review Press, 2020), 115.
10. Eric Ries, *The Startup Way:How Modern Companies Use Entrepreneurial Management to Transform Culture and Drive Long-Term Growth* (New York:Currency, 2017), 294.
11. Lucy Kueng, "Going Digital," 16.
12. Steven Levy, "Google Glass 2.0 Is a Startling Second Act," *Wired*, July 18, 2017, https://www.wired.com/story/google-glass-2-is-here/.
13. "NYT Innovation Report 2014," *Scribd*, March 24, 2014, https://www.scribd.com/doc/224332847/NYT-Innovation-Report-2014, p. 75.
14. Susan Wojcicki, "The Eight Pillars of Innovation," *Google*, July 2011, https://www.thinkwithgoogle.com/future-of-marketing/creativity/8-pillars-of-innovation/.
15. Alex Morrell, "We Spoke with Citi's Innovation Chief About Which Fintechs It Wants to Invest in, How Its Internal 'Shark Tank' Judges Know When to Kill an Idea, and Why Red Tape Helps Some Startups Flourish," *Business Insider*, February 8, 2019, https:// www.businessinsider.com/vanessa-colella-citi-ventures-innovation-interview-2019-2.
16. Robert D. Hof, "Amazon's Risky Bet," *BusinessWeek*, November 13, 2006. 同誌の表紙画像は、Jeff Bezos, *Twitter*, May 18, 2022, 3:11 p.m., https://twitter.com/jeffbezos/status/1527003895393812480で見ることができる。
17. 失敗に終わったGEデジタルの取組みの事後分析については、Alex Moazed, "Why GE Digital Failed," *Inc.*, accessed January 4, 2023, https://www.inc.com/alex-moazed/why-ge-digital-didnt-make-it-big.htmlを参照のこと。もうひとつ優れた分析として、Ted Mann and Thomas Gryta, "The Dimming of GE's Bold Digital Dreams," *Wall Street Journal*, July 18, 2020, https://www.wsj.com/articles/the-dimming-of-ges-bold-digital-dreams-11595044802?mod=djemalertNEWSも紹介しておく。
18. テネットとは、各チームが日々の意思決定の指針とするために作成する一連の原則のことである。実際にテネットが初めて導入されたのは、私の友人であるデビッド・グリックがアマゾンで率いていたチームでのことだった。アマゾンでの約20年間、グリックは倉庫管理、物流、価格設定、自社出荷配送などの分野で、数多くのピザ2枚チームを率いた。価格設定担当のチームを率いていたとき、グリックはジェフ・ベゾスと業務の指導戦略を練った。ベゾスはそのミーティングで次のように述べた。「われわれが価格を非常に低く抑えているのは、それが顧客の信頼につながると考えているからだ。さらに、長い目で見れば、顧客の信頼が長期的なフリーキャッシュフローを促進することになると信じている」。グリックはそれを書き留め、彼らが合意した方向性の最も中心にあると思われるほかの4つのアイデアをまとめた。その後その文言を洗練させ、チームの5つの信条と名付け、チームが目だったと主張した。 Reid Hoffman, "If There Aren't Any Typos in This Essay, We Launched Too Late!," *LinkedIn*, March 29, 2017, https://www.linkedin.com/pulse/arent-any-typos-essay-we-launched-too-late-reid-hoffman/を参照のこと。
20. Mark W. Johnson and Josh Suskewicz, "How to Jump-Start the Clean-Tech Economy," *Harvard Business Review* (November 2009):87.
21. Clayton M. Christensen and Michael E. Raynor, *The Innovator's Solution:Creating and Sustaining Successful Growth* (Boston:Harvard Business School Press, 2003), 74-80, 96. クリステンセンとレイナーは、「片付けるべき用事」というフレーズを生み出したのはリチャード・ペディ、密接に関連するコンセプトを開発したのはアンソニー・ウルウィック、そして自分たち自身の定式化を助けたのはデビッド・サンダールであったとしている。この「片付けるべき用事」というコンセプトは、クリステンセンと共著者たちによって、さまざまな論文でさらに掘り下げられている。
22. David L. Rogers, in *The Digital Transformation Playbook: Rethink Your Business for the Digital Age* (New York:Columbia University Press, 2016), 56.（デビッド・ロジャース『DX戦略立案書― CC-DIVフレームワークでつかむデジタル経営変革の考え方』笠原英一訳、白桃書房、2021年）
23. Geoffrey A. Moore, *Crossing the Chasm:Marketing and Selling Disruptive Products to Mainstream Customers* (New York:HarperBusiness, 2014).
24. Mark W. Johnson and Josh Suskewicz, "How to Jump-Start the Clean-Tech Economy," *Harvard Business Review* (November 2009):87.

第6章　ステップ4 ―― 規模拡大を管理する〔ガバナンス〕

1. Penny Crosman, "Welcome to Open Mic Night at a Citi Fintech Unit," *American Banker*, November 22, 2017, https://www.americanbanker.com/news/welcome-to-open-mic-night-at-a-citi-fintech-unit.
2. マーガレット・ミードによる原典は見つかっていない。この引用は、彼女の死後まもなくドナルド・キーズによって初めて彼女のものとされた。"Never Doubt That a Small Group of Thoughtful, Committed Citizens Can Change the World; Indeed, It's the Only Thing That Ever Has," *Quote Investigator*, November 12, 2017, https://quoteinvestigator.com/2017/11/12/change-world/を参照のこと。
3. J. Richard Hackman and Neil Vidmar, "Effects of Size and Task Type on Group Performance and Member Reactions," *Sociometry* 33, no. 1 (1970):37-54, https://doi.org/10.2307/2786271.
4. Eric Ries, *The Startup Way:How Modern Companies Use Entrepreneurial Management to Transform Culture and Drive Long-Term Growth* (New York:Currency, 2017).
5. Mark Wilson, "Adobe's Kickbox:The Kit to Launch Your Next Big Idea," *Fast Company*, February 9, 2015, https://www.fastcompany.com/3042128/adobes-kickbox-the-kit-to-launch-your-next-big-idea.
6. Crosman, "Welcome to Open Mic Night at a Citi Fintech Unit."

world-11645971260.
5. Dean Baquet, "The New York Times and Journalism's Future," presentation at the INMA World Conference of Media, New York, May 17, 2019.
6. Steve Blank, "No Plan Survives First Contact with Customers—Business Plans Versus Business Models," *SteveBlank.com*, April 8, 2010, https://steveblank.com/2010/04/08/no-plan-survives-first-contact-with-customers-%E2%80%93-business-plans-versus-business-models/.
7. Jonathan Becher, "RIP ROI:Time-to-Market Is the New Indicator of Success," *LinkedIn*, August 8, 2016, https://www.linkedin.com/pulse/rip-roi-time-to-market-new-indicator-success-jonathan-becher/.
8. Steven G. Blank and Bob Dorf, *The Startup Owner's Manual:The Step-by-Step Guide for Building a Great Company* (Pescadero, CA:K & S Ranch, 2012), 551.（スティーブン・G・ブランク、ボブ・ドーフ『スタートアップ・マニュアル —— ベンチャー創業から大企業の新事業立ち上げまで』堤孝志、飯野将人訳、翔泳社、2012年）
9. Eric Ries, *The Lean Startup:How Constant Innovation Creates Radically Successful Businesses* (London:Penguin Business, 2019).
10. コロンビア・ビジネススクールの私の授業で、Diapers.comの創業に関するこの話のレクチャーをしてくれたボブ・ドーフ氏に感謝する。
11. Marc Randolph, "Please Mr. Postman," in *That Will Never Work:The Birth of Netflix and the Amazing Life of an Idea* (New York:Back Bay Books, 2022), 24-37.
12. Eric Von Hippel, "Lead Users:A Source of Novel Product Concepts," *Management Science* 32 (1986):791-806, doi:10.1287/mnsc.32.7.791.
13. プロダクト・マーケット・フィットという概念は、Wealthfrontの現CEO兼共同設立者であり、Benchmark Capitalの共同設立者でもあるアンディ・ラクレフによって開発され、命名された。スティーブン・G・ブランクとボブ・ドーフも、『The Startup Owner's Manual』のなかで「問題／ソリューションフィット」という言葉を使っている。
14. Alberto Savoia, *The Right It:Why So Many Ideas Fail and How to Make Sure Yours Succeed* (New York:Harper One, 2019).
15. テスラは2016年4月1日に新車を発表し、わずか24時間強の間に20万台の注文を受けたが、顧客に新車が納品されたのは2017年後半から2018年のことであった。Chris Isidore, "Tesla Got 200,000 Orders for the Model 3 in about One Day," *CNNMoney*, April 1, 2016, https://money.cnn.com/2016/04/01/news/companies/tesla-model-3-stock-price/index.htmlを参照のこと。
16. Tim Harford, *Fifty Things That Made the Modern Economy* (London:Abacus, 2018).
17. Julie Jargon, "How Panera Solved Its 'Mosh Pit' Problem," *Wall Street Journal*, June 2, 2017, https://www.wsj.com/articles/how-panera-solved-its-mosh-pit-problem-1496395801.
18. Eric Ries, "Test," in *The Lean Startup:How Today's Entrepreneurs Use Continuous Innovation to Create Radically Successful Businesses* (New York Currency, 2017), 99-102.
19. 2018年、リード・ホフマンは、この格言を作り出したのは「10年以上前」のこと

updated-its-9-principles-of-innovation-here-they-are-and-the-products-they-have-enabled-2013-11.

14. John E. Doerr, *Measure What Matters:OKRs, the Simple Idea That Drives 10 × Growth* (London:Portfolio, 2018), 127.
15. "From AT&T to Xerox:90+ Corporate Innovation Labs:CB Insights," *CB Insights Research*, August 28, 2021, https://www.cbinsights.com/research/corporate-innovation-labs/.
16. Warren Berger, "The Secret Phrase Top Innovators Use," *Harvard Business Review* (September 12, 201), https://hbr.org/2012/09/the-secret-phrase-top-innovato.
17. Emily Chasan, "Don't Toss That Cup:McDonald's and Starbucks Are Developing Reusables," *Bloomberg.com*, February 18, 2020, https://www.bloomberg.com/news/articles/2020-02-18/reusable-coffee-cups-being-tested-for-mcdonald-s-and-starbucks.
18. Porter, "What Is Strategy?," 60.
19. "Steve Blank:The Key to Startup Success?'Get Out of the Building.' " *Inc.*, accessed January 6, 2023, https://www.inc.com/steve-blank/key-to-success-getting-out-of-building.html.
20. Colin Bryar and Bill Carr, *Working Backwards* (New York:St. Martin's Press, 2021), 98-120.
21. David Leonhardt et al., "Journalism That Stands Apart" (New York:New York Times, 2017), Section:"The way we work:Every department should have a clear vision that is well understood by its staff."
22. Donald N. Sull, "Closing the Gap Between Strategy and Execution," *MIT Sloan Management Review* (July 1, 2007), https://sloanreview.mit.edu/article/closing-the-gap-between-strategy-and-execution/.

第５章　ステップ３――新規事業を検証する（実験）

1. Sarah Nassauer, "WSJ News Exclusive:Walmart Scraps Plan to Have Robots Scan Shelves," *Wall Street Journal*, November 2, 2020, https://on.wsj.com/3c04VQF.
2. Tom Ward, "From Ground-Breaking to Breaking Ground:Walmart Begins to Scale Market Fulfillment Centers," Walmart Corporate, January 27, 2021, https://corporate.walmart.com/newsroom/2021/01/27/from-ground-breaking-to-breaking-ground-walmart-begins-to-scale-local-fulfillment-centers.
3. Melissa Repko, "Walmart Drew One in Four Dollars Spent on Click and Collect—with Room to Grow in 2022," *CNBC*, December 30, 2021, https://www.cnbc.com/2021/12/30/walmart-drew-one-in-four-dollars-on-click-and-collect-market-researcher.html.
4. Sarah Nassauer, "Walmart Pushes New Delivery Services for a Post-Pandemic World," *Wall Street Journal*, February 28, 2022, https://www.wsj.com/articles/walmart-pushes-new-delivery-services-for-a-post-pandemic-

Press, 2020).(トーマス・ウェデル＝ウェデルスボルグ『解決できない問題を、解決できる問題に変える思考法』千葉敏生訳、実務教育出版、2022年)

3. Minda Zetlin, "This Video Is How Microsoft CEO Satya Nadella Introduced Himself to an Audience of 17,000 and It Was Perfect," *Inc.*, accessed December 16, 2022, https://www.inc.com/minda-zetlin/satya-nadella-microsoft-xbox-adaptive-controller-super-bowl-video-disabled-gamers-owen-sirmons.html.
4. Kyle Evans, "Product Thinking vs.Project Thinking," *Medium* (Product Coalition, October 21, 2018), https://productcoalition.com/product-thinking-vs-project-thinking-380692a2d4e.
5. この考え方は、アマゾンの2008年の株主向け書簡のなかでとくに強調されている。Jeff Bezos, "2008 Letter to Amazon Shareholders," 2009, https:// ir.aboutamazon.com/files/doc_financials/annual/Amazon_SH_Letter_2008.pdfを参照のこと。
6. Jeff Bezos, "Interview with Adi Ignatius," *Harvard Business Review*, podcast audio, January 4, 2013, https://hbr.org/podcast/2013/01/jeff-bezos-on-leading-for-the.
7. もうひとつの例がMastercard Labsである。こちらも、5日間の「ローンチパッド・ワークショップ」という、初期のアイデアを育てるための同様のプロセスを備えている。「ローンチパッド・ワークショップ」では、ニーズやペインポイントについて、提案されているイノベーションが本当に価値をもたらすのか確認するため、顧客が集められる。
8. Bezos, "2008 Letter to Amazon Shareholders."
9. この分類は、シリコンバレーにあるメイフィールド・ファンドで長年マネージングパートナーを務めるケビン・フォングの功績とされることが多い。そのひとつは以下である。Omer Khan, "Candy, Vitamin or Painkiller:Which One Is Your Product?," *SaaS Club*, accessed December 16, 2022, https://saasclub.io/candy-vitamin-painkiller-which-one-is-your-product/.フォングはまた、第3のカテゴリーとして、つかの間の利益をもたらすアイデアを「キャンディ」と呼んでいたが、この第3のカテゴリーに分類されるアイデアへの投資は好まなかった。
10. Alexander Osterwalder et al., *Value Proposition Design:How to Create Products and Services Customers Want* (Hoboken, NJ:John Wiley, 2014).
11. 2015年にウーバーの初期投資家クリス・サッカによって引用された。Chris Sacca, "Why I'd Never Want to Compete with Uber's Travis Kalanick," *Fortune*, February 4, 2015, https://fortune.com/2015/02/04/why-id-never-want-to-compete-with-ubers-travis-kalanick/を参照のこと。
12. 狩野紀昭ほか「魅力的品質と当り前品質」『日本品質管理学会誌』Vol.14 No.2 (1984年):147-156, https://web.archive.org/web/20110813145926/http:/ci.nii.ac.jp/Detail/detail.do?LOCALID=ART0003570680&l ang=en.狩野モデルがどのように発展していったかについては、"Kano Model:What Is the Kano Model?Definition and Overview of Kano," September 2, 2021, https://www.productplan.com/glossary/kano-model/によくまとめられている。
13. Liz Tay, "Google Has Updated Its 9 Principles Of Innovation:Here They Are and the Products They Have Enabled," *Business Insider Australia*, November 19, 2013, https://www.businessinsider.com.au/google-has-

YouTube, 2021, https://www.youtube.com/watch?v=WXyFu53wMV8&list=PL3852 0A76CC5A4EE6&index=3.
15. ジョン・E・ドーアの著書『Measure What Matters — 伝説のベンチャー投資家がGoogleに教えた成功手法 OKR』(土方奈美訳、日経BPM、2018年) は、OKRの実践について深く掘り下げた素晴らしい内容となっている。John E. Doerr, *Measure What Matters:OKRs, the Simple Idea That Drives 10x Growth* (London:Portfolio, 2018)を参照のこと。
16. Doerr, *Measure What Matters*, 154-171.
17. D.E.Hunt, *Beginning with Ourselves:In Practice, Theory and Human Affairs* (Cambridge, MA:Brookline Books, 1987), 4, 30.
18.「ビジネス理論」という言葉は、各企業が「企業理論」を持つことの重要性を説いたトッド・ゼンガーの著作にヒントを得たものだが、ビジネス理論は企業のみならず、リソース配分に関するあらゆる新規戦略や変更にも当てはめることができる。Todd Zenger, "What Is the Theory of Your Firm?," *Harvard Business Review* (June 2013):126を参照のこと。
19. Mitchell Gordon, "Disney's Land:Walt's Profit Formula:Dream, Diversify—and Never Miss an Angle; Here's How His Divisions Complement Each Other," *Wall Street Journal*, February 4, 1958, p. 1.
20. これについては、ジェフ・ベゾスが本インタビューを含めて何度も説明している：Jeff Bezos, "Interview with Adi Ignatius," *Harvard Business Review*, podcast audio, January 4, 2013, https://hbr.org/podcast/2013/01/jeff-bezos-on-leading-for-the.ベゾスは2008年の株主宛書簡でもこの件について触れている。Jeff Bezos, "Letter to Amazon Shareholders," 2009, https://ir.aboutamazon.com/files/doc_financials/annual/Amazon_SH_Letter_2008.pdfを参照のこと。
21. Zenger, "What Is the Theory of Your Firm?," 126.
22. 2021年、国立商業銀行はサンバ・フィナンシャル・グループと合併し、サウジ・ナショナル・バンクとなった。
23. Bob Iger, interview with Kara Swisher, *Sway*, podcast audio, January 27, 2022, https://www.nytimes.com/2022/01/27/opinion/sway-kara-swisher-bob-iger.html?show Transcript=1.
24. Disney＋は2019年11月12日にスタートした。ディズニー株の11月11日終値は136.74ドル。11月13日の終値は148.72ドル。
25. Bezos, "Interview with Adi Ignatius."
26. "Hackett CEO News Conference.mp4," *Dropbox*, accessed January 5, 2023, https://www.dropbox.com/s/k84legr519o0xpl/Hackett%20CEO%20News%20conference.mp4?dl=0&mod=article_inline.動画の17分10秒からの部分を引用。

第4章　ステップ2 —— 最も重要な問題を選択する〔優先順位〕

1. Michael Porter, "What Is Strategy?," *Harvard Business Review* (November-December 1996):60, https://hbr.org/1996/11/what-is-strategy.
2. Thomas Wedell-Wedellsborg, *What's Your Problem?To Solve Your Toughest Problems, Change the Problems You Solve* (Boston:Harvard Business Review

ルや役割を定義し、状況に応じてそれらを組み合わせる能力を身につけることを提唱した。しかし彼の実証的研究によると、6つのスタイルのなかで、ビジョンに同調させるためにストーリーも使用する、権威的なスタイルが最も強いポジティブな影響を与えることがわかった。Daniel Goleman, "Leadership That Gets Results," *Harvard Business Review*, March-April 2000, https://hbr.org/2000/03/leadership-that-gets-resultsを参照のこと。

7. マッキンゼーの調査によると、「明確な変化のストーリー」という要素について、変革に成功している30%の企業と、そうでない70%の企業との間には3.1倍の開きがあった。これは、報告されている要素のなかで最も大きな差異となっている。Hortense de la Boutetière, Alberto Montagner, and Angelika Reich, "Unlocking Success in Digital Transformations," *McKinsey & Company*, October 29, 2018, https://www.mckinsey.com/business-functions/organization/our-insights/unlocking-success-in-digital-transformationsを参照のこと。
8. Satya Nadella et al., "Learning to Lead," in *Hit Refresh:The Quest to Rediscover Microsoft's Soul and Imagine a Better Future for Everyone* (New York:Harper Business, 2018), 62.（サティア・ナデラ、グレッグ・ショー、ジル・トレイシー・ニコルズ『Hit Refresh（ヒット・リフレッシュ） マイクロソフト再興とテクノロジーの未来』山田美明、江戸伸禎訳、日経BP、2017年）
9. フィリップ・ボビットが書いているように、パルメニデスの誤謬は「未来の状態を、ほかの可能性のある未来と比較するのではなく、現在と比較して評価しようとするときに起こる」。ボビットがこの文言を最初に使ったのは、2003年に『ニューヨーク・タイムズ』に寄稿した論説である。Philip Bobbitt, "Today's War Is Against Tomorrow's Iraq," *New York Times*, March 10, 2003, https://www.nytimes.com/2003/03/10/opinion/today-s-war-is-against-tomorrow-s-iraq.html を参照のこと。彼は*Terror and Consent*など、その後の著書でこのコンセプトを発展させた：*The Wars for the Twenty-First Century* (New York:Alfred A. Knopf, 2018) and *The Garments of Court and Palace:Machiavelli and the World That He Made* (New York:Grove Press, 2013).この誤謬はその後、クレイトン・クリステンセンやマギー・ワレルらによってビジネスの文脈で論じられてきた。
10. この言葉はジョン・フィッツジェラルド・ケネディ大統領の言葉として広く知られているが、以下のJFK大統領図書館のオンラインアーカイブなどを探しても、彼がこの言葉を発した出典や演説を見つけることはできていない："Home:JFK Library," accessed December 14, 2022, https://www.jfklibrary.org/.
11. Dee-Ann Durbin and Tom Krisher, "Fields out at Ford; New CEO Hackett Known for Turnarounds." *Chicago Tribune*, June 4, 2018, https://www.chicagotribune.com/business/ct-ford-ceo-20170521-story.html.
12. Mark W. Johnson and Josh Suskewicz. *Lead from the Future:How to Turn Visionary Thinking into Breakthrough Growth* (Boston:Harvard Business Review Press, 2020), 210.
13. 1985年の『プレイボーイ』誌のインタビューで、スティーブ・ジョブズはアップルで働く人のタイプについて、「自分の能力では及ばない物事に首をつっこみ、宇宙に衝撃を与えたいと本気で思っている人」と語っている。David Scheff, "Steven Jobs Playboy Interview," *Playboy* (February 1985):58を参照のこと。
14. "The CEO Test:Master the Challenges That Make or Break All Leaders,"

Cause Great Firms to Fail (Boston, MA:Harvard Business Review Press, 2016).（クレイトン・クリステンセン『イノベーションのジレンマ 増補改訂版——技術革新が巨大企業を滅ぼすとき』伊豆原弓訳、翔泳社、2001年）
18. Theodore Levitt, "Marketing Myopia," *Harvard Business Review* 38, no. 4 (1960):24-47.50年以上経ったいまでも名作とされる本記事は、次のリンクにてオンラインで再公表されている。https://hbr.org/2004/07/marketing-myopia.
19. David L. Rogers, in *The Digital Transformation Playbook: Rethink Your Business for the Digital Age* (New York: Columbia University Press, 2016), 127.（デビッド・ロジャース『DX戦略立案書—— CC-DIVフレームワークでつかむデジタル経営変革の考え方』笠原英一訳、白桃書房、2021年）
20. "Harvard i-Lab:Fireside Chat with Michael Skok and Andy Jassy:The History of Amazon Web Services," *YouTube*, 2013, https://www.youtube.com/watch?v=d2dy GDqrXLo.
21. Julie Bort, "Amazon's Game-Changing Cloud Was Built by Some Guys in South Africa," *Business Insider*, March 28, 2012, https://archive.ph/20130119102209/http:/www.businessinsider.com/amazons-game-changing-cloud-was-built-by-some-guys-in-south-africa-2012-3.長年アマゾンの重役を務めてきたデビッド・グリックによれば、EC2チームをケープタウンに置くことには2つの目的があったという。なお、南アフリカ国籍のピンカムは、アメリカでの就労ビザの更新に手間取っていた。

第3章　ステップ1——共有ビジョンを定義する〔ビジョン〕

1. Bill Ford, "A Future Beyond Traffic Gridlock," *TED Talk*, accessed December 14, 2022, https://www.ted.com/talks/bill_ford_a_future_beyond_traffic_gridlock.
2. Lucy Kueng, "Transformation Manifesto:9 Priorities for Now," November 2, 2020, http://www.lucykung.com/latest-news/transformation-manifesto-9-priorities-for-now/.
3. このメモのなかでスティーブン・エロップは、北海の石油プラットフォームで働いていた作業員が目が覚めたら、爆発が起きていてプラットフォーム全体が燃えていたというエピソードを紹介している。このメモには一読の価値がある。Chris Ziegler, "Nokia CEO Stephen Elop Rallies Troops in Brutally Honest 'Burning Platform' Memo? (Update:It's Real!)," *Engadget*, February 8, 2011, https://www.engadget.com/2011-02-08-nokia-ceo-stephen-elop-rallies-troops-in-brutally-honest-burnin.htmlを参照のこと。
4. 外的モチベーション（外的報酬にもとづくもの）と内的モチベーション（仕事自体に対する報酬にもとづくもの）の理論は、モチベーションの自己決定理論（SDT）に由来する。リチャード・M・ライアンとエドワード・L・デシの研究の概要は、以下に掲載されている：Delia O'Hara, "The Intrinsic Motivation of Richard Ryan and Edward Deci," *American Psychological Association*, December 18, 2017, https://www.apa.org/members/content/intrinsic-motivation.
5. Ford, "A Future Beyond Traffic Gridlock."
6. ダニエル・ゴールマンは、リーダーが採用しうる6つの異なるリーダーシップスタイ

Leadership Looks Forward.," *Business Insider*, April 12, 2022, https://www.businessinsider.com/cnn-plus-failure-blame-zucker-kilar-hubris-warner-bros-discovery-2022-4.

6. Michjael M. Grynbaum, John Koblin, and Benjamin Mullin, "CNN+ Streaming Service Will Shut Down Weeks After Its Start," *New York Times*, April 21, 2022, https://www.nytimes.com/2022/04/21/business/cnn-plus-shutting-down.html.
7. Ted Johnson and Dade Hayes, "CNN+ Debuts:Is It the Next News Innovation or Too Late to the Streaming Wars?," *Deadline*, March 28, 2022, https://deadline.com/2022/03/cnn-plus-launch-streaming-service-preview-1234987770/.
8. Alex Sherman, "CNN+ Struggles to Lure Viewers in Its Early Days, Drawing Fewer Than 10,000 Daily Users," *CNBC*, April 12, 2022, https://www.cnbc.com/2022/04/12/cnn-plus-low-viewership-numbers-warner-bros-discovery.html.
9. Austin Carr, "The Inside Story of Jeff Bezos's Fire Phone Debacle," *Fast Company*, January 6, 2015, https://www.fastcompany.com/3039887/under-fire. 記事の情報筋によると、同社の大幅値下げ前の販売台数は数万台だったという。最初の値下げは発売から45日後に行われた。
10. Benjamin Black, "EC2 Origins," *Benjamin Black Causes Trouble Here*, January 25, 2009, https://blog.b3k.us/2009/01/25/ec2-origins.html.
11. Rachel King, "Amazon Breaks out Cloud Results for First Time on Q1 Earnings Report," *ZDNET*, April 23, 2015, https://www.zdnet.com/article/amazon-breaks-out-cloud-results-for-first-time-on-q1-earnings-report/.
12. Todd Bishop, "Amazon Web Services Posts Record $13.5B in *Profits* for 2020 in Andy Jassy's Aws Swan Song," *GeekWire*, February 2, 2021, https://www.geekwire.com/2021/amazon-web-services-posts-record-13-5b-profits-2020-andy-jassys-aws-swan-song/.
13. Tom Huddleston, "Zoom's Founder Left a 6-Figure Job Because He Wasn't Happy—and Following His Heart Made Him a Billionaire," *CNBC*, August 21, 2019, https://www.cnbc.com/2019/08/21/zoom-founder-left-job-because-he-wasnt-happy-became-billionaire.html. エリック・ユアンの退社について公表されたこの記述に加え、シスコの元幹部が私に語ったところによると、ユアンはZoomのアイデアをシスコのリーダーに売り込んだが、そのアイデアはシスコの事業の中心から離れすぎているとして却下されたとのことだ。
14. Mansoor Iqbal, "Zoom Revenue and Usage Statistics (2022)," *Business of Apps*, June 30, 2022, https://www.businessofapps.com/data/zoom-statistics/, accessed December 14, 2022. 2019年3月の会議参加者は1日あたり1,000万人、2020年3月は2億人に上った。
15. Charles O'Reilly, Michael Tushman, and J. Bruce Herrald, "Organizational Ambidexterity:IBM and Emerging Business Opportunities," *California Management Review* (May 1, 2009), https://ssrn.com/abstract=1418194.
16. Malcolm Gladwell, "Creation Myth," *The New Yorker*, May 9, 2011, https://www.newyorker.com/magazine/2011/05/16/creation-myth.
17. Clayton M. Christensen, *The Innovator's Dilemma:When New Technologies*

10. Lauren Forristal, “Disney+ Reaches 164.2m Subscribers as It Prepares for Ad-Supported Tier Launch,” *TechCrunch*, November 8, 2022, https://techcrunch.com/2022/11/08/disney-reports-fourth-quarter-results-2022/.
11. CEOスライドデッキ：https://businessleadersformichigan.com/wp-content/uploads/2016/11/Patrick-Doyle-Presentation-FINAL.pdf では、これらのイノベーションのいくつかが紹介されている。さらに、株価は4.97ドル（2009年）から155.01ドル（2016年）となった。Patrick Doyle, “Failure Is an Option—Business Leaders for Michigan,” *Business Leaders for Michigan*, November 2016, https:// businessleadersformichigan.com/wp-content/uploads/2016/11/Patrick-Doyle-Presentation- FINAL.pdfを参照のこと。
12. Gabriel Snyder, “The *New York Times* Is Clawing Its Way into the Future,” *Wired*, February 12, 2017, https://www.wired.com/2017/02/new-york-times-digital-journalism/.
13. Sara Fischer, “*New York Times* Surpasses 10 Million Subscriptions,” *Axios*, February 2, 2022, https://www.axios.com/new-york-times-10-million-subscriptions-eb401cfb-2135-4845-b873-8b3b5f7fd10d.html.
14. New York Times Company, “The New York Times Company 2021 Annual Report,” March 11, 2022, https://nytco-assets.nytimes.com/2022/03/The-New-York-Times-Company-2021-Annual-Report.pdf.
15. これは、ダーウィンの言葉と誤って解釈されていることで有名な格言の言い換えである：「生き残るのは、最も強いものでもなければ、最も賢いものでもない。最も変化に適応できるものである」。このエピグラムには、ダーウィンの自然淘汰理論の重要な洞察のひとつが凝縮されてはいるが、ダーウィン本人が書いたものではない！　ダーウィンの考えを論じた1963年のレオン・C・メギンソンによるスピーチの一部が最初で、その後、さまざまな経営本の著者によって繰り返され、凝縮された後、ダーウィンの言葉と誤って流布されるに至った。詳しい説明は次を参照のこと：https://quoteinvestigator.com/2014/05/04/adapt/。

第2章　DX──イノベーション推進に伴う課題

1. Vijay Govindarajan and Anup Srivastava, “Strategy When Creative Destruction Accelerates,” Working Paper No. 2836135, Tuck School of Business, 2016, https://ssrn.com/abstract=2836135 or http://dx.doi.org/10.2139/ssrn.2836135.
2. Todd Spangler, “Netflix Aims to Launch Cheaper, Ad-Supported Plan in Early 2023,” *Yahoo!Finance*, July 19, 2022, https://finance.yahoo.com/news/netflix-aims-launch-cheaper-ad-203926425.html.
3. Sara Fischer, “Big Cuts Coming for CNN+ After Slow Start.” *Axios*, April 12, 2022. https://www.axios.com/2022/04/12/cnn-plus-cuts-warner-brothers-discovery.
4. Jason Kilar, *Twitter*, March 29, 2022, 3:35 p.m., https://twitter.com/jasonkilar/status/1508890566276362241.
5. Lucia Moses et al., “ ‘Hubris.Nothing More.’ Insiders Blame Jeff Zucker and Jason Kilar for the Rapid Demise of CNN+ as Warner Bros.Discovery

原注

第１章　DXロードマップとは

1. Rachel McAthy, "Pulitzer Goes to New York Times 'Snow Fall' Journalist," April 16, 2013, https://www.journalism.co.uk/news/new-york-times-digital-snowfall-feature-wins-pulitzer/s2/a552683/.
2. Kyle Massey, "The Old Page 1 Meeting, R.I.P.:Updating a Times Tradition for the Digital Age," *New York Times*, May 12, 2015, https://www.nytimes.com/times-insider/2015/05/12/the-old-page-1-meeting-r-i-p-updating-a-times-tradition-for-the-digital-age/#more-10891.
3. Gabriel Snyder, "The *New York Times* Claws Its Way into the Future," *Wired*, February 12, 2017, https://www.wired.com/2017/02/new-york-times-digital-journalism/.
4. Joshua Benton, "The Leaked *New York Times* Innovation Report Is One of the Key Documents of This Media Age," *Nieman Lab*, May 15, 2014, https://www.niemanlab.org/2014/05/the-leaked-new-york-times-innovation-report-is-one-of-the-key-documents-of-this-media-age/, 44.
5. Amy Watson, "New York Times Company's Revenue 2021," *Statista*, March 21, 2022, https://www.statista.com/statistics/192848/revenue-of-the-new-york-times-company-since-2006/.
6. "NYT Innovation Report 2014," *Scribd*, March 24, 2014, https://www.scribd.com/doc/224332847/NYT-Innovation-Report-2014, p. 72.
7. BCGグローバルによると、デジタル変革の70%は目標を達成できず、しばしば深刻な結果を招いている。Patrick Forth et al., "Flipping the Odds of Digital Transformation Success," *BCG Global*, October 29, 2020, https://www.bcg.com/publications/2020/increasing-odds-of-success-in-digital-transformationを参照のこと。マッキンゼーの調査によると、デジタル変革の70%以上が失敗し、持続可能な方法で成功するのはわずか14%にすぎない。Hortense de la Boutetière, Alberto Montagner, and Angelika Reich, "Unlocking Success in Digital Transformations," *McKinsey & Company*, October 29, 2019, https://www.mckinsey.com/business-functions/organization/our-insights/unlocking-success-in-digital-transformationsを参照のこと。
8. Steve Lohr, "G.E. to Spin off Its Digital Business," *New York Times*, December 13, 2018, https://www.nytimes.com/2018/12/13/business/ge-digital-spinoff.html.
9. Anand Birje and David Rogers, "Digital Acceleration for Business Resilience," *HCL Technologies*, 2021, https://www.hcltech.com/digital-analytics-services/campaign/digital-acceleration-report-2021.

THE DIGITAL TRANSFORMATION ROADMAP
（デジタル・トランスフォーメーション・ロードマップ）
絶え間なく変化する世界で成功するための新しいアプローチ

2024年7月2日発行

著　者――デビッド・ロジャース
訳　者――NTTデータ・コンサルティング・イニシアティブ
発行者――田北浩章
発行所――東洋経済新報社
〒103-8345　東京都中央区日本橋本石町1-2-1
電話＝東洋経済コールセンター　03(6386)1040
https://toyokeizai.net/

装　丁……………竹内雄二
本文レイアウト……村上顕一
編集協力…………パプリカ商店
印　刷……………TOPPANクロレ
編集担当…………齋藤宏軌
Printed in Japan　　ISBN 978-4-492-55835-5